U0936836

珍藏本·增订本

纪念版

汉译世界学术名著丛书

世界经济霸权
1500-1990

〔美〕查尔斯·P.金德尔伯格 著

高祖贵 译

汉译世界学术名著丛书
（120 年纪念版·珍藏本）
增订本出版说明

2017 年 10 月，为纪念商务印书馆创立 120 周年，本馆推出“汉译世界学术名著丛书”（120 年纪念版·珍藏本），计七百种。近五六年来，仰赖学界同人倾力支持，订正旧译，增补新译，拓展新著，积累日多。为满足读者需要，本馆在七百种的基础上，继续推出“汉译世界学术名著丛书”（120 年纪念版·珍藏本·增订本）三百种。至此，“汉译世界学术名著丛书”累计出版已达千种。

今后，本馆将继续推进丛书的翻译出版工作，在积累单本名著的基础上陆续分辑刊行，汇印出版。为促进中外文明互鉴、推动我国学术发展，使“汉译世界学术名著丛书”这项对我国学术文化有基本建设意义的重大工程发挥更大作用，诚望海内外学术界、翻译界继续给予支持，帮助我们把这套丛书出得更好。

商务印书馆编辑部

2024 年 2 月

汉译世界学术名著丛书
（120 年纪念版·珍藏本）
出 版 说 明

2017 年 2 月 11 日，商务印书馆迎来 120 岁的生日。120 年前，商务印书馆前贤怀揣文化救国的理想，抱持“昌明教育，开启民智”的使命，立足本土，放眼寰宇，以出版为津梁，沟通中西，为中国、为世界提供最富智慧的思想文化成果。无论世事白云苍狗，潮流左右激荡，甚至战火硝烟弥漫，始终践行学术报国之志，无改初心。

迻译世界各国学术名著，即其一端。早在 20 世纪初年便出版《原富》《天演论》等影响至今的代表性著作，1950 年代后更致力于外国哲学和社会科学经典的译介，及至 1980 年代，辑为“汉译世界学术名著丛书”，汇涓为流，蔚为大观。丛书自 1981 年开始出版，历时三十余年，迄今已推出七百种，是我国现代出版史上规模最大、最为重要的学术翻译工程。

丛书所选之书，立场观点不囿于一派，学科领域不限于一门，皆为文明开启以来，各时代、各国家、各民族的思想与文化精粹，代表着人类已经到达过的精神境界。丛书系统译介世界学术经典，引领时代思想，为本土原创学术的发展提供丰富的文化滋养，为推动中国现代学术和现代化进程做出了突出的贡献。

为纪念商务印书馆成立120周年，我们整体推出“汉译世界学术名著丛书”120年纪念版的珍藏本，寄望既利于文化积累，又便于研读查考，同时向长期支持丛书出版的译者、编者和读者致以敬意。

两甲子后的今天，商务印书馆又站在了一个新的历史时间节点上。我们不仅要铭记先辈的身影和足迹，更须让我们的步伐充满新的时代精神。这是商务人代代相传的事业，更是与国家和民族的命运始终紧密相连的事业。我们责无旁贷，必须做好我们这代人的传承与创造，让我们的努力和成果不仅凝聚成民族文化的记忆，还能成为后来人可以接续的事业。唯此，才能不负前贤，无愧来者。

商务印书馆编辑部

2017年10月

谨以此书纪念

我曾（虽然远非直接）服务过的先贤：

奥马尔·N. 布拉德利

威廉·L. 克莱顿

乔治·C. 马歇尔

艾伦·斯普鲁尔

目　　录

序言 …… 阿·克莱西 1
致谢 …… 3

第一章　导论 …… 7
第二章　国家的生命周期 …… 25
S 形曲线 …… 27
审视未来 …… 30
资源 …… 32
远程贸易 …… 36
工业 …… 39
移民 …… 41
工业革命 …… 43
卡德韦尔法则 …… 44
农业 …… 46
生产率的下降 …… 47
金融 …… 47
政府财政 …… 49
社会能力 …… 53

价值观念……56
经济增长放慢……59
战争的作用……60
政策……62
结论……63
第三章　经济霸权的更迭……64
赶超与跃进……66
集权化与多元化……67
合作与竞争……72
挑战者……74
垄断的打破……76
不存在挑战者时的再度集权……77
战争……80
康德拉季耶夫周期、战争周期和霸权周期……82
时间的界定……87
第四章　意大利城邦……92
威尼斯……96
佛罗伦萨……102
热那亚……104
米兰……108
衰落的原因……109
金融……114
第五章　葡萄牙与西班牙……117
葡萄牙……117

西班牙 …… 123
资源 …… 126
航运 …… 128
西班牙的白银 …… 132
通货膨胀、夸耀性消费和“荷兰病” …… 133
战争 …… 138
全面衰落 …… 139
第六章　低地国家 …… 143
北欧 …… 143
布鲁日 …… 144
布鲁日的衰落 …… 148
安特卫普 …… 150
荷兰 …… 154
商业 …… 157
工业 …… 162
金融 …… 165
教育 …… 170
移民 …… 172
高工资、税收和债务 …… 173
衰落时间的界定 …… 174
衰落原因是外部的抑或是内部的? …… 180
第七章　法国，永远的挑战者 …… 181
反例证 …… 181
投石党运动 …… 183

重商主义与《南特敕令》的废除……184
密西西比泡沫……187
18 世纪……188
大陆封锁体系……196
法国的技术教育……197
考察英国工厂……199
圣西门主义者……203
价值观念……211
战争间歇期的政府垮台……213
辉煌的 30 年……215
第八章 英国，经典范例……218
经典范例……218
17 世纪……219
贸易……221
工业革命……225
19 世纪……231
金融……237
工业的衰退……241
衰退的时间……243
衰退的原因……249
绅士，还是花花公子？……255
教育……256
再论金融……258
政策……261

第九章　德国，后来者……263
赶超英国……263
拼凑的德国……266
贸易……268
工业政策……270
关税同盟……273
《1848年宪法》……273
1850年代……275
黑麦与钢铁关税……277
对英国的态度……280
超越……281
两次世界大战之间……286
从道威斯计划到1931年……289
战后初期……294
经济奇迹……297
欧洲的德国……299
德国的老化……301
第十章　美国……304
生产率……311
储蓄……315
国际收支赤字……319
金融……321
两极分化……325
资本流动……327

美元 …… 331
政策 …… 332
美国在衰落? …… 335
第十一章 日本在排队? …… 338
第一次世界大战前 …… 339
1920 年代 …… 340
从 1945 年到 1950 年 6 月 …… 342
贸易与工业 …… 346
外国直接投资 …… 354
教育和“工薪阶层” …… 357
系列 …… 359
“组织件” …… 360
日本的储蓄 …… 361
经济泡沫 …… 364
日本是世界第一? …… 367
第十二章 结论 …… 371
国家的生命周期 …… 371
贸易、工业和金融 …… 375
衰落的原因 …… 378
外部原因 …… 380
内部原因 …… 383
政策 …… 390
一个世界经济霸权衰落之后，另一个会随之崛起吗? …… 396

下一个是谁? ………………………………………………… 404

参考文献……………………………………………………… 406

索引 ………………………………………………………… 460

译后记………………………………………………………… 491

序　言

vii

1990 年，卢森堡欧洲与国际研究所（I. E. I. S.）推出一个项目，对“国家生命力”进行内容广泛的长期研究。这本由查尔斯·金德尔伯格教授撰写的关于世界经济霸权的著作就是此项目的研究成果。该项目旨在运用跨学科和跨国研究的方法，考察国家兴衰问题。项目分为四个研究阶段：评估、说明、预测和政策建议。

此项目在进行过程中已经就一些国家、地区或具体问题举行了八次重要的讨论会。在卢森堡和哈佛大学举行过两次涉及内容比较广泛的讨论会之后，还举行过一些专题讨论会，分别讨论了“中欧和东欧国家的生命力”“日本的生命力”“英国的生命力”“荷兰的生命力”等问题。最后举行的两次讨论会，是讨论根据项目计划要撰写的两本书的主题。第一次在哈佛大学召开，聚集了约 40 位知名学者（主要是经济史学家），讨论金德尔伯格教授的专著。第二次在伦敦召开，是由克里斯托弗·科克尔筹划的小型研讨会，讨论主题为“从文化视角看西方联盟的衰落”。

1995 年 5 月中旬还有一次会议，讨论戴维·兰德斯的专著：《国富国穷：为何一些国家富有，而一些国家贫穷？》。随后，是一些小型研讨会，讨论“俄罗斯的生命力”“城邦国家的生命力”“中国移民对一些亚洲国家生命力的重要意义”“教育在国家生命力中的重要性”“西班牙的生命力”“从文化角度看亚洲的生命力”等问题。

viii 金德尔伯格教授是在该项目进行过程中撰写重要专著的第一人。他的著作从意大利城邦开始，论及欧洲低地国家和英国，一直写到美国和日本。在这几个世纪里，有时存在明确的经济领导国，有时世界经济霸权并不确定。他的专著不仅着重于国别研究，而且注重带有重要普遍性和理论性的思考，例如国家的生命周期和经济霸权的更迭；不仅研究了经济霸权衰落的内因，也研究了衰落的外因。

该书付梓之际，许多人已对未来世界经济的领导提出疑问。此时，美国依然是唯一的超级大国，但是已经越来越不能够把它的政治和经济规则强加给别国；日本仍是一个重要的挑战者，但似乎还不能承担世界经济领导的角色；德国继续崛起，但仍将保持脆弱，其全球影响范围也还是有限的；尽管欧盟计划建立欧洲货币联盟（EMU）及共同外交与安全政策（CFSP），但它看来仍旧没有能力发展成为世界政治中的决定角色；并且，没人能够确切说出，15 年或 20 年之后，中国在政治上和经济上将处于何种地位。

查尔斯·金德尔伯格的这部专著，对过去几个世纪中诸国在世界经济中的地位作了出色的概述，并且对各国经济兴衰的原因提出了深刻的见解。

阿·克莱西
卢森堡欧洲与国际研究所所长

致　　谢 ix

像往常一样，我从学术合作中获益匪浅。许多朋友给我寄来了他们撰写或主编的书籍。他们是：摩西·阿布拉莫维茨、朗多·卡梅伦、鲁迪格·多恩布希、巴里·艾肯格林、杰拉尔德·费尔德曼、小宫隆太郎、亨利·诺、亨利·罗索夫斯基、彼得·特明、都留重人。翻印的资料、论文稿、参考书和其他资料来自：克里斯托斯·阿萨纳斯、卡罗琳·肖·贝尔、丹尼尔·贝尔、保罗·戴维、罗伯特·福斯特、罗伯特·戈登、滨田宏一、彼得·W. 克莱因、菲利普·勒孔特博士、乔尔·莫基尔、帕特里克·奥布赖恩、威廉·帕克、杰克·波尔森、瓦尼·L. 范弗利克。

在此我要非常感谢马丁·布朗芬布伦纳，他阅读了论述日本的第十一章的初稿，但由于我对日本问题的了解远不及他而造成的错误，不能归咎于他。承蒙保罗·霍恩伯格一丝不苟地阅读了整部书稿，给予我极大的鼓励，特别是他鼓励我认真修改了初稿中一些冗长的部分。哈佛大学历史学硕士研究生卡伦·史密斯和麻省理工学院杜威图书馆参考咨询馆员基思·摩根一起，查找了大量内容艰深的参考文献。我对着打字机键盘笨拙地敲出的书稿，有许多重叠在一起的字句和字迹模糊的插入内容，是戴维·富塔托在埃米莉·加拉格尔的大力帮助下，在麻省理工学院

用电脑将其转换成完美的硬拷贝的（不知我是否准确理解了这句行话）。

研究“国家生命力”的想法出自卢森堡欧洲与国际研究所的阿曼德·克莱西博士。该研究所还为此提供了资助。1994 年 5 月，哈佛大学举办了一次会议，讨论国家间正在变化的经济霸权的概念，但没有讨论这本书。我确信，每位与会者对我所阐述的问题的某些方面，都远比我了解得多。我希望，或许是徒然希望，并非所有人都对所有方面了解更多。

我对所有这些帮助感激不尽，并且希望我没有辱没这些帮助。

[除了土地、劳动力和资本之外，]企业家的活动是一个 2
必要条件，但不是一个充分条件。假如有机会，起作用并产生“历史的创造性反应”的，正是全社会的人的生命力。

——卡洛·M.西波拉，1986年，第113页。

第一章　导论 3

本书写于美国正讨论其世界政治、经济地位之时。一些政治学领域的人声称，美国“注定要领导世界”（比如：奈，1990 年；罗森克兰斯，1990 年；诺，1990 年）；其他较为关注历史的人则认为，一国可能并且确实会由于下列某方面的原因，从领导地位跌落下来：对外政策过度扩张（保罗·肯尼迪，1987 年）；关注狭隘的地方利益而忽视公共利益的集团加强联合（奥尔森，1982 年）；投资、储蓄、发明创造，以及总体生产能力的增长速度放慢；国家关注的重点从工业转向金融业，特别是金融操纵。人们反复阐明，一国的衰落是相对于别国的经济而言，不是绝对的衰落；随着新商品和新生产工艺的知识从一国传播到另一国，领先的国家在某个时间被他国在“赶超”过程中赶上，这个过程是不可避免的（阿布拉莫维茨，1990 年）。这个过程被认为不适用于欠发达或发展中国家，而且主要适用于具有所谓（说得好听点）**社会能力**的发达国家。因此，对社会学方面的考虑就加入到原本比较纯粹的经济和政治问题中来了。赶超模型说明了具有社会能力的主要国家如何才能缩小人均国民收入的差距，减少相互之间的分歧。第二次世界大战以来，北美、欧洲和环太平洋地区的差距和分歧就一直在加大，但在初期并未引起人们的注意。部分原因是缺乏

可靠详实的资料。这种模型没有解释为何一些国家能赶上并超过具有经济霸权的其他国家，而正被追赶的国家又为何可能在一些
4 情况下绝对地衰落。人们已经注意到，第二次世界大战以后，首先是德国，接着是法国，最近是意大利，在人均收入上超过了英国。

著名历史学家费尔南德·布罗代尔断言，肯定没有诸如衰落模型之类的东西。他特别反对某些经济学家主张的，公共财政、投资、工业和航运等极其重要的职能会突然崩溃这种简单理论。“一种新的模型必须从每种情况的结构出发来构建。”（布罗代尔，1966［1975］年，第 1240 页）对此我不是那么有把握，敬请读者自行判断。但我确实同意他认为衰落模型过于简单的看法。这种模型不可能仅仅是经济学方面的。另外，我赞同另一位历史学家西蒙·沙马的说法，他“把对近代早期文化的描述从 19 世纪术语的束缚中解脱出来，特别是从将社会矛盾和不对称性刨平为经济模式的光滑表面的术语的束缚中解脱出来”（1988 年，第 568 页）。

我的兴趣不在于谁现在位居“第一”——这是一个幼稚的问题，在团体运动项目中或许可以容忍，但对于严肃的学术讨论却不太恰当。确切地说，我考虑的是长期经济增长的问题；是世界经济是否必然逐渐形成等级结构，或者它是否继续保持政治上比较有吸引力的势均力敌者间的多元主义形式的问题。当然，“势均力敌的第一”之间存在许多各种各样的妥协；而随着第一、第二与第三梯队之间差距的扩大，这一系列妥协就逐渐变成了领导权，或一些人所说的经济霸权。

几年前，我在一本关于1930年代世界经济萧条的书中提出，经济领导权使领导国肩负着维持国际商品市场、资本市场和外汇市场的稳定，帮助协调宏观经济政策，在危机中充当万不得已时求助之对象的重担（金德尔伯格，1978［1990］年，第14章）。我过去的笔记记录了我对早些时期发生的经济衰退的关注，那些衰退可追溯至1950年代，也可追溯到内战时期及内战前的西班牙。正当美国的“黄金时代”行将结束时，我发表了一篇论文，题目是《美国面临一个转折点吗？》（金德尔伯格，1974年）。1978年7月，我还开过一个关于“老化的经济”问题的讲座（金德尔伯格，1978［1990］年）。因此，本书所涉及的问题对于我来说并不是新问题。

经济增长已经成为经济学家和经济史学家热切关注的问题，但也是令人烦心的问题。无论绝对衰退还是相对衰退，都是直到最近几十年才受到人们关注的。人们的关注始于一场争论。争论的问题是，英国的工商企业家是否已经失败，他们是否对英国从19世纪世界经济霸主地位滑落负有责任；或者这些工商企业家是否碰到了无法预见的障碍，诸如不符合现代技术要求的铁矿类型，或萎缩的棉花商品市场等，因而他们不该受到指责。文献资料汗牛充栋，杂乱无章，其中涉及数理经济学理论和计量经济学在历史学问题研究上的早期应用。读者将在本书中见到其中一部分。先驱者绝大多数是修正论者，将公认的历史结论颠倒过 5
来。修正公认的学说是在学术界很快崭露头角的相当可靠的一种方法。然而，多数文献资料却不能区分静态的经济理论和要求动态分析的状况。在静态的经济理论中，经济行为者使一定成本的

产量最大化，使一定产量的成本最小化，或者同时追求这两个目标。要求进行动态分析的则是这样一些状况，比如，在赚取利润的过程中遇到障碍的工商企业家，突破自身的局限，通过研制新的生产工序，建立新的制度，或开发新的商品来进行创新。诚然，当一个公司、一种产业、一个市镇、一个地区或者一个国家刚开始走上经济发展道路的时候，这种革新是比较容易做到的。但是，当它已经沿着那条轨迹走了很长一段距离，并且它已经如你所愿，变得成熟，开始老化，甚至逐渐僵化的时候，创新就不太容易了。

这项研究得到了卢森堡欧洲与国际研究所的资助。该所对“国家生命力”的问题进行了广泛的调查研究。在 1990 年 9 月就此问题召开的研讨会上，社会科学家和历史学家之中存在一个重大问题，即是否能够赋予“国家生命力”这个词一个准确的含义。人们对该词的准确含义迟疑不决是可以理解的。然而，对这个词变得敏感起来之后，我查阅了经济史、政治史以及社会史，其同义词和反义词之多，给我留下了深刻印象，而这些词同样难以严格界定。它的同义词有：适应能力、转换能力（即再分配资源的能力）、创造力、坚决的反应、活力、生命力、力量、善于创造、首创精神、智慧、动力、恢复力、敏感性、柔韧性、生气、强大的力量；反义词有：冷淡、怠惰、无精打采、困乏、呆滞、被动、懒散、迟钝，等等。让-雅克·塞尔旺·施赖伯在《美国面临的挑战》一书中，敦促他的同胞们避免踏上“阿拉伯文明走向宿命论和衰弱的道路”（1968 年）。经济学家在研究供求关系对价格变化的反应时，使用诸如“弹性”和“无弹性”这些概念的准确定义，但是，在数字背后却存在着消费者和生产者更加难以捉摸的特点。数字可能从很高下降为零，甚至负数，而消费者和生产者的特点却同他们对经济变化作出反应的敏捷程度和速度相关联。应该说，国家的生命力是呈周期性变化的。

如上所述，经济增长是难以捉摸的。许多经济学家和经济史学家着重研究了一个或几个方面的增长：人口、发明创造、投资、技术、制度、财产权、包括征税和债务在内的财政政策、教育（人力资本投资）、公共物品、对冒险的态度、用“寻租”理论的新发展来解释的垄断等。在“寻租”这种新发展起来的理论解释中，经济行为者滥用金钱，努力从政府的特殊照顾中获得垄断地位。对国别经济增长的研究，有时试图论及某国在某个时期的许多方面的增长情况。雄心勃勃的经济史学家 W. W. 罗斯托（1960年）、亚历山大·格申克龙（1962 年，1968 年）和 E. L. 琼斯（1981［1987］年，1988 年），探寻了国家总体的和各个方面的增长轨迹，他们认为，增长可以分为一些“阶段”，其中有“剧增”，或有“循环增长”。现在进行的研究，除了试图把经济衰退以及世界经济等级秩序中正在兴起和衰落的国家间的关系考虑在内之外，在目标 6
和范围上与他们的研究几乎没有什么差异。

正如类比在某些情况下具有欺骗性一样，它也具有冒险性。我仍然认为，国家的经济生命力要经历类似个人生死的周期。莎士比亚所提出的人生的七个阶段，从“在保姆怀里呜呜哭泣和嗷嗷待哺的婴儿期”，到“年老、眼瞎、掉牙、死亡”，其措辞过于激烈了，因为，国家没有明确的出生，也不会像人去世那样死亡。一个国家的经济变化轨迹在不同阶段会迥然相异。通常，它沿着

一条S形曲线发展，一开始缓慢地启动，然后加速，飞速发展一段时期，最后减速。这种增长模式还被冠以其他名称，诸如：逻辑曲线、物质转换曲线、五阶产品周期（贝里，1991年，第47页）以及技术成熟曲线等，这些名称描述了从知识型基础研究，经过任务型基础研究、实用性研究、产品研制，到产品应用的整个运行过程（《壳牌简报》，1991年，第1页）。（然而，最后一个名称却没有把被淘汰和废弃的技术考虑在内。）

像人类一样，国家可能被意外事故或灾难打断发展而不能活到老年，也就是说，它的发展可能受到外部力量的阻碍。但不同于人类的是，国家的经济能够有第二次生命。正如几年前我认为纯理论性的S形曲线同罗斯托的“阶段”理论一致时所提出的那样，新S形曲线可能在旧S形曲线的基础上产生。（金德尔伯格，1958［1965］年，第56页）

让我们接着完成这个冒险的类比。近代的医生通常专门研究人体某一个器官、系统或某一门类的医学——心脏、肺、腺体，病毒引起的疾病、儿科学、老年病学等，但却很少有人专门研究生命的本质。也许除了精神病专家之外，很少有医生会超出他们的专业领域，进而涉猎社会学，即研究他们的病人与外界的关系。同样，除了那些研究总体增长的经济学家（其中一些人只是描述而非阐释总体增长）之外，经济学家通常也只是专门研究市场、工业、制度和技术等。

许多经济史学家既研究经济史，也研究社会史，并且还从难以理解的社会因素，比如，从由历史、地理、社会和经济条件所决定的国民性自身，寻找经济史的原因。当研究范围超出单个的城市、地区或国家，而进一步探求它们相互之间，包括经济霸权问题在内的关系的时候，这些社会因素就变得特别重要了。

我探讨的经济霸权，以及历史上一些国家经济霸权的终结，是从公元1350年前后某个不确切时间的意大利城邦开始的，论及葡萄牙、西班牙；然后论及低地国家——首先是比利时佛兰德斯地区的布鲁日，布拉班特的安特卫普，最后是联省共和国及其中荷兰伯国的阿姆斯特丹；再论及英国、美国；最后讨论人们所谓的（有争议的？抑或实际存在的？）美国衰落的问题。其他章节探讨永远的挑战者法国，已经两次激进寻找“阳光下的一席之地”* 的德国，以及可能会也可能不会马上成为世界“第一”这个角色的候选者的日本。作为对国别研究的引论，本书首先有一个对国 7
家周期（或S形曲线）的笼统描述，包括一些否定部分分析人员主张的评论，这些分析人员认为存在诸如布罗代尔周期（150年）和康德拉季耶夫周期（50—60年）这样的长周期；然后讨论是否在任何时期或大部分时期都有某一国家成为经济领导国或霸权国的问题。

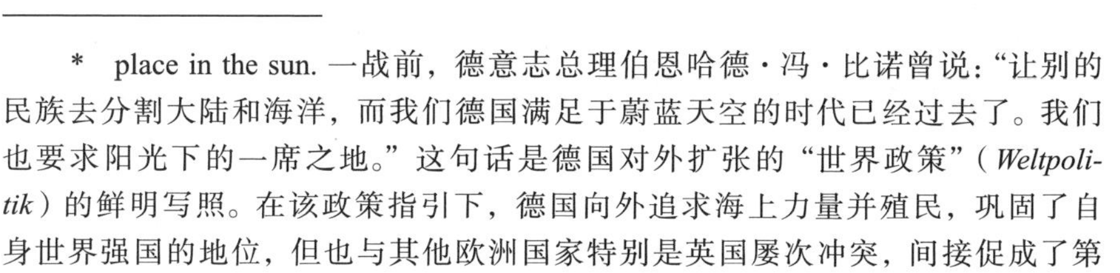

* place in the sun. 一战前，德意志总理伯恩哈德·冯·比诺曾说：“让别的民族去分割大陆和海洋，而我们德国满足于蔚蓝天空的时代已经过去了。我们也要求阳光下的一席之地。”这句话是德国对外扩张的“世界政策”（*Weltpolitik*）的鲜明写照。在该政策指引下，德国向外追求海上力量并殖民，巩固了自身世界强国的地位，但也与其他欧洲国家特别是英国屡次冲突，间接促成了第一次世界大战。——编者注（如未加特别说明，本书“编者注”均为中文编辑者所加。）

图 1-1 “在争相发展的比赛中，法国受到物价的阻碍。”

资料来源：法国经济与金融历史委员会，1989 年，第 505 页。

费尔南德·布罗代尔和他的拥护者伊曼纽尔·沃勒斯坦，在著述中使用世界“中心”或“核心”的字眼，在沃勒斯坦构建的模型中还使用了“外围”和“半外围”的措辞。布罗代尔断言，世界经济史就是一系列集中和再集中的过程，其间可能还夹杂有中心的丧失。（1977 年，第 185 页）这个观点的发展并非没有受到挑战。有人认为，过于重视有关经济领导国更迭的文献资料会掩盖这样一个事实，即工业化之前不久，欧洲的发展已经何等连贯而广泛。（E. L. 琼斯，1981［1987］年，第 236 页）与此类似的观点认为，这种研究历史的方法把历史变成了一场机械赛狗 *。（W. N. 帕克，1984 年，第 226 页脚注）另一方面，一个又一个世界经济领导国的更迭，已被说成是“历史上司空见惯的事”（布罗代尔，1979［1984］年，第 169 页）。这种说法本身并不能表明其正误。但是，对于很大程度上还停留在竞争假设的社会科学来说，“一

* mechanical dog race. 在赛狗活动中，作为诱饵的是一只机械兔。——编者注

场比赛”[①]并非不好的比喻。在有关中世纪经济的著述中，一位史学家曾经评论道，香巴尼、日内瓦、里昂和意大利皮亚森泽定期集市时期的欧洲经济，就像“一场接力赛，一个市镇赶上另一个，接着自身又被别的市镇超过”（鲍蒂尔，1971年，第176页）。很显然，我在很大程度上要依靠费尔南德·布罗代尔。由于没有足够的史学专业知识，我得使用他高水平的研究成果，包括：《地中海》（1966［1972］年）、《文明与资本主义》（1979［1984］年），以及《法兰西的特性》（1986［1990］年）等，从而对许多争论中所涉及的内容作出可靠的判断。布罗代尔使用该比喻说，“在威尼斯 8
霸权时代，法国在许多年中都无力参与比赛”（1986［1990］年，第2卷，第165页），而1688年的英国则“领先欧洲大陆一筹”（同上，第640页）。

这些比赛不可能用跑表来记时。准确确定哪国领先与哪国落后的特定时期，是没有说服力的。历史学家常常把时间花在孤立的历史“转折点”上，有时还攻击别人的“转折点”。对我来说，历史的本质似乎就在于它的复杂性。只有单一因果性的阐释不足为信。事实上，社会科学更喜欢过于简单的解释，也就是把解释归结为最少或最简单的原因。同时，社会科学也认识到，许多结果是由一长串“必要”原因而非一两个“充分”原因造成的，缺

① “一场比赛”这个比喻，是艾尔弗雷德·索维在1954年8月5日对皮埃尔·门代斯-法朗士的项目进行的评论中提出的，该评论载于翻印作文献的小册子《研究与文献》（1989年）第1期，第493—524页。这个比喻被浓缩为表明法国在同美国、德国以及英国的竞争中受阻于过去的通货膨胀的许多卡通画之一（第505页）。

乏其中任何一个原因，结果都不可能发生。衰老对人而言是一个自发的过程，但其结果却可能受到包括人的幸运程度、令人震惊的事情、意外事故等在内的所有外在条件和外界事情的影响。历史不是因果紧密相连的物理过程，更不是一种生物过程，尤其不是达尔文所说的生物演化过程。在演化过程中，生物会发生偶然性的突变，其枯萎或生长取决于无规则的，或近乎无规则的自然条件。混沌理论承认社会（和物理）变化过程中的或然因素；该理论认为，在早期阶段，常常难以觉察或不可能觉察到后来富于变化的核心。（C. S. 史密斯，1975 年，第 605 页）

在很大程度上，经济史首先是人们追求财富的历史。追求财富不是经济活动唯一的动机。亨利·皮雷纳指出，中世纪小规模的货币交易是受满足人的需要这一愿望所驱使的，“而且无疑也是为了满足每个人都固有的社交的本性”（1933［1936］年，第 10 页）。他把商业归因于爱财和渴望冒险。（同上，第 26 页）约翰·内夫强调人性黑暗的一面。他断言，与战争相关的冲动——恐惧、仇恨、残忍、复仇、破坏和使人痛苦后的满足，以及宗教信仰、勇气和战争义务引发的荣誉感——不是西方人所特有的东西。（1952 年，第 115 页）同时，对美的追求已经成为推动工业创新的一种积极力量。（C. S. 史密斯，1970 年）追求权势和威望的动机，是与追求物质财富的愿望相伴而生的，在法国人对荣耀的全心追求中尤其如此。效率和美、财富与威望，有时相互补充，有时相互替代，人和国家必须在两者之间作出选择。

目前还不能说对财富的追求是普遍存在的。在中世纪，贪婪是一种罪恶，所以，“劳动的目的不是致富”，而是“为了保持自

己与生俱来的地位直至永生”。（皮雷纳，1933［1936］年，第13
页）对人性一般特质（前面提到的邪恶除外）的不断寻求，就是
争胜的精神。“有样学样。”* 亚当·斯密在《道德情操论》一书中
指出，争胜普遍存在于各阶层人士当中，并且，争胜源于对他人
优点的赞赏（1759［1808］年，第1卷，第113页，第270页）。他
在《国富论》中继续指出，“竞争和争胜使有野心者连低贱职业的 9
专业特长也想学，并经常使有野心者连一个偶然机会也要竭尽全
力去争取”（1776［1939］年，第717页）。内夫在一个多少局限于
技术领域的说法中，把模仿和“智力的生命力”联系起来。（1952
年，第152页）一位美国历史学家写道，“一个人认同于一群人，
是大部分行为的全部基本原则”（麦克尼尔，1992年，第15页）。
认同富人是一种普遍的动机，但也存在其他的认同对象：诗人、
画家、音乐家、学者、士兵、运动员，而且他们中的一些人也同
样富有。索尔斯坦·凡勃伦在论述德国时认为，借用别人的成就
为自己服务是波罗的海各国人的显著特点，其中德国人也是如此
（转引自达伦多夫的著作，1965［1969］年，第4页）。布罗代尔通
过比较，在《地中海》一书中断言，“一种伟大的文明，能够通过
拒绝某些结盟要求，并坚定地选择那些提供给它的影响而得到承
认”（1966［1972］年，第766页）。

战争是影响国家经济兴衰和霸权的一个重要因素。经济冲突是战争的起因，是包括宗教信仰、王朝间的争夺、帝国主义和突发事件在内的许多原因中的一个。战争显然对经济增长有影响，

* Monkey see, monkey do. 直译为“猴子看，猴子学”，形容通过单纯模仿进行学习，而不进行任何思考与理解，亦不关心模仿可能带来的结果。——编者注

许多分析人员认为，经济增长也通过各种途径引发战争。这个问题将在第三章，特别是在后面对单个国家的研究中进行探讨。战争和经济增长之间的关系是复杂的，是不可能简单发生的。

战争也许是“过度扩张”的结果，这种野心超出行为者的能力，使其不能坚持到实现他或它的目标。过度扩张使人想起亚当·斯密所说的其他格言：

> “考察历史记载，回忆在你自身阅历范围中发生的事，认真考虑几乎所有极度不幸之人在个人生活中或公众生活中的所作所为。你可能读到过这些人，或者听说过，或者他们就在你的记忆之中。你会发现，迄今为止，他们绝大多数人的不幸都源于他们不知道自己的处境已经很好，适宜静坐和感到满足。”（1759［1808］年，第351页）
>
> “痛苦和混乱的重要根源似乎在于贪婪过高估计贫穷和富裕之间的差别；野心过高估计个人地位和公众地位之间的差别；虚荣过高估计湮灭无闻和闻名遐迩之间的差别。”（同上，第347页）

司汤达在其著作《红与黑》中问道：“谁曾见过，生来富有的人不希望自己的财富成倍增长？”（1835［1960］年，第612页）在较早的一本书中，我已经用过度扩张的概念来分析常常以金融危机结束的投机狂热。（1978［1989］年）这一概念对西班牙国王腓力二世、法国国王路易十四、拿破仑·波拿巴、阿道夫·希特勒等人的适用性，也是不难看到的。

经济分析和经济史近来关注路径依赖，即以特定方式展开，并使过程与制度变得僵化和不可改变的各种事件对经济过程和经济制度产生的影响。当外部条件改变时，常常难以（更确切地说， 10
近乎不可能）改组一些已经逐渐顺应先前力量的制度。科斯定理认为，除了在交易成本（即，使一套制度变为另一套制度的成本）高得使所要进行的改革受阻时以外，制度在一定程度上容易适应于经济的需要。由于使用老技术的边际成本（视过去的投资为沉没成本）必须同新技术的平均成本相比较，所以老技术常常和新技术一起被继续使用，且前者在很多情况下都处于有利地位（索特，1960 年）。在铲除抑或保留旧制度的压力和决策方面，情况也是如此。因此，要对某种制度的价值形成一个共同看法，在任何情况下都存在风险。熊彼特始终认为，如果高于正常数额的利润被再投资到改进过的技术和更大的资本设备上，垄断可能是有效率的；但是，利润可能只进入夸耀性消费。其次，关税可能在具有强大生命力的经济体中刺激增长，或者在处于衰退阶段而非幼年成长阶段的经济体中加快衰退。准确界定的私人财产权，构成道格拉斯·诺思和罗伯特·保罗·托马斯（1973 年）所分析的经济增长驱动力，并且在西欧的私有化运动和东欧从社会主义向市场经济的转变中起了主要作用，但是，它并不构成具有普遍性的解决方法。包税（私人金融资本家竞相争取对王侯税的征收权）和在干旱土地之间分配奇缺之水的水利方案等实例，都对实际上得到一致赞同的私人财产权提出了例外的要求。

为了结束这些内容广泛的引导性思想、看法和“评论”，让我们对混沌理论稍作回顾，并对国家政策的作用加以思考。首先谈谈无意中出现的结果，尤其是由某种力量或由作出决策时未考虑到的力量所带来的结果。斐迪南二世和伊莎贝拉一世为哥伦布的

航行筹措经费或许是此类决策中最突出的例子，但无意中出现的结果其实屡见不鲜。其次，讨论一下甚至是最灵敏和最有情报根据的公共政策遏止衰退的效验问题。我们重新回到人的衰老这一类比，近乎无疑的是，衰老过程依医疗条件的好坏甚至医疗条件的具备与否，而在人与人之间有很大的差异。经济乐观主义者会支持政府采用政策手段，如适当消费、削减开支、调节税收、发放信贷、提供补贴，甚至下达禁令和采取管制等；怀疑论者会记起美国 1973 年后令人失望的事：货币政策、财政政策、关于工业政策和收入政策的没有结果的讨论和 1981 年以减税刺激个人储蓄和商业投资的政策在最近的失败。在欧洲，强制性和指令性的计
11 划同样没有取得真正的成功。自从启蒙运动以来，世界已经不太相信巫术、迷信和神的法令，而更多地相信原因和结果，但在社会科学中，原因与结果并不总是紧密相连的。

混沌理论和预料之外的结果可以通过松散的纽带联系起来，并由于某个简单原因而产生多种多样的结果。人口压力就是这样一个原因。在一个社会能力有限的社会，随着人口的增长速度超过食物供给的增长速度，这种压力就引起饥饿和高地租，即马尔萨斯模型。在中世纪的欧洲，人口数目的上升首先导致耕种范围扩展到灌木丛生的荒野，于是荒野被开垦；接着扩展到森林，森林被砍伐；然后扩展到沼泽，沼泽被排干；扩展到海洋，海洋被填造成圩田。近代，在土地有限、收入减少的地区，行商把原材料带回家中进行纺织，然后把织好的布料拿去出售，家庭试图在这些行商的帮助下联合起来自己进行生产，这样，人口的持续增长就导致了家庭手工业的出现。在其他地区，年轻妇女离开农村

到城市当佣人，少年人进入教堂当禁欲的修女和僧侣，青年男子被招募到雇佣军当兵。他们或许是来自瑞士伯尔尼附近山区的农民，像我的父系祖先一样，首先迁移到德国的法耳次，然后才在那里当上兵。（布朗，1960［1965］年）

我们还能找到人口压力带来的其他后果。对英国工业革命兴起的通常解释（关于这个问题现在存在相当大的疑问）是，它因1740年代和1750年代一连串的大丰收所致的人口增长而起。由于提供了较好的营养，大丰收降低了婴儿死亡率，并且在数十年之后把年轻人赶到城里去寻找工作。（迪恩，1965［1979］年）威廉·麦克尼尔注意到，类似的人口激增现象在欧洲其他地区也有发生，但在人口激增之前却没有同时获得过丰收，于是他就假定，人口的增长与其说是由良好的气候和大丰收这些偶然因素造成，毋宁说是由这样一个事实所致，即经过漫长岁月的人口混杂，欧洲人已经增强了对以前因早期接触而在大陆间传播的那些疾病的免疫力，从而导致死亡率的下降。（1976年；1983年，第33—38页）人口数目的上升打破了由行会把持的垄断，并引发了英国的工业革命和法国的政治革命。（麦克尼尔，1983年，第37—38页）在其著作的另外一个段落里，麦克尼尔认为，人口压力促使英国出口商品，同时促使法国输出武装人员。（1982［1984］年，第186页）

其他无意中的或意料之外的结果，已经被各方面的分析人员所引证。一种观点认为，16世纪的价格革命导致了神圣罗马帝国境内的三十年战争（1618—1648年）、法国的宗教战争（大约始于1562年），以及英国1640年代的清教徒叛乱。（雷迪，1987年，第25页，第53页，第82页）这场价格革命的原因可能有二，它们相

互对立、各执一端：一个是欧洲从西属美洲进口白银，另一个是人口的增长速度超过了农业从过去的挫折中恢复的速度。

本书大体上以国家为单位进行组织编排。这种组织结构引出几个问题：第一，是应该按“煤炭”还是应该按“文化”，也就是
12 说，应该按自然资源还是按文化塑造的国家制度来研究各种各样的国家。这两方面我都力图涉及。第二，是一个不断出现的问题，即应该合并研究还是分解研究。比如，是把大不列颠和北爱尔兰作为一个整体研究，还是将英格兰、苏格兰和威尔士，甚至将英格兰的西北部（纺织品区与“黑区”）和富庶的东南部农业区分开进行研究。除了意大利北部的城邦——威尼斯、佛罗伦萨、热那亚、米兰——被分开研究（其中威尼斯占了多数笔墨）之外，对绝大多数国家我是从整体上研究的。第三，是文化、制度和历史的问题，即某个国家究竟是有中央指示的一个单元，还是多元化的，这种多元化或许是联邦制，其中有许多各具主动权和力量的中心。至于第四，则是关于等级结构和收入分配，以及它们对包括社会能力在内的经济增长和发展所产生的影响的问题。此外，在过去的500年间，时过境迁，各城邦逐步控制了它们周围的地区，这些地区渐渐发展为行省，并在恰当的时候联合其他行省组成了国家。国家有时会发展为帝国。毫无疑问，我应当分别研究地区、城邦、国家和帝国，而非下文所说，都在“国家”层次上研究增长和衰退的问题。这些社会与政治演进性的变化以及革命性的变化，影响着经济的增长过程和减速过程。在不了解情况时，把它们都塞进“社会能力”这个黑箱之中也许是不可避免的，但这样做几乎阐明不了什么问题。

在旅途中有一张路径图和一些关于将要看到的景点的说明是有用的。因此，本书首先接下来的两章是概括说明，第二章是关于单个国家的兴衰，第三章是关于世界经济领导中心国的更迭，以及领导国与霸权国的兴衰变迁。随后的八章讨论意大利城邦、西班牙、低地国家、法国、英国、德国、美国、日本等国经济霸权的兴起及其衰落。衰落原因有一些来自外部，比如战争的失败。而历史学家、经济史学家和经济学家所指的绝大部分原因——过度扩张、创造能力的丧失、储蓄和投资较低、外国的竞争，等等——都是老化过程的征兆，而非互不相关的独立因素。抵制变革、僵化、躲 13
避冒险、注意力从生产转向消费和财富，这些都表明经济的老化。即便是最明智的政策也不容易扭转这个过程。

经济霸权一词应当稍作解释。这个概念没有简单的数量含义，没有那些用来决定谁或哪个队是某项运动比赛第一名的数量概念。而且，它可能但并非必然与政治、军事或文化霸权相一致。现在，美国也许尚可宣称享有军事甚至文化支配地位（如下文所界定，后者是在主导地位意义上说的）。但是，依我看，它以前的经济霸权正在滑落。有时，经济实力会导致政治上的卓越地位，而有时正好相反，当国家聚集财富，开拓疆土，建立帝国之时尤其如此。但其间的相互联系却不是直接的或简单的。

经济霸权不能仅用下列指标中的一个来衡量：国民收入（总体的或人均的）、增长率、发明创造的数量及其潜在重要性、生产能力的增长、各种出口市场的份额、国内和（或）国外投资水平、对原材料与食物原料或燃料的支配能力、黄金和外汇储备、他国使用本国货币作为交换媒介和记账单位及价值储藏的情况。恰恰相反，经济霸权的兴起是这些衡量指标和其他衡量指标混合作用的结果，各个指标的作用因时间和地点差异而有所不同。尤其在20世纪晚期，随着各国，特别是美国，已经越来越被财富和资产的买卖而不是被商品、服务和资本收益所吸引，金融显得更为重要。不同的职能以不同的速度相对衰退，在近来的美国，储蓄、生产能力和创造发明的衰退速度都快于美元的世界用途的衰退速度，因为至今尚未找到合适的货币替代美元。

已故的弗朗索瓦·佩鲁既是法兰西学院的教授，也是法国数理经济应用科学研究所所长。他首先在论述中使用了支配地位的概念。其含义是，当国家、公司或个人享有支配地位时，被支配者不得不考虑支配者的行为，但支配者可以对被支配者置之不理。霸权一词被政治学家广泛使用，含义接近“经济霸权”。在其全盛时期，经济霸权与其说同支配地位和霸权直接相关，不如说同世界经济领导地位的公共利益有关，它不像领导下达指示一样命令其他国家的行为，而是指明道路并使其他国家确信它值得追随。16世纪的西班牙是这样，19世纪后半叶的英国和1950—1975年的美国更是这样。与大国相比，17世纪的尼德兰联省共和国虽小，但却凭其示范作用而非军事或政治力量，领导了世界。

有许多类似经济霸权的概念——有德之人、健康、优秀思想——都不能被严格界定，但多数人明白它们的含义。经济霸权不能被确切地测算，并且正如埃尔金勋爵所说，在这种情形下，我们的知识就不尽如人意了。尽管如此，我还是肯定地说，这个概念是有其含义的，并且在过去的某些时期，也许是很长时期内，经济霸权已经真实存在了。

第二章　国家的生命周期 14

如果同意人的个体存在生命周期，那么人们可能要问，国家是否也存在生命周期。人的个体出生、成长、成熟和死亡，但是，新一代人会追随他们的足迹，并可能使城邦或民族国家稳定发展。虽然费尔南德·布罗代尔认为文明终究会衰落（1966［1975］年，第775页），但是国家可能不会灭亡。早在1600年，西班牙就有人提出历史循环的观点。（埃利奥特，1961［1970］年，第170页）经济学家已经证明，各国经济都存在商业周期，其中包括发明的周期（威英伯格，1992年）、公司的发展周期（米勒，1988年）、产品周期（弗农，1966年）。发明周期的后两个阶段是改进期和停滞期；公司发展周期已在1993年大众汽车公司、国际商业机器公司、通用电气公司以及西尔斯·罗巴克公司的问题上得到清楚说明；产品周期特别适用于在一国创造出来后传播到国外的工业制造品。西班牙一位历史学家甚至已经注意到行会的演变周期，斐迪南二世和伊莎贝拉一世都鼓励这种组织结构，并且，由于它有助于保持质量标准，所以在工业增长的起步阶段有用，但最终它却被视为对工业发展的“阻碍、压迫和诈骗”（维森斯·维维斯，1970年，第142页）。现代一位政治学家提出国家实力的周期（多兰，1985年），另一位政治学家则提出有关战争的一些周期

（伯格森，1985 年）。甚至有一位文学批评家还在评论斯彭格勒的《西方的没落》时写道：

> “万物均呈现出有机的循环往复的规则变化，经历着起源、成长、衰落和最终死亡等各个阶段。如果这种变化无一例外地发生在所有人身上，那么就肯定不存在任何内在的不可能性，这意味着相同的、有机的、循环往复的规则变化可以被援引到更大的生命单位。”（弗赖伊，1974 年，第 2 页）

15 双重否定——不存在任何不可能性——也许没有说服力，但民间智慧强调特定时间范围内的家庭成员具有生命周期——富不过三代*。西波拉将这个观点引申到国家和经济上，认为一代人赚取财富，一代人维持财富，第三代人挥霍财富。（1970 年，第 12 页）[①]

其次，在开始认真考虑经济问题时，请注意本世纪初那位具有广博深厚的经济史知识，并熟悉经济发展生物性的古典经济理论家，他曾写道（这肯定是句题外话）：“德国的工业和贸易比英国兴起得晚，自然就发展得快，就像小男孩长得快一样。”（马歇

---

* 原文为 three generations from shirtsleeves to shirtsleeves (in England, from clogs to clogs)，直译为“三代人从衬衫袖子到衬衫袖子（在英格兰，是从木屐到木屐）”，为英语谚语，即第一代人白手起家后，第三代人又回到原点。——编者注

① 西波拉在其主编的著作《帝国的经济衰落》（1970 年）长达 15 页的精彩前言中提出了本书的许多观点。当我后来在会议材料中再度看到这篇前言时，我很想放弃本书的写作计划。然而，他对帝国的兴起只作了些许论述，没有涉及我所论述的许多国家，并且完全超出了欧洲、美国和日本的范围。我可能还有余地。

尔，1920年，第139页）经过较长一段时期之后，西班牙一位法学教授在1799年的一次嘲讽性“演讲”中，表达了这个观点：

> “世界所有国家都遵循着自然的脚步，年幼时懦弱，青春期无知，年轻时好斗，成年时看破红尘，老年时如法学家一般，衰老时迷信而专横。”①（赫尔，1958年，第333页）

最后，比我年轻整整一代人的一位经济史学家理查德·萨奇，在他担任美国经济史协会主席时的讲话中提出，应把生命周期的观点吸收到所有经济史中（1991年）。

S形曲线

图2-1中的S形曲线，又称冈珀茨曲线或逻辑曲线，取自一份报告的封面，该报告对美国得克萨斯州奥斯汀市的年轻人状况加以研究。曲线分为三段：0—8岁的孩子绝大部分处于曲线下端，9—16岁的青少年居中，17—25岁的青年靠右边。纵轴计量的内容不甚清楚：也许是身高，虽然身高在青春期里增长，并且不平稳；也许是体重，从出生到满5个月体重增长一倍，从出生到1岁体重增长两倍；或许是某个较难表述的量，诸如在社会上

① 正如现代史学家所记载的萨拉曼卡大学萨拉斯教授的演讲，西班牙同时表现出所有这些阶段。萨拉斯继续尖刻地讲道：“西班牙所有乃其他国家所无：斗牛是其社会联系的纽带和政治习惯的锻造炉；西班牙从中汲取尚武精神，学习政治管理的智慧。”（赫尔，1958年，第334页）

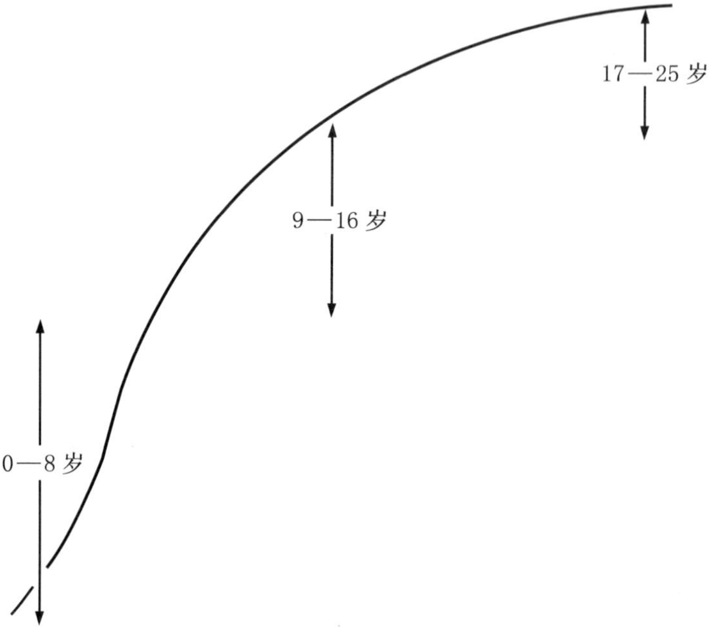

17—25 岁

9—16 岁

0—8 岁

图 2-1　S 形曲线

资料来源：青年投资计划：奥斯汀项目，第一阶段。

发挥作用的能力等。比如，在 75 岁的正常寿命中，在成熟、老化和衰竭之前有一段时间，在近 50 岁到达顶峰时期之后，是妇女的更年期（按英国人的说法是“人生转折期”）和某些男人的中年危机期。有关这种描述的图应该向右延伸，首先平直延伸，然后向
16 下，就像朗多·卡梅伦的世界历史发展逻辑曲线所描述的那样（1989 年，第 16 页，图 I-1）。布赖恩·贝里的著作研究了不同工业的康德拉季耶夫（长波）经济周期，他在该书中展示了与上述稍有不同的 S 形曲线。如果用发展高峰的百分比来衡量，随着不同的工业逐步经历“引进、增长、成熟、饱和与衰退”等阶段，这些曲线将向下延伸相当长一段距离。（1991 年，第 46—47 页，图

26、27）所有曲线均为理想化或者平滑的S形曲线。但现实世界中却存在许多摆动、加速和倒退；旧的S形曲线中会衍生出新的S形曲线；国民经济的不同部门和不同区域具有不同的曲线；当要把所有曲线叠加在一个加权基上时，这些因素都带来了重重困难。实际情况应该是缓慢启动、加速、增长速度放慢、平稳增长，然后衰退，并且这种衰退通常是相对于其他工业、部门、区域或经济而言，但有时也是绝对的。

S形曲线与W. W.罗斯托（1960年）的经济增长阶段和亚历山大·格申克龙的“大剧增”（big spurt）（1877年）非常吻合，除了这些作者所撰写的经济史始于18世纪英国工业革命，而非500年前的意大利商业革命，且他们对于经济增长速度放慢和经济老化，或者世界经济霸权的更迭，或者新兴霸主取代衰落霸主的过程中不时出现的艰难过渡的兴趣都不及我。还有其他各种细微差别，但最主要的差别是——以罗斯托的阶段系列为例——其以高水平消费告终，[①]

① 在他后来的著作中，尤其在论及经济增长思想史时，罗斯托对经济增长放慢和迟缓表现出较大兴趣。他注意到，约瑟夫·熊彼特1939年认为资本主义不是受到投资机会减少威胁，而是受到政治、社会以及智力的不利环境加上自生的衰退力量威胁（罗斯托，1990年，第242页，所引熊彼特，第2卷，1939年，第1050页）；西蒙·库兹涅茨却认为经济增长放慢和迟缓的原因是“技术进步放慢，革新部门依赖增长较缓的供给原材料投入的部门，可用于扩张革新部门的资金相对减少，以及来自更加年轻的国家的同一工业的竞争”（同上，第243—244页，引文自第244页）。后者似乎假定革新部门通常被考虑在内。在后来的一篇论文中，罗斯托再次引用与我的观点相似的一个观点：“如果我们把各个不同的国家或不同的工业部门分别挑出来，情况就变得不是那么整齐划一了，一些国家似乎在某个时期领导了世界，其他国家却在另一个时期领导了世界。”（罗斯托，1991年，第410页，所引库兹涅茨，1930年，第1页）但库兹涅茨未对经济增长迟缓作任何详细解释，将其归因于“经济史学家讨论的因素”。

17 而我却强调衰退。我还考虑到围绕理想模型出现的更多变异，诸如：增长在开始阶段中止、各种干扰因素、使经济没有能力对付冲击的刚性、混沌理论、路径依赖和集体记忆。集体记忆可能破坏本应抓住的机会。

研究经济增长的绝大多数理论著作涉及到劳动力、资本、含有外生（从外界引进的）技术变革的“余量”、人力资本投资（教育）等，间或还涉及“土地”（或资源）。经济史学家很少惜墨如金，经常将研究范围扩展到包括社会学因素在内的非经济因素。法国人特别为价值观念（*mentalités*）留有篇幅；德国人则为时代精神（*Zeitgeist*）或社会价值观念留有篇幅。一些人还会强调经济或其他方面的政策，其中绝大多数人强调政府的政策。然而，本书的一个主要目的是要表示质疑，即正确的政策是否足以延长国民经济的增长，就像良药的性能有限，不能使人的生命延长到超过遗传天赋设定的限度一样。当然，必须区分应付冲击的短期政策和使增长长期持续的措施，正如良药能治好特殊病症和痛苦，但在纯理论意义上却有别于旨在延长人体寿命的药物。

审视未来

荷兰中央计划局最近（1992 年）的一项研究用一种严重背离该局经济传统的复杂方式解决经济增长问题。这项研究提出三个理想化的经济增长模型：（1）“均衡模型”，该模型与亚当·斯密有关，其中理性的人具有完全的信息，利用自然资源、储蓄、教育，以及运转良好的劳动力、资本、货物和服务价格体系，根

据需求状况优化生产，包括时刻准备开发新产品和进行生产革新；18
（2）“自由市场”模型，该模型含有不确定性、强大的产权、个体适应性、高度自主的经济活动、强劲的技术创新，以及由此造成的高速的创造性毁灭——此为熊彼特模型；（3）“协调”模型，又被非常晦涩地称为“凯恩斯模型”，它包括集体而非个体适应性、运转良好的政府而非公共选择理论所假定的自私的官僚、对基础设施等公共物品的关注、国内政策协调和国际政策协调等函数。三种模型分别可以被视为理性的人、竞争性的人和协调性的人，它们绝不相互排斥，而且不同时期的不同国家追求这三种模型的不同组合。图2-2源自上文所述荷兰中央计划局的研究，描述了以圆周排列的上述三种模型，圆心为“社会创新”。“社会创新”表示“个人、公司和政府摆脱现有习惯、观念、制度和任务分配方式，并根据不断变化的经济状况和新的发展修正自己的能力和意志”（同上，第47页）。后续的论述为：

> “……历史还多次表明，个人、公司、经济部门乃至整个经济，经常过度推行其成功的方案，实行时间过长。甚至当即将达到极限的明确信号发出时，它们显然也常常不能调整适应新的经济状况。这说明为何社会创新被置于繁荣圈的核心。特别是对于在努力追求经济持续增长和发展的发达国家来说，社会创新极其重要，并且正如历史已经反复证实的，也非常困难。不能实现经济持续增长和发展，就等于打开制度僵化和经济最终相对衰落之门。”（同上，第51页）

图 2-2 繁荣圈

资料来源:《审视未来:世界经济的长期规划,1990—2015》。海牙:荷兰中央计划局,1992 年,第 47 页。

19 # 资　　源

在 S 形曲线经济增长模型中,我很少关注农业、人口或城市,除非它们是加速增长初期的原始条件。在判断“煤炭”和“文化”孰轻孰重时,人们认为,“煤炭”资源除了主要用于伦敦的室内取暖之外,直到 18 世纪才被认为是一种真正的资源,而其他能源则有:人力、动物、木材、风力、泥炭,以及许多别的资源。封建主义发展于肥沃的滩地上。在那里,领主以提供保护换取农奴的部分生产。在山区，生产产量很低，不必防范游匪掠夺，领主也无以榨取，因此，山区农奴的居住地沿着共和的路线发展起来。（拉帕德，1914 年，第 1 章）海滨港口城市居住着流动的商人和海员，它们——威尼斯、热那亚、阿姆斯特丹、汉堡——也建立了共和政府而非王国政府，这种政府逐渐演变为长存不废的寡头政府，由最富有的商人进行管理。贵族阶层在斯堪的纳维亚半岛、波罗的海和北海沿岸的大部分地区同样弱小，或者不存在。例如，在挪威，领主领地上的劳动需要足够数量的农奴家庭，足以养活如此数目家庭的土地应该绵延广阔，一个管家尚难以照管。在欧洲北部沿海地区，防洪所需堤坝要求合作维护，这使得封建领主难以各自为政。（凯伦本兹，1963 年，第 xxi 页，第 xxii 页）

地理位置是一项重要资源。威尼斯位于亚得里亚海北端，因此十分易于抵御海盗的掠夺，从海上可达黎凡特地区 *，经由阿尔卑斯山上的隘口通道可达德国南部，享有从事转口贸易的优越的地理位置。热那亚的地理位置也同样优越，它与西地中海相连，通过直布罗陀海峡和比斯开湾可达低地国家、英国以及北欧，利用运货骡队还能穿越阿尔卑斯山西段的山口。由于四面环山，热那亚缺少腹地。在海外，它被等同于意大利南部和地中海岛屿上的一个城市。塞维利亚位于大西洋信风的通道上，背对盛产柑橘、橄榄油和葡萄酒的安达卢西亚的农田。布鲁日、安特卫普和阿姆斯特丹在一个方向上可以通往大西洋，向北则可到英国，朝东能

* 指地中海东部诸国及岛屿，即包括叙利亚、黎巴嫩等在内的自希腊至埃及的地区。——译者注

抵北海和波罗的海，具有广阔的平原，流向内陆的莱茵河和默兹河带走了平原上多余的水。许多城市——巴黎、里昂、法兰克福、日内瓦、乌尔姆、奥格斯堡——修建于东西向的河流交汇处。每
20 个大的中心城市先后都试图建立具有初步规模经济和优惠成本的贸易垄断。外来供应商和需求者之间的直接贸易，最终使这些城市陷入困境。并非所有港口都从事造船业或建立自己的船队。在一些例子中，原因是非常明显的。比如，罗马不是一个航海者的国度，因此，它不得不通过租借舰船和学习别国的技术（主要是希腊城邦的技术）来临时组建海军。（莫拉·迪儒尔当，1993 年，第 31 页）佛罗伦萨和米兰地处内陆；热那亚制服了竞争对手阿马尔菲和比萨，并同里窝那展开激烈竞争。尽管“美男子”腓力四世在热那亚建立了船队，热那亚人扎卡里亚被任命为船队队长，后来“好人”腓力又会同葡萄牙造船专家在布鲁日努力造船，但是，布鲁日和安特卫普仍然存在问题。除了让所有国家的私掠船都集中停泊在敦刻尔克之外，上述努力似乎尚未达到足以使佛兰德斯成为一个航海国家的程度。（同上，第 62 页，第 66 页，第 68 页）对于这种失败，人们列举了各种各样的原因，诸如：布鲁日和安特卫普均长期由汉萨同盟提供保护；西班牙没有足够的海军力量保护本国船队之外的商船队；劳动力和资本被分散于佛兰德斯和布拉班特省的工业和联省共和国的造船业之间。（范霍特，1972 年，第 104—105 页）价值观念可能也与此有关：亨利·皮雷纳认为，有史以来，海洋国家一直强调个人主义和自由；而大陆国家却始终主张社会性和专制主义，崇尚等级森严的组织。（转引自莫拉·迪儒尔当，1993 年，第 231 页）从这些引证材料中，

并不能明显看出因果关系的方式，或者西班牙、法国等国是否属“海洋性的”或足够海洋性的国家。还有一种可能性是，除了为数众多的（主要是）意大利商人和银行家之外，布鲁日和安特卫普没有足够的充满活力的人力来发展强健的造船工业，并使之能够与意大利桨帆船、汉萨同盟的寇克船相媲美。

一次专题研讨会讨论了芬兰未能从制造大型帆船向制造轮船转变的原因。此次会议提供了生动说明：

> “……所有国家均存在‘农民’船舶所有人……我们所寻找的是**船舶所有人**［原文用大写］：‘富有而坚决、精力充沛而有进取心……属于明天的人不投资于今天的技术，对昨天的技术投资得更少。’”（杰克逊，1991 年，第 152 页）

然而，这次专题研讨会的另一位与会者则宣称，阐释单个国家参与国际造船业的程度和模式，仍将是“航海史上最困难的问题之一”（布罗泽，1991 年，第 127—128 页）。

由此引出的问题是要阐明这种参与的变化。诚然，这涉及竞争，但还存在更多的因素。一个港口可能适合小船，却不能容纳较大的船，如果河道里存在沙洲或者被淤塞，那更是如此，正如瓜达尔基维河圣卢卡河段的情况一样，沙洲使较大的船最终把航道改经加的斯湾，淤塞使较大的船只不能到达布鲁日。由于缺乏 21
可供使用的木材，民众移居外国使造船木工的工资较高，特别是由于本地船厂不能快速而廉价地效仿国外的技术创新，造船业可能衰退。

远程贸易

在欧洲近代初期，商业（即本地产品在市镇上的正常销售）和“远程贸易”具有明显区别。亚当·斯密认为，除远程贸易涉及的资本数额较大外，这两者是一回事。（斯密，1776［1973］年，第112页）但是，他忽视了一系列涉及结算、外汇、外语，以及有关货物来源和货物地区差距的知识的问题。而且，在远程贸易中，还存在奢侈品与谷物、木材、羊毛、明矾、鱼、盐等大宗商品的区别。（伊斯雷尔，1989年）12、13世纪的商业革命首先涉及奢侈品，它们是从地中海东岸运来的，无论怎样，其中许多均来自印度和中国，部分被交换为开采自中欧的银子，部分被交换为佛兰德斯和布拉班特的精制毛料，在香巴尼的商品交易会上被卖给意大利商人。对东方货物的需求，要求从农奴身上榨取收益的贵族所获得的可支配收入超过他勉强糊口的生活水平；还要求贵族具有从市镇上赚取的商业利润，以及在十字军东征途中养成的对东方货物的喜好。许多此类货物在名称上都显现出它们的阿拉伯渊源，如：食糖、穆斯林纱、锦缎、棉布、咖啡（穆哈咖啡）等。其他货物——香料、东方棉布、丝绸——则由船只从中国、东南亚诸岛、印度运送到波斯湾和红海，然后再由旅行队带到阿勒颇*和开罗。

在商业革命初期，商人随身携带货物，四处旅行推销，既为

* 叙利亚西北部城市。——译者注

了尽可能地保护货物免遭海盗劫掠和在风暴中被抛弃，也为了把货物销售到海外。随着时间的推移，商人逐渐演变为坐贾和居家行商，家里有账房和货仓，并依靠海外的代理商进行销售。经由陆路运送的货物绝大部分是在商品交易会上销售，这些交易会每年在各种不同的城镇上举办两次或四次。商品交易会上的商人将其买卖的货物记录在案，抵消掉可以平衡的借方和贷方金额，并在其他地区或即将举行之商品交易会上以钱币或汇票的形式支付或收取差额。后来，金融机构逐步发展起来，诸如经营汇票、保险、标准货币、标准度量衡的银行，还有打击海盗劫掠、私掠船和无照经营者（企图侵入政府批准的垄断行业）的政府保护机构。

一些民族比其他民族更擅长造就商人。从 1100 年开始，意大利人就率先发起商业革命；而当意大利银行家走遍西欧和中欧时（将他们驱逐出境的汉萨同盟市镇除外），他们再次成为开拓者。
渴望获得利润并愿意冒险的荷兰人和英国人，以及程度稍弱一点 22
的法国人，从 16 世纪晚期开始步其后尘。另一方面，西班牙人任凭自己在向新大陆的西班牙居民供应货物的过程中，被居住在塞维利亚的外国商人淘汰出局，直到 1713 年西班牙允许外商从事直接贸易以后，情况才有所改变。除德国汉堡、卢卑克、科隆的商人外，神圣罗马帝国统治下的德意志缺乏高效率的商人，以销售莱茵河流域出产的布料、西里西亚*的亚麻布，以及东普鲁士的谷物和木材。有人认为，这是德国贸易在 1618 年开始的三十年战争

* 指中欧的一个地区，包括波兰西南部、捷克和斯洛伐克北部以及德国东南部。——译者注

中遭受破坏的结果。（布罗代尔，1979［1982］年，第 159 页）

地中海的造船业开始于靠桨手划动的桨帆船。桨帆船后来逐渐让位于模仿寇克船制造的大型帆船，这种技术也是从汉萨同盟引进而来。随着一些重大的技术革新和大量的技术引进，航海技术缓慢但持续不断地向前发展。海军和商业桨帆船的体积越来越大。大型帆船增添了更多的桅杆、更多的风帆和更大的排水量，艉柱舵被替换为转向桨，航海术和地图绘制学进一步发展。到 15 世纪时，这种发展缔造了一个“发现时代”，这个时代由葡萄牙人领导，到通往远东的新航线和美洲大陆被发现时达到顶点。

船只体积和港口出水道区域的扩大改变了港口的相对功用。河道淤塞，有沙洲和季节性断流，意味着标准船只无法达到许多内陆港和上游港——艾格莫尔特（Aigues Mortes）、塞维利亚、布鲁日和其中地位较为重要的科隆。体积较大的船自然需要更多的木材。但随着西欧的森林枯竭，木材变得越来越难得到。对造船业的其他限制是季节性的——如波罗的海的冰、地中海和大西洋的冬季风暴等。

笨重的货物不仅可从海路运输，而且能经可通航的河流和后来的运河从内陆运输。但并非所有河流均一年四季适合货物运输：一些河流夏季干涸（如卢瓦尔河）；另一些河流春季激流滔天（如罗讷河）。18 世纪初，运河的开凿遭到渔民和农民反对。渔民经营拦河坝；农民需要水进行灌溉，或需要使水流加速以排涝。运河开凿的难易程度取决于地形的轮廓和地质状况。正如米歇尔·谢瓦利埃在 19 世纪指出的，各国运河的建设风格可能也有差异。英国的运河建设相对较早，仅次于荷兰。随着驳船和所载货物的体积增大，运河的使用效率变得越来越低，但英国仍让其运河保持最初的规模。法国运河是后来才有的，由于它的建设远远超过需要，因此涉及建设过程中资本使用效率低下的问题。在美国，运河按照能够满足当代需要的规模进行建设，并且当运河确实需要完善时就对其不断改建。（谢瓦利埃，1836 年，第 2 卷，第 40—42 页）

陆路交通的发展较为缓慢。罗马帝国在法国和英国境内修建的公路不可能经久耐用达几个世纪。翻越阿尔卑斯山口通道的运货骡队费用昂贵，只适用于驮运金银币和高价值货物。使用马背、运货骡队、牛车和马车的陆路运输，起初经由质量很差的道路，然后是英国的公路，再后被取代为 19 世纪的铁路，直至 20 世纪的汽车、卡车和飞机。一种观点认为，交通工具的创新是技术变 23
革最普遍的形式，因为它不仅使市场相互联系起来，而且促进了亚当·斯密认为是国家财富增长基础的劳动分工。（伊萨德，1945 年）另一种分析认为，交通工具的创新是某种交通运输方式导致的一系列结果中非预期的结果，这种方式收取垄断价格，并由此鼓励新方式的引进。（吉拉尔，1965 年）

工　业

也许除了盐、鱼肉和供农民使用的铁壶，当然还有供领主和夫人使用的奢侈品之外，封建庄园主要是自给自足。工业起源于三个缘由：以国内产品替代进口，有时辅以关税和/或禁止进口；家庭手工业，有时被称为“原始工业”（proto），使得剩余的年轻人口滞留在家，年轻妇女不寻找当佣人的工作，男人不四处流浪也不参加雇佣军（布朗，1965年）；以及城市中的熟练工匠。最后一个缘由，即城市的熟练工匠们，生产出新型货物：金银珠宝、包括镜子在内的玻璃制品、皮革制品、印刷品、艺术品等。人们通常认为，需要是发明之母。然而，冶金学家西里尔·斯坦利·史密斯却指出，多数创新源于对美的追求，如新的合金是为了雕塑艺术；生产管道过程中使用的挤压法（extrusion process）是为了保持彩色玻璃的颜色；化学制品和染料是为了使布料更加赏心悦目——无论是使之更柔软、更鲜艳还是更白。（1970年）

家庭手工业是行商发展起来的产物，行商把原材料——起初是羊毛和亚麻，后来是棉花——送到农民家里，一段时间后再回来收购成品，然后销售出去。后来，工业逐渐转移到工厂里。小商人可能从计件生产转向批量生产，或者从小商业转向工业。大商人却并非如此。他们宁愿把财富投入银行业、包括一些农业在内的庄园以及政府机构。从家庭手工业生产转向工厂生产的原因包括：随着技术进步，人们能够相继使用动物能、风能、水能、蒸汽能，最后是电能；希望防止工人偷窃；需要防止竞争对手窃取工业秘密。一种未被广泛接受的观点认为，发生这种转变是为了压低工人的工资。（马格林，1974年）

技术进步通过下列因素在国家间传播：旅行；知识失窃，包括从国外走私新发明的机器；仿造，既有被允许的也有被禁止的；吸引企业家和工匠移民；为旅行提供补助；技术培训；技术出版物数量的增加。芬兰是一个工业化较晚，并从国外获取现代技术的国家。芬兰的一位经济史学家列举了使一国在技术上得到发展的八种办法，包括：进口外国的机器、到国外学习和考察、分

析外国产品、阅读外国最高级别的技术文献等。(迈林陶斯，1990
年)在讨论18世纪的世界经济时，一位经济史学家认为，手工制 24
作业工人的流浪，以及与工业相关的贵族和重要商人的旅行，是“早期工业化传播中的一个重要因素，可能还是最重要的因素”(雷德利希，1968年，第344—345页)。专利制度授予发明者个人知识产权和有限垄断权利。它和奖励、补贴、展览会和荣誉一起，推动了产品和工艺方面新技术的发展。

正如运河开凿一样，发明和创新的风格也是各国不同。英国人主要是根据实验，法国人比较严密地以科学原理为基础。所有公司和政府均设法对技术信息保持垄断。正如前面提到的，据说，西班牙人的傲慢使该国绝大多数工厂主不去学外国人的做法。但傲慢也能在相反方向上起作用。一位荷兰作者在其论述1671年造船业的专著中就曾向外国读者解释说明本国的造船方法。他觉得这样做是安全的，因为——他这样写道——雇用别国工人的外国人不可能仿效荷兰人的节俭和爱好整洁的性情。(巴伯，1930[1945]年，第234页)对此，他是过于乐观了。

移　　民

在讨论了技术变革的兴起和传播之后，我来谈谈它的衰落和工业生产率的下降。但首先还得论述一下有关移民的枝节问题，它在很大程度上与技术进步相关。一些国家欢迎其他社会驱逐出境的人，并由于接纳他们而受益。这些国家主要是勃艮第人建立的低地国家，它们敞开国门，接纳了西班牙1492年驱逐的犹太人，1585 年逃出安特卫普的意大利和佛兰德斯的商人、银行家，1685 年废除《南特敕令》时离开法国的胡格诺派教徒 *。其他国家则设法阻止自己的国民，尤其是掌握工业秘密的国民移居国外。其中，英国使用严厉但大部分未获预期效果的法律限制机器设备和设计图纸出口，阻止熟练工匠移民海外。（马森，1972 年）17 世纪，法国的柯尔贝尔 ** 设法招聘荷兰的造船木工（康维茨，1978 年，第 124 页）和细布织工，以阻止胡格诺派教徒流失国外，并设法鼓励供应短缺的海员回国（斯科维尔，1960 年，第 116 页）。西班牙 1492 年驱逐犹太人，以及 1609—1614 年驱逐摩尔人 ***，分别使该国失去了掌握金融技巧的人才和管理灌溉的人才，人们对此已有广泛的共识。费尔南德·布罗代尔却认为，这两种影响都有夸大的成分。（1966［1975］年，第 2 卷，第 825 页）

关于移民和国家风格，最后一点要说明的是：法国人并不是富于冒险精神的移民。1848 年移居阿尔及尔的人，主要来自阿尔萨斯和洛林，那里的人口属于法国，但混有德国人的血统。另一方面，葡萄牙人是众所周知的流浪者（巴西社会学家吉尔伯托·弗里尔称葡萄牙为尤利西斯 **** 的国度），喜欢多少是永久性地定居国外，没有种族歧视，并乐于同当地妇女甚至女奴通婚。

* 指 16—17 世纪法国基督教新教徒，多数属于加尔文教派。——译者注

** Colbert（1619—1683），法国路易十四时期财政大臣、海军国务大臣，兴办工商业，扩大国际贸易，保护关税，发展海军，致力于建立法国经济霸权。——译者注

*** 指非洲西北部阿拉伯人与柏柏尔人（Berber）的混血后代，公元 8 世纪成为伊斯兰教徒，进入并统治西班牙。——译者注

**** Ulysses，即古希腊史诗《奥德赛》中的英雄奥德修斯。他在海上漂流了十年，战胜了种种艰险，彰显了人类在征服自然和面对险阻时的坚定意志与豪迈精神。——译者注

（转引自博克瑟，1969 年，第 2 页）还有第三种或中间模式，即意 25
大利人的模式，他们长期在国外工作，但返回意大利一次，目的是去结婚，然后又回到工作国，直至去世前再次返回意大利。（布拉赫特尔，1980 年）由此引出的与移民相关的问题是，国家的生命周期是否存在一般模式，即熟练工人在经济有活力的初期受到吸引，当经济开始衰退时却被驱逐。

工业革命

让我们回到技术变革和工业生产率的问题上来。关于欧洲经济增长的许多文献均以“工业革命”为起点。工业革命的智力起源来自 18 世纪的启蒙运动，其经济起点则始于 18 世纪下半叶。工业革命与格拉斯（1930 年）最初提出的工业“演进”一词形成鲜明对照。近来已有人作出相当大的努力，要否认英国工业革命的事实。这个问题近似于经院哲学。从 1760 年代出现的发明创造大发展可视为革命性的发展，或者这一时间点也可被推到 1770 年代英国出口猛增，或拿破仑战争后人均收入迅速提高时。在此，也不必提及罗斯托模型（Rostovian Model），该模型认为，18 世纪初“建立科学的倾向”（propensity to produce science）是工业革命的“前提条件”，随“建立科学的倾向”之后而来的是“应用科学的倾向”（propensity to apply science）。1750—1770 年代中期，法国和英国经济的快速增长处于两种不同情况，即英国的经济增长是经验主义的，而法国的经济增长则是笛卡尔主义的。由于启蒙运动破除了许多对超自然、邪恶之眼、巫术的信仰，有利于人们接受

因果律，因此，每个国家的经济增长都程度不同地与启蒙运动有关联，只是风格不同而已。下面让我们返回国别研究的问题上来。

卡德韦尔法则

乔尔·莫基尔在其论述技术进步的优秀著作《财富的杠杆》中，多次提及卡德韦尔法则。该法则揭示了一个直白的历史规律，即没有任何国家能够一直保持技术创新的显著优势长达两代或三代甚至更长的时间。（莫基尔，1990 年，第 207 页，第 241 页注 31，第 261 页，第 266 页，第 268—269 页，第 301 页，第 304 页；D. S. L. 卡德韦尔，1972 年，第 210 页）在某种程度上，莫基尔被卡德韦尔法则迷住，想知道如今是否还能据此加以推断，以预测美国的落伍（同上，第 304 页）。然而，令他苦恼的是这样一个事实，即卡德韦尔本人没有为这种规律性提供任何理论基础（并且，他说：“实际上，从 1712 年到 1850 年之间，除去几个例外，对热机的每一点改进都是英国人所为，每个名字……都是英国人的。1861 年后，这种情形发生了根本改变……。”［1972 年，第 190 页］人们可能进一步认为，这至少提供了一个反例证）。但是，在此可能仍有必要重复卡德韦尔的确切表述：

26 “技术史学家对特定发明家和技术员国籍的漠不关心往往掩盖了一个重要事实，即没有哪个国家能够在超过历史学意义上的一个短的时期内始终保持旺盛的创造力。所幸的是，每当一个霸权国家衰落时，总有一国或数国接过霸权

的火炬。(迄今为止，总是如此。)在范围更为广阔的欧洲文化体中——因为欧洲是真正的技术发祥地——多样性已使技术在过去170年里得以持续发展。”(卡德韦尔，1972年，第210页)

虽然卡德韦尔列举了一个可能存在的例外，即帕森斯1897年在英国发明的汽轮机，但是，在此前一个段落里，他仍指出，技术领导地位的丧失通常是全面性的。(同上，第190页)

正如前面所指出的，莫基尔为缺乏解释这种规律的正式模型感到苦恼。卡德韦尔认为，自己已经认识到这种规律性。生物的演化可能要经过一段时间才能说明起点所在的位置，其盛衰可以同发明创造的变化相比拟。莫基尔发现这没有说服力，因为生物的演化不是有意识的。在后来的一篇论文中，他论述了演变性的生物学和技术，并未提及卡德韦尔(1991a)，但是，紧接着在随后那年发表的讲稿中，他又提到卡德韦尔。在这篇讲稿中，他主要论述了保罗·戴维提出的“路径依赖”概念和技术创新按照不成熟的错误顺序以并非最佳的方式进行发展的可能性。(莫基尔，1992年，第14页，第19页)我认为，国家生命周期的概念可能提供一条线索。在这个周期中，国家的生命力先盛后衰，一国在经济霸权上接替另一国。(下一章讨论。)而且，莫基尔的观点认为，几乎同时发展的两个国家可能相互影响，共同维持技术进步。如果这种交替普遍存在，那么它就质疑了莫基尔满怀希望的观点，并因此符合卡德韦尔法则。(同上，第19页)

农　业

在国家之间甚或国家内部，农业的演变都有很大差别。18 世纪末，专门研究农业的阿瑟·扬在考察意大利时认为，意大利北部的波河山谷是全欧洲最富饶的地方。肥沃的荷兰沿海地区和英国东南部——诺福克郡和苏塞克斯郡——隔海相连，并在施肥（包括绿肥）、轮作和抑草庄稼等技术上处于领先地位。另一方面，在欧洲绝大部分地区，农业发展极其缓慢，接近最低生活水平的农民害怕新技术带来的风险，农场主之间的交往也有限。长柄大镰刀经过一个多世纪才替换下法国谷物收割中使用的短形镰刀就是典型例子。（查特克莱恩，1956 年）在人类圈养牛和役畜之前，谷物类作物的禾秆是无用的。在人类圈养牛和役畜之后，牲畜棚里需要禾秆供牲畜铺垫。西奥多·舒尔茨由此找到了农民在用长柄大镰刀替换短形镰刀问题上犹豫不决的原因。此前，使用短形镰刀收割谷穗，而把秸秆留在田地里，效率更高。
27（舒尔茨，1960 年代的私人通信）另外可供选择的解释就是，这能使妇女、儿童以及有足够体力使用短形镰刀的老人成为劳动力，因为能够使用长柄大镰刀的男劳力相对缺乏。（格兰瑟姆，1993 年，第 495 页）

即使在富商豪华的住宅和庄园里，亚当·斯密称之为“最优秀的改良者”（1776［1937］年，第 384 页）的商人与意大利、西班牙及法国部分地区的商人之间也存在巨大差别。后者歇业归田，但只是想效仿贵族的生活方式，对农业几乎没什么兴趣。他们让

管家管理庄园，并不断地促使管家去赚取更多的现金收入。

生产率的下降

在单个国家的生命周期中，发明速度、创新速度和生产率的下降，缘于各种不同的原因，如：三代效应，即没有愿意重复新工业或老工业周期的新人来补充第三代人；对承担风险的态度的转变；社会各阶层之间在收入分配上的差距扩大，高额利润未被再投资于生产资本；行会、工会、公司、政府实行垄断；工人和投资旧技术的企业家抵制变革，等等。

一种观点认为，只要旧机器设备和技术还能用，人们为何要忍受学习新技术的花费、烦恼和痛苦呢？在工业发展的早期，行会是一种进步力量，因为它们鼓励对学徒和满师学徒工的教育及质量控制。但是，它们逐渐变得具有垄断性和保守性，限制新成员加入和反对变革，尤其反对降低质量。因为降低质量虽能降低成本，却会使它们的技艺贬值。所以，工业革命中的持续变革发生在行会管理的领域之外。小作坊里的熟练工人被分为两类：“尊贵者”；“污秽者”或无耻者。前者属于行会，是工人阶级中的贵族；后者愿意承担工资较低的非行会的工作。（E. P. 汤普森，1963 年）

金　融

金融与远程贸易、贵族消费及政府借贷相关联，但与地方性商业无关，与工业的联系也非常小。亚当·斯密说，在海港城市，一个精明的食品杂货店店主与一个巨商在知识方面的差别很小；在大城市里，除了靠长期勤奋、节俭、精打细算的生活来致富之外，任何一个已开业的知名工业部门都很少赚取巨额财富。（1776［1937］年，第113页）前一种说法可能离谱，但至少后一种说法是正确的。英国数额最大的财产来源于继承得来的地产。人们也会在投机倒把的商品交易中赚取（和失去）财富。在发财致富之后，商人可能会彻底退出生意场，歇业回国或回归大众生活。他们也可能转向金融，因为人们认为金融需要的精力较少，风险也比较小。

28 商业革命初期，商品交易会上的商人首先经营商业汇票，然后经营纯粹的金融汇票以解决时空上的不平衡问题，并最终从向商人贷款转为向皇室和挥金如土的贵族贷款。在这一过程中，由贸易向金融的转变便发生了。商业资本逐渐被用来组建银行。海上的风险从由船主承担转变为由金融家承担，并且风险承担方式被多样化。起初，多样化是通过船舶抵押契据——如果船舶失事就不必赔偿的一种贷款——等原始形式来实现的。后来，船舶抵押契据发展为海事保险。

汇票是一种提供交换媒介的私人金融形式，它有别于受国家管辖的硬币铸造。（博耶-扎姆博、德莱普莱斯、杰拉尔德，1986年）随着民族国家的发展，政府试图制作标准货币。标准货币通常印有王族成员的像，具有固定的标示、确认的重量和金属纯度（当不是通过掺假或改变面值来获得铸造利差［发行硬币所得利润价值少于硬币标明的价值］时），易于辨认。为市场交易提供便利的货币，同标准度量衡一样，是一种公共物品。通过对尺码和秤的检查来实施标准度量衡，可以防止无道德原则者剥削无辜。地方性的货币及度量衡体系相互竞争，直至一种体系通过规模经济被其他体系接受而失败者被抛弃为止。要使铸币为债权人所接受，一个办法是称出金属铸币的重量，并检验其成色，然后将其装进袋子，让其价值当众得到证实，同时政府对伪造铸币的行为施以严厉处罚。而达到同样目的的私人途径则是，由银行检验铸币，然后它们据此发行银行票据，从而免去了收受人自己检验铸币的必要性。

自商业革命开始，金融机构就在不同的国家以不同的速度发展起来，对贸易、工业、消费（尤其是向随意挥霍的贵族所提供的抵押贷款）和政府的依附逐渐变得越来越少，直至各种不同的金融工具获得它们各自专业化的生命。一位诙谐的经济史学家评论说，金融与生产——说贸易可能会更准确——分离，就像性与生育分离一样，如果适度还可以接受；如果过度，就将导致不稳定、混乱和萧条。（威廉·帕克，1991 年，第 235 页）

政府财政

政府财政也在不同的城市和国家沿着不同的道路缓慢发展起来。绝大多数人口较多的国家的国王都缺少财税政府机构，并且都把他们的税收“承包”给私人金融家——在法国是金融家和官员。私人金融家向君主预先垫付现金，然后（如果成功的话）通过征税，把这笔现金加上利润一起收回来。英国在 1688 年“光荣革命”后改为政府征税和直接借债，这种转变被称为“财政革命”（迪克森，1967 年）。在普鲁士等一些管辖区域，国王拥有大面积
29 地产和随之产生的谷物碾磨厂和酿造厂等工业活动，从中征收租金，获取利润。因此，这些地区一开始就需要建立一套政府机构，以管理王室领地。国家不同经济部门征收的税收的性质及其归宿在各国互不相同。英法两国之间的差异就是一个突出的例子。在英国，贵族同其他人一样交税。在法国（和西班牙），贵族被免于征税，原因是他们要到战场上去冒生命危险，因此免除了对国王和社会的义务。相对于岛国军队的海战而言，陆战的劳动强度更大，英法之间的上述差别很可能还源于此。

王室借来的贷款主要用于战争，也用于加冕典礼、婚礼、葬礼等礼仪活动。由于国王凌驾于法律之上——虽然各共和国的政府并非如此——金融家对向国王贷款心存顾虑，除非这笔债务有事先获得的征收特定税之权或垄断权作担保，或用御宝作抵押，或有伦敦城及其商人、巴黎市政府大厦等准私人机构起中介作用。在许多情况下，外国债权人获得特权，例如，同商人冒险家公司 * 一起出口英国羊毛（在英国是官方专卖）或西班牙银矿的权力，等等。从这个千年之初至今，王室一直不履行债务。在此漫长的历史进程中，金融家逐步找到了防备措施。

政府筹款不仅来自包税和出售垄断权，而且来自卖官鬻爵，售卖荣誉，没收和变卖教堂、贵族的财产。尤其是在战争时期，

---

* Merchant Adventures. 1407 年开始作为公司进行特许经营。17 世纪时因受到垄断指控，于 1689 年废除公司章程，转型为贸易协会。拿破仑战争爆发后解体。——编者注

政府岁入满足不了支出就会导致各种形式的借贷。这很少有例外。普鲁士腓特烈大帝试图通过积攒一个战争金库，提前为他要发动的战争筹集资金。在紧急情况下，虽然存在军队哗变的危险，但是，政府仍可能拖欠军饷，掠夺金器商和白银运输商的财产，强迫臣民尤其是持不同政见者（正如新教胡格诺教徒在信仰天主教的法国所处的地位一样）为军队提供住宿和膳食，并且拒绝清偿债务，或用长期货币债务关系替代可用本王国铸币支付的短期债务。

在20世纪，政府赤字和借贷往往会吸收投资工业所需的储蓄。这在1800年以前几乎不是问题。不同于贸易和农业的是，资本主要在地区层次上投资于工业，并且需要量不大。英国和荷兰东印度公司等一些大贸易公司在有序的市场上出售有价证券，1775年之后的保险公司也是如此。银行贷款大部分被用来资助贸易。政府债务在战争时期急剧增加，其在国民收入中的份额间或由于和平时期的盈余而下降，但在绝大多数情况下，还是由于拒绝清偿债务和通货膨胀才下降。

亚当·斯密列举了三种形式的公共物品：国防、司法行政机构、规模过于庞大以至于无法让逐利的私人承担的建设项目。（1776［1937］年，第5篇，第1章）其中每种形式的公共物品都 30
可展开，把政府各项工作包括在内。进攻性和防御性战争，以及为商船队护航，保护它们免受海盗和私掠船掠夺，均可归于国防的名目之下。斯密对此进行了深入论述，证明《航海条例》的正确性在于它们有助于训练皇家海军战时所需的大批水兵。该条例对到达和离开英国及其殖民地的贸易施加限制，使这种贸易只能由英国船只从事。（同上，第429页）司法和行政权扩展开来，可

以将供应可靠的货币和准确的量度标准包括在内。公共工程包括道路、桥梁、港口、码头、运河等基础设施的建设，以及规划井然的城市（在法国）（康维茨，1978 年）；也许还有宫殿（这使得路易十四临终时为“太多的宫殿、太多的战争”而致歉[①]）。

近代人所列举的公共物品种类会更多，并强调其他公共物品，尤其那些每当庄稼歉收时能养活老百姓的物品。在近代，交通运输不够发达，尚不足以保证当地物品的短缺能通过进口得到满足。人们曾充分认为，当马铃薯晚疫病发作，西欧大部分地区的谷物歉收时，自由市场能照料好爱尔兰人。然而，这种对自由市场的信念最终却近乎成为公害。（伍德姆-史密斯，1962 年）由于腹地有限，威尼斯一直保持有粮食库存以防亏空，直至 18 世纪运输业缓解了这种紧缺为止。绝大多数国家都限制粮食出口，直到已有足够的粮食满足国家需要，并且这一事实变得越来越清楚为止。重农主义者——高尚的、有知识的农学家——关注较高的粮价，强烈反对上述的政策。其他公共物品或公害包括：对收入分配的关注或忽视、对贸易的干预、各种补贴和质量控制。收入分配是以征税方式进行；对贸易的干预可能成为所谓的工业政策的一部分；各种补贴已被讨论过，并且是针对发明和创新。

德国经济学家阿道夫·瓦格纳将政府角色持续扩大的效应表述成为一项“法则”（1879 年）。一位澳大利亚统计学家进一步认为，当政府欠账超过 25% 的国民生产总值时，它就垮台了。（克

① 这至少是英文的习惯性翻译。法文的表述就不太像格言：“不要仿效我过去对宫殿的兴趣，也不要仿效我对战争的兴趣。”（富尔，1977 年，第 63 页）

拉克，1945 年）第一种说法已被证实比第二种说法更接近正确。在所讨论的这个时期的早期，政府与私人企业之间的界线模糊不清。商业航运需要海军护航。除了在战利品分配方面不同，私掠船与战舰差别很小；威尼斯船坞，或泰晤士河上德普特福德（Deptford）皇家海军船坞等政府的船坞与私营造船商的船坞处于同一条河道上。在欧洲大陆，为意大利城邦、西班牙或神圣罗马帝国打仗的王室陆军，虽然不是经常改变他们的效忠对象，但也同雇佣军并肩作战。土地清册（cadastre）确认了私人土地所有权，
并由此加强了对改进农业的激励，同时还被用以更好地征管政府 31
税收。税收和垄断权的承包人在为国王征税时谋取私利，直至他们被文职官员以暴力方式或和平演变方式所取代。

社会能力

在近代经济增长中，“社会能力”的粗略标志就是全体国民受教育的时间。这个标准之所以粗略，是因为除平均在校年数之外，一国教育的其他方面可能与另一国完全不同。教育也许主要指读写能力。但除读写之外，可能还有古典教育、中等职业教育和更高层次的教育。古典教育包括宗教、哲学、文学等方面，在启蒙运动之前，与亚里士多德及经院哲学尤其相关；更高层次的教育是文学教育与科技教育兼而有之。这个问题在国别研究中还将论及，在此暂不赘述。

对于回溯到近代早期的历史研究来说，社会能力较为复杂，且涉及价值观和生命力。彼得·伯克在对阿姆斯特丹和威尼斯进

行反复比较之后，援引一位荷兰人1625年的评价说："摄政王不是商人，他们不去海上冒险，而是从房产和有价证券中获取收益，并因此失去了海洋。"（伯克，1974年）伯克接着说道："这种转变是从海洋转向陆地，从工作转向娱乐，从节俭转向铺张浪费，从企业家变为食利者，从中产阶级变为贵族。"（同上，第104页）在本书论及的每个国家，同样的演变过程并非都以相似的速度发展，因为不是所有国家都从同一起点开始。一些国家以航海、工作、节俭、工商企业家或中产阶级对社会的渗透作用而著称。然而，绝大多数国家却以不同于它们崛起时的价值观结束了自己的霸权时期。一个国家的历史越悠久，它就越发对过去而非未来感兴趣，对艺术、学术和文学而非贸易和工业感兴趣。正如戴维·里斯曼及其同事对美国的评价一样，生产的英雄被消费的英雄所取代。（里斯曼、格莱泽、丹尼，1950年）金融也许在其活动范围上占有突出地位，但其活动重点已发生改变。银行向主权国家、外国借款人、本地建造豪华庄园者贷款，却不资助本国贸易和工业。后辈人常常从前辈人创建的生产工厂中将资本抽出，转而投向包括政府债券在内的信托证券。随着用于宫殿、战争或国防的支出增多，绝大多数发展缓慢的国家的纳税人都不愿交税，政府债券就开始轮番增加。

如果下一代新人表现出同等的活力和创新能力，并将资源从发展成熟的工业和市场转向新兴的经济部门，那么一代人生命力的衰退就无足轻重。需要让后浪推前浪。变革也可能出现在家庭内部和某个特定领域内。比如，在美国，新英格兰从贸易和航运业起
32 步，逐步转向棉花和羊毛纺织品，然后投资于西部铜矿和大众汽车

公司，最近又转向计算机和遗传学。这类发展是罕见的。正如1806年的普鲁士、1864年的丹麦，以及1945年的德国、法国和日本的情况一样，新人可能崛起并填补由于战败留下的领导权的真空。（奥尔森，1982年）胜利巩固“利益分配联盟”（distributional coalitions）（奥尔森用的词）或既得利益集团的地位；失败则使这些联盟和集团靠边站，为“新人”（new men）让出位置（波斯坦，1967年）。一种理论认为，存在一种战争“复活效应”（Phoenix effect），即失败者在一场战争之后10—15年就能恢复其经济实力和国际地位。（奥根斯基和库格拉，1981年）这种效应能够在微观层面上实现，就像一个离开了活跃的经济生活的富有家庭会在失去财富后再度恢复到努力工作的状态，但当已经弥补损失后，又会因舒适的生活再度停止努力。（皮茨，1964年）

尽管存在这些恢复力的表现，在绝大多数情况下，财富可能还是首先产生更多的财富，然后才衰落。亚当·斯密说，高利润率对一个国家有许多坏影响，但有一个影响比其他所有影响都更致命：它摧毁了对于商人而言自然而然的极度节俭。“当利润很高时，节俭的美德似乎因此变成多余而昂贵的奢侈品”——凡勃伦*所说的“夸耀性消费”在18世纪的同义语——似乎“更适合他现有条件下的富裕程度”。（1776［1937］年，第578页）一个世纪前，一位西班牙人对本国由秘鲁白银大批流入所引起的通货膨胀加以评论，他写道：

* Veblen（1857—1929），美国经济学家和社会学家，制度学派创始人，应用进化论和动态学方法研究经济制度，著有《有闲阶级论》《企业论》等。——译者注

> “……大量拥有此类财富改变了一切。农民放下犁，给自己披上丝绸，并使他因劳作而长满老茧的双手变软。商人摆出贵族的神态，用工作台去交换马鞍，并走上街头张扬。艺术家蔑视机械工具……商品变得紧俏……当人们预支的收入超过自己实际握有的收入时，炫耀财富之风和王室的浮华就开始增长，养老金、工资及王室支出的其他款项，都在这种外国财富的基础上上涨。这种外国财富的管理和保存非常混乱，以致不能支付这些开支，这样就造成了债务。”（维拉，1969［1976］年，第 167—168 页）

在本书论及的大部分国家，最富有的时期都能看到炫耀财富之风，但是英国较之于南欧国家的情况稍好一些。在荷兰，加尔文主义的节俭信条与对金牛犊的崇拜相对抗；与炫耀财富之风相伴的是莫衷一是和相当严重的经济窘困。（沙马，1988 年）在经济衰退过程中，赌博业似乎同大吃大喝之风、大量获取奢侈品之风，以及爱慕虚荣的炫耀性穿戴之风一起兴旺起来。

价值观念

法国历史学派非常强调价值观念（*mentalités*）（或社会价值观）在引导经济发展方面的作用。这个概念并非总是受到重视。
33 在一次关于意大利和荷兰向工业化“过渡失败”的研讨会上，一位持有异议的美国学者就称此概念为“废话”，并引起较为激烈的争论。其间，一位荷兰历史学家反对“绝然否认根深蒂固的风俗习惯、社会分层的观念或工匠职业的自豪感等因素可能发挥的作用”（克兰兹和霍亨伯格主编，1975 年，第 34 页，第 63 页，第 87 页）。价值观念可以被认为是一种制度，保罗·戴维称之为“历史载体”。经济史学家戴维将“契约和组织”归为制度的一部分（1994 年）。政治学中也形成了一个相似的概念，即所谓的“权力机制”，其定义为“特定领域中汇聚着行为者预期的原理、规范、规则和决策程序”（克拉斯纳，1983 年，第 1 页）。

在现代经济分析中，人们认为，勤奋工作和冒险的动机来自使收入、财富最大化或最优化的强烈愿望。历史上更具根本性的动机存在于竞争欲之中，即亚当·斯密在《国富论》（1776［1937］年，第 717 页）和《道德情操论》（1759［1808］年，第 113 页）两书中都论述到的偏好。如果人们选择赶超富人，那么上述两个目标就可能交汇；如果一个目标是财富本身，另一目标是“代表地位的物品”（用以向世界表明某人较其他人能干），那么二者也许会并列而行。（赫希，1976 年）个人之间、国家之间，以及在不同时期之间，竞争的目标都可能不同，这既取决于个人和家庭的价值观念，也取决于阶级结构和社会流动性。即使在没有封建传统的国家，贵族地位或安逸程度和社会威望同贵族相当的地位，也常常是人们通过获取贵族的装饰物——别墅、豪华住宅、社会职务、利用嫁妆使子女娶得贵族出身的配偶，或子女在精英学校的教育——来追求的目标。由于粮食价格比工业品价格上涨得快，或者粮食价格波动比较剧烈，因此，商人移居乡村庄园时是否在作经济上的决定，也就是说，移居乡村是否为了改善他们的经济

状况，或是否为了躲避贸易风险，以及在某些情况下可能发生的金融风险，这是历史学上一场涉及内容广泛的争论。

在像汉堡和卢卑克这样的商贸城市里，传统要求保持商业不断发展，唾弃贵族身份，甚至不允许自己的女儿嫁给容克地主（即普鲁士贵族成员）。在阶级差别使得跻身贵族阶层非常困难抑或不可能的地方，同自己的出身环境保持联系更为稳妥。

用斯密的术语来说，即便移居乡村的商人是一个“环境改良者”，如果没有新人涌现，也可能存在衰退：

> “以贸易和制造业为生的管理精英必须保持一种积极、进取和充满活力的生活方式。在绝大多数情况下，商人都和地位同等的人打交道。一个人要富裕起来，就必须不断地对新环境作出反应，准备自卫或逃离，计算利润率，冒险……。压榨愠怒而忿恨不止的农民的地主和征税人则远没有这样振奋有趣的生活。”（麦克尼尔，1974a，第 227 页）

这里根本没有论及金融界的生活方式。这种生活方式可能使金融
34 家在和同等人士打交道时保持警觉，或者使他们趋同于征税人的风格，就像无道德底线者剥削天真者一样。

价值观念这个概念特别适用于西班牙人，也对葡萄牙人产生了一定程度的影响。西班牙人的一个显著特点就是自傲。西班牙人认为自己独具一格（布雷南，1950 年，第 17 页）；葡萄牙人也这样认为（罗杰斯，1989 年，第 76 页）。大多数国家和大多数有思想的人都自以为独特。就西班牙的情况而言，独特性通常伴随着

怠惰、懒散、盲从以及帝国统治者的残暴等特点。（赫尔和庞特，1989 年，第 210 页）费尔南德·布罗代尔将西班牙人的自傲与法国人的自负进行比较，认为这种自傲使他们不愿意学习技术或别人的工作习惯，沉溺于怠惰的生活。（1966［1975］年，第 764 页）自傲意味着你不在乎别人的看法，也不愿意向别人学习；自负则需要吸取别人的观点，并好好表现以赢得尊重。（奥尔特加，转引自伊利厄，1989 年，第 161 页）但是，人们必须谨慎地对待这种刻板印象。玛丽亚·卡门·英格赛厄斯认为是孟德斯鸠传播了这些观念，使之在国外被广泛接受，尤其在西班牙国内得到相当程度的接受。奥尔特加和布雷南也证实了这一点。英格赛厄斯引述孟德斯鸠在《论法的精神（XIX）》中的话说：“确切地讲，西班牙是英国的生命力的一个反面形象。”（1989 年，第 145 页）她认为，正如孟德斯鸠将自傲和怠惰论述为短视一样，指责这个国家将帝国建立在新大陆的黄金和白银的基础之上，并反复谈论一些有关宗教法庭和驱逐摩里斯科人＊的陈词滥调也是缺乏远见的。（同上，第 147 页，第 149 页）这些推论，没有一个考虑到 18 世纪启蒙运动从法国传入西班牙可能带来的变化（即恢复力）。

经济增长放慢

经济史学家通常把注意力放在找出经济衰退的特殊原因和经济衰退过程中的特殊转折点上。在一国经济衰退的过程中，许

＊　在西班牙已经受洗礼成为基督徒的穆斯林。——译者注

多原因混杂在一起，可能在老化过程（导致国家生命周期后期的衰退）中以不同的速度发挥作用。这包括：从积累财富转向守财；反对冒险；夸耀性消费；失去垄断权，包括丧失作为直接贸易的主要中间商的地位；资源枯竭；企业活力和创新能力削弱；寻租；特殊集团对公众利益失去宽容，导致“利益分配联盟”不愿交税，共同躲避应承担的国家负担的份额；工会要求提高工资；过度扩张，即试图凭借特定资源获取过多东西的过于狂妄的野心。杰拉尔德·布雷南坚持认为，西班牙人的特性是“尝试各种野心勃勃的计划而不考虑经济和物质条件”；17 世纪西班牙的快速衰落就是这种惯有特性的结果，在奥利弗雷斯内阁灾难性统治下的西班
35 牙尤其如此。“西班牙国民的缺点一直是过分自信和乐观。”（1950 年，第 2 页）一位当代商业经济学家在阐述自己与主流不同的观点时指出，金融问题部分源于难以预测所铸成的错误，但“主要是由于人类生来就容易成为过分乐观的赌徒，容易短视，并容易上瘾这一事实……”（沃伊尼洛尔，1992 年）。沃伊尼洛尔此处是在论述金融市场，其观点可在数年之后由富格尔家族、美第奇家族、巴林家族和当今的邦克·亨特、伊凡·伯斯基、迈克尔·米尔肯，以及其他银行家加以证实。

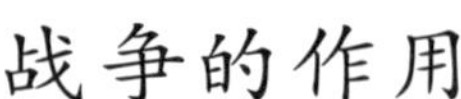

战争的作用

战争问题主要属于下一章论述的内容，该章将勾画经济霸权从一国向另一国转移的轮廓。此外，我已提及失败能刺激发展的观点，以及奥根斯基和库格拉的“复活理论”（Phoenix theory）。

该理论认为，战争中的输家在战败后10—15年复兴。但是，有一种假说认为，无论对于胜利者还是失败者，战争都是经济增长或衰退的温床，它既使本已快速增长的经济增度加快，也使正在萎缩或增长放慢的经济衰退加速。对此，我还有话要说。这种观点可能主要起源于第一次和第二次世界大战之后英美两国的经验，两次战争既加快了美国的经济增长，也加速了英国的相对衰落。这类例子不胜枚举。威尼斯尽管于1571年在希腊的勒班陀战胜了土耳其人，但还是在16世纪最后25年里衰落了。1672年法国的占领只轻微破坏了荷兰的经济增长，因为该国正接近其鼎盛时期（绝大多数观点这样认为），但1793年法国的征服却结束了荷兰作为经济和政治霸主的历史。战争给资源造成沉重压力。这种压力如何影响经济，主要取决于社会的应对能力，尤其是在旧有权力的调整过程中进行应对的能力。社会对森林、水、矿产和道路的这种旧有权力将随着变革的发生而不断调整。（西波拉，引文出处缺失）应对灾难、流行病以及动物瘟疫同样需要社会协作。欧洲的社会协作很完备，在中世纪时即花费巨大代价为屠宰生病的动物、掩埋死动物以及对船只和房子进行隔离检疫等提供公共补贴。但是，伊斯兰国家和远东国家却不这样做，即使在类似的紧迫情况下，它们的政府仍旧漠然处之。（E. L. 琼斯，1978年）

人们普遍认为，战争的物质破坏是最严重的经济后果，直到第二次世界大战后德国和日本的经济奇迹打破了这一观念。当时，与应变能力相比，人员伤亡、战争损失和混乱似乎已明显不再重要。在荷兰模式中，应变能力归属于中央计划局制订的社会

创新类目之下。人们指责，神圣罗马帝国的三十年战争使中欧的经济发展倒退了很长一个时期，特别是由此使得中欧经济长期需
36 要依赖外国商人。然而，即便如此，一些观察家依然认为，这个时期的货币贬值比丧失资本和劳动力更具有破坏性。（G. 帕克，1984 年，第 214 页；斯坦伯格，1966 年，第 1060 页）

政　　策

就像大规模战争能刺激或阻滞经济增长一样，经济政策也能因一国在相应水平上应对能力的差异而产生不同的结果。大多数经济学家对特殊经济问题都有自己最喜欢使用的疗法——货币的、财政的、贸易的、工业的——尤其是税收和补贴办法，却不强调药效好坏取决于该社会的生命力和恢复力。汉密尔顿声称，西班牙的全部伤口在 17 世纪均已痊愈。（转引自布罗代尔，1979［1984］年，第 86 页）1956 年，西德降低进口关税以减少外贸顺差，却产生了一种符合休谟法则的动态反应（进口带动了出口），以致国际收支依然保持较高水平的贸易顺差。更为贴切的是威尼斯的例子。威尼斯在 1502 年和 1602 年之间 100 年的时间里，两次采取各种措施支持航运业的发展。在前一次事例中，这些措施取得了成效，并且可以停用；而在后一次事例中，正如后面将要阐明的，这些措施却无补于事。

结　　论

在思考经济衰退的问题时，存在一种将注意力集中于各种不同的函数的诱惑，如债务（维塞思，1990年）、技术（罗森堡和伯泽尔，1986年；莫基尔，1990年）、煤炭（W.帕克，1984年，第3部分）、产权（诺思和托马斯，1973年）、航运优势的丧失，等等。在讨论1580年后的地中海沿岸国家时，费尔南德·布罗代尔指出一些至关重要的经济部门的崩溃，如：公共财政、投资、工业和航运业等。（1966［1975］年，第1240页）贾米·维森斯·维维斯也为西班牙的对外贸易和航运业落入外国人之手而扼腕叹息。（1970年，第143—145页）然而，一位研究威尼斯航运业的著名学者却将威尼斯航运业的衰落同美国航运业的衰落进行比较，认为二者都在过早兴起并达到光辉顶点之后迷失于快速帆船等创新之中。但是，1860年后，美国航运业在同劳动力价格比较低廉、且技术先进之对手的竞争中衰落，却绝对没有对美国经济的增长造成致命伤害。（莱恩，1973年，第337页）

在增长和相对衰退构成的生命周期中，随着影响经济增长的因素一个替代另一个，不同国家的经历表现出略微不同的特点。但有一点是共同的，即决定周期模型的是生命力和灵活性对僵化的让位。

37

第三章　经济霸权的更迭

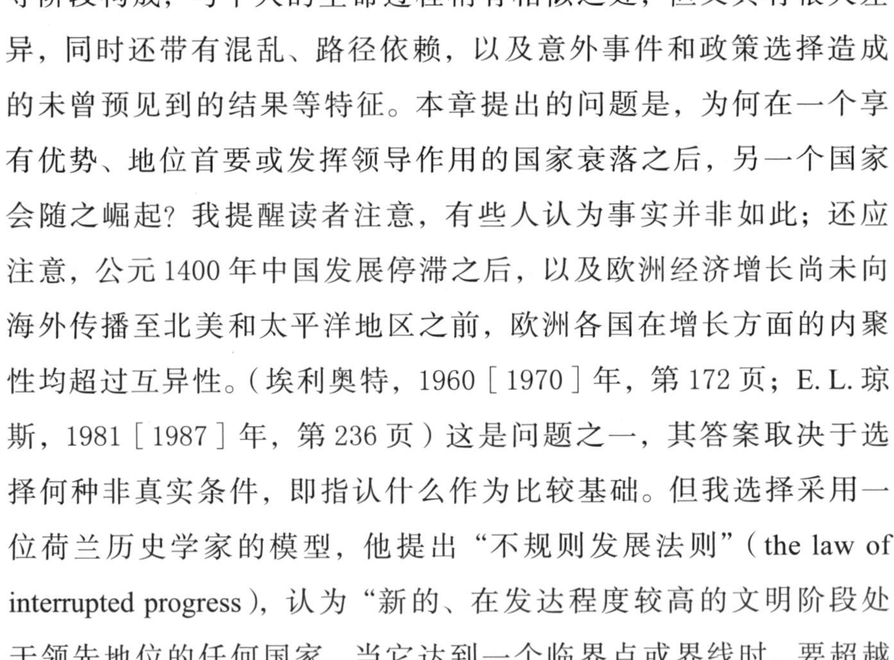

我们假设国家确实存在一个生命周期——虽然它是以休眠而非死亡告终——它由青年、精力充沛的成年、壮年和最终的衰老等阶段构成，与个人的生命过程稍有相似之处，但又具有很大差异，同时还带有混乱、路径依赖，以及意外事件和政策选择造成的未曾预见到的结果等特征。本章提出的问题是，为何在一个享有优势、地位首要或发挥领导作用的国家衰落之后，另一个国家会随之崛起？我提醒读者注意，有些人认为事实并非如此；还应注意，公元1400年中国发展停滞之后，以及欧洲经济增长尚未向海外传播至北美和太平洋地区之前，欧洲各国在增长方面的内聚性均超过互异性。（埃利奥特，1960［1970］年，第172页；E. L. 琼斯，1981［1987］年，第236页）这是问题之一，其答案取决于选择何种非真实条件，即指认什么作为比较基础。但我选择采用一位荷兰历史学家的模型，他提出“不规则发展法则”（the law of interrupted progress），认为“新的、在发达程度较高的文明阶段处于领先地位的任何国家，当它达到一个临界点或界线时，要超越这一界线向前发展是极其困难的，由此导致的结果是，人类发展的下一步不得不在世界的其他地方迈出”（简·罗米恩，转引自斯沃特，1975年，第47—48页）。诚然，这又留下一个问题，即为何

人类总在向前发展，而一些国家却始终处于停滞状态，就像一个世纪前的中东、第一次世界大战前的远东（日本除外）以及今天的非洲一样。然而，随意一看就可了解意大利城邦、西班牙—葡萄牙帝国、低地国家、英国、美国之间经济霸权的更迭，以及法德两国失败的挑战和引人注目的发展。

费尔南德·布罗代尔和伊曼纽尔·沃勒斯坦根据中心与边缘 38
的关系来阐述这个问题，有时也用中心、集中点或核心等词语来表述；发展围绕着核心向外扩展，先是一个半圆形，然后是一个圆形。（布罗代尔，1979［1984］年，第2章，第3章；布罗代尔，1977年，第81—82页；沃勒斯坦，1980年，见该书“核心”［core］和“边缘”［periphery］两词之下的索引）沃勒斯坦特别关注核心地带对边缘地带的剥削问题。布罗代尔认为，中心地带每次向边缘地带扩展都加强了自身地位。他在说这句话时，也表述了同沃勒斯坦非常一致的思想。（1979［1984］年，第322页）更为直接的看法则认为，经济权利分散之后紧随着经济权利集中，“每一次分权发生之后，就出现再集中，似乎世界没有重心就不能存在”（布罗代尔，1977年，第85页）。这个观点被一位撰写荷兰历史的英国史学家所否认。他在研究荷兰贸易的整个过程中，不失时机地批驳布罗代尔的许多推论，认为文艺复兴和宗教改革形成了一个经济权利大扩散的时代，并且其扩展呈多核状态。（伊斯雷尔，1989年，第1页，第3页）这一争议在时间的确定方面很重要。到17世纪初，尼德兰联省共和国已在波罗的海和北海的水域建立了尼德兰统治下的和平（*Pax Neerlandica*）（同上，第95页），伊斯雷尔还注意到“荷兰在整个17世纪的世界贸易霸权”（同上，第

158 页)。值得指出的是，英国一位新闻记者是日本通，他肯定地说："从 19 世纪英国的霸权和 20 世纪美国的霸权就推断出世界必须马上寻找一个具有统治地位的强国或头号调停国，这是误导。"(埃莫特，1989 年，第 16 页)诚然，英、美两国的例子尚不足以构成一条政治法则，但正如本书试图说明的，要求确立等级体系、霸权或领导权的压力——无论人们愿意怎么称呼——都比英国和美国的例子本身更具有普遍性。

赶超与跃进

第二次世界大战后，发达国家中关于经济增长的大多数讨论都反复使用"赶超"(catch up)一词。一些国家在战争期间的经济处于领先地位，如拿破仑战争时期的英国、第一次和第二次世界大战期间的美国。当和平恢复时，其他国家获得赶超的机会。作为领导国技术创新成果的搭便车者，它们很容易就能获得新技术。霸主或所有处于领先地位的国家的经济增长则放慢。后来者肯定会进行赶超(阿布拉莫维茨，1986 [1989] 年)，各国经济中的人均收入将趋于一致。人们在经济计量学方面花费相当大的精力对国民收入进行分析，以找出这种趋同。结果发现，第二次世界大战后，当美国的经济增长速度相对放慢，尤其是相对于日本、德国、法国、意大利、西班牙、瑞典、瑞士等国而言时，它们的国民收入存在某些趋同性；但在第一次世界大战前，这种趋同性却很少发现。

早已证实，没有任何显而易见的原因可以说明，为何一个经济快速增长的国家，当生活水平达到昔日霸主的水平时，经济增长速度就会放慢。于是，人们的注意力转向“跃进”（leapfrogging）。
《经济学家》也曾就此题刊登了一篇文章（1993年10月16日）。最 39
近，三位国际贸易经济学家提出一个模型，其中，落后国家研制出“偶发性”（occasional）新技术，能以较低的工资使这些国家在人均收入上超过霸主。该模型无疑很简单，只涉及：两个国家；一段简短的历史；引自亚当·斯密、艾尔弗雷德·马歇尔和戴维·兰德斯的论述；提及但根本没有综合考虑夸耀性消费、风险负担的变化等社会力量，或战争等引发混乱的事件。（布雷齐斯、克鲁格曼和特西登，1993年）

集权化与多元化

在许多或绝大多数经济和社会组织形式中，集权化和多元化的关系都处于紧张状态。集权化在特定国家的内部容易看到。它部分是功能专门化的结果，同时混有其他因素，诸如选址学说*、经混沌理论修正过的规模经济，以及强国的影响力等。民族、机构、城市、国家甚至大洲都按等级秩序布局。“在一个特定的文明内部，……在中心地带和边缘地带、首都和行省、上层等级和下层等级之间……也许能发现一种……互动，因此，各异的技能和相互冲突的利益使文明的群体内部发生分裂。”（麦克尼尔，1983年，第10—11页）专门化和规模经济意味着城市和其他地区之

① 对相关的各种因素进行分析以选定最优厂址或企业地址的一种理论。根据该理论的分析，如果其他各种情况相同，厂址或企业地址应选在运输成本最小的地方。——译者注

间的功能差别扩大，这些地区生产初级产品并依附于受资源制约的特殊地理位置。城市执行管理职能。中心地带理论认为，寻找供给的买主和寻找买主的供应商聚集在一起。这一过程产生了剧场区、市场区、保险业区、金融区。同一个城邦或民族国家不一定在每个功能上都保持先进。一些国家政府、金融和贸易集中在一个城市里，即“首位城市”布局，典型例子如巴黎和伦敦。其他国家则盛行更具联邦制特点的布局，政府和经济领导层各自所在的城市相互分隔，如米兰和罗马、阿姆斯特丹和海牙、华盛顿和纽约、渥太华和多伦多、堪培拉和悉尼、圣保罗和巴西利亚，等等。这一发展过程可在缓慢的变化过程中，尤其是金融领域的变化中看到。银行从局部地区兴起，逐步发展，然后被吸引到金融中心，在此过程中通常它还面临政府要求其体系保持多元化基础的压力。(金德尔伯格，1974［1978］年)

集权化可能是国家蓄意而为的一种政策，正如路易十四将贵族从各自分散的庄园中迁移到凡尔赛所表明的那样。达尔文主义的集权化表现是金融中心的固定，这种固定主要通过政治约束取消后银行的搬迁来实现。1860 年意大利的统一引起了一场银行集中运动。首先，当政府迁到佛罗伦萨时，银行从都林搬到佛罗伦萨；然后，当首都进一步迁到罗马时，银行随之搬到罗马；最后，当罗马由于引起教皇税收的注意而日益表明不是一个商业中心时，银行又迁回米兰。德意志于 1871 年统一后，科隆、法兰克福、
40 达姆斯塔特、德累斯顿的银行和最不情愿搬迁的汉堡地区的银行发觉自己不得不迁移到柏林。1945 年后，这一过程又重复了一遍。当时占领德国的盟军当局，首先分别在各联邦州（*Laender*）建立

了中央银行——位于汉堡、杜塞尔多夫和法兰克福，然后将它们合并为德意志联合银行（*Bank Deutscher Laender*），最后又作出让步，允许创建德意志联邦银行（*Bundesbank*）。尽管名字中有联邦（*Bund*）一词，但其实际上是一个中央银行。1913年，美国也出现类似的平民主义者抵制成立中央银行的现象。当时根据《联邦储备法案》创建了12个表面上属地区性的金融市场，每个市场都有自己的地区性中央银行，结果却发现它们的金融权力向纽约和纽约联邦储备银行转移。纽约联邦储备银行最终又将其大部分权力转让给一个政治机构，即华盛顿的联邦储备委员会。

当向心力与离心力相当时，金融领域就出现对集权化的抵制。汉堡是一个国际性而非高度国家主义的城市。它坚决反对关税同盟（*Zollverein*）——1834年德意志联邦内部的关税同盟——并反对自己的银行被吸引到柏林。这种反对持续了足够长的时间。汉堡自视为英国人的城市，其商人禁止他们的女儿嫁给容克地主。当最后德意志商业银行无法抗拒自己被迁往柏林时，它决定首先将该行同法兰克福的一家银行合并，然后再从那里迁到柏林，以此掩盖这一声誉扫地的投降。长期以来，对于银行和金融市场的集权化来说，瑞士的联邦结构都展现出过于强有力的一面——日内瓦受到法国的吸引，巴塞尔受到阿尔萨斯和德国境内莱茵河上游地区的吸引——这些银行和金融市场挡住了最终来自苏黎世的向心力。1872年后，德国在国际金融领域抗拒来自伦敦的集权化的压力。对此，下文将要论及。

尼德兰联省共和国是集权化对抗多元化的典型例子。在那里，荷兰控制着七个省，掌管着大部分陆军、海军和商业活动，并以支付不合比例的税收份额作为代价，在各省的“搭便车者”中享有领导特权。乔纳森·伊斯雷尔反对费尔南德·布罗代尔将荷兰（实质上是将阿姆斯特丹）描述为经济发展中心或集中点，坚持认为联省共和国的权力本质上是分散的或联邦制的，同时其他各省都阻止阿姆斯特丹控制它们的对外政策、航运业、贸易和渔业，甚或拒绝其主导荷兰东印度公司（Verenigde Oostindische Compagnie，VOC）。（1989 年，第 187—189 页）1622 年，阿姆斯特丹拥有 12.2 万居民，但莱顿有 4.4 万，哈勒姆有 3.9 万，代尔夫特有 2.3 万——与首位模型（primate pattern）相比更接近于对数正态分布。随着联省共和国在 18 世纪衰落，其他省份在抗击英、法的战争中便不愿意甚至拒绝让决策权尤其是税收权更加集权化，这揭示出权力分散如何阻碍有效的决策，并由此加快衰落速度。（博克瑟，1965 年，第 23 页；沙马，1977［1992］年）

41 大一统下的多元化能够带来许多好处。意大利的艺术、德国的音乐以及英国的发明都植根于当地的竞争和首创精神之中。近来，在一本研究历史上的经济增长的专著中，约翰·鲍威尔森（1994 年）介绍了权力扩散过程，将自上而下产生决策的集权化社会，同可能自下而上进行变革的多元化社会相区别。他认为，权力扩散过程无法取代以斯密的交换学说、熊彼特的技术创新学说、资源学说、文化学说等为基础的理论，并且现在主要与欠发达国家有关；在欠发达国家，变革由政府实行或由外界力量推动实行，就像国际货币基金组织提出限制条件一样。这个问题很复杂。像汉萨同盟那样的松散组织“不可能有所作为，使集权化贸易的潜在经济获得充分发展”（马歇尔，1920 年，第 692 页）。集权

化可以用一个比喻来自我辩护，即邮局比信使更廉价。（同上，第693—694页）

等级秩序从国际货币方面看得最清楚。国际货币的使用所涉及的集权化远在商品贸易中可能出现的集权化之前。在地中海国家，贸易通过不断变化的一系列国家或地方货币进行——拜占庭帝国的金币或银币、威尼斯的达克特、佛罗伦萨的弗罗林、热那亚的杰诺林（genoin）、西班牙的金币、荷兰的银币、英国的英镑、美国的美元等。16世纪前夕，由于交通不便，必须在许多地区性市场上储存商品。到1590年，阿姆斯特丹已出现在“交换等级”的首要位置，成为世界总货栈和商业金融中心。（范德库伊，1931年，转引自伊斯雷尔，1989年，第73页）在国际贸易中使用何种货币（当然，是作为计账单位，而不一定是交易手段或价值储藏），用苏珊·斯特兰奇的话说，即为选择“头等货币”（1971年）。这种选择由市场按照达尔文式进行。政治领导人提议，但由市场作决定。由于对衰退的认识滞后，人们不能根据一国货币的资格就必然地判定其处于经济霸权地位；寻找一种合适的替代货币可能要花费很长一段时期。但当一种“头等货币”开始贬值时，对衰退的某种认识就比较明显了，正如杰诺林（布罗代尔，1979［1984］年，第159页）（它取代了拜占庭帝国的金币或银币［洛佩斯，1951年］）、佛兰德斯和布拉班特的格罗特（戴维斯，1973年，第98页）、1914年以来的法国法郎、1931年后的英镑，以及1973年以来的美元等货币的贬值所表明的那样。各国金融市场按照等级秩序自我排列，尽管它们的确切地位不总是完全清楚，并且竞争一直存在。（科斯特，1932年；金德尔伯格，1984［1993］年，第

115—117 页，第 260—263 页）

合作与竞争

人们通常假设存在一个经济霸权国家，而不是两个或更多的国家彼此平等运作。但是，为了在两国或更多的国家间或它们的国民之间建立合作关系，就必须修正这个假设，尽管这种合作关系可能含有一种不平衡的、剥削性的因素，且这种因素可能影
42 响很大。在英国的卢卡和锡耶纳的银行家，在奥格斯堡的威尼斯和热那亚的银行家，在布鲁日、安特卫普和里昂的佛罗伦萨银行家，以及在塞维利亚和里昂的热那亚人，其发展情况均表明，贸易和金融是从正式、系统的渠道流通的，而非在放任自由的层面上均衡扩展。国家之间的关系可能超越商业和银行业领域。1703 年葡萄牙和英国签署的《梅休因条约》（Treaty of Methuen）涉及布和酒，并且似乎是对巴西 1680 年发现黄金的一个反应。李嘉图关于比较利益的论述曾使这一条约闻名。但该条约被抨击为具有传统殖民主义非同寻常的剥削性。（赛德里，1970 年）美、英之间的“特殊关系”，最初可追溯到第一次和第二次世界大战（当时两国是盟友），其生命力源于两国殖民时期的历史和共同的语言。

合作双方越是平等，就越有可能为获取支配地位而展开争夺。关于 1875 年金融危机，《纽约先驱论坛报》的一篇社论指出：

> “每一次大恐慌都使纽约这座城市成为这个大陆的金融和贸易中心。1837 年，它坚持与费城和波士顿进行某种艰难

> 的竞争……现在，纽约和其他城市的争夺已经停止。最近一次即 1857 年的竞争很大程度上是在纽约和伦敦之间展开，并且已以纽约占据优势告终。不久之后，纽约而非伦敦，将不仅成为‘新大陆’的，而且在很大程度上成为‘旧世界’的金融中心。”（转引自埃文斯，1859［1969］年，第 113—114 页）

这简直是大放厥词（*chutzpah*）。事实证明，“不久之后”实际上是半个多世纪。然而，当变化在地平线上出现时，英联邦开始越来越强烈地意识到伦敦的衰落和纽约的崛起。1925 年 4 月 28 日和 5 月 4 日，英国财政大臣温斯顿·丘吉尔在宣布恢复英镑的战前平价并为之辩护时说：

> “……这个岛屿……是一个幅员广阔的帝国的中心，并且享有……世界上即便不是首要的，无论怎样也是核心的位置。”（1925［1974］年，第 4 卷，第 3362 页）
>
> “如果英国的英镑不恢复金本位……那么不仅英帝国，而且整个欧洲的商业，就可能不得不按美元而非英镑进行交易。我认为，那将是一场巨大的灾难。”（同上，第 3599 页）

在诸如此类的评论中和在争夺霸权的斗争中，通常是声誉支配着利益。其他野心勃勃的表述出自 1914 年之前半个世纪的德国。德国必须准备战斗，“以获得阳光下的一席之地，进而成 43
为世界强国”。（博梅，1968b，第 106 页，第 111 页）乔治·冯·西门子早在1866年，就对其父恳切、详细地说明了自由贸易和1862年同法国签署的关税条约的细节：

> “如果我们不想像葡萄牙、土耳其和牙买加等国一样成为殖民地；如果我们不想继续作一个农业国，经由英国销售产品；如果我们不想同外国商人打交道，等等，那么我们就必须占有石勒苏益格—荷尔斯泰因地区，然后关税同盟的范围和普鲁士的版图必须完全保持一致。”（博梅，1966年，第205页，转引自赫尔费里希，1921年，第1卷，第46页）

挑 战 者

德国的例子说明，一个野心勃勃的强国准备为获得霸权而向霸主挑战。也许经典的例子当数17世纪的英国及其对荷兰的挑战。在乔纳森·伊斯雷尔看来，荷兰人实现了突破，成为1590—1609年的世界贸易霸主，而且是“17世纪最遭憎恨，然而也最受赞赏和嫉妒的商业国家”（赫克舍，1935［1983］年，第1卷，第351页，转引自伊斯雷尔，1989年，第13页，注1）。这种憎恨、赞赏和嫉妒在那个时代英国人的著述中表现得尤为明显——1620年代的曼，对17世纪中叶的贸易进行评论的一系列评论者，以及乔赛亚·蔡尔德爵士*。与此相似，在某些情况下，英国与荷兰之

---

* Sir Josiah Child, 1st Baronet（1630？—1699），英国经济学家、商人、政治家。他倡导重商主义，曾任东印度公司总督，并在英国—莫卧儿战争（东印度公司试图以武力手段获得莫卧儿王朝新占领的孟加拉地区的贸易权）中战败。——编者注

间的差别也招来嫉妒、赞赏和鄙视。例如，由于船只构造轻巧并有护航舰队保护，荷兰的航运价格比较便宜，效益也好，但荷兰的航运业却被认为是“薄弱的”。特别受到赞赏的是：荷兰的工业、荷兰人的节俭、专利制度、包括生产和质量控制标准化在内的政府对贸易的支持、源于节俭的低利率、使用专门制造的双桅捕鲭渔船进行的扩张性捕鱼。（莱特温，1969 年；曼，[1622，1664] 年左右，第 182 页，第 198—206 页；瑟斯克和库珀主编，1972 年，第 21 页，第 45 页，第 56—57 页，第 69 页，第 71 页，第 432 页，第 506 页）17 世纪初，奥尔德曼·科凯恩试图在英国对精纺呢子进行上浆、漂洗并染色，以打破荷兰人对精纺呢子的垄断。（瑟斯克和库珀主编，1972 年，第 194 及以下诸页）荷兰人利用联合抵制击败了这种做法。于是，荷兰人与英国人在远东爆发战争。但是，战争很快就在 1619 年结束，没有蔓延到欧洲。查尔斯·博克瑟对远东公司的态度所作的评价，同样适用于欧洲的荷兰人和英国人：

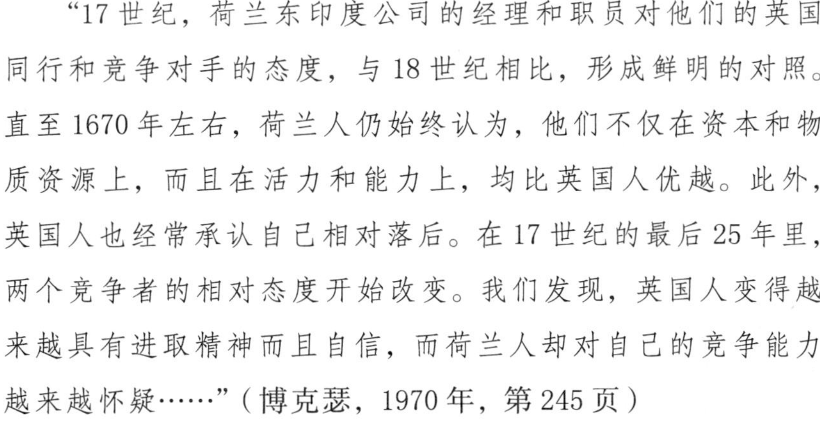

> “17 世纪，荷兰东印度公司的经理和职员对他们的英国同行和竞争对手的态度，与 18 世纪相比，形成鲜明的对照。直至 1670 年左右，荷兰人仍始终认为，他们不仅在资本和物质资源上，而且在活力和能力上，均比英国人优越。此外，英国人也经常承认自己相对落后。在 17 世纪的最后 25 年里，两个竞争者的相对态度开始改变。我们发现，英国人变得越来越具有进取精神而且自信，而荷兰人却对自己的竞争能力越来越怀疑……”（博克瑟，1970 年，第 245 页）

英国人对荷兰人的沉重打击产生了这样一些贬损性的词语：
44 “荷兰式勇气”（Dutch courage，酒后之勇）、“荷兰式宴客”（Dutch treat，客人支付自己费用的聚餐或娱乐活动）、“荷兰大叔”（Dutch uncle，严格信奉并遵守纪律者），等等。（帕特里奇，1967年，第250—251页）[①]1652—1654年、1665—1667年和1672—1674年的三次英荷战争和英国1651年、1660年、1663年颁布的《航海条例》，自然使英、荷两国之间的紧张关系进一步恶化，并从此一直持续下去。1661年斯图亚特王朝复辟后，阿尔比马尔公爵说：“我们想要的不止是荷兰人现在所控制的贸易。”（E. N. 威廉斯，1970年，第484页）与他同时代的乔赛亚·蔡尔德爵士表达了英国人的妒忌及其后果，他说，“荷兰人的国内贸易和对外贸易、财富及大批船舶的惊人增长，既是当今人们妒忌的对象，也可能成为所有后代倍感惊叹之物”（1668年，转引自莱特温，1969年，第41页）；而且“所有贸易都是一种战争”（同上，第28页）。

垄断的打破

要将一个享有经济霸权的国家“拉下马”，一个方法就是打破它的垄断地位：通过直接同客户进行交易绕开它控制的进出口贸易中心，窃取其工业秘密，效仿它的成功之道，挖走它的熟练工人和企业家，等等。一旦这些努力成功，就能使挑战国获得与

① 埃里克·帕特里奇认为，这些词语中有许多在18、19世纪已普遍使用，但“荷兰人/荷兰式”（Dutch）一词在17世纪和18世纪初的英国作为贸易竞争和海军对峙的结果变成一个贬损性的名词和形容词。

霸主对等的地位。赶超需要改进现有技术并创造新技术。被挑战国会防止机器设备、熟练工人和企业家流失，并且在经济生命力尚存的情况下，推动产品和生产工艺进一步完善，以此设法保持领先地位。有关所有这些方面的详尽论述，将在国别研究中展开。挑战与应对挑战的过程可能引发战争，当擅自闯入者（interlopers）试图打破贸易垄断时尤其如此，诸如：热那亚与威尼斯在黎凡特地区对抗；荷兰人和英国人同葡萄牙人在亚洲对抗；法国人、荷兰人、英国人在新大陆上同西班牙人和葡萄牙人的垄断进行对抗。武装冲突的结果可能决定经济霸权是得以保持还是发生改变。然而，新兴霸权国家威胁老霸权国家却不必然是通过战争：

> “即使是具有辉煌工业发展史的国家，……更年轻的竞争对手也必然使它们遭受严重损害，并失去它们在涉及广泛的各种经济活动中所享有的传统优势，如……织布……造船、钢铁冶金、丝绸生产……在所有这些例子中，长期确立的、舒适自在的霸权地位都受到挑战并被推翻，因为新兴霸权国家在一个又一个领域不断赶超，并利用较高的效率、较低的成本或较好的设计，将比较衰老的霸权国家远远地甩在后面。”（瑟拉，1970［1974］年，第418—419页）

不存在挑战者时的再度集权 45

在特定时期，总可能有某个国家或某些国家，即使成功的可能性不大，也坚持不懈地为谋求政治和（或）经济霸权发起挑战。

19、20 世纪的法国可能为此提供了最为典型的例证。但是，这里存在一些问题：布罗代尔所谓的“再度集权”是否总是很快发生？两个权力中心能否共存？在没有强大的、进攻性挑战者的情况下，是否一定存在广阔的权力真空并导致国际社会处于无政府状态？布罗代尔用法语写完三卷本巨著《文明与资本主义》（1981 年，1982 年，1984 年）之后，于 1977 年在约翰·霍普金斯大学发表演讲“关于物质生活与资本主义的补想”，较为详细地论述了上述问题。但他的观点并不十分明确。他认为，世界经济总是存在一个集中点或中心，它由一个具有支配地位的城市所代表；两个中心能够同时存在，并持续较长一段时期（如：罗马—亚历山大、威尼斯—热那亚、伦敦—阿姆斯特丹）；中心会发生转移——“1500 年突然发生一次大转移，中心从威尼斯转移到安特卫普，然后又在 1590—1610 年左右转移至阿姆斯特丹。1790—1815 年伦敦处于领先地位，1929 年中心转移到纽约。如果纽约失去中心地位——但我认为它不会——世界将不得不寻找一个新的中心”（布罗代尔，1977 年，第 3 章，尤其第 80—86 页）。

布罗代尔的论述尚未解决一个问题，即一个中心向另一个中心的转移通常如何实现。我认为，苏联之所以未被囊括进来，同纽约一起构成两个中心并存的实例，是因为布罗代尔感兴趣的世界经济体系是资本主义模式下的，而社会主义阵营的国家基本处于这一体系之外。如果分权产生两个中心，那么就存在一个问题：它们之间的关系是否像基奥贾战争（1378—1381 年）之前的热那亚和威尼斯，以及上述伦敦和阿姆斯特丹一样，紧张和存在竞争？或者是否存在差距？将 1929 这一年作为世界经济中心从伦敦转移到纽约的时间似乎显得突兀。但以惯常的观点看，英国于1870年代、1880年代或1890年代开始衰落，而此时的美国却在按孤立主义方式行事，直至1936年、1941年或1945年。当然，美国在1933年的世界经济会议上并未主张任何霸权，但它使这次会议失败了。

如今，即使纽约中心地位的丧失尚未确定（其衰落还在广泛讨论之中），但以纽约作为世界经济中心再度集中的局面似乎已在缓慢的进一步发展中。苏联及其卫星国已崩溃，但尚没有任何新的中心出现。德国和日本的发展较美国快，而且比美国更富有创新精神。但是，两国在第二次世界大战中挑战美国的霸权失败之后已成为美国忠实的追随者，不愿意争夺领导国的位置。两国也没有积极促使其货币成为国际货币——为其谋求成为贸易和短期资本流动中的国际支付媒介货币这一领导地位，或争取发行外债。尽管世界绝大多数国家，尤其是法国，长期认为，美元在从 46
美国的贸易和银行业伙伴身上榨取铸币利差，但可能除法国外（它不太可能认真对待自己发起的挑战），没有任何其他国家争夺这个位置。（塔弗拉斯，1991年；塔弗拉斯和奥泽基，1992年）相形之下，英国在1763年急于用外汇同俄罗斯建立直接联系，而不是被迫使用银币通过阿姆斯特丹进行交易。英国同样急于同德国建立直接联系，后者在1871年后建立德意志银行，同伦敦在世界金融领域展开竞争，并当德国海军不得不继续从伦敦购买外汇时，感到无地自容。（赫尔费里希，1923—1925［1956］年，第51—52页）

战　　争

战争常常是一个国家崛起并谋求世界经济霸权和另一个国家衰落过程中的转折点。贸易战的情况尤其如此，就像威尼斯和热那亚的五次战争（从 1250 年到 1380 年基奥贾战役结束第四次战争）、威尼斯人 1431 年战败（本质上只是法国与米兰战争中的一个事件）、反复提及的四次英荷战争（前三次发生于 1651—1675 年，第四次发生于一个世纪之后）等一样。W. W. 罗斯托将战争划分为殖民战争、地区性侵略战争和均势战争。他没有把贸易战争、王朝战争或宗教战争等包括进分类之中，这种分类方法旨在适应他对经济增长阶段的分析。而且，他显然将本质上由民族主义根源引发的战争排除在外。（1960 年，第 8 章）政治学家理查德·罗森克兰斯将国家，特别是民族国家，区分为专注于谋求军事政治权力，热衷于获取更多领土，并愿意为赢得更多领土或捍卫所占领土而战的国家和期望通过贸易实现经济目标的“贸易国家”等。第二次世界大战前的德国和日本就是前一类国家的例证；而当它们在 1945 年战败后，则转为了后一类国家。（1986 年）

然而，任何一种分类都有风险。1250 年，威尼斯和热那亚爆发第一次战争。此前，这两个城邦之间的争夺，已由于它们对比萨的担忧而有所收敛。当热那亚获胜并征服比萨时，热那亚人“作为商业竞争对手变得越来越咄咄逼人。在随后的战争中，双方的利益都受到威胁。但战争之所以持续，与其说是出于经济考虑，倒不如说是由于仇恨和虚荣”（莱恩，1973 年，第 73 页）。另一方

面，由于哈布斯堡家族已经衰败*，路易十四试图让一位波旁家族成员去担任西班牙国王，因此1700—1713年的西班牙王位继承战争表面上看是一场王朝战争，但实际上却是一场路易十四为法国争夺欧洲与西属美洲贸易的战争，战胜西班牙只是一块垫脚石而已。（卡门，1969年，第135页）英国人和荷兰人卷入那场战争也是出于他们未来同印度发展贸易的利益。（同上，第9页）罗斯托所划分的殖民战争主要与贸易、金融有关：首先是宗主国同全球欠发达地区的战争；然后是欧洲列强之间在获取各自特有部分的财富 47
的过程中争夺垄断地位或份额的战争。1580年，西班牙人和葡萄牙人在一场主要是地区性侵略的战争中相互厮杀，但部分也是为了争夺在东印度和美洲的权益。英国、尼德兰联省共和国和法国企图瓜分欧洲以外的地区供它们自己剥削，并试图在东方打败葡萄牙人。因此，希腊勒班陀战役结束10年之后，在地中海地区爆发的以威尼斯、热那亚和西班牙为一方，奥斯曼帝国为另一方的这场冲突，被称为“第一次世界性战争”（莱恩，1973年，第293页）。相似地——尽管发生在一个世纪之后——西班牙和法国对英国、荷兰和奥地利（后者实际上关注王位继承而非与美洲的贸易）的王位继承战争已被称为“规模浩大的世界大战”（伊斯雷尔，1989年，第363页）。尽管英国和尼德兰联省共和国并肩作战，但当1713年《乌得勒支和约》缔结之时，它们的关系却紧张起来。荷兰人坚决反对由一个法国人继承西班牙王位，因为，如此一来，秘鲁白银的贸易就会从阿姆斯特丹转移到法国。

* 即没有继承人。——译者注

这种看法被认为代表了荷兰的西班牙系犹太商人的观点。英国人不支持荷兰人的立场，由此带来的损失促成了荷兰经济的衰退，或标志着衰退过程中的一步。（同上，第 375 页）

绝大多数经济学家都关注战争对经济的影响，尤其是对科技良性变革的影响，而不关注促成战争的经济因素。例如，在《战争与经济发展》一书中，约翰·内夫始终认为，战争是人性给所有社会带来痛苦的一种病，而不仅是资本主义发展的产物。（1952 年，第 113 页）在他看来，战争是人类原罪的一个标志。“好战的冲动——恐惧、仇恨、残忍、复仇、对破坏和人类痛苦的快感”，有积极的一面——“竞争、宗教信仰、作战义务唤起的勇气和荣誉感”（同上，第 115 页）；但是，消极的影响更大。内夫引用伏尔泰的话说明人类的本性已然变坏，因为人类生来不是狼，后来却变成了狼*。（同上，第 165 页）然而，也存在一定的反向因果关系，即“和平引起生产，但生产导致战争”（同上，第 113 页）。经济发展随之带来更为致命的武器，这很可能是符合事实的。（麦克尼尔，1982 年）经济发展导致战争，在将康德拉季耶夫周期、霸权周期和战争周期联系在一起的理论中是一条重要原则。鉴于该理论的因果关系过于紧密，未给混沌留下空间，它似乎并不可信。

康德拉季耶夫周期、战争周期和霸权周期

许多经济学家、经济史学家和政治学家均已接受康德拉季耶

* 此语出自伏尔泰小说《老实人》第四章结尾。——编者注

夫的理论发现。他提出了以拿破仑战争为起点、以50年为间隔的价格变动周期。熊彼特、罗斯托、福里斯特、戈尔茨坦和贝里等人将“长波理论”（有时也被称为“趋势周期理论”）从价格领域引用到生产领域。戈尔茨坦和贝里更进一步将价格和生产同战争联系 48
起来。乔治·莫德尔斯基（1983年）再进一步，加入了霸权周期。

虽然各个分析者的解释常有差别，在某些情况下甚至大相径庭，但将价格同生产联系在一起并不存在太大问题。例如，熊彼特和福里斯特把康德拉季耶夫周期视为蒸汽、电及化学制品等广泛的重大创新的结果，而罗斯托却将它同人口与原始资源变动的关系联系起来。物价反过来可以同战争联系在一起，尤其是拿破仑战争与第一次世界大战带来的通货膨胀——这两场战争相隔100年，而大约在欧洲克里米亚战争和美国内战期间通胀也达到过一个稍低一些的峰值。有观点认为上述战争的起因在于经济周期，而不在于均势、过度的野心等政治问题，以及——单就第一次世界大战而言——过度扩张加上偶然事件等。对此我难以赞同。

乔舒亚·戈尔茨坦将物价、生产和战争联系起来置于一个周而复始的50—55年的周期。对于自己的结论未能和其他理论保持相互一致，他比较谦虚地说，“因为在一个发展尚不成熟的研究领域，情况必然如此”（1988年，第152页）。他将康德拉季耶夫的价格序列前推300年，回溯到1495年，并假定领先战争周期5年的生产周期产生了康德拉季耶夫观察到的价格周期。25年的价格衰退引发一股创新浪潮，这与熊彼特的创造性破坏的观点基本一致。创新浪潮导致经济复苏、实际工资上涨、较高的生产、战争和价格顶点。戈尔茨坦坚持认为，战争周期落后于生产周期10

年左右，领先于价格周期大约1—5年。(同上，第214页，第225页)他所提出的周期，如图3-1中所示。

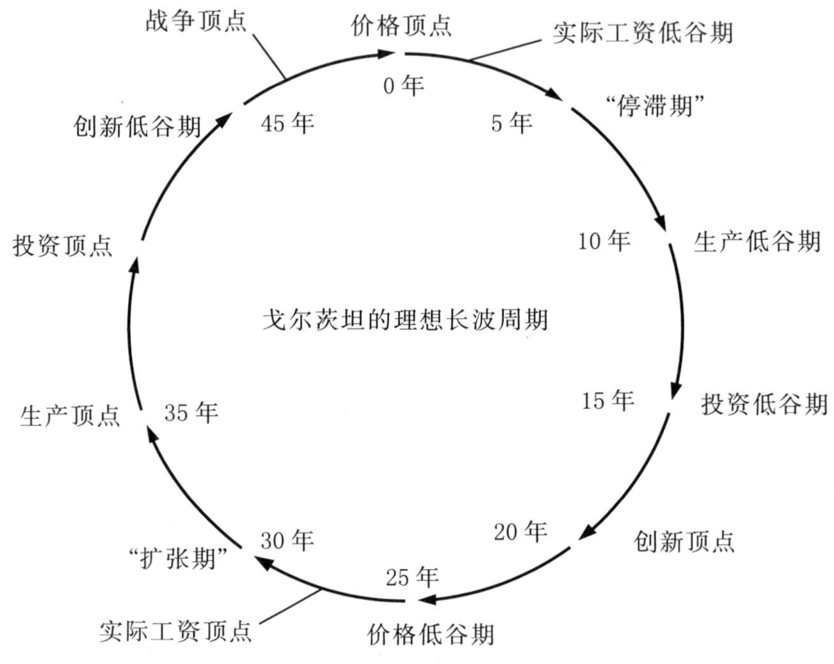

图3-1　戈尔茨坦的理想长波周期

由"周期时间"内的投资、增长、通货膨胀以及战争等各种序列构成。

资料来源：贝里，1991年，第161页。经约翰·霍普金斯大学出版社授权转载。

戈尔茨坦承认，保罗·萨缪尔森将康德拉季耶夫的全部分析看作"科学幻想"(同上，第21页)；康德拉季耶夫的一些分析属于"不切实际的"理论；戈尔茨坦自己至多只能说长波理论的存在不可被否认(同上，第164页)。在对戈尔德斯坦的简要分析和描述进行评论时，理查德·古德温说，他确信经济长波周期与战争之间存在密切联系，并强调趋于上升的经济更有可能挑起战争。但是，对于试图用战争来阐释经济长波的做法，他感到不满，认为这种阐释方法需要用一种理论来说明战争周期性爆发的原因，而任何有关理论似乎都不及以经济学为基础的理论更为可信。（同上，第 326 页）这就涉及一个极端化的观点，即如果康德拉季耶夫周期确曾实际存在，那么经济学的结论就必然有经济学方面的原因。

布赖恩·贝里全面、仔细地研究了康德拉季耶夫/战争/霸权周期，但得出的结论是，以 50—55 年为限的康德拉季耶夫周期，不如以 20—25 年为限的库兹涅茨周期更可信，每个 50—55 年的周期都包含有两个库兹涅茨周期，其一是扩张性的，其二是收缩性的。然而，对于将任何一个经济周期都同战争周期联系在一起的做法，他深表怀疑。（1991 年，第 164—166 页）

霸权周期是乔治·莫德尔斯基的一个假设，我尚未进行深入研究。我从戈尔茨坦和贝里的作品中对其了解到的是，莫德尔斯基认为，全球性战争每 100 年左右发生一次，并导致一个世界大国崛起成为霸权国家，一个世纪后，另一个霸权国家又取而代之。 49
依次崛起的每个霸权国家都受到诱惑，陷入过于野心勃勃的计划，并最终面临丧失权威和失败的危险，导致“权力分散”。莫德尔斯基对全球性战争（随后形成世界霸权）、权威丧失和权力分散的历史性描述，请见图 3-2。五个霸权周期从 1491 年持续到 2000 年，首先是葡萄牙的，紧接着是荷兰的，然后是两个英国的及一个美国的。纵轴衡量的是海军实力，其中含有对法、德等大国陆军的军事偏见。导致美国霸权的全球性战争由第一次世界大

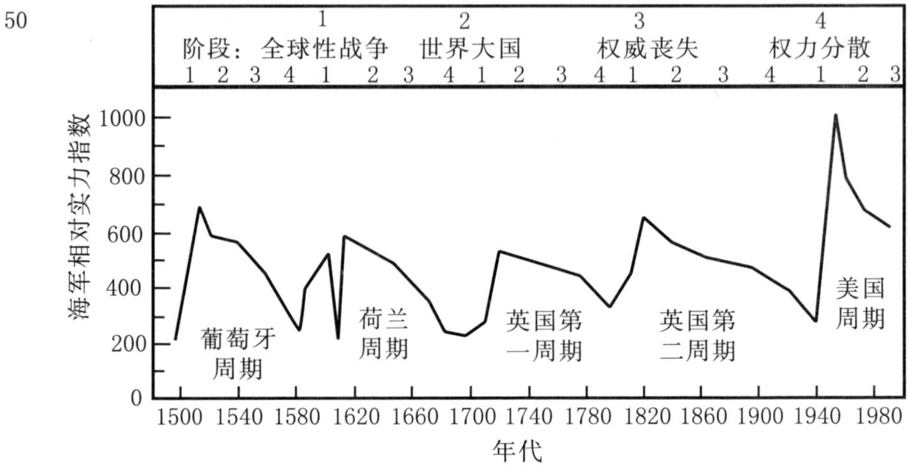

50

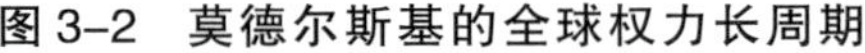

图 3–2 莫德尔斯基的全球权力长周期

资料来源：贝里，1991 年，第 160 页。经约翰·霍普金斯大学出版社授权转载。

战和第二次世界大战叠嵌在一起构成。美国霸权 1973 年开始丧失权威，其后它有望与竞争对手日本、苏联分享权力。（戈尔茨坦，1988 年，第 347 页，第 365 页）

贝里强调，康德拉季耶夫的论述总体上注重言辞修饰，而不以统计学为基础；而戈尔茨坦则强调未来的不确定性。研究康德拉季耶夫周期的理论家提供了充足的论据来支持这两个观点。1980 年代，赞同康德拉季耶夫观点的罗斯托和福里斯特分别断言世界经济正在上升（罗斯托）和世界经济正在走低（福里斯特）。欧洲社会主义国家 1989 年的崩溃似乎已经立即证明，对苏联作为世界霸权挑战者的预测是错误的。我断定，如果将 1350 年以来世界经济霸权的各个例子分开来看，而不试图硬将它们拼凑在一起形成一个紧密联系的序列分析，肯定更富有成果。我始终认为：

似乎存在一种国家的生命周期；在任何特定时期，世界似乎都在朝着形成一个等级秩序的方向运动。当该秩序的领导者碰到困难并在相对衰落中地位降低，该秩序就可能解体。并且，如果该秩序的领导者是在战争时期遭受重大挑战，那么该秩序可能解体更快；如果一个新兴国家在和平间歇期发展成为领导者，那么该秩序的解体可能较慢。

时间的界定

我对确切的时间界定或准确辨认“转折点”并不特别感兴趣。许多历史学家却特别热衷于此，一些史学家甚至喜欢促使事情变得完美以利于记忆。从最简单的角度看，人们似乎可以认为，意大利城邦、葡萄牙和西班牙、尼德兰联省共和国、法国、英国、美国分别享有15世纪、16世纪、17世纪、18世纪、19世纪、20世纪的世界经济霸权，并且美国的世界经济霸权至少还要持续相当长一段时间。但是，这种看法错误地遗漏了布鲁日和安特卫普，它们在15、16世纪时是盛极一时的世界贸易中心，分别与意大利城邦和葡萄牙—西班牙共处于同一时期。并且，还存在一个问题，即法国是否曾经获得经济霸权。布罗代尔认为，法国一直在争夺这顶桂冠，但从未得到过。（1986［1988］年，第2卷，第328页）18世纪，法国突然迅速发展起来（正如第七章将论述，即1720年之后和1789年之前），虽然沿着不同于英国的经济增长路径发展，但是，据说在1780年已变得同英国一样富强（奥布赖恩和凯德尔，1978年）。许多人存有疑问，如果不就增长路径进行比较，而

以生活水平相比，那会怎样？莫德尔斯基认为，英国经历了全球权力（global power）的两个周期，第一个周期始于1688年“光荣革命”后威廉和玛丽从荷兰到达英国，第二个周期始于拿破仑战
51 争之后。这种看法忽略了法国人的经济支配地位。另一种周期模型出自霍普金斯、沃勒斯坦及其同事，按照“崛起中的霸权”“霸权的胜利”“成熟的霸权”“衰落的霸权”这一顺序发展。表3-1对此作了再现。（引自贝里，1991年，第162页）从1672年（法国短期占领荷兰之时）到1789年拿破仑战争开始之间，显然空有很长一段时间。这更加深了对法国在18世纪，甚至还有17世纪路易十四统治时期作为首要国家的怀疑。

表3-1　沃勒斯坦全球霸权周期（I—IV）

霸权的权力	I. 哈布斯堡王朝	II. 尼德兰（联省共和国）	III. 英国	IV. 美国
崛起中的霸权	1450—	1575—1590	1798—1815	1897—1913/1920
霸权的胜利	……	1590—1620	1815—1850	1913/1920—1945
霸权的成熟	—1559	1620—1650	1850—1873	1945—1967
衰落的霸权	1559—1575	1650—1672	1873—1897	1967—（？）

资料来源：霍普金斯、沃勒斯坦等：“资本主义世界经济的周期性变化和趋势”，《世界体系分析：理论和方法》，1982年。经圣人出版社授权转载。

关于这个或那个国家崛起，达到顶峰，然后衰落的看法，人们可以收集到一个很长的系列，其中一些将在本书的国别研究中出现。人们也可以展开争论：联省共和国1672年是否已开始衰落？或半个世纪后（即1730年），它们是否还确定无疑地领先于英

国？应该从何时起将英国当作经济霸权的争夺者认真看待？是其17世纪开始展开争夺之时，还是18世纪工业革命之时（如果确实存在工业革命的话）？许多答案有待于进行系列研究。现在非常清楚的是，人均收入的增长比研究者——例如迪恩和科尔（1962年）——起初想象的更慢；投资和储蓄没有发生突破性（而非演进性）的非连续性向上跳跃，但出口在美国独立战争后剧增；按1766年之后的专利数衡量，技术创新带着革命性的力量迅速向前发展。现在这一争论仍在继续。

在英国衰落的时间确定问题上，也存在同样的争论。早在1851年大博览会（Great Exhibition）之前（但主要在19世纪末），就有人对英国经济领导地位在悄然逝去表示担忧。1960年代和1970年代，人们开始对该问题加以研究。一阵经济计量学研究高 52
潮在当时被掀起，试图判定英国企业家是否应该因为已经发生的、相对于其他国家的任何衰退而受到责怪。一些研究为企业家提供了辩护，它们表明，企业家在使收入最大化，但受限于不适应现代技术要求的资源形式，也就是说，他是在按中央计划局的“均衡模型”行事（见第二章）。人们责怪企业家在遵循这种静态的模型，而非动态的，即中央计划局通常所说的，“充满创新活力的自由市场模型”。这种观点认为，英国企业家的问题是内在的而非外在的。问题不在于经济遇到不同于过去的各种条件时是否存在增长瓶颈，而在于企业家是否有足够的力量突破这些瓶颈，就像他们处理18世纪的增长瓶颈一样。一种看法认为，这个时期的新产业绝大部分兴起于其他国家；并且在许多情况下，这些新兴产业在英国的投资都是由外国人进行的；由此可证明，英国缺乏新人。

在此，这个主题又得到了重申。尽管有经济计量学方面的辩护，但是，当1980和1990年代英国的人均收入逐步被德国、法国乃至意大利的人均收入超过时，英国衰落的现实已变得很清楚。

当前，人们正激烈地争论着同样的问题——相对于德国、日本而言，美国经济是否在衰退；美国的经济霸权是成熟了，还是已经走到尽头——尤其是在曼库尔·奥尔森（1982年）和保罗·肯尼迪（1987年，1993年）的著作出版以来。正在缩小的距离是否只是其他国家在“赶超”；或者随着发明、创新和储蓄减少和生产率降低，美国经济增长的结构性特征是否在发生变化，这些都是存在争议的问题。如此一来，要确定确切的时间界定，很可能就是徒劳无益的，而且越往后越是这样。

这种界定霸权更迭时间的方法，有时会碰到北—南更迭模型而非顺时针更迭模型，例如，意大利城邦17世纪衰落，然后尼德兰联省共和国和英国同时取而代之，并争夺领导地位。在此方法中，经济霸权被归属于单个城邦或国家，并且强调的是差别而非相似之处。或者这个问题也可根据海洋来阐述，即地中海的霸权让位于大西洋、英吉利海峡、北海和波罗的海的霸权。1580年后，对波罗的海霸权的某种质疑日渐增多。麦克尼尔指出，到1600年，意大利人的所有技艺在北欧均已被仿效：随着羊毛、泥炭和煤的重要性由于森林被滥伐而提高，意大利发现自己燃料短缺。（1974年，第139页）

既然论及经济霸权更迭的顺时针模型，就应提出一个已在文献中消失，并且我无论如何都无法评价的理论。第一次世界大战前，耶鲁大学一位地理学家和气候学家埃尔斯沃思·亨廷顿提出一个论点，即文明受高压气候带的强烈影响，一个世纪接一个世纪，从中东缓慢地向北欧移动，从美索不达米亚开始，按顺时针方向移到波斯、希腊、意大利、西班牙，向北进入大西洋地区，53
然后再进入北海和波罗的海地区，同时还为这些地区带去了经济活力。（1915年）众所周知，与寒带和热带相比，经济发展主要局限于温带地区。如此看来，认为气候与经济发展存在因果联系的见解似乎可信，但我无法对亨廷顿的这一论点进行评判，该论点似乎也未在史籍中存留下来。

不论依次更迭的经济霸权之间有无时间联系，都使它们强行适用于包括国家生命周期理论，以及经济学和政治学的绝大部分理论在内的普罗克汝斯忒斯的理论之床*，这种企图过于雄心勃勃。依据我的判断，至少在我们查看后面章节中各个国家实体的历史之前，应将其放置一旁。

* the Procrustean bed，即强求一致的制度或主义、政策等。普罗克汝斯忒斯是古希腊神话中的强盗，开设黑店劫掠行人。凡行人身长超过其床者，则超出部分会被砍去；若行人身长不足，则会被强行拉长。——译者注

54

第四章　意大利城邦

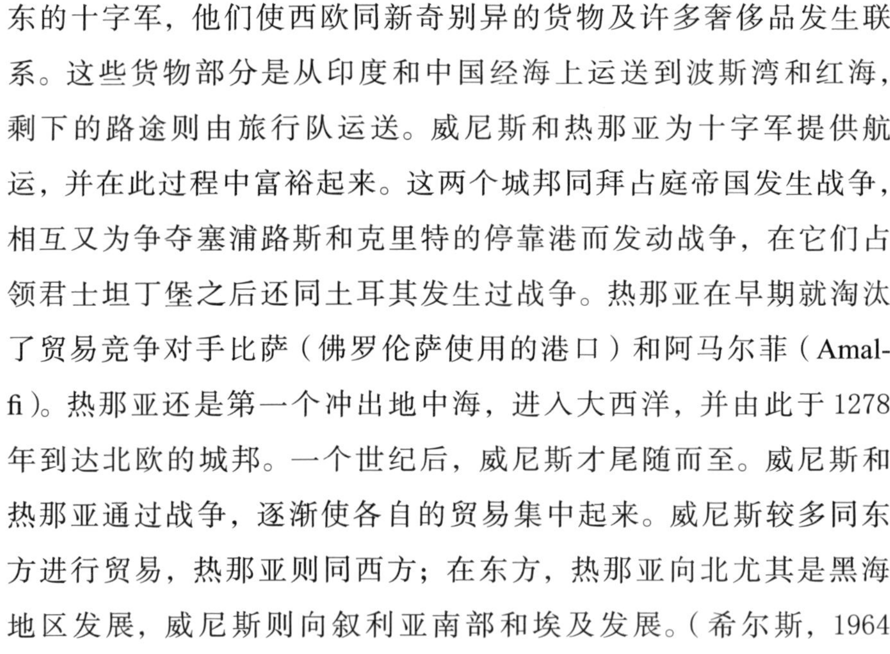

欧洲的中世纪始于公元前800年左右，并且随着11、12世纪商业革命的到来而终结。促使中世纪终结的刺激主要来自远征中东的十字军，他们使西欧同新奇别异的货物及许多奢侈品发生联系。这些货物部分是从印度和中国经海上运送到波斯湾和红海，剩下的路途则由旅行队运送。威尼斯和热那亚为十字军提供航运，并在此过程中富裕起来。这两个城邦同拜占庭帝国发生战争，相互又为争夺塞浦路斯和克里特的停靠港而发动战争，在它们占领君士坦丁堡之后还同土耳其发生过战争。热那亚在早期就淘汰了贸易竞争对手比萨（佛罗伦萨使用的港口）和阿马尔菲（Amalfi）。热那亚还是第一个冲出地中海，进入大西洋，并由此于1278年到达北欧的城邦。一个世纪后，威尼斯才尾随而至。威尼斯和热那亚通过战争，逐渐使各自的贸易集中起来。威尼斯较多同东方进行贸易，热那亚则同西方；在东方，热那亚向北尤其是黑海地区发展，威尼斯则向叙利亚南部和埃及发展。（希尔斯，1964年，第101页）威尼斯主要从东方进口香料、丝绸和棉花；热那亚则进口用于染呢子的硫酸铝、丝绸、食糖、葡萄干、甜酒和燃料。黑海通道由于君士坦丁堡失陷而被切断之后，热那亚从地中

海西部运来了酒、小麦、水果，并运来教皇国 * 托尔法（Tolfa）矿井出产的硫酸铝，与来自东方的硫酸铝展开竞争。威尼斯的桨帆船驶向东方运回羊毛和一些造船用的木材，直至亚得里亚海北部地区的存货价格走低。它们还特别运来了德国南部、蒂罗尔、波希米亚 ** 和匈牙利开采的白银。

除鱼和盐外，威尼斯一度几乎没有自己的产品，直到它开始 55
生产呢子、玻璃、皮货和印花工艺品。它位于亚得里亚海顶端，在其潜在的敌人和巴巴里 *** 海盗扫清之后变得很安全。它的主要优势在于黎凡特和德国南部之间的中间贸易，其中最为典型的是奥格斯堡和纽伦堡之间经由阿尔卑斯山上的隘口通道（主要是勃伦纳山口 ****）进行的中间贸易。起初，它是潟湖中的一个孤岛，后来在全年流淌着冰川融水的波河流域逐渐获得一块腹地。热那亚跨越亚平宁山脉，四周环山，没有腹地，但与法国东部弗朗什孔泰相连，并经由通往香巴尼商品交易会的塞尼山口和小圣伯纳德山口同勃艮第相通。翻越山脉的运货骡队费用昂贵，只能运送奢侈品。大宗商品得用船从热那亚在撒丁岛、西西里和那不勒斯的殖民地和西班牙运来。

商业革命在一个方向上导致造船业兴起，在另一个方向上导致金融业兴起。威尼斯和热那亚两个城邦没有可耕地，避免了封

---

* 指罗马教皇 756—1870 年拥有主权的意大利中部领土。——译者注

** 蒂罗尔指中南欧一地区，位于奥地利西部和意大利北部；波希米亚指捷克西部一地区。——译者注

*** 指今埃及以西的北非伊斯兰教地区。——译者注

**** 位于中欧阿尔卑斯山脉东段，奥地利和意大利边境上。——译者注

建主义的发展（而佛罗伦萨却未能避免），并由共和制政府提供服务，政府具有选举产生的官员并在威尼斯设有一名总督。1104年，威尼斯政府建立船厂（*Arsenale*），其造船业在此进行。船厂装配了海军用的桨帆船和用于贸易的“超大型桨帆船”。私人船厂建造弧形帆船。政府船厂有 3 000 名工人，可谓当时欧洲最大的工业企业。（莱恩，1973 年，第 163 页，第 252 页）起初，造船用的木材是从附近海拔较低的阿尔卑斯山山坡上运到潟湖，渐渐地从更远的地方，甚至从亚得里亚海和拉古萨 *（今日的杜布罗夫尼克）地区北面和南面的山脉运来。（同上，第 28 页）政府官员非常仔细地挑选纹理和重量合适的原木。海军使用的桨帆船须造得符合标准设计和吨位，要使用可换用的木壳板和专业化的船工，并且船的备用件要储存在沿海港口以便对船只进行快速修补。（同上，第 363 页；麦克尼尔，1974a，第 5—6 页）1574 年，一艘这样的桨帆船就在法国国王亨利三世的眼皮底下在不到一小时之内装配成功。（麦克尼尔，同上，第 244 页［注 9 至第 6 页］；罗马诺，1968年，第 62 页，称其用了“几个小时”）

操纵灵活的桨帆船配备有桨手，被用来运输价值昂贵的货物，通常是定期出航。弧形帆船运输大宗货物。弧形船大约是在1300 年仿造汉萨同盟的寇克船建造而成，并不断被改进。为了更便于改变方向，大三角帆取代了方帆。** 数十年后单桅也被替换为

* 意大利西西里岛东南部城市，或译腊古扎。——译者注

** 方帆在顺风时能提供较高的航速，但在无风或逆风时则无用武之地，甚至可能在逆风时使船倒退，因此必须配有桨手。大三角帆（拉丁帆）则可通过桅杆的配合克服上述问题，故而沿用至今。探险时代二者结合的全帆船一度流行。——编者注

两桅，再后来又被替换为三桅。（莱恩，1968 年，第 36 页）艉柱舵替代操舵桨，使船体可以建造得更大，装配更结实的索具、装备和更好的航行工具——这足以使得在大约到 1300 年的一百多年时间里，商业革命导致了一场航海革命。（莱恩，1973 年，第 10 章）15 世纪中叶左右，这种逐步改进达到了顶点。莱恩评论说，1485 年威尼斯的三桅全帆装弧形帆船，看起来与其说是 1425 年的船，不如说更像 1785 年的船。（1968 年，第 36 页）

热那亚的"舰船"（nave，法语为 *nef*）与威尼斯的三桅弧形帆船 56
帆装相似，其吨位增长到 1 000 吨，难以或不可能穿过淤塞的港湾，进入艾格莫尔特、布鲁日、科隆、比萨、罗马和塞维利亚等港口。

商业革命不仅仅涉及船只的改进。专门化也在向前发展。随身携带货物航行的行商，让位于待在账房和货栈里的坐贾。坐贾将他的货物委托给船长，由船长把货物运送给停靠港上的代理商。对人性持悲观态度的现代观点认为，委托人不得不严密监督并为代理人作保，代理人对自己短期利益的兴趣超过对其委托人福祉的兴趣。（詹森和梅克林，1976 年）但事实上与此相反，绝大多数代理人似乎都在忠实地服务，"为声誉而投资"。声誉是赢得对他们职业的尊重和续订生意的一个办法。（格雷夫，1989 年）商人作为买主，虽然也检查货物的质量，但他同样逐渐从生产货物的工匠商人中分离出来。在商业革命初期，水手同时也是桨手、战士和带着自己的货物到外国港口去推销的二流商人。威尼斯商人通常也是岸上某个团体的成员，这种团体是威尼斯市政委员会出于战争或打击海盗的需要招募起来负责海外勤务的。专业化的武器和保障最终需要专业化的民兵组织，也需要有更强的组织纪律性，这

减少了水手充当商人的机会。水手慢慢地沦落为无产阶级，经常迁移和造反，并愿意向更高阶层分化，然后就逐渐消失了。1347年，黑死病从罗马尼亚传染到威尼斯城，吞噬了它的一半人口，加剧了水手的短缺。地中海其他国家也遭受了同样的破坏。为了填补桨手的位置，威尼斯不得不招募本地的囚犯、殖民地来的人、达尔马提亚人，甚至以每月 1 000 达克特 * 的租金，租用西班牙阿拉贡地区配备好水手的桨帆船。1340—1355 年和 1378—1381 年威尼斯同热那亚的第三和第四次战争，给开始僵化的阶级结构造成了沉重打击；即使在精英阶层内部也存在阶级界线和经济利益造成的分裂。（莱恩，1973 年，第 174—176 页）威尼斯水手逃亡到比萨和英国的船舶甚至海盗船上，使威尼斯加速了从桨帆船向弧形帆船的转变，并使它更多地雇用希腊人和来自波河流域不谙航海的人。结果证明，他们都是拙劣的水手。

威　尼　斯

威尼斯在 1380 年的意大利基奥贾战役和第四次威尼斯—热那亚战争中战胜了热那亚。随着热那亚民穷财尽，威尼斯在 15 世纪获得了军事和经济上的支配地位。旧贵族开始放弃海洋到岸上发展，在坚实的陆地（*terra firma*）上尤其是在帕多瓦和维罗纳购买庄园。新型商人在同黎凡特、塞浦路斯、克里特岛、德国南部、布鲁日以及英国的贸易中变得越来越活跃。安德列亚·巴巴里戈

* 旧时在欧洲许多国家通用的金币或银币名。——译者注

就是从事这种贸易的一个典型。1418—1445 年间他从事贸易，其 57
商业经营灵活多变，使他能在大家族的商业活动中巧妙周旋。（莱恩，1944 年，第 135—136 页）巴巴里戈同市场上的各种代理商打交道，如：负责本国货仓（设在威尼斯）的德国人、乌尔姆或奥格斯堡的棉花买主、叙利亚的棉花卖主、英国的羊毛商人、威尼斯的商人雇主。在弗雷德里克·莱恩看来，尽管威尼斯的航运业发展缓慢，但是，没有任何一个国家的商人，能像具有国际联系的威尼斯商人一样，迅速适应变化中的市场条件。（同上）然而，巴巴里戈的儿子尽管学习过珠算，却不是一个积极进取的商人。他依靠在克里特岛和维罗纳的庄园收入生活。1483 年，他的收益达到 15 400 达克特，主要来自庄园，其中只有 700 达克特来自商业经营活动。（莱恩，1944 年，第 170 页，第 179 页）

从贸易转向陆地的庄园是否属于衰退的标志，对此存在很大争论。人们从海洋转向内陆庄园降低了风险，虽然获得的收入比从事贸易少，但更稳定，这点似乎无人怀疑。核心问题是，威尼斯的贵族是“改良者”——就像亚当·斯密口中英国商人所扮演的角色那样，还是在自我放纵。一些观点认为，他们从庄园获得的收益很低，在狂热的地产投机生意中肆意挥霍，并因急于获得收入而允许森林砍伐和土地开采。（伍尔夫，1968 年；贝伦戈，1963 年，第 15—18 页）在其他观点看来，从海洋转向陆地是对谷物价格上涨的一个反应，就像人口增长以及玉米等新作物使农业生产回报率更高一样。费尔南德·布罗代尔对从城市中间贸易转向地产投资是商业和金融业衰退标志的说法表示怀疑。（1979［1982］年，第 286 页）布莱恩·普兰也断言，历史学家不会再接

受这种轻率的推测，即在别墅上投资是没有意义和胆怯的行为。（1968 年，第 19 页）但彼得·伯克说出了人们普遍的看法，即威尼斯的土地所有者对于把土地当作企业来经营不太感兴趣，而更愿意成为靠收租生活的人。他发现，令人惊奇的不是威尼斯人（和阿姆斯特丹人）像英国、法国和西班牙成功的商人那样追求由中产阶级转向贵族，而是这种转变被延迟了如此长的时间。（1974 年，第 107—111 页）

威尼斯的贵族还从海洋转向政府机关。占有地产和在政府机关就职是绝大多数欧洲国家贵族地位的组成要素。在伦巴第区，如果三代人之内没有一个家族成员在政府机构供职，那么甚至贵族地位也会失去。（罗伯茨，1953 年，第 65 页）威尼斯市政委员会不仅关注贸易和海军为贸易提供保护的问题，而且关注该城邦的粮食供给保障问题。委员会建立了一个粮食办公室并储备粮食。在 1590 年代作物歉收时，人们试图由陆路从普鲁士和波兰运来粮食，但困难巨大，并且费用很高。当 1590 年后，荷兰和英国的船只再度进入地中海地区并逐渐建立起定期的交通运输时，这种压力才有所减轻。（艾马德，1956 年，第 155—162 页）贸易需要按计划进行，正如秋天收获的粮食主要是顺河运输到
58 维斯瓦河上的但泽，然后只有等到来年波罗的海的冰解冻之后再装运。

在 15 世纪威尼斯同黎凡特和德国的商业繁盛时期，不仅德国人在威尼斯设立货仓，而且据说在阿尔卑斯山地区的奥格斯堡北部，一半人口是意大利人，该地被划分为威尼斯人和热那亚人两个区。（布罗代尔，1966［1972］年，第 1 卷，第 316 页）威尼斯也

是吸引马拉诺人*——西班牙和葡萄牙的犹太人——的一个中心，他们选择不皈依基督教，并对这个城邦的精神生活做出了贡献。

战争实际上仍在继续，但战争间歇期间经济恢复非常快。这种情形一直持续到同热那亚的战争以1380年的基奥贾战役宣告结束和阶层的划分开始固定。（莱恩，1973年，第174页）莱恩评价说，热那亚人也许是比较优秀的水手，而威尼斯人却是比较出色的组织者。（同上，第84—85页）教皇尤利乌斯招募法国人，试图挫败骄横的威尼斯人的锐气，并于1409年在米兰城外胜利击败了它们的军队。此时，“康布雷同盟”之战成为陆战的转折点。（同上，第245页）海战的转折点是1503年土耳其人的战败。（同上，第241页）莱恩将威尼斯衰落的起点追溯到1430年。他指出，1475年德国南部的商人将其商业活动转移到安特卫普，之后这种衰落就显而易见了。100年后的勒班陀大战正好发生在威尼斯人的权力达到顶峰之后，其中教皇、热那亚、西班牙同威尼斯一起对抗土耳其。威尼斯要求热那亚为其船只提供船员，这一事实提供了它衰落的证据。拉普将威尼斯无可争议的世界商业领导地位的鼎盛时期确定为1550年，而到1770年才衰落到无足轻重的地步。（1976年，第164页）这似乎有些迟了。

衰落的过程被延长了，其间并非没有反复。相隔一个世纪之遥的两份《航海条例》，在恢复力方面提供了一个鲜明对照。条例要求用威尼斯的船只将货物运送到威尼斯或从威尼斯运走，并销

* 指中世纪时在西班牙和葡萄牙境内被迫改信基督教，但暗地里依然信奉原来宗教的犹太人或摩尔人。——译者注

售给威尼斯中间商或从他们那里购买货物。1502年，这样一套控制措施得以实施，结果证明，它在刺激威尼斯航运业复兴方面非常成功，乃至于10年后就可以停用。（莱恩，1968年，第31页）另一方面，由于贸易都转向其他不限制热那亚、英国和荷兰的船只自由行动的港口，因此，1602年的《航海条例》被证明是“注定没有好结果的”“灾难性的”（瑟拉，1968年，第91页；莱恩，1973年，第389页）。16世纪初，威尼斯沉浸于富裕的安逸之中。到1600年，它的金库盈实。但是，尽管它在16世纪比15世纪富有，并且在金融业上急起直追，也已不再是地中海贸易的中心。（布罗代尔，1966［1972］年，第1卷，第389—391页）不仅贸易、金融，而且夸耀性消费、艺术和建筑等领域都发生了这种变迁。艺术领域尚有创新存在，比如绘画从湿壁画转向油画。而视觉艺术的顶峰时期，也许是在贸易鼎盛时期之后一个世纪，才随着16世纪最后25年里提香*、丁托列托**和帕拉弟奥***的去世而来临。

59 我们很快还将提到，威尼斯的衰落被归咎于许多原因。也许需要阐释的除衰落外，更重要的是它在获取西方国家的霸权方面

---

* Titian（1490？—1576），意大利文艺复兴鼎盛时期的威尼斯画家，擅长肖像画、宗教和神话题材画，作品有《乌尔宾诺的维纳斯》《圣母升天》《文德明拉全家肖像》等。——译者注

** Tintoretto（1518—1594），意大利文艺复兴鼎盛时期的威尼斯画派画家，原名 Jacopo Robusti，早期作品受米开朗琪罗影响，后转向风格主义，作品有《圣马克拯救奴隶》《最后审判》及天顶画《铜蛇的勃起》等。——译者注

*** Palladio（1508—1580），意大利建筑师，研究并发展了古典建筑，所著《建筑四书》等及其别墅、宫廷设计对18世纪英、美等国的建筑影响很大，形成帕拉弟奥新古典主义风格。——译者注

的成功。这一霸权从大约1200年开始，持续到15世纪末，甚或延展到1550年，“经历了航海技术和商业技术和贸易路线的革命”（莱恩，1973年，第2页）。这些革命的很大一部分内容是威尼斯在贸易、保险、航运等领域的生命力的产物。绝大部分功劳应归于由市政委员会和选举产生的总督共同领导的、高效的共和国政府。政府毫不犹豫地对贸易和工业进行管理，起初非常成功，后来就不那么有效了。在对热那亚精疲力竭的战争之后，30个新家族加入“大市政委员会”。新家族（*curti*）使自己有别于老家族（*longhi*）。新人接替了领导权。在后来的两个半世纪里，没有一个老家族获得过总督职位。（莱恩，1973年，第196页）共和国一直由一个寡头集团统治，20或30个大家族居于首要位置，其下是另外100余名贵族。（同上，第151页）他们相互之间争吵不断，尤其是由于老贵族傲慢的行为举止。许多这样的争吵涉及战争费用的筹措、用于为战争融资的股票的价格和不动产价格的波动等问题。一些不动产经常被迫以破坏性价格进行倾销，以偿还从财富持有者那里勒索来的强制贷款。然而，威尼斯人在危机中还是能设法团结在一起。

威尼斯本质上是一个商业城市，存在向工业和金融业的某种转变，但在向金融业转变的问题上，程度尚赶不上佛罗伦萨的转变。威尼斯没有像佛罗伦萨那样，在汇票和复式记账方面进行创新，它的绝大多数贸易也都是在城市内部筹措资金。

佛罗伦萨

佛罗伦萨主要是个金融城市。13 世纪，它开始为从香巴尼商品交易会上购买的毛料服装染色，然后按进口替代的惯例逐渐发展起自己的毛纺织业和染色业。它的商人主要转向从事国内和国际银行业，比如，在 14 世纪教会分裂时期，为罗马教皇和阿维尼翁的其他教皇收款。在意大利托斯卡纳区，也存在其他意大利银行。卢卡的里查迪（Ricciardi）银行，从 1272 年开始向英国王室贷款 40 万英镑，当不能收回债务时就只好破产。佛罗伦萨的巴尔迪（Bardi）、佩鲁兹（Peruzzi）、埃库奥利（Aiccuoli）等银行曾帮助爱德华三世筹集英法百年战争的费用，但在王室 1348 年拖欠债务时同样破了产。借贷不是为了获取利息，高利贷法也禁止这样做；借贷是为了获得特权，诸如：对一些庄园征收名义租金、免除特定税项、有权提名教会职位候选人、允许在同英国商人冒险家公司的竞争中以优惠汇率出口羊毛等。（普雷斯特维奇，1979 年，第 87—93 页）羊毛出售给佛兰德斯的纺纱工和织布工，他们向香巴尼商品交易会提供产品。这些商品交易会——位于特鲁瓦、奥布河畔巴尔、普罗万和拉格尼（Lagny）——是布罗代尔所谓的“第一个世界经济”（1986［1990］年，第 148 页）的中心。两个世纪以
60 来，这些交易会上交换过英国的（后来是西班牙的）羊毛、德国的亚麻布、意大利的棉布，以及意大利商人从东方带来的硫酸铝、香料和丝绸。

佛罗伦萨的银行家分布于四面八方——意大利的罗马、威尼

斯、热那亚、那不勒斯、米兰、比萨，还有意大利之外的日内瓦、里昂、阿维尼翁、伦敦和布鲁日。（德鲁维尔，1966年，第12章，第13章）出国的那些人回归故里结婚后又远行，并在不久于世时再度返回，叶落归根。（布拉赫特尔，1980年；奥里戈，1957年，第124页）美第奇银行（Medici）的规模比更老的巴迪银行小，其实力大约在15世纪中期达到顶点，随后因向王室贷款陷入困境。而14世纪一位地位比较低贱的商业银行家弗朗西素·德马科·达蒂尼则谨慎地避免了这种情况发生。（奥里戈，1957年，第95页）15世纪末，美第奇银行破产了。

除阿诺河口的比萨外，佛罗伦萨没有任何港口。但在归尔甫派和吉伯林派*之间的斗争中，佛罗伦萨经常同比萨发生战争（它还同热那亚发生过战争）。尽管佛罗伦萨没有什么海军，也没有任何大规模的商船队，但是，它的桨帆船仍把硫酸铝和棉布运送到布鲁日和南哈姆普坦。没有海军和商船队的部分原因是它拥有种植小麦的农用腹地，即近海沼泽地，就像内陆城市米兰一样。米兰也没有太大的船队，在波河流域上游，有出产大米的、上好的、灌溉过的土地。威尼斯和热那亚没有腹地，不得不主要依靠从西西里进口小麦，直到威尼斯贵族自己迁移到陆地上为止。美第奇银行又在里窝那建造了一个托斯卡纳人的港口。那是一个建有一座城堡的渔港，1590年托斯卡纳区的公爵使之成为一个自由港。当威尼斯颁布的《航海条例》使得主要是英国人对这一自由港加

* 公元12—15世纪意大利封建主中支持神圣罗马帝国皇帝的政治派别称为吉伯林派（Ghibellines）或皇帝派，反对神圣罗马帝国皇帝的政治派别称为归尔甫派（Guelphs）或教皇派。——译者注

以利用时，它盛极一时。在 1597—1607 年暂住意大利的很长一段时间里，托马斯·曼一直是该港口的一位佣金代理商，从事英国的锡、铅和棉布的生意。（德鲁维尔，1949 年）1670 年前的某个时间，一位英国水手爱德华·巴洛还在日记中抱怨过那里的妓院。（巴洛，1934 年，第 163 页）

热　那　亚

热那亚紧紧背靠利古里亚山脉，在经济意义上，实际就是一个孤岛，并且全然是中世纪的产物，没有罗马的历史，也称不上是国家。（希尔斯，1964 年，第 87 页）它的绝大部分经济史都发生在其边界之外：部分在那不勒斯、西西里和科西嘉；部分在东地中海；16 世纪晚期和 17 世纪初的部分则发生在塞维利亚、弗朗什孔泰、日内瓦和西属尼德兰。人们嘲笑它“有海洋但没有鱼群，有山脉但没有森林，有男人但缺乏德行，有女人但不守节名”（伯纳，1974 年，第 20 页）。它生产一些丝绸，但真正从事的却是贸易、战争和金融。它促进贸易专门化（前面已经论述），同时不断开拓进取，使贸易扩展至大西洋，并加入地中海人的行列，将贸
61 易扩大到北海。它的银行家不擅长佛罗伦萨所创立的复式记账，但却在 1272 年首先制造了罗马时代之后的第一种金币，即杰诺林金币（佛罗伦萨紧随其后，很快就制造了弗罗林金币）和其他现代金融工具来处理存款和汇票交易。（希尔斯，1964 年，第 95—96 页）

法国香巴尼的商品交易会衰落之后，新发展起来的商品交易

会由意大利的银行家经营。佛罗伦萨的银行家主要经营里昂的商品交易会，法国管辖范围之外的热那亚银行家则经营弗朗什孔泰和日内瓦的交易会，二者都位于意大利和北海之间的南北轴心的西面。日内瓦位于从里昂（和马赛）到康斯坦茨湖*并延伸到乌尔姆、奥格斯堡和维也纳的东西轴心上。（伯杰尔，1963年，第40—41页）1464年，路易十一命令法国银行家从日内瓦迁往里昂。佛罗伦萨的银行家紧随其后。后来热那亚的银行家虽不情愿，也勉强追随。1535年被排挤出里昂商品交易会之后，热那亚银行家迁移到萨瓦公爵管辖的法国贝桑松。渐渐地，商品交易会变得越来越热衷于汇票贸易而不是货物贸易。但法国的贝桑松地处偏僻，交易会在随后几年里不断地搬迁，最终于1579年设在热那亚的皮亚琴察。此地位于热那亚城外，但距城不远。它未能搬迁到热那亚城内，因为那很可能引起利益纠纷。（达·席尔瓦，1969年，第1卷，第1章）这个交易会继续使用法国的贝桑松（Besançon）这个名称，意大利化之后，被称为比森松（Bisenzone）。1450年左右，威尼斯的经济支配地位开始走下坡路。半个世纪后，佛罗伦萨也开始衰落。当热那亚第一次同西班牙的哈布斯堡银行家富格尔家族**展开竞争并随后取而代之时，它在经济上的成功还大有前途。

随着航行到英国和佛兰德斯的热那亚船只中途在巴塞罗那、塞维利亚及葡萄牙的里斯本停留，热那亚开始同西班牙发生

* 即博登湖，位于欧洲中部，在瑞士、奥地利和德国之间。——译者注

** 德意志实业家族，由汉斯·富格尔（Hans Fugger）起家，后来发展成为15—16世纪欧洲最大的贸易、采矿和银行业康采恩，到他的儿子和孙子时达到全盛时期，17世纪中叶随着三十年战争的爆发而逐渐衰落。——译者注

往来。热那亚的海员和商人在商业上不仅唤醒了英国和佛兰德斯，还唤醒了西班牙。一些热那亚人定居于葡萄牙的殖民地和里斯本，尤其是西班牙的安达卢西亚，即塞维利亚所在省份。他们在上述地方同卡斯蒂利亚贵族的女儿们通婚，并推动了雪莉酒、金枪鱼、橄榄油和水银等商品的贸易。西非的黄金从里斯本和塞维利亚运送到热那亚。当热那亚水手缺乏时，热那亚的船只就签约雇用来自葡萄牙、加利西亚和西班牙北部沿海比斯开省的水手。这种早期贸易关系为16世纪后半叶的金融（希尔斯，1964年，第99—100页），尤其是热那亚人在西班牙白银上的交易开辟了道路。“据说热那亚商人以其适应能力强、多才多艺、‘心无重负’及罗伯托·洛佩兹所赞扬的‘根本没有惰性’而著称。热那亚一次又一次地改变了发展方向……”（布罗代尔，1979［1984］年，第162页）

1492年哥伦布发现美洲之后，对印第安黄金的劫掠迅速开始。但那时的主流贵金属还是白银。1580年左右，白银开始从美洲大量运抵热那亚。1545年，秘鲁波托西（今玻利维亚省）的银矿山被发现。但是，直到用于供合金冶炼的水银在秘鲁的万卡韦利卡被发现时，银矿才得以全面开采，以节省从西班牙阿尔马登进口白
62 银的艰苦劳动。（维拉，1969［1976］年，第12—15章）15世纪的欧洲经历了一个时期的白银严重短缺。（戴，1978［1987］年）中欧的生产萎缩，需要白银代为支付在西属尼德兰为反宗教改革*

* 指16—17世纪初天主教会救济封建势力对抗宗教改革运动的各项活动。——译者注

作战的西班牙雇佣军的费用，尤其要支付来自远东和波罗的海的无偿进口，即未被欧洲出口所补偿的进口。西班牙王室的统治接连崩溃，直至1627年最后瓦解，使得富格尔家族陷入破产。因此，西班牙所需白银的转运由热那亚的银行家所控制。（埃伦伯格，1896［1928］年，第334页）但紧随其后，热那亚人的支配地位也瓦解了。随着西班牙从1620年或1640年开始衰退，热那亚的财富被更加广泛地进行投资。18世纪初，热那亚人已成为继荷兰人之后欧洲最大的对外投资者。（扎马格尼，1980年，第125页）

从社会阶层方面看，热那亚是一个主要由穷人和富人组成的城市，只有一小部分中产阶级居间调和。富有的商人贵族和贫困大众之间的收入差距意味着国内投资需求很小。这促使富人到国外投资。（同上）像威尼斯一样，热那亚经历了老贵族与新贵族之间的一次分化，前者部分转向里昂等法国金融市场，后者转向西班牙。其他社会关系的紧张状况存在于富有的寡头集团和它的旁系亲属，即比较年轻的子女与衰败家族的成员之间。旁系亲属被从政府机关排挤出去后就无所事事。（布尔费尔蒂和科斯坦蒂，1966年，第15页）贵族逐渐退出贸易领域，转向金融。这种退出在多大程度上是自发规避风险的结果？对来自国外的竞争作出反应究竟有多难？卢吉·布尔费尔蒂和克劳迪奥·科斯坦蒂认为，热那亚的贸易危机源于它丧失了作为地中海和西方之间的中间商的职能。17世纪，英国、荷兰和法国的船队运载着过去从热那亚分销的货物直接航行到西西里、那不勒斯、撒丁和加泰罗尼亚；佛兰芒的、葡萄牙的和伦巴第的商人同英国人、荷兰人及法国人一起，开始越来越多地利用马赛和里窝那而不是热那亚。到

17世纪末，里窝那的荷兰商人比热那亚还多。统治热那亚的寡头集团争论，是否要使热那亚转变为像里窝那和后来的斯培西亚一样的自由港。这种政策最终只对成套的货物实行（但似乎未对大宗货物实行？）。这一行动导致来自港口的税收减少了45%，并使这种尝试最终被放弃。（同上）

米　　兰

1780年代后期，当英国农学家阿瑟·扬在欧洲大陆旅行时，他认为意大利北部的第四大城邦米兰将成为大陆上最富庶之地（1790［1969］年）。波河发源于冰川地区，奔流不息，在从源头到海洋200英里的流程里，海拔只下降了260米。它灌溉着伦巴第地区，由此带来的繁盛农业给扬留下了深刻印象。（格林菲尔德，

63 1965年，第18页）伦巴第的财富大部分与农业相关。1%的人口拥有50%的土地，掌权者利用永久管理和委托遗赠（*fideikommis*）（禁止在家族以外转让土地所有权，严格限制向外人出卖）的制度保有土地。（罗伯茨，1953年）贵族把他们的农场出租给佃户，在城市里过着奢华的生活。但是，佃户也对提高生产率感兴趣。他们除种植租约里具体规定的作物外，还在水草地里种植水稻和亚麻。

像巴黎、里昂和日内瓦一样，米兰位于东西向道路（经意大利）和经阿尔卑斯山戈特哈德山口、辛普朗山口的南北向道路的交叉口，在贸易、工业、银行业和交通方面都占有突出地位。但是，威尼斯和热那亚在贸易方面，佛罗伦萨和热那亚在银行业方

面地位显著，而米兰在任何一方面都不很重要。肥沃的低洼地种植小麦和水稻，山区植桑养蚕。同意大利的科摩一样，米兰也是一个重要的丝绸市场，经常试图谋求蚕茧出口禁令，以保持国内低价和国外高价，并扩大丝线和丝织品的国外市场。

米兰的部分问题源于持续不断的战争和断断续续的外国统治。早期有归尔甫派和吉伯林派的战争，以及富人与穷人之间的战争。1495 年，法国人侵占米兰。1535 年，西班牙作为威尼斯、教皇国家、佛罗伦萨和法国人之间爆发的意大利战争中的赢家，取代法国接管了米兰。后来，奥地利人取代西班牙人。西班牙的暴政引起饥荒、瘟疫、持续不断的战争和国外市场丧失。（瑟拉，1974a，第 11 页）随着米兰在国际市场上和意大利本土内输给外国的竞争者，它的对外贸易从促进因素（通过出口带动增长）转变成削弱因素。（西波拉，1974 年，第 10 页）在和平的间歇期，米兰、克雷莫纳和科摩表现出的经济恢复力很小。缺乏竞争能力部分是由于拖欠行会的工资很高和城市里的夸耀性消费，这使得将资本从城市转移到更加重要的农业地区成为富人的一个明智战略。（瑟拉，1974a，第 13 页）尽管瑟拉强调西班牙统治造成的危害，但他同时也指出，西班牙将一些资本从那不勒斯的另一个殖民地转移到伦巴第，由此扩大了意大利南北方在生产率上的悬殊差距。（1974b，第 31 页）

衰落的原因

意大利的城邦相继衰落被归咎于各种绝非相互孤立的原因：

航运业、贸易和制造业衰退；丧失对外国竞争的垄断地位；木材枯竭；贵族从贸易和航运业转向金融、食利者的地位、地产、夸耀性消费及政府机关的特权。在每一个大的类别中，许多构成要素可以是孤立的。

例如，在航运业方面，由于直接贸易的发展，威尼斯丧失了在亚得里亚海和位于第勒尼安海＊中的热那亚之间充当中间商的
64 职能。15 世纪时不难招到桨帆船的桨手，因为行会应该提供桨手，需要时自由民也有义务服务。16 世纪时由于人们转向弧形船，因此对桨帆船的需求受到限制，故而桨手的短缺问题尚不是很严重。尽管仍可继续求助于过去的传统做法，但船员缺乏的问题越来越明显。囚犯被迫来服劳役，那些来自马耳他等殖民地的囚犯也不例外。奴隶在土耳其被贩卖。真正的水手迁移到比萨，甚至加入英国人的船队。政府公务员身穿精美的制服——一些制服是镶有白鼬衬里的金丝织物——并变得越来越腐败。（罗马诺，1968 年）从 1550 年到 1590 年，海员的工资翻了一番，但这并未导致人员供应的增加。

航运业的问题扩展到造船厂。木材短缺，必须到越来越远的地方才能获得。在罗马时代，意大利半岛有大量极宜建造战舰的杉木林（斯塔尔，1989 年，第 55 页，第 80 页），但是，早在 14 世纪晚期，杉木的稀缺就已经很明显了（麦克尼尔，1974a，第 146 页）。造船厂的官员先是从阿尔卑斯山山麓采伐木材，然后向

＊ 地中海的一部分，位于亚平宁半岛、西西里岛同撒丁岛、科西嘉岛之间。——译者注

北推进到的里雅斯特地区，最后甚至跨越亚得里亚海，到拉古萨附近地区去采伐。私人建造者则需要到国外去购买栎木。（莱恩，1973 年，第 40 页）尽管造船成本上涨，威尼斯仍然坚持它的 16 世纪造船标准，而荷兰人却在创新建造轻巧和易于驾驶的船只。（第六章将对此进行论述。）

从购买外国木材到购买外国船只，这一步被认为跨得不大。当 16 世纪后半期有人抱怨造船厂的标准和传统每况愈下时尤其如此。工作拖沓，并且效率很低。年长的工匠可以比规定时间提前半小时下班。1601 年，年轻工人也和年长的工匠一起提前下班，这和如今人们对 1980 年代年轻人的看法——他们“想要一切，且马上就要”（罗马诺，1968 年，第 63 页，正文和注释）——不谋而合。商人们抱怨说，威尼斯建造和拥有的船只所享有的特权首先被扩大到从国外购买船只的那些威尼斯人身上，然后又被扩大到外国建造和拥有的船只上。莱恩认为，在勒班陀战役和塞浦路斯战争的胜利中，大量船只被损毁；之后，造船业显得缺乏恢复力，而恢复力曾是 16 世纪初这个行业的特征。（1968 年，第 38 页）

对于威尼斯失去在贸易中的主导地位，通常的解释是，葡萄牙人直接通向东方的航海线，取代了马可·波罗跨越欧亚大陆的“丝绸之路”。“丝绸之路”从黑海出发，经过利润很高的印度洋—旅行商队—东地中海这条商路，最后到达威尼斯。达·伽马绕过好望角到达印度的远航发生于 15 世纪末。而在 1502 年，横贯阿拉伯半岛的旅行商队的路线已被中断。

威尼斯市政委员会最终批准弧形船参与贸易，这使运输成本降低了 1/3。之前贸易权被特许给商用桨帆船。它从黎凡特运来

的香料的价格逐渐与葡萄牙船只运输的香料价格趋同，但是，这两条航线的同时运营使得香料数量增加，到岸价大幅下跌。（麦
65 克尼尔，1974 年，第 128 页）然而，威尼斯作为香料、燃料、棉花和从埃及运来的非洲黄金等货物的集散地的职能逐渐消失。17 世纪，法国拒绝同威尼斯商人单独进行贸易。垄断性市场局限于意大利北部和德国南部，后者随着三十年战争在 1618 年爆发而崩溃。（瑟拉，1968b，第 97 页）

英国的毛料起初是威尼斯毛料的廉价仿制品，偶尔在外面包捆上高级意大利毛料，就像英国肥皂被印上热那亚和威尼斯两共和国总督的肖像一样。17 世纪，英国毛料的质量有所提高，但没有盲目模仿威尼斯的标准，而是使质量略次而价格更低，以适合范围广大的消费者。尽管土耳其人越来越偏爱英国的产品，但是，威尼斯的行会和威尼斯市政委员会坚决主张保持威尼斯的标准，他们仍自信地认为，威尼斯的标准会受到普遍欢迎。（瑟拉，1968b，第 117—118 页）在丝绸织物、玻璃制品、某些化学制品、镶嵌工艺品、冶金制品、皮革制品等奢侈品方面，威尼斯保有卓越地位，并在印刷和制糖方面有所创新。即便如此，也存在侵害行为。尽管威尼斯非常认真地努力保守波伦亚人的工艺秘密，实行严格的监管，并对违反者处以死刑，但托马斯·洛姆比爵士还是偷窃了仿造波伦亚（而非威尼斯）模式的缫丝厂的图纸，并于 1717 年在英国建造了一座缫丝厂。（庞尼，1970 年）一些威尼斯技术工匠带着工业秘密迁移到其他地区建厂生产，同王公贵族（*Serenissima*）竞争。这些地区工资水平较低，也不太有道德底线。（拉普，1976 年，第 109 页，第 155—156 页）在使威尼斯相对衰

落的原因中，最重要的是葡萄牙在香料方面的竞争、英国在毛料方面的竞争，以及荷兰和英国在航运方面的竞争，这些因素导致威尼斯丧失“地位、帝国”和霸权。（同上，第1页）抱残守缺对行会和政府都是一个错误，这反映出态度的僵化。政府考虑到行会和工人的态度及生产率的稳定，就很难降低过高的工资。

威尼斯和热那亚的航运业大约从1530年——在荷兰和英国的船只大规模进入地中海之前——开始衰退，到16世纪末已明显被荷英两国超过。与莎士比亚同时代的一个人认为，同英国航运业的生产率相比，意大利航运业的生产率已经由于保守主义和失去专业技术而衰退。他评论道：

> “我注意到，同意大利船只一起从威尼斯出发的英国船
> 只在意大利的船只完成一次往返前，已在威尼斯与叙利亚间
> 往返了两次。对此可能有两个原因来解释，一是意大利人按
> 天数支付水手的工资，无论航程多远都是如此。这使得他们
> 只要遇到一点风暴就进港靠岸。因此，只有几种风才可能使
> 他们驶出港口。而英国人是按航程来支付工资，所以他们在 66
> 海上顶着风暴航行。在他们看来没有不利的风，并愿意乘着
> 第一阵风出航。另一个原因是，意大利的船只航行起来笨重，
> 吨位太大，船长和水手技术不是非常熟练，并且不勇敢……”
> （《法因德斯·莫里森的旅行日记》，转引自西波拉，1968年，第144页）

正如最后一句话所暗示的，这个问题有更为深刻的含义。意大利的水手不断擅离职守和移居，招募的人员又再度重复他们的行为。船长不再从贵族阶层招募，在航海方面的能力也不足。强调的重点也从军事技巧和战斗精神转向条理化管理。威尼斯海员停止与亚得里亚海北部海盗的战斗，甚至在海盗劫掠之时丝毫不加反抗。1602 年颁布的《航海条例》禁止使用西方建造的船只，但到 1627 年，政府又开始为购买外国建造的船只提供补贴。（莱恩，1973 年，第 26 章）

金　融

威尼斯和佛罗伦萨在经济发展上受到债务阻碍。债务在战争期间增多，有时又由于增加税收、卖官鬻爵，以及强制性降低利息而有所减少。由于本金支付款与利息支付款混淆不清，实际上不可能编制债务和岁入的单一报表。并且，由于危机期间在贷款和降低利息问题上存在强制性因素，编制报表相对而言也是无意义的。威尼斯借了老贷款、新贷款、最新贷款，以及补贴贷款。佛罗伦萨也不例外，它借公共贷款、嫁妆贷款和特别战争贷款。威尼斯期限最短的贷款年利率高达 20%，但只有寡头统治集团的富有成员才能认购。尽管存在这些复杂问题，弗雷德里克 · 莱恩还是编制了一张表格，将 1313 年至 1788 年威尼斯债务的利息支付款和本金支付款同政府的岁入进行比较，结果说明确实存在大幅波动。第一栏是 1343 年的情况，表明债务支出占政府岁入的 31%。这一比例第二年下降为 7%，1500 年左右又重新增长为 20%，勒班陀战役后增长到 40%。（莱恩，1973 年，第 426 页）在

随后的10年里，正式债务（但不是短期债务）通过征收重税、剥夺慈善基金会获得收入所需的证券等手段全部勾销，结果导致了年息4%的定期存款项目的设立。（同上，第326页）用于支付正式债务的税收主要从消费、外贸和欧洲大陆的城市等方面课征。规避风险的商人将他们的钱财从航运业抽出，并投入到房产、商店和政府债券。（莱恩，1965年，第60页）威尼斯的富人从他们拥有的短期财产*上获取的收益超过他们上缴的税收。（同上）类似的政府税收和借贷政策在佛罗伦萨损害了穷人的利益，却有利于富人。（维塞思，1990年）布罗代尔断言，热那亚富人和穷人之间的分化，以及富有商人阶层中贵族分化为新老贵族，主要是社会问题，但也具有强烈的政治含义。（1966［1975］年，第1134页）正如前文所指出的，新贵族主要向西班牙借贷，老贵族则借贷给法国。

银行家和食利者很少向国内工业贷款，对外贸行业的贷款略多，但却越来越多地向外国借款者贷款。在佛罗伦萨和热那亚的例子中，如果外国借款者不能履行债务，那就证明他们已经破产。67
由于佛罗伦萨总部对其国外代表控制不力，使之向布鲁日、里昂、伦敦的王公贵族和国王放贷过多，美第奇银行于1494年破产。德鲁维尔认为，由于以预期的岁入为根据的贷款往往会数量过多，并导致债务人不能履行债务，因此，对于向勃艮第的“勇敢者查尔斯”等王公贵族提供的贷款，承包税收并不能保证收回。（1966年，第14章）N. S. B. 格拉斯（1939年）所分析的坐贾类型的金融

* 尤指股票、债券、不动产等。——译者注

家常常不可避免地将其投资从私人银行转向政府财政。

夸耀性消费，即服饰、乡间房地产、城市宫殿、政府机关和艺术等方面的消费，在所有这一类问题中都具有一定影响。（莱恩，1973 年，第 18 章；维塞思，1990 年，第 55—63 页，第 65 页）当“高贵者洛伦茨”的注意力转向上层社会的豪华生活时，他授权弗朗西斯科·萨塞蒂掌管美第奇银行的各个分行，但萨塞蒂本人却没有像他向洛伦茨所建议的那样，对国外的分行保持密切控制。这可能是因为他醉心于家庭教堂的缘故，他还委托吉兰达约*为教堂画了一幅圣坛背壁装饰画。（德鲁维尔，1966 年，第 362—363 页）

* Ghilandaio（1449—1494），意大利文艺复兴初期的佛罗伦萨画家，擅长画有故事情节和大量人物的大型湿壁画，曾为梵蒂冈西斯廷礼拜堂作画，主要作品有《老人和孙子》等。——译者注

第五章　葡萄牙与西班牙 68

本书自始至终面对的一个问题是，某个国家的衰落是相对的还是绝对的，也就是说，该国的收入和财富是否实际上已经下降。对于西班牙而言，几乎不存在疑问。三位著名历史学家每人都写了一篇标题为“西班牙的衰落”的论文（埃利奥特，1961［1970］年；汉密尔顿，1938［1954］年；维森斯·维维斯，1970年）。虽然西班牙由于对外征讨和从新大陆掠夺财富而富有，但是，近代初期它在经济上却从未真正发展起来。因此，也许西班牙的衰落与其说是经济上的，倒不如说是政治上的。杰拉尔德·布雷南（1950年，第10页）曾说，卡斯蒂利亚人对工业和商业没有兴趣。除了比斯开湾沿岸北部的造船业和细毛料生产外，贸易、工业和金融主要掌握在外国人手里，直到18世纪中叶，西班牙人在说服自己从事这些行业方面取得一些进展为止。（赫尔，1958年，第147—148页）但我们还是首先从葡萄牙开始论述。

葡　萄　牙

15世纪上半叶，葡萄牙超越海岸线的限制向外扩张，开始了它致富的进程。凭借一家造船厂和一所航海学校的帮助，“航海家亨利”航行绕过西非博哈多尔角进行黄金和奴隶贸易，开创了“地理大发现时代”。1488年，巴塞洛缪·迪亚斯到达好望角。1497—1498年，达·伽马航行到印度西海岸的卡利卡特*。哥伦
69 布航海之后，巴西于1500年被誉为葡萄牙的皇冠，贸易“代理商行”也在亚洲、果阿和印度（1510年）、马六甲（1511年）、霍尔木兹和波斯（1515年）、澳门（1557年）逐步建立。1520年，麦哲伦向西航行，通过后来以其名字命名的海峡，并于1521年到达菲律宾（在那里他不幸遇难）。西班牙教皇亚历山大六世根据一条南北向的线将海外世界分为两部分，把巴西和亚洲划给葡萄牙，把新大陆的其余部分划给西班牙。（米斯基明，1977年，第34页）这种划分未能持久。

攻占波斯湾入口处的霍尔木兹海峡，旨在切断威尼斯人运送香料和丝绸的商路（从印度海运到波斯，再用旅行商队运抵叙利亚阿勒颇或亚历山大港，然后再用商用桨帆船运送到威尼斯），建立绕过好望角到达欧洲的贸易垄断地位。1589年，当胡椒粉第一次不是从里斯本而是从黎凡特运送到威尼斯时，人们以为这个亚得里亚海地区的城市从此将一蹶不振。（斯廷斯家德，1973年，第55页）结果证明并非如此。旅行商队的商路与葡萄牙人的武装商船相互竞争，直至17世纪一直如此，因为旅行商队“光荣的兜售贸易”获得了波斯人的保护，而桨帆船则让位于帆船。（同上，第171页）随着时间的推移，两条商路都造成胡椒粉大量积压，促使人们转而经营其他香料、丝绸和棉花。

---

* 印度西南部港口城市科泽科德的旧称。——译者注

葡萄牙在亚洲的利益被私人移居者、国王和贵族、天主教教会瓜分。私人移居者在中国、日本、后来成为印度尼西亚的岛屿群，以及印度之间从事地方性贸易；国王和贵族分别对关税和商业利润感兴趣；天主教教会关注的是说服异教徒皈依"真正"的信仰。一种观点认为，改变宗教信仰和贸易机会分别在何种程度上推动了对外征讨是一个有待讨论的问题。（梅林克-罗洛茨，1962年，第117页）欧洲首先开始销售胡椒粉的地方是安特卫普，来自意大利、法国、德国、英国的商人和银行家都聚集到了那里。16世纪中叶以后，安特卫普进入衰退期，一些人迁移到阿姆斯特丹，一些人则返回里斯本。（斯廷斯家德，1973年，第96页）

葡萄牙在贸易上的成功持续了几乎一个半世纪。许多观察家事后看来，都对此感到惊讶。一方面，它促使中国吨位小、装备有限的帆船被淘汰（兰德斯，1989年，第155—156页）；而另一方面则是，在17世纪，继英国东印度公司（建立于1600年）和荷兰东印度公司（建立于1602年）之后，它继续从事一部分非常重要的贸易，并进入该地区参与贸易竞争。葡萄牙的人口略微超过200万。除特茹河*出海口处的里斯本之外，葡萄牙只有锡士巴尔和波尔图两个港口。从锡士巴尔可把盐运送到波罗的海，波尔图则出口葡萄酒。能在深水水域航行的水手稀缺。博克瑟认为，早在1505年，从西印度群岛向东航行的船员就已经主要由缺乏经验的本地人和外国人组成。同时，还一直存在一个指挥的问题，

* 又称塔霍河，位于欧洲西南部，发源于西班牙东北部，下游流入葡萄牙境内后才称特茹河。——译者注

70 因为具有准贵族身份的绅士（*fidalgo*）官员拒绝在缺乏社会地位的职业海员手下服务。（博克瑟，1969 年，第 211 及以下诸页）海员因疾病和事故而大量死亡。往返巴西的伯尔南布科所需要的时间要短得多。为这些船只配备水手比为驶往远东的船只配备水手更容易，但到 18 世纪，即使驶往巴西伯尔南布科的船只的海员，大部分也由黑奴组成。（同上）

16 世纪初，葡萄牙的贸易开始繁荣起来。尤其在 16 世纪的头 10 到 20 年，年轻人都被吸引到里斯本。据一位著名的葡萄牙历史学家记载，他们到达里斯本时，绝大多数人还不满 22 岁，并且可能都希望通过入赘豪门，或通过一系列大胆而幸运的交易来致富。（莫罗，1990 年，第 262 页）1550 年，具有相当程度欺诈性的投机性繁荣达到顶峰，随后崩溃并导致一系列破产事件。但弗雷德里克·莫罗却认为，直到 16 世纪末，葡萄牙仍是“欧洲人眼里的”世界经济中心。（同上，第 283 页）西班牙历史学家贾米·维森斯·维维斯认为，直至 1640 年，“葡萄牙和西班牙的联合帝国”（1580 年西班牙征服葡萄牙而建立）是世界贸易的中心；而塞维利亚和里斯本则是“殖民地世界和欧洲大陆的主要联系点”。（1970 年，第 144 页）然而，仍可质疑的是，一个在很大程度上由外国人（西班牙人）经营其贸易的国家，被称为世界贸易中心是否恰当。

尽管国王控制贸易并从中征税，但大部分贸易实际上由外国商人经营，并由犹太人提供资金。1492 年犹太人被逐出西班牙后，被迫接受洗礼，改信基督教，成为“新基督教徒”。随着宗教法庭于 1536 年在葡萄牙设立，出现了一阵指控新基督教徒轻微触

犯天主教惯例的“狂热”。（肖，1989 年）许多人被判入狱；其他人被迫迁移，其中一些人移居塞维利亚，在那里他们从事外贸的经验使其变得特别有价值。

尽管具有船只较少、水手也较缺乏等劣势，葡萄牙人仍坚持挡住了英国人和荷兰人难以对付的进攻，直至 1640 年左右。除 1622 年霍尔木兹海峡在英国人和波斯人的联合进攻下丧失之外，葡萄牙人保住了他们在亚洲的所有军事基地。（斯廷斯家德，1973 年，第 117 页）一种观点认为，葡萄牙的持久力取决于它在开拓殖民地方面的成功。其公民终生定居国外，同当地人混居并通婚；而荷兰人在远东定居六年后就回国（如果他们幸存下来的话）。（博克瑟，1969 年，第 120 页）一种略有不同的观点则将葡萄牙抗击强大对手幸存下来成为殖民大国归因于勇气、果敢和顽强。（梅林克-里洛茨，1962 年，第 125 页）即使有比较先进的船只、比较科学的海军战略、比较完善的商业组织，腐败也较少，荷兰人还是花费了 60 年时间才取代亚欧贸易中的葡萄牙人，但他们从未成功地将葡萄牙人赶出巴西，而这本应该是很容易办到的。葡萄牙人不是优秀的商人。正如在西班牙一样，贵族既厌恶体力工作，也不愿意经商。阿尔布克尔克*说，一个在佛罗伦萨人账房中培训出来的伙计，比葡萄牙国王派往印度的所有代理人都有用。（同上，第 178 页）在这种情况下，葡萄牙人抓住远距离贸易提供的机 71
会，从经营销往北方的鱼、酒、盐为主的商业，转向非洲的黄金

* Albuquerque（1453—1515），葡萄牙军人，葡属印度殖民地总督，曾先后征服果阿和马六甲。——译者注

和奴隶贸易，以及东方的香料贸易（帕里，1966 年，第 40 页）真是个奇迹。糖料作物的栽培，从中东转到葡萄牙人在大西洋上的岛屿，再转到巴西。位于红海入口处的穆哈的咖啡，也在爪哇和巴西种植成功。

从亚洲和巴西进口货物的利润最初很高，但随后在竞争中下降。葡萄牙支付少量必需的进口货时用的是贵金属，这些贵金属部分用于造币，部分用作收藏。另一种出口产品，特别是出口非洲的产品，是从匈牙利运到安特卫普的铜制品，其中黄铜制品尤其昂贵。米斯基明指出，16 世纪初，西非一个奴隶的价格从两个理发师使用的黄铜脸盆涨到四个或五个。（1977 年，第 127 页）人们可能还记得，在《堂吉诃德》中，英雄错把理发师的黄铜脸盆当作撒拉森人曼布里诺的金盔。（塞万提斯，1606［1950］年，第 140 及以下诸页）

16 世纪中叶，葡萄牙的经济发展第一次达到顶峰。1680 年，在巴西发现金矿后，葡萄牙的经济发展再度达到顶峰。此后，它就在经济竞争中被淘汰出局了。人们把它的衰落归咎于许多因素——1625 年未能将荷兰人赶出巴西；由于荷兰人、法国人、英国人在加勒比海地区大量增加糖料作物和烟草的种植，食糖和烟草价格随之下降；尤其是 1703 年葡萄牙和英国签署的《梅休因条约》。根据条约规定，由于葡萄牙人不能自己生产其殖民地所需要的英国货物，因此要把巴西的黄金从里斯本转送到伦敦以支付这些货物的费用。在一些领域，这一条约被视为将葡萄牙变成英国殖民地的行动。（赛德里，1970 年）人们还指出一个因素，即对新基

督教徒的大肆迫害，以及在宗教法庭将其判决入狱或他们迁移时没收他们的财富。这使得同新基督教徒做生意的英国商人陷入窘境：他们担心新的债务得不到偿还，不敢连续不断地把货物销售给葡萄牙的新基督教徒；但是，不连续供货也存在风险，因此他们又不敢停止贸易，因为停止贸易会使他们的债务人拒不履行债务。（肖，1989年，第426—428页）

还有一个力量削弱了葡萄牙的地位。1580年，西班牙国王腓力二世打败葡萄牙，进而占领这个国家。本就人数不多的葡萄牙人被迫为西班牙的军事冒险提供人力。（博克瑟，1969年，第140页）伊比利亚半岛不再是一个讲求合作之地。士兵憎恶水手；贵族蔑视平民；全体葡萄牙人都仇视西班牙人；西班牙人和葡萄牙人又同时鄙夷犹太人和摩尔人。尽管葡萄牙人在东方取得了短暂的胜利，在巴西的胜利一直持续到19世纪，但其方法并未能通往成功。或许值得注意的应该是，葡萄牙帝国在亚洲完好无损地持续了一个世纪，在巴西甚至持续了两个世纪。

西　班　牙 72

一般认为，西班牙权力的顶峰时期是哈布斯堡家族、查理五世和腓力二世统治下的16世纪；而在17世纪的某个时期，西班牙走向衰落。在18世纪末的事件已经过去很长时间之后，人们重新对西班牙历史产生兴趣，并产生了一种观点——老化其实早已发生。这种观点——理查德·赫尔称之为一种独特的解释，是在民主统治产生的吸引力急剧增大的基础上提出的——认为，西班牙在中世纪处于鼎盛时期，并于 1520 年开始衰落；时值信奉天主教的国王斐迪南和伊莎贝拉去世，勃艮第的查理二世和哈布斯堡家族继任西班牙王位，并开始实行绝对的君主专制。查理的儿子腓力二世随后镇压了摩尔人的反抗，制服了阿拉贡王国的傲慢，创立了宗教法庭，成为“衰败的起源”。（赫尔，1958 年，第 12 章）有人认为，16 世纪的哈布斯堡家族消灭了资本家，并关闭了卡斯蒂利亚地区的工厂。之后，美洲黄金的不纯和西班牙的对外战争结束了这一进程。（同上，第 347 页，引自经济学家乔奎因·玛丽亚·埃斯维多·伊波拉，1799 年）

这一判断同现代历史学家的看法正好相反，并且全然超出了我的历史判断力。现代的历史学家认为，西班牙的 16 世纪是一个所有创伤都得到痊愈的时期。（布罗代尔，1979［1984］年，第 86 页，引自他同厄尔·J. 汉密尔顿的谈话）我不就此深究。按一般看法，从 1479 年卡斯蒂利亚的伊莎贝拉和阿拉贡的斐迪南（以及加泰罗尼亚的姻亲）通婚，到 1596 年腓力二世去世，这段时期是黄金时期。西班牙过去一直是各个行省松散的组合，在这个时期却合并成为一个国家。摩尔人被驱逐出格拉纳达 *，犹太人被赶到国外，尤其是从塞维利亚；哥伦布发现美洲，并声称为天主教王朝建立了一个帝国。人们从加勒比海开采了少量黄金之后，秘鲁波托西的银矿山 1545 年被发现。1560 年代，从这座矿山开采

---

* 西班牙南部城市，格拉纳达省省会，有 13—14 世纪摩尔人的阿尔汗布拉宫古迹。——译者注

的白银开始涌向西班牙。1580 年，葡萄牙被西班牙王国吞并。在 1588 年无敌舰队惨败之后，西班牙的舰队逐步恢复。不同的人认为西班牙的衰落始于不同的时期，例如：1580 年（奥尔特加，1937 年，第 34 页）、1598 年、1620 年、1640 年、1680 年（布罗代尔，1966［1972］年，第 2 卷，第 1240 页）。有一种观点认为，西班牙权力的顶峰始于 1625 年。这是充满奇迹的一年，其间西班牙在加的斯击败了英国人、荷兰人以及英荷联军的一系列进攻中的一次，并将荷兰人赶出了巴西。（卡拉·菲利普斯，1986 年，第 18 页）

西班牙面对地中海、大西洋和比斯开湾。这一地理位置既是一个有利因素，也是一个不利因素。之所以有利，是因为它通过海洋同黎凡特、美洲和北欧相连；之所以不利，是因为尽管它能够在三条线上发展贸易和发动攻击，但它也必须在三条线上同时进行防御。西班牙之所以能够参与勒班陀战役，是因为其西线形势平静。在取得勒班陀战役的胜利之后，它可将力量集中到大西洋一线。费尔南德·布罗代尔认为，在 1580 年取得胜利之后的三 73
年里，腓力二世将资本从里斯本转回马德里是犯了一个致命的错误，因为西班牙的未来系于大西洋。（1979［1984］年，第 32 页）诚然，马德里同欧洲各国首都的联系比较紧密，但欧洲的北部在崛起，地中海地区却在衰落。然而，里斯本像大西洋沿岸的其他城市——南特、拉罗谢尔以及加泰罗尼亚的巴塞罗那——一样缺乏腹地，其经济增长潜力也因此受限。（卡拉·菲利普斯，1990 年，第 36 页）1566 年，波托西出产的首批白银大量运抵西班牙后，腓力二世又取得勒班陀战役的胜利，这鼓励他试图在反宗教改革

过程中将西属尼德兰从路德教派手中夺回来。另一种观点认为，腓力二世之所以这样做，主要是为了镇压尼德兰对哈布斯堡家族统治的反叛，而非想赢得一场圣战。根据佛兰德斯的查理二世（即西班牙的查理五世）所享有的继承权，尼德兰的土地应属哈布斯堡家族所有。（埃利奥特，1968［1982］年，第165页）

资　源

西班牙气候干旱。卡斯蒂利亚的气候尤其干旱，水汽大量蒸发。（奥尔特加，1937年，第161页）阿拉贡、格拉纳达和安达卢西亚从摩尔人征服时期开始就靠灌溉种植，并由公共团体管理，这与高效率的生产需要私人产权提供动力的观点正好相反。（格利克，1970年）1609—1614年摩里斯科人*被驱逐，这在很大程度上直接导致了地中海沿岸农业的衰落。西班牙贵族（仅次于大公的出身高贵者）攫取了空出来的土地，成为居外乡而从本地收租的在外地主，并让灌溉工程荒废。卡斯蒂利亚干旱的平原是一个牧羊场，夏天大批羊群向北游荡到山区，冬天又向南迁移。绵羊四处漫游，进入耕地，阻碍了作物种植，啃食幼苗，造成森林毁坏。绵羊喂养者被组织起来，成为一个所谓的牧主公会（*Mesta*）（西班牙羊毛生产组织）。在重商主义者努力促进细羊毛出口的过程中，斐迪南和伊莎贝拉赋予这种协会以广泛的权利。为保持卡斯蒂利亚和阿拉贡的垄断地位，美利奴羊本身的出口被禁止。16世纪，牧主公会协会开始丧失影响力，但仍延续至18世纪。（克

---

* 在西班牙已经受洗成为基督教徒的穆斯林。——译者注

莱因，1920年，第39页）大部分土地由贵族所拥有，他们在农民所有者死于黑死病时攫取土地，还从摩尔人手里没收土地。

牧主公会在比尔巴鄂和布尔戈斯拥有领事权限，在拉罗谢尔、布鲁日、伦敦和佛罗伦萨还保有海外销售“代理商”。紧靠布尔戈斯外围的是坎波城（西班牙羊毛交易会）的交易市场，这里长期以来是西班牙的金融中心，经营羊毛出口的汇票（同上，特别见第3章）和阿西恩托斯（*asientos*）（西班牙的一种特殊汇票，用于将资金分送给在西属尼德兰作战的西班牙军队，以付给他们的雇佣兵）。1540年代，热那亚商人接管牧主公会。1552年和1564年，腓力二世曾经两次把出口税承包给热那亚银行家。到1577年，随着腓力二世提高出口税，牧主公会开始衰落。

西班牙的腹地是经济发展的一个障碍。道路设施不好，运货骡队和牛车不能将各自分离的省份连为一体。除非采用水运，否则国内产出的运输在距离与数量上都受限。在1590年代的饥荒 74
中，人们必须依靠船舶（大部分是汉萨同盟的船，但常常是由于“八十年战争”而悬挂汉堡和卢卑克旗帜航行的荷兰船只）从波罗的海地区运来的粮食维生。用船从法国尤其是布列塔尼、英国和低地国家运送西属美洲10万左右居民所需的货物比从山区通过炎热干旱的平原运送更为容易和廉价。

西班牙首都马德里坐落于卡斯蒂利亚地区中央，是一个政治性而非商业性城市。它从该国其他地区调用粮食、征税和收取地租，但对西班牙内地发展的促进作用却很小。像意大利的罗马一样，它具有寄生性，不仅安置着宫廷、王公贵族和官僚阶层，而且除为贫民提供粮食外，还消费舶来的奢侈品以及本地工匠制造的半奢侈品。它也未能带动卡斯蒂利亚地区的发展。(林格罗斯，1983年)各个海岸地区相互之间的联系，以及与外国的联系——巴塞罗那与西方相连，塞维利亚与殖民地相连，毕尔巴鄂与法国和北欧相连——均比它们同本国中心地区的联系更加紧密。林格罗斯注意到，在1803年塞维利亚最大的家族的数百张汇票中，只有25张或30张涉及同西班牙的贸易，绝大部分汇票来自英国、法国、低地国家和德国。(同上，第231页)后来殖民贸易的破产改变了这种比例。但奥尔特加总体上仍把这个国家描述为“结构松散”。(1937年)

国内贸易所面临的其他障碍是一系列国内关税。巴塞罗那是同地中海地区进行贸易的港口，但经牧主公会协会建议，加泰罗尼亚人被禁止出口羊毛或呢子，甚至被禁止在西班牙坎波城的羊毛交易会与卡斯蒂利亚人平等进行贸易。本来船只可从布尔格斯经塞维利亚运送羊毛制品到达西属殖民地，但税收使这一过程变得不可能。(帕里，1966年，第239页)国内汇票的使用也受打击高利贷的宗教禁令所限。这使得塞维利亚商人难以获得贷款提供给驶往美洲的船队。即使是在塞维利亚、加的斯以及西班牙以北包括法园在内的地区之间，交易也都需要大批黄金。(达·席尔瓦，1969年，第603—605页)国内货物和金融交易中存在的困难使西班牙的和外国的金融家将注意力转向白银收购和国外交易，尤其是西属尼德兰的战争资金转移。(同上，第620页)

航　运

巴塞罗那是地中海地区的贸易港口，靠桨帆船运送货物，同时也建造一些桨帆船。但是，很快它就耗尽了自己的木材供给，并且缺乏桨手。因此，它不得不从地中海地区的热那亚或濒临比斯开湾的西班牙比斯开地区求取木材和招募桨手。塞维利亚位于安达卢西亚地区，濒临大西洋，靠近便利的信风带，且容易进出直布罗陀海峡和地中海，是西班牙通向美洲的主要港口。它木材很少，造船业规模也很小。但与北部沿海的比斯开地区不同的是，75
它有可通的腹地，受瓜达尔基维尔河灌溉，土地肥沃，适宜种植葡萄（用于酿造雪莉酒）、柑橘、粮食和油橄榄林（其橄榄油主要被用来清洁羊毛）。然而，随着船只吨位增大，设计改进，圣卢卡地区河流中的沙洲却在 1630 年左右发生推移，成为航行障碍，迫使造船业转移到濒临海洋的加的斯港。该港进出比较便利，但是容易遭受外国军舰袭击。弗朗西斯·德雷克和约翰·霍金斯通过 1587 年发起的一次袭击，烧毁了西班牙舰队在加的斯港的许多船只和积存提供给舰队的船体板的仓库，延缓了西班牙无敌舰队对封锁进入佛兰德斯通道的英国军队的袭击。假若加的斯港不是被乘载着（被驱逐出西班牙的）犹太人的船只所阻塞，哥伦布就很可能从这个港口而非一个小渔港出发，向西北方向航行，驶往“印度群岛”。（帕里，1966 年，第 53 页）塞维利亚（和加的斯）是北欧和美洲之间的中转站，这一地位是政府指定的。政府设立贸易署（Casa del Contratacion），登记进出美洲的货物，尤其是白银。（维森斯·维维斯，1970 年，第 147 页）贸易带来的利润也受到来自各个方面的打击：英国、荷兰和法国的“无照经营者”寻求通过与美洲直接通航打破塞维利亚的垄断；走私犯将白银运往里斯本而非塞维利亚，或者在加的斯将其卖给需要白银到亚洲购买货

物的荷兰或英国东印度公司的船只，以逃避对进口白银征收的逢五抽一的税；1628 年，荷兰舰队司令皮特·海因曾率兵对停泊于古巴马坦萨斯湾运载白银的西班牙船队发动袭击——“整支舰队第一次也是唯一一次全部输给了敌人”（卡拉·菲利普斯，1986 年，第 3 页）。[①]

西班牙的航运力量主要来自其北部从阿斯图里亚斯到比斯开的沿海地区，那里有拉科鲁尼亚、桑坦德，尤其是巴斯克地区的毕尔巴鄂等优良港口。其中毕尔巴鄂是造船中心，起初拥有丰富的木材（桅杆用木材除外），加上制造锚、锚链和武器用的铁，以及一流的水手。（同上，第 19 页）海军的军需品和装备船只的大麻纤维、缆绳，以及用于制造帆篷的亚麻布（产自比斯开湾对岸的布列塔尼地区），都可取材于法国纪龙德的松树林，非常便利。1551 年，由于意大利和拉古萨的造船者几乎快耗尽了森林资源，西班牙禁止外国人在比斯开造船。1625 年，随着海员人手短缺，政府制定了强制征召水手的制度，要求逐个市镇对水手进行登记，即使在小渔船上的水手也不放过。（同上，第 21 页，第 141 页）

造船是在极其有效的政府机构的严密监管之下进行的。政府机构控制价格，保证质量，并防止违法行为。（同上，第 91 页，第

① 此判断与凯恩斯在《货币论》中的判断相悖，凯恩斯认为弗朗西斯·德拉克爵士分别于 1573 年、1580 年、1586 年结束的三次巡航远征掠夺回来的战利品，使进口金银中的一大笔被转移到英国，其数额估计可能不超过 200 万或 300 万英镑，并且“可被完全认为是英国对外投资的源泉”（凯恩斯，1930 年，第 2 卷，第 156—157 页）。

95页)。问题在于，由于各方面的原因——私掠船、劫掠商船的武装快艇、无敌舰队所经历的那样的战争等——以及正常的磨损，
船只数量大幅度减少。鉴于造船业的恢复力，1588年，较之于水 76
手的流失，船只的减少尚不算严重。但船只数量仍然是个持续存在的问题。大西洋舰队将士兵和钱财运到佛兰德斯的将官处；印度航线（Carrera de la Indias）在护卫舰队（Armada de la Guardia）的保护下，从西印度群岛携带着财宝返回塞维利亚。船只出海的时间是有限的，因为在铜板覆镀出现之前，必须经常将船体倾侧，以保证船底不被海藻和甲壳动物所黏附。除海战和风暴外，还有磨损造成的进一步损失。东印度群岛是一个停泊废旧船只的坟场。通常，一艘船终其一生只能进行四次跨大西洋的往返航行。另外，一些尚且有用的船只或者在东印度群岛被储存起来，或者被拆毁，其木材被用来建造房屋。还有一些船体出于相同的目的被运送到西印度群岛。

人们为了向当地再提供一支船队，并打破必须经过海峡才能到达太平洋的局面，开始在南美西海岸造船。于是大西洋船队船只上价值昂贵的黄铜和铁造的配件均被剥离下来，装配到太平洋船队的船只上。（帕里，1966年，第121页）我在下文将论及西班牙衰落的原因，但吁请注意列举下述原因的作者人数，他们论述了1566—1603年航运业的衰退（麦克尼尔，1982年，第103页）；德雷克和霍金斯袭击加的斯以及无敌舰队失败之后，商人对西班牙丧失信心，“17世纪衰落的根本原因，是航海贸易落入外国人之手”（卡门，1969年，第31页；维森斯·维维斯，1970年，第144—145页）。当然这是美国海军战略家马汉将军的论点，即国

家权力和一定程度的经济实力均取决于海军力量。

西班牙的白银

随着波托西银矿于1545年被发现，以及在秘鲁万卡韦利卡发现水银矿，世界白银的年均产量从1521—1544年的290万盎司，增加到随后15年的1 000万盎司，并在17世纪前20年增加为1 360万盎司。（维拉，1969［1976］年，第351页）正如前文已指出的，1566年大量白银运抵西班牙以及在勒班陀战役取得的胜利，鼓励腓力二世在“八十年战争”（1568—1648年）中设法为哈布斯堡王朝和西班牙夺回佛兰德斯。（埃利奥特，1968年，第165页）雇佣军在距离西班牙数百英里远的地方打仗，需要付给他们现金。而当英国人控制着海峡并同西班牙处于战争状态时，要把白银运送到佛兰德斯就非常困难。能够替换这条“多弗尔道路”的只有“西班牙道路”。它先通到巴塞罗那，然后到热那亚，再用运货骡队翻越阿尔卑斯山到达弗朗什孔泰。（G. 帕克，1972年）非实体形式的现金也可通过阿西恩托斯（*asientos*）得到，那是由马德里宫廷里的佛兰芒银行家、安特卫普和里昂的银行家、法兰克福和贝桑松（比森松）的银行家或是热那亚商品交易市场上的银
77 行家开具的汇票。第三种方式是使用法国人的安全通行权，将白银运送到南特、巴黎、佛兰德斯，但这种通行权要求把1/3的银币留在法国。在佛兰德斯，根据阿西恩托斯支付现金的银行家，被赋予从西班牙出口白银的权利。但是，腓力二世及其继承者腓力三世、腓力四世，经常过度开具阿西恩托斯，以至于他们无力支付白银，并强行地将他们的义务转变为只能用纸币来兑付的年金

(*juros*) * 或债券。(维拉，1969 [1976] 年；拉佩尔，1953 年，1955 年) 这种破产行为频频发生——于 1576 年、1596 年、1607 年、1627 年、1647 年和 1653 年——并导致富格尔家族和热那亚的银行家损失惨重。(拉佩尔，1953 年，第 4 章) 在这些创伤性的事件中，国王总是取消出口白银的许可证，并攫取属于商人和银行家但他能控制的所有白银，掠夺程度甚至超出他所规定的 1/5 的税收。西班牙乃至整个欧洲的银行家，都焦急地等待着美洲船队的到来。美洲的白银安全运抵西班牙后不会滞留太久，而是通过各种途径大量流向远东、波罗的海、黎凡特以及布鲁日、安特卫普和后来阿姆斯特丹的金融市场。对于经济发展而言，留存于西班牙的那一部分白银在许多方面都是非常令人不安的。

通货膨胀、夸耀性消费和“荷兰病”

芝加哥大学经济史学家厄尔 · J. 汉密尔顿提供了第一份有关“价格革命”的内容广泛的资料。他认为，白银是导致西班牙通货膨胀的原因，并且由于工资与物价同步增长，或增长更快，通货膨胀成为导致经济倒退的原因。自从他的这份经典研究问世(1934 年)，人们便产生很大疑问，即价格革命是因货币而起还是因供给而起。因为人口增长快于农产品的价格增长，促使粮食价格早在美洲白银实际运抵西班牙之前的那个世纪初期，就已经上涨。(诺思，1990 年，第 224—230 页；乌思怀特，1969 年) 另外，汉密尔顿关于西班牙物价的资料也受到质疑，理由是这些资料仅

* 西班牙发行的政府债券。——译者注

仅局限于城市地区，忽略了一些地区而有失偏颇。并且资料主要源于医院的记录，这些记录出自政府机构制作的报表，而报表是随意填写的，不是真想准确记载物价的变动情况。（林奇，1964年，第123页，注43；在判断法国人的日常饮食时，也使用医院记录，有关这方面的类似异议，也可参阅金德尔伯格，1992b，第45页对汉密尔顿的评价，1969年。）

尽管有些离题，但还是应该指出，汉密尔顿在收集有关物价变动的资料时，作了有价值的努力。他在对计量学尤其是度量衡进行论述的一个完整章节中，将不同地区的货物数量进行了比较。（1934［1965］年，第7章）当然，降低经济交流成本所需的统一度量标准，通常是政府必须提供的公共物品。早在2000年前，例如公元前449年，雅典就颁布了《货币法令》，规定整个希腊帝国境内一律使用雅典铸币和度量衡。（斯塔尔，1989年，第40页）对哈布斯堡王朝和波旁王朝在西班牙建立度量衡体系的努
78 力，汉密尔顿均作了描述，并且指出，即使在19世纪卡斯蒂利亚人的度量标准最终被这个国家采用时，瓦伦西亚仍被排除在外。人们就一些省份，尤其是一些较小的市镇和村庄，不实行度量标准向议会提出抗议，其中也包含了一些指责，因为即使是在已经实行所颁布的度量标准的地区，对秤和尺码的检查也高度缺乏。

关于西班牙存在因白银大量流入引发的通货膨胀的说法是无可置疑的，尽管通货膨胀与此前全欧洲的物价上涨有一定联系。说这种通货膨胀导致了经济衰退，原因是工资增长高于物价增长，这种看法却值得怀疑。然而，白银具有另外一种恶劣影响。首先，西属美洲提供的机会导致16世纪10万（以粗略的整数计

算）西班牙人移民美洲，其中大部分是身强力壮、富有进取心的年轻人（帕里，1966年，第235页），“是西班牙人中最生机勃勃的部分”（J. H. 埃利奥特，1961［1970］年，第177页）。其中几乎一半是贵族绅士，不足1/4是农场主，15%是工匠，还有少量的官员、商人和神职人员。（梅嫩德兹·皮达尔，1941年，图22）一群人留在西属美洲，变得富裕起来，并且对欧洲货物有需求。其他人即“东印度群岛人”（*Indianos*）返回西班牙，其中许多回到塞维利亚，并用财富购买官职、土地和豪宅。他们和来自葡萄牙的“新基督教徒”、西班牙皈依天主教的人（*Conversos*）、热那亚的商人和银行家一样，生活幸福，投资于房地产，为对美洲的贸易筹措资金，投资于美洲的食糖业和采珠业。最后，热那亚银行家和西班牙皈依天主教的人还向王室提供贷款。（派克，1972年）

商人的子女只有少部分进入商业领域，他们欲跻身贵族阶层。在派克看来，商人在子女的教育上花费金钱，可结果却是，子女沉溺于酒色和赌博，成为“无用的一代”。第一代人很可能买下三套豪华别墅，置办高达24万达克特的嫁妆，但在第二代人中，却很少有人留下40万甚至20万达克特的遗产。（同上，第114—118页）

塞维利亚有一种产业很兴旺，即银器制作业。银匠同药商一样，是最上等的手艺人，一些银匠还很富有。（派克，第132—147页）尽管绝大多数白银经西班牙流向北欧和东欧，但是，相当数量的白银仍以银质餐具的形式存留了下来。费尔南德·布罗代尔指出，西班牙驻尼德兰武装力量的总司令，后来成为腓力二世马德里宫廷里大公的阿尔瓦公爵托莱多——一个素无财名的人——在 1582 年去世时，留下了 600 打银碟和 800 个银质大浅盘。（1979［1981］年，第 463 页）

除了通货膨胀、瘟疫、驱逐摩尔人、行会的限制、税收、国家的重商主义政策，以及厌恶体力劳动等因素之外，还有一种因素被指认为西班牙衰落的理由或部分理由，即白银流入带来的影响。这种理由可能具有适应于经济模型的优点。彼得·福赛思和斯蒂芬·尼古拉斯确信，在通常条件下，开发资源会使经济更
79 为富裕，但是，随着收入由于一种外来资源而大幅度上涨，对贸易品（出口和进口）与非贸易品（国内货物和服务）的支出均会增长。随着人口充分就业，非贸易品的产出增长只能源于贸易品（即出口以及与进口相竞争的货物）产出下降。即，为使劳动力和资本解脱出来，用以提高非贸易品的产出，出口以及与进口相竞争的货物二者的产出必定要下降。在近代，类似的情况有起源于 20 世纪开发北海天然气资源的所谓“荷兰病”。开采天然气引起的收入增长，通过国际收支平衡调节机制，导致其他国内生产下降。对国内货物和服务需求的增加，使支出从出口以及与进口相竞争的货物向其他方面转移。（福赛思和尼古拉斯，1983 年）较之于汉密尔顿有关通货膨胀的观点，这种观点并没有太大差别。汉密尔顿的观点认为，工资增长快于利润增长，由此导致利润降低并压缩制造业，同时使国际收支失衡。

福赛思和尼古拉斯认为，真正的问题是，为何白银流入减缓（他们说的是“停止”）之后，制造业的产出仍然没有恢复，而这种恢复在 18 世纪卡洛斯三世的统治下确实发生了。在法国大革

命和拿破仑战争打断这种复兴之前，西班牙运往美洲新大陆的货物，从所占总量的1/8（大约1700年）增长为1784年的45%，乃至1788年的53%。1788年所占比例稳定在50%。（赫尔，1958年，第157页）但是，17世纪初，西班牙的出口普遍被取代，无论是在欧洲销售的原材料还是向新大陆出口的制造品均如是。爱尔兰的羊毛在北欧取代西班牙的羊毛；较之于半个世纪前66艘船运载了17 000袋羊毛，1622年桑坦德则是用11艘船运载505袋羊毛。瑞典的铁在法国和英国与西班牙毕尔巴鄂的产品相竞争；美国皮德蒙特山麓出产的丝绸打入西班牙市场。（维森斯·维维斯，1970年，第146—147页）外国工人进入西班牙的许多领域：德国矿工和工程师在塞戈维亚建造和经营一个水力铸币厂（汉密尔顿，1934［1965］年，第166页，正文和脚注）；热那亚的船木工要重新振兴加泰罗尼亚的造船工业（林奇，1964年，第77页）；佛兰芒的工人从事服装行业；法国人从事玻璃制造和丝绸业。佛兰芒的工人和法国人均受益于波旁家族对西班牙王位的占领。并且，尽管路易十四担心法国工人在西班牙开始从事制造业会同法国本身形成竞争，法国人还是进入了西班牙的制造业领域。（卡门，1969年，第124页，第134页）理查德·赫尔在论述18世纪的西班牙时断言，自16世纪末之后，这个经济萧条且人口减少的国家，已对国外有事业心的商人和工人充满吸引力。（1958年，第78页）并且正如已经指出的，外国商人控制了对美洲的贸易。16世纪，运往国外的货物5/6均由外国人供应。（哈林，1918年，第113页）1702年波旁王朝接替统治之前，加的斯有84家商行，其中12家属西班牙人，26家属热那亚人，18家属荷兰人和佛兰芒人，11家属法

国人，10 家属英国人，7 家来自汉堡。18 世纪末，8 734 位外国人
80 居住于加的斯，其中 5 018 人是意大利人，2 701 人是法国人，272 人是英国人，277 人是德国人和佛兰芒人。（多尼克，1955 年，第 85 页）

战　争

西班牙士兵是非常优秀的战士，并且有充足的机会履行他们的职责。驱逐摩尔人的战争一直持续了 8 个世纪。这场战争最终于 1492 年斐迪南和伊莎贝拉的卡斯蒂利亚军队夺回格拉纳达之时取得胜利。尼德兰（查理五世在当选为神圣罗马帝国皇帝，并获得西班牙王位之后，仍继续要求对其加以占领）起义，从 1568 年到 1648 年，共持续了 80 年。1648 年，筋疲力尽且士气低落的西班牙签署了《威斯特伐利亚条约》。林奇始终认为，这场战争与其说是反宗教改革之战——查理五世和腓力二世在很长时期内，一直同罗马教廷意见不合——不如说是想要保住属于他们自己的领土。（1964 年，第 7 章）在长达 80 年的战争期间，还发生了地位不太重要的战争，诸如与奥斯曼帝国的战争（在 1571 年的勒班陀战役中获胜）、与不时向荷兰提供资助的英国的战争，以及同法国的战争。与荷兰人持续 12 年（1609—1621 年）的休战，在一定意义上被视为一种屈辱。当荷兰人在经济上迅速发展的事实变得越来越清楚时，休战中止了。自负使得西班牙只有在赢得一场战役的胜利之后，才会从实力出发进行谈判；在发展落后于别国时，坚持通过战争来避免屈辱。（G. 帕克，1972 年，第 131—132 页）妥协能力的缺乏阻碍了南尼德兰（天主教）和联合省（主要

是新教徒）之间关于宗教问题的谈判。即使当持续的战争需要巨大的财政支出并造成财政紧张时，西班牙也决不会作出妥协。（同上，第268页）这就是过度扩张，即谋求达到超出该国实现能力的目标。1702—1713年的西班牙王位继承战争，表面上是一场王朝战争，但法国人的动机实际上却是希望以此打破西班牙人对美洲贸易的垄断。（卡门，1969年，第135页）和平给了法国一张特殊汇票同美洲进行贸易，但也给了英国一张特殊汇票，并导致南半球诸海域都活跃起来。卡门指出，尽管战争增添了西班牙人的经济问题，使西班牙的经济自17世纪晚期之后就一直在衰退，并造成直布罗陀海峡丧失的屈辱，但是，战争却给被迫向法国和英国军队提供资金的银行家注入了生命力。（1969年，第2章，第74页）

全面衰落

1580—1620年是西班牙经济衰退的时期。促成这个时期衰退的一系列因素均已论及，包括：没有在海上竞争的能力；战士的性格；蔑视劳动和迷恋贵族地位；不仅对犹太人和摩尔人，而且对被称之为“白摩尔人”的热那亚人极度仇恨（埃利奥特，1961［1970］年，第190页）；战争；西班牙人的金融；通货膨胀；宗教法庭；早先曾经有用的行会的各种限制（维森斯·维维斯，1970 81
年，第142页）；人们丧失“乐观向上的精神和恢复能力”（埃利奥特，1961［1970］年，第179页）；牧主公会以可耕地为代价提供的支持；王公（享有土地带来的利益，土地是从摩尔人和教堂的出售中获取，并以永久管业的形式加以掌控的）与农民（由于灾害和无法在农场里谋生，被驱赶到城市去行乞）之间的巨大差距。各类历史学家均认为，这些因素中的许多已被其他人过分强调。无论强调的内容是什么，所有这些因素都构成了一幅凄凉的图画。

16 世纪是西班牙的黄金时期，17 世纪则是其衰落时期。许多分析认为，这种变化是腓力二世之后国王软弱的结果，而腓力二世却不明智地使用自己的力量。到 1600 年，西班牙经济学家已经在讨论国家的衰落和历史的周期性变化模式。（同上，第 170 页）17 世纪的经济学家被称为出歪主意的人（*Arbitristas*）*，他们“谴责长嗣继承制、（教会、学校社团等的）永久管业、流浪习性、滥伐森林、教会人员的冗赘、对体力劳动和艺术的蔑视、不加区别的施舍、金融混乱和强制性课税”，并建议发展技术教育，引进工匠，稳定金融，发展农业灌溉，并且完善国内航道。（汉密尔顿，1938［1954］年，第 224 页）厄尔·汉密尔顿接着说，历史上很少有如此准确的分析判断，或如此彻底漠视正确建议的例子。（同上）

尽管教会和大学里的保守势力竭力反对法国启蒙运动，尤其是通过禁止进口法国书籍和期刊杂志加以反对，但是，随着法国启蒙运动的传入，18 世纪，尤其是卡洛斯三世统治的后半期，西班牙在上述改革派建议的方面及其他方向上取得了一些进步。外来移民增多，学生到国外去学习建筑学、医学、自然科学以及工程学。（赫尔，1958 年，第 6—13 章）18 世纪初，通过发展贸易一直保持繁荣的加泰罗尼亚，将其资本转入银行业和地产，进入

* 即西班牙的改革派。——译者注

几乎长达两个世纪的衰退。（布罗代尔，1966［1972］年，第145页，第147页）15世纪，人们认为西班牙“失去了生命力”（维森斯·维维斯，1952［1967］年，第95页）。18世纪，西班牙的东部和北部经历过一次复兴。（同上，第5章）正如欧洲其他地区一样，西班牙实行重商主义政策，早在1718年，就对棉纺织品征收关税，以扶持加泰罗尼亚发展。1760年代，又为了瓦伦西亚的利益，对丝绸征收关税，并为了巴斯克地区的利益，对五金制品等金属货物实行限制。用理查德·赫尔的话来说，这个国家在商业和制造业的发展中繁荣起来，“但在某种意义上，历经多个世纪而不为人所知”（同上，第147页）。这种繁荣未能持续下去。

由于具有中产阶级保守特性的中间阶层在卡洛斯三世支持的贸易和工业领域中开始形成，也由于启蒙运动的观点从法国传入，教会和贵族便组织起来进行反对了。法国大革命加剧了西班牙支持变革者和坚决抵制变革者之间的分化。拿破仑军队的入侵，以及英军侵入西班牙同法国作战，切断了西班牙与其殖民地之间的联系。从1808年到1820年代初，这些殖民地就一直在发 82
动叛乱。工厂倒闭，工人遭解雇加入逃亡到大城市的农民的行列。人们被迫得出结论：西班牙在许多情况下表现出来的恢复力，已不足以使这个国家恢复稳定。弗雷德里克·克兰兹和保罗·霍恩伯格将18世纪的西班牙描述为从封建主义向近代资本主义的“失败的过渡”，尽管西班牙比意大利和荷兰发展得好一些。他们两人的著作曾专门对意大利和荷兰进行过论述。也许是外国势力的介入打断了复兴，就像卡洛斯三世的去世一样。但是，从1590年至1720年，导致衰退的深层因素——缺乏社会凝聚力；通货膨胀；

行会；在同英国、法国、意大利各省，加上奥斯曼帝国尤其荷兰的战争中的过度扩张；白银大量流入引起的“荷兰病”——已使衰退显然不可克服，即使实行最佳政策也不行。腓力二世统治下的西班牙和葡萄牙，或许曾经享有过世界经济霸权，却由于许多原因未能维持长久，没有哪个原因是充分条件，而且绝大多数原因或许也并非必要条件。

第六章　低地国家 83

北　　欧

13世纪之前及其后一段时期，北海和波罗的海地区是一个独立的并在很大程度上有别于地中海地区的贸易体系。将该体系联为一体的重要纽带是汉萨同盟。该同盟是一种松散联合，主要由卢卑克、汉堡、科隆、罗斯托克等德国城市组成，从事从布鲁日到俄罗斯诺夫哥罗德州的贸易，偶尔穿越俄罗斯到达黑海，再继续向北到达挪威的卑尔根，并且不时也经大西洋和比斯开湾到达伊比利亚和地中海。斯堪尼亚（Scania）的鲱鱼、卑尔根的鳕鱼、俄罗斯的蜂蜜和皮毛、汉堡的麦芽酒、德国吕讷堡的盐，外加但泽和哥尼斯堡*的粮食和木材，均被用船向西运到设在布鲁日的贸易站（*Kontors*），以及设在伦敦的商业区。汉萨同盟的寇克船向东航行，特别是从葡萄牙和法国运来盐腌制的鲱鱼和鳕鱼，还从布鲁日运来呢子，从伦敦运来金属制品。

汉萨同盟的贸易惯例比较原始。意大利北部城邦国家发行的

---

* 苏联西部港市加里宁格勒（Kaliningrad）的旧称。——译者注

汇票受到汉萨同盟抵制。抵达规定港口的船只须先出售货物换取当地货币，然后再用当地货币购买所能购买的货物。差额以硬币支付。在其松散的政治组织方面，该同盟也是特别的，其责任高度分散。艾尔弗雷德·马歇尔说，“汉萨同盟分散的力量不可能采取行动，将集中贸易的最新制度发展到最完善的程度”（1920 年，第 692 页）。只有卢卑克、汉堡以及其他二三个城市完全付了费，
84 其余城市均为搭便车者。同盟权力的分散，完全超过其贸易对手荷兰人的权力分散。（多林格，1964［1970］年）处于边缘地带的瑞典起初通过卢卑克销售其铜制品，后来努力使自己摆脱对同盟的依赖，转而通过阿姆斯特丹进行销售。阿姆斯特丹的优势是可以为瑞典贷款，以支付 1613 年《克奈勒德条约》* 要求偿还丹麦的赔款。（赫克舍，1954 年，第 63—64 页）

布　鲁　日

作为汉萨同盟发展贸易的西部主要港口，早在中世纪末期，布鲁日就已经逐渐成为佛兰德斯的重要商业和金融中心。一方

* Treaty of Knäred. 1611—1613 年，丹麦—挪威与瑞典帝国因波罗的海的海权问题发生战争。丹麦军队攻陷了瑞典的卡尔马城，此战争因此史称“卡尔马战争”（Kalmar War）。但因波罗的海贸易也事关英格兰利益，为限制丹麦—挪威权力，英王詹姆斯一世希望在丹麦—挪威取得决定性胜利前结束战争。财政困难的丹麦—挪威君王克里斯蒂安四世接受了说服，与瑞典签署了《克奈勒德条约》停战。克奈勒德是丹麦边境的一个村庄。除了双方的领土归还，条约还要求瑞典支付 100 万里克斯达尔的赎金。但瑞典也获得了一大让步，不必再支付厄勒海峡的过路费。——编者注

面，它作为英格兰和法国香巴尼商品交易市场之间的中转站；另一方面，它也充当地中海和北欧之间的中转站。英格兰国王在荷兰的多德雷赫特、安特卫普、布鲁日之间转运大宗货物（换取羊毛），并最终运到法国的加来。从1363年到1558年，英王就一直在加来存放大宗货物。然而，换来的羊毛被重新出口到布鲁日，销售给佛兰德斯的纺纱工和纺织工，直到英国最终停止出口适宜织成布料的羊毛，给佛兰德斯家庭手工业造成损失为止。在税收、贷款和专卖权问题上，每当争执发生，争执解决，或争执重又发生时，汉萨同盟都以同样的方式将其贸易站从布鲁日转移到荷兰的多德雷赫特（位于德国的水系上），接着搬回布鲁日，然后迁到位于布拉班特的安特卫普、乌得勒支，最后又回到布鲁日。

每当威尼斯和热那亚的桨帆船驶抵布鲁日，满载而来的绝大多数是奢侈品，有来自意大利的丝绸和丝绒，还有来自黎凡特的希腊酒、东方的丝绸和香料。西班牙人从事的贸易，绝大部分是羊毛和皮革，前者是替代逐渐减少的英国羊毛供给所需。另外，他们还经营巴斯克的铁，西班牙南部和葡萄牙的水果、橄榄、大米和酒。16世纪上半期，里斯本自己运送从亚洲岛屿上获取的香料，尤其是胡椒粉。佛兰德斯的棉织物、亚麻制品和毛织物，外加波罗的海地区富人所需的法国酒等奢侈品，则从布鲁日流通到北海和波罗的海地区。

绝大多数人都了解生活在布鲁日的热那亚“民族”（nations），即1395年最新被赋予特权的热那亚人。但是在布鲁日，德国人（加入汉萨同盟的）多于意大利人和伊比利亚人，并且没有任何法兰西“民族”，因为佛兰德斯被法国人视为法国的领土。当“好人腓力”于 1440 年进入布鲁日时，游行队伍中有 136 名德国人、48 名西班牙人、30 名威尼斯人、30 名米兰人、35 名热那亚人、22 名佛罗伦萨人、12 名来自卢卡的商人-银行家，以及数目不详的葡萄牙人和加泰罗尼亚人。（范霍特，1967 年，第 67 页）有人对 1468 年勃艮第“勇敢者查理”的婚礼也作了类似的描述，并且提到，在庆祝活动的队伍中，商人行进在大使和神职人员之后，10 位威尼斯人骑着马，接着是 60 位佛罗伦萨人步行，24 位西班牙人也骑着马，还有 108 位热那亚人和 108 位汉萨同盟的商人。所有的人都身着色彩艳丽的服装，光彩照人，每个“民族”都带领着一群随从。但同样也没有英国人或法国人。（莫拉·迪儒尔当，1993
85 年，第 78 页）1440 年的游行队伍中居然没有一个英国人，范霍特对此表示惊讶，并推断庆祝活动可能发生于贸易禁运时期。他继续写道：当时的布鲁日构成中世纪世界贸易的一个转运地。如果说当时的市场尚且不是世界性市场，它也仍可谓一个大市场，甚至可能是 14 世纪基督教世界最大的市场。（同上，第 68 页）绝大多数外国人（不在布鲁日出生的人）可以同其他外国人进行贸易，但是绝大多数纠纷都发生于外国人和布鲁日人之间。这一事实表明，布鲁日本地的人通常在外国人的买卖方之间充当中间人。

贸易逐渐发展成为金融。金融家有三类：根据抵押品放贷的当铺老板；在一段时期之后作为原始银行家经营可转移储蓄的货币兑换者；将资金通过汇票从一个地方转移到另一个地方的商人-银行家。金融市场设立在博思（Bourse），用一家旅馆的名字命名，而旅馆则属于一位名叫范德伯斯的人。威尼斯、热那亚、佛罗伦萨、巴塞罗那、伦敦和巴黎等地分别规定不同的汇率行市。

当勃艮第在同法国交战时，巴黎人的资本汇票先是按照日内瓦的汇率支取，后来又按里昂的汇率支取。（同上，第 70—74 页）卢卑克、汉堡以及其他不使用汇票的汉萨同盟的城市，则不存在任何汇率牌价。但是，当需要从德国北部、波兰和斯堪的纳维亚半岛汇款到罗马时，汉萨德斯家族就在上述那些地方购买货物，运送到布鲁日进行销售，换取当地货币，然后再从意大利银行家手里按罗马的汇率牌价购买汇票。

由于银行代理人违背银行总部的命令，向伦敦的爱德华四世和勃艮第公爵（二者均来自布鲁日）贷款过多，佛罗伦萨的一位大银行家科西莫·德·美第奇在向布鲁日和伦敦贷款的过程中陷入困境。15 世纪时，伦敦还是布鲁日的一个卫星城。15 世纪初，虽然美第奇银行尚未在布鲁日设立分行，但它派设了代表处。1439 年，代表处发展成为分行，并以设在伦敦的办事处作为它的一个附属机构。到 1451 年，伦敦办事处也被组建为一家分行。直到 1450 年，布鲁日分行都因巨额的未偿债务而效益不佳，尤其是对巴塞罗那的债权。伦敦和布鲁日欠下的其他债务，包括：爱德华四世以羊毛转让作为抵押的 8 500 英镑，外加以其他物品作为抵押的 2 000 英镑；“勇敢者查理”即勃艮第公爵 1477 年去世时尚未偿还的 9 500 英镑；还有一笔是借给葡萄牙约翰二世用来探索几内亚海岸的贷款。总合起来，布鲁日和伦敦分行的损失达到 19 000 英镑，在当时堪称一笔“难以置信的巨款”。（德鲁维尔，1966 年，第 13 章）

布鲁日的衰落

佛罗伦萨在银行业的衰落以及 1494 年美第奇银行倒闭，只是布鲁日衰落的许多原因之一，并且不是首要原因。布鲁日城问鼎世界经济霸主之位的可能性应追溯到 14 世纪上半期。它衰落的发端已经追溯到 1350 年；15 世纪它衰落的速度加快。J. A. 范霍特认为，布鲁日的衰落没有明显的转折点，并且其下降梯度可归咎于
86 许多原因。一些原因是内部的，诸如布鲁日贸易商和银行家日益增长的保守主义等；其他原因则是外部的，诸如经常同外国商人，尤其是同汉萨同盟贸易站的商人发生冲突等。这两类原因极有可能同商人越来越不愿意承担风险相关。16 世纪，荷兰各城邦和各省停止到布鲁日借款，因为担心如果没有支付贷款利息，荷兰人的货物就会像 1530 年所发生的那样，在斯卢伊斯被扣押。（特蕾西，1985 年，第 112 页，第 129 页）

造成布鲁日衰落的一个重要因素是兹温河的淤塞，这迫使吨位较大的船只在北海沿岸的前哨港斯卢伊斯卸货。但紧随其后，斯卢伊斯港也淤塞了。开凿运河和疏浚河流的尝试最终都被证明费用昂贵而成效有限。吨位较大的船只被迫停泊于瓦尔赫伦岛的海湾，将货物用驳船运至布鲁日的市场。在安特卫普的前哨港贝亨奥普佐姆处理这些船只变得比较容易，直到 1530 年一次海啸摧毁了那个港口。但是，这次海啸却增加了船只进入安特卫普市的航道。

另一个问题很可能是佛兰德斯棉织物的衰落。佛兰德斯的棉织物同布拉班特的棉织物展开部分竞争，但它主要同英国人的

“新布匹”（17 世纪初的一项技术创新，是一种更轻巧、更便宜的毛织物）竞争。范霍特指出，1350 年，英国人只出口了 5 000 匹呢子，但两个世纪以后，出口量就增长到 150 000 匹，其中大部分是在安特卫普和比利时的马林（即梅赫伦）染色。（1967 年，第 80 页）

然而，导致布鲁日衰落背后的真正力量是它不能迎接竞争和这个城邦垄断经营的失败。佛兰德斯棉织物的成本上升。布拉班特公爵设法将羊毛的大宗生意从布鲁日转移走，这导致一些商人迁往安特卫普。1496 年，安特卫普的两个商品交易会与贝亨奥普佐姆的两个金融交易市场联合在一起，每年举行四次交易。此时，意大利商人开始季节性地从布鲁日迁往安特卫普参加交易会。几年之后，葡萄牙人在布鲁日开设的工厂也向安特卫普转移。（萨布拉赫曼亚姆和托马斯，1991 年，第 302 页，注 7）来自德国科隆的酒商和来自中欧的铜商都在安特卫普停留，同葡萄牙人接洽交易。铜商是运载着铜，顺中欧的几条河流而下才到达北海的。由于船只吨位变得越来越大，超出卢卑克港的停泊能力，即使从最乐观的角度看也是在走向失败的汉萨同盟终至被动摇。到 16 世纪开端之时，布鲁日的垄断权已所剩无几。

1442 年和 1447 年，汉萨同盟大会先后两次在卢卑克举行，试图限制低地国家商人，让他们只能购买布鲁日的棉织物，但以失败告终。布鲁日本身非常努力地试图保留自己的垄断地位，力图建造一个堡垒以阻隔同安特卫普的贸易（但未能成功），并颁布法令强制规定，除四次安特卫普商品交易会期间之外，其余时间外国人均须留在布鲁日。当这些商品交易会变成永久性全年开放时，布鲁日被迫放弃这种努力。斐迪南二世和伊莎贝拉一世组织

起一个群体，作为西班牙再次征服格拉纳达的标志。对安达卢西亚而言，这个群体可谓新的“民族”。但是在 1500 年，他们迁往荷兰的米德尔堡。1488 年后，佛罗伦萨的银行家弗雷斯科巴尔第
87 和瓜尔特罗蒂迁移到安特卫普，威尼斯的银行家也随之全部撤出布鲁日。（伯杰尔，1979 年，第 113 页）16 世纪初，葡萄牙人迁往安特卫普——1501 年，他们的第一批胡椒粉在那里卸船。大约在 1516 年，热那亚和卢卡的金融家加入了大批外迁的人流。勃艮第公爵和神圣罗马帝国皇帝马克西米连二世等人所借的坏账，使布鲁日倍受纠缠，失去借贷能力。意大利银行家曾一度返回布鲁日。赫尔曼·范德威（1963 年）认为，这可能是因为布鲁日是进行债务清偿的金融中心。最后，只有西班牙羊毛的市场仍保留在那里。汉萨同盟商人的数目从 1511 年的 12 人减少到 1540 年的 3 人，接着是 2 人，1554 年最后 1 人去世。（范霍特，1967 年，第 90 页）

安特卫普

像布鲁日一样，安特卫普也是一个航运不太发达的世界市场。二者均主要依靠汉萨同盟、意大利城邦和伊比利亚半岛国家的船只。15 世纪末，居住在布鲁日的外国商人和银行家在安特卫普加入来自奥格斯堡和纽伦堡的德国人之列。此时，安特卫普早已不是一个新城市。随着北方的商品逐步让位于南方商品——食糖取代蜂蜜；丝绸取代毛皮；麦芽酒取代蜂蜜酒——以及亚麻的种植面积在佛兰德斯和泽兰扩展，安特卫普的商业发展超过了布鲁日的商业。（范德威，1963 年，第 2 卷，第 120 页）德国的白银制品以及匈牙利

和蒂罗尔*的铜制品，向北运送到安特卫普而不是向南运到威尼斯。这为西属美洲的白银开辟了商路。1560 年后，西属美洲白银的产量大幅增加。起初英国的毛织物也在安特卫普染色。当布鲁日购买本地产品以抵制进口，同时充当货物集散地时，安特卫普还主要是一个市场，对生产介入不深。它经营的主要商品是英国的棉织物、德国的金属制品，以及葡萄牙的香料。（范霍特，1964 年，第 30 页）另外，在荷兰人关切的粮食贸易中，安特卫普也占有一席之地。（特蕾西，1985 年，第 118 页）“某些商品大规模地在一个地方进行交易，在此意义上可以说，一个世界市场有史以来第一次开始形成。”（范霍特，1964 年，第 384 页）理查德·埃伦伯格继续用夸张的言辞加以阐释：“1446 年后的 40 年，安特卫普发展成为一个世界此前未见，**以后也**绝不可能见的贸易中心。”（1896［1928］年，第 223 页，着重号为引者所加）随着商人和银行家从布鲁日迁往安特卫普，安特卫普的人口从 1444 年的 2 万增长到 1500 年左右的 5 万，到 1560 年增长为 10 万，相当于塞维利亚的人口数，在欧洲仅次于那不勒斯、米兰、威尼斯和巴黎。（范霍特，1964 年，第 305 页）

40 年的贸易发展只是一个方面。到 16 世纪，过境贸易在规模和重要性方面都已下降；金融业已经发展起来。这种变化的某些部分或许可归因于意大利银行家的大批涌入，但原因应该是更为深刻。费尔南德·布罗代尔认为，威尼斯和阿姆斯特丹成功地发展了一个世纪甚至更长时间；与之相比，1500—1565 年的安特卫普却经历了一系列起伏，并从未“找到自己的续航节律或长期平

* 中南欧一地区，包括奥地利北部和意大利西部。——译者注

88 衡”。(1979［1984］年，第 48 页）琼·伯杰尔认为，一个新的经济世界正在打开大门。1450 年的意大利人，对他们商人–银行家的技能非常满意。竞争微乎其微，并且他们已经适应了让人舒服的惯例。“他们的企业形式展示了一个运行顺畅的资本主义的所有标志，但精神却正在丧失。”(伯杰尔，1979 年，第 107—111 页。引文始于第 111 页）伯杰尔问道，为何意大利人余留下的商业空间不像在里昂一样被法国人填补呢？里昂同安特卫普一样居住着很多意大利银行家。他得出的结论是，这种真空之所以被德国南部的银行家所填补，是因为他们具有“赢得这些巨大市场，并控制国际商业和金融——一句话，即取得成功——的强烈意志”。他们不仅在纽伦堡开展业务，而且在里昂、马德里尤其是安特卫普开展业务。(同上，第 111 页）正当葡萄牙的船只将远东的香料运抵欧洲之时，德国的银行家——富格尔家族、韦尔塞家族（Welsers）、霍奇斯泰特家族（Hochstetters）、塞勒家族（Seilers）、克莱伯格家族（Kleberg）、塔奇家族（Tucher）——开始凭借他们的财富拓展到欧洲其他地区。他们财富的基础是同威尼斯的贸易、金属制品的生产，以及对神圣罗马帝国选帝侯的贷款等。伯杰尔断言，意大利人在香料首先运抵的里斯本而不是在分销香料的安特卫普开创银行业务是犯了一个错误。(同上，第 115 页）

从每年开放两次，到每年开放四次，再到永久性全年开放，贸易商品交易会的这一发展过程在上文已经提到。安特卫普则更进一步。首先，它将信贷同货物紧密联系在一起。然后，它发展商品交易会之间流通的纯金融汇票，利率为 3 个月 2% 或 3%，相当于一年 8% 或 12%。埃伦伯格声称，由于经营商品过于麻烦且风险太大，因此到1630年，最富有的公司已抛弃了此业务。相比之下，经营汇票较为容易。（1896［1928］年，第242—243页）德国人，以及越来越少的意大利人在借入和贷出资金，而一些商人，尤其是越来越多的英国、西班牙、法国等王室的代理人则只借入资金。起初，伦敦向意大利银行家借款，但无力偿还；最后，伦敦干脆将这些招人憎恨的意大利人驱逐出境。都铎家族的一位代理人斯蒂芬·沃恩生活在安特卫普，他只在1545年为王室借入过资金。1552年，他的继任人由于不称职而被解雇，并由伦敦一位商人而非银行家托马斯·格雷欣*接替。埃伦伯格对此评论说，都铎家族之所以在驱逐了意大利银行家之后还被迫向国外借款，是由于当时有关高利贷的法律禁止都铎王朝的臣民相互进行金融交易。（同上，第253页）

战争，尤其雇佣军之间的战争，增加了对贷款的需求，却无助于贷款的偿还。安特卫普的绝大部分灾难均由没有领到军饷的雇佣军的哗变所引起。1576年，哗变的雇佣军将安特卫普洗劫一空，屠杀了6 000人。这是继1572年泽兰新教徒，即“海上乞丐”对布里尔进行毁灭性袭击后该城受到的又一次打击，并引起人口大批外逃。1585年斯凯尔特河**被封锁后，共有10万人离开布拉班特和佛兰德斯，其中绝大多数为商人和熟练工匠。他们随之带走

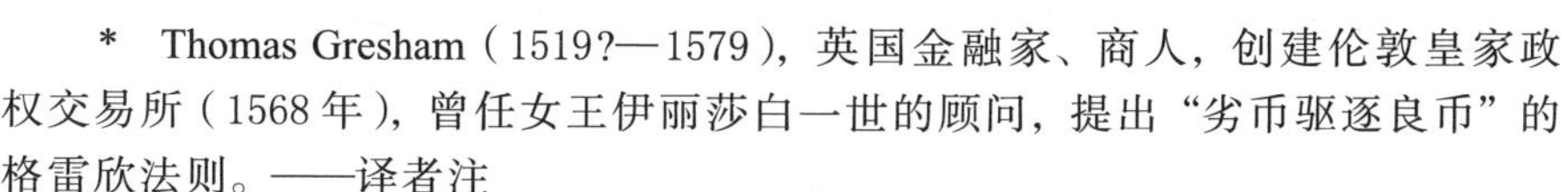

* Thomas Gresham（1519?—1579），英国金融家、商人，创建伦敦皇家政权交易所（1568年），曾任女王伊丽莎白一世的顾问，提出“劣币驱逐良币”的格雷欣法则。——译者注

** 又译些耳德河，即埃斯考河（Escault），发源于法国北部，经比利时，在荷兰注入北海。——译者注

了流动资本和工业技术。他们不仅迁往荷兰北部，而且迁往德国、
89 英国、瑞典、意大利、中欧以及新大陆。迁往联省共和国和邻近的莱茵兰各城市的人最多，但是仍有多达1万人迁居伦敦。（范德威，1988年，第348页）尽管存在这些数据，但是，人们仍然注意到，一些商人彻底放弃商业，将其财富和土地进行投资，加入当地贵族的行列，并且正如在里斯本附近的葡萄牙其他地区，以及后来的英国一样，他们变成了农业的改良者。（阿鲁巴，1991年，第361—362页）在这份葡萄牙人的记录中，并没有清楚地表明，推动上述转变发生的动力是人们的经济动机，还是其社会抱负。

荷　兰

尼德兰北部的七个联合省由荷兰控制，并受到安特卫普发生的灾难的巨大刺激。在这些灾难之中，毁灭性的一击是1585年斯凯尔特河被封锁。1590—1620年持续的快速增长被称为经济奇迹。（斯利彻·范巴思，1982年，第23页）经济奇迹的根源可以追溯很远。其中，一些有利因素是地理位置方面的：像布鲁日和安特卫普一样，有连接大西洋、北海、波罗的海的便利通道；肥沃的腹地，一系列宽广的河流由此发源（艾尔弗雷德·马歇尔指出，英格兰的所有河流互不相连［1920年，第39页］）；能够获得泥炭，以此在森林匮乏时充当燃料。其他因素是结构性的：缺乏一个强有力的贵族阶层（欧洲北部沿海的地理条件所造成的一种环境。在这一地区，需要维护的堤坝将灌木丛生的荒原和沼泽同海洋隔离开来，没有给城市、贵族骑士、艺术家或思想家留有发

展的时间和空间）（凯伦本兹，1963年，第22页，第23页）；缺乏一个有权势的教会组织（宗教改革的产物）。联合省的另一特点是覆盖范围广大的教育，而这也正是欧洲其他国家所缺乏的。中世纪末，尼德兰西部和北部的每个村庄都建有一所学校，货币经济所必需的算术知识被广泛传授。（斯利彻·范巴思，1982年，第32页）除这些结构性因素外，还存在一系列偶然因素。欧洲其他主要强国的衰弱，为联合省的稳步快速发展提供了余地。（同上，第32页）1588年，西班牙无敌舰队败于英国人，这削弱了两国的海军，并为荷兰的航运业创造了发展机遇。有人可能会提及14世纪鲱鱼从波罗的海迁徙到北海，帮助荷兰渔民战胜了汉萨同盟，为随后的投资提供了“原始积累”，并使阿姆斯特丹城得以在鲱鱼的骨头上建立起来。（马歇尔，1920年，第693页）托马斯·曼在1620年代写道：“不是**地理位置**而是**就业**，不是贫瘠的尼德兰而是**富饶的渔场**，为大批的船只、艺术和人口提供了赖以生存的物质基础、贸易和稳定……。”（1620年代［1664年］，第190页）有人说，荷兰人是在“陛下的海洋”里捕捞鲱鱼、鳕鱼，曼对这一事实尤其持有异议。（同上，第188页）经济之所以快速增长，是因为还有人才、资本的大量流入，以及开创新经济生活的渴望等偶然因素。

列举导致荷兰商业奇迹的各种因素，包括地理位置、社会 90
结构及偶然性等，并不能充分说明促使荷兰人发展的心态。艾尔弗雷德·马歇尔写道：“荷兰人像其学生英国人一样，钝于发明。”（1920，第692页）如果考虑到下列因素，这种评价对于两国来说似乎就不够宽厚。这些仅仅与荷兰人有关的因素包括：他们的排水方法和土地开垦、舰船设计和制造、使用风车碾磨谷物和锯造

船用木材的方法；为乘坐私人四轮双座大马车来往于城市之间的商人和官员发明茨克瓦特*，这一功绩堪与三个世纪之后使火车准点行驶相媲美（德弗里斯，1978 年）；荷兰东印度公司（VOC）的组织；创建对小商船的有效护航制度；开发全套金融工具以及其他创新等。然而，马歇尔确实也说过："他们制造的纤维坚韧无比，他们的自制力非同一般，几代人长期保持节俭和不懈努力，超过之前其他任何民族的所作所为。"（同上）人们可能再次质疑，荷兰人的节制是否超过（比如）威尼斯人的节制。西蒙·斯卡马强调，荷兰人的朴实逐渐消失，并且开始具有阴暗的一面。"人们普遍认为，到 1660 年代，最初创造了荷兰繁荣基础的节俭朴素习惯，正在世界范围的虚荣心和奢华的展示中被挥霍。"他继续写道："共和国的美德在骄奢淫逸中堕落，这只不过是罗马禁欲者为此所作的最新版本的挽歌。"（1988 年，第 293 页）

荷兰历史的一个核心问题是，早期发展的活力在多大程度上源于分权性质。以阿姆斯特丹为经济中心的荷兰是联省共和国处于领先位置的省份，但它并没有统治共和国。每个省份均由摄政王组成的寡头集团管理，他们起初来自商人，后来来自商人的后裔。税收总额由代表七省的议会决定，然后划拨给各省。各省依次将其份额分配给更低一级的单位，如此一直向下，分到城市和村庄。在很大程度上，这种制度似乎起到了贵格会教徒会议的作用。这种会议是根据"会议的判断"来作出决定，既没有上级指示，也没有完

* *trekvarrt*，低地国家仅供客船航行的运河体系，连接地区的主要城镇。——译者注

全来自下级的倡议。在伊曼纽尔·沃勒斯坦的经济霸权理论中有一个世界“中心”，“中心”规定同“边缘”和“半边缘”地区进行贸易的条件，并自己占有赢余。沃勒斯坦将这一理论应用于联合省。彼得·克莱因质疑这种应用。他坚持认为，霸权理论要求有一个强大的民族国家，但联合省不是这样的国家。（1982年，第85页）然而，荷兰是七个省中的领导者，并且正如政治学中领导理论所阐释的，它不得不承担整体成本中与己不相称的份额，为领导的特权和以威望作补偿的特权付出代价。（弗罗利赫和奥本海默，1970年）在17世纪荷兰的黄金时代，这一问题尚不成其为问题。但是，当荷兰需要为陆地和海上的军事行动筹集更多资金时，尤其是在1789年（先是法国大革命爆发，然后是拿破仑占领荷兰并 91
强索巨额赔款）之后，这个问题在18世纪荷兰的衰落过程中变得突出起来。（沙马，1977［1992］年）下文我将回到这个问题上来。

商　业

在传统描述中，荷兰人主要从“大宗货物贸易”（mother trade，特指由波罗的海运往阿姆斯特丹的大宗货物贸易）中获取利润。16世纪末，荷兰在激烈的竞争中战胜了汉萨同盟。它从波罗的海经过卡特加特海峡和斯卡格拉克海峡运来粮食、造船用木材和海军补给品，使用在莱顿染色的英国和佛兰德斯的羊毛制品、在哈勒姆纺织的西里西亚亚麻纤维制造的亚麻制品、来自比斯开湾和伊比里亚半岛的盐和酒进行支付，另外还使用白银结账。例如，布罗代尔所著的三卷本《文明与资本主义》就对这一传统描述进行了详尽阐释。但是，他的描述遭到乔纳森·伊斯雷尔的强烈攻击。伊斯雷尔倾向于不同意布罗代尔的大部分解释。他坚持认为，荷兰的真正优势在于同远东和西属美洲的“奢侈品贸易”。（1989年）17世纪中叶，派驻海牙的英国公使乔治·唐宁爵士，同样将“富有贸易”（rich trades）和“损失贸易”（lost trades）加以区别。“富有贸易”在地中海地区进行，并发展到远东，规模甚小风险却很大；荷兰人则是在“损失贸易”中，在波罗的海和在渔业领域战胜英国人。（巴伯，1930［1954］年，第231页）波罗的海每年冰冻七个月，大西洋上的风暴也增添了秋末和冬季由北向南航行的危险。在这段时期，荷兰人聚集运往北部的奢侈品存货和向南运往西班牙沿途的大宗产品，使荷兰变成一个巨大的货栈。货物运往阿姆斯特丹，并被“第一手”（First Hand）商人取走，然后进行分类、定级、重新包装（例如，为避免粮食在地中海炎热的天空下自燃），并由“第二手”（Second Hand）商人储存，由“第三手”（Third Hand）商人将数量相对较小的货物在当地分销。P. W. 克莱因认为，作为“一个非常大胆的推测”，至少25%或30%的国内资本总额由股票投资构成。股票投资较之于加工工业投资更为重要。（1970a，第14页）

并非所有木材产品都是从挪威和波罗的海地区运到森林匮乏的荷兰的。大量木材来自莱茵河及其支流两岸法德两国河岸上的森林。木桩、制造船桅用的冷杉、铺设船只木壳板和甲板用的橡木，被做成巨大的木排顺莱茵河而下。损坏的木材多达24 000根原木。木排的运送由沿河城市居民参与的集体企业进行。多达600—1 000名工人一起装配了这艘不易操纵的船，500—600人组成的船员带着他们自己的补给品，在30天左右就将船只顺流驾走。

（杜弗雷兹，1992年）

除大宗外国商品外，在贸易方面，荷兰还享有因政府为国产货物制定标准并保证其执行而带来的优势（毫无疑问，这表明荷 92
兰支持集权化，而反对多元主义）。在英国，乔赛亚·蔡尔德爵士在他1668年出版的著作《简论贸易与货币利息》中，注意到政府标准问题。在他所作的15项评论中，第13项解释了"荷兰在国内和国际贸易、富裕人群和航运规模等方面急速增长的原因"，认为原因在于"它们所有国内商品的精确制造……。它们上述商品的名声在国外一直很好，购买者均不开箱验货，就按标准接收货物"。（莱特温，1969年，第41—42页）

在对1585—1740年荷兰在世界贸易中的霸权进行研究时，乔纳森·伊斯雷尔将这一个半世纪划分为七个阶段。第一阶段（1590—1609年），荷兰在通往世界贸易领导地位的道路上实现突破：首先同英国一起于1590年进入地中海地区；建立荷兰东印度公司（VOC）；赢得间接获取西班牙白银（1590年代正以越来越大的数量运抵塞维利亚）的许可；建立阿姆斯特丹银行，以加快贸易融资。（伊斯雷尔，1989年）1609年，荷兰与西班牙停战，对西班牙的禁运中止。得益于其船只能将北欧的货物运抵塞维利亚和加的斯，然后再重新转运发往西属美洲，荷兰的贸易进一步快速增长，运输规模达到每年400—500艘船。（同上，第125页）另外，荷兰还从丹麦和瑞典手中夺取了对波罗的海的控制权。第三阶段（1621—1647），荷兰不太成功。它再度与西班牙爆发战争，同西班牙的贸易也被迫转由汉堡的船只运送，并且到了仅能维持的程度。另一个打击是1625年荷兰被逐出巴西，退到西印度群

岛，否则当时同东西印度群岛的贸易都将繁荣起来。1647 年西班牙的贸易禁运取消，这一时期也随之结束。

17 世纪后半期，一系列商业挑战和战争接踵而至——英国 1651 年的《航海条例》；三次英荷战争（在第二次战争中，荷兰将新阿姆斯特丹*割让给英国）；同时，柯尔贝尔统治下的法国奉行重商主义政策，荷兰与之发生关税战，法国 1672 年入侵荷兰时关税战达到高潮。荷法两国的关税战，提供了一个动态经济实行进口替代的典型例子：法国人停止船帆用帆布的出口，致力于抑制荷兰造船业的发展。哈勒姆和恩克赫伊在短期内就生产了足够的亚麻帆布，不仅满足了荷兰的需求，而且取代了英国和西班牙市场上的法国帆布。（同上，第 264 页）这个时期还见证了荷兰从殖民地进口货物的增长——食糖、烟草、茶叶、咖啡、染料，以及在荷兰进行有限加工之后，供国内使用和出口的原材料。

世纪之交发生了激烈的贸易竞争，英国人、法国人和荷兰人均侵犯了别国的业务，直接而不是通过加的斯进行贸易，试图打破西班牙人对欧美贸易的垄断。它们在西班牙王位继承战争中取得了成功，波旁王朝取代了哈布斯堡王朝，马德里为英国人在南
93 半球诸海洋进行贸易提供了一个位置（使其直接通过布宜诺斯艾利斯同秘鲁进行贸易）。荷兰人和英国人之间的竞争尤其激烈。英国一首流行的短歌这样唱：“同荷兰人开战，与西班牙交善，那么

* 美国纽约市 1625—1664 年间的旧称，当时是荷兰的殖民地。——译者注

我们就将再度拥有贸易和金钱。”（莱特温，1969 年，第 1 页）1668 年，乔赛亚·蔡尔德写道：“荷兰在国内和国际贸易、富裕人群和航运规模等方面的急速增长，既是本代人羡慕的目标，也许还是未来几代人都感惊讶的事。”（同上，第 41 页）在 17 世纪最后 1/3 的时间里，荷兰人取得了对英国人的优势。蔡尔德列举了其中 15 个原因，特别强调荷兰人的高储蓄率和低利率。（同上，第 42 页）但是，他没能看到，荷兰人的贸易是以中间转口为基础的。在此过程中，随着关于所赚取利润，以及关于在中心市场包装或重新包装的成本的信息逐步被传播，荷兰人的垄断地位注定要被削弱。亚当·斯密认为，荷兰商人之所以将其产品运到阿姆斯特丹，是因为他们担心自己与资本相互分离，想亲眼见到资本。在此，斯密犯下了他少有的几个错误之一。（1776［1973］年，第 422 页）这种看法忽视了定级、包装、储存以及市场更加广阔的规模经济等因素的重要作用。一种观点认为，荷兰的转口贸易必然是暂时的。随着数量、质量和价格的信息变得越来越广为人知，贸易规模扩大，直接贸易变得越来越经济，中间人自然就被忽视了。（巴特，1969 年，第 6 页）

这里涉及的不仅仅是信息问题。海盗的威胁越来越小，船只变得越来越大，国家开始寻求建立自己的商船队。（查尔斯·威尔逊，1941 年，第 71 页）在关于 18 世纪的论述中，威尔逊援引了英德贸易和英西贸易中直接贸易替代阿姆斯特丹的转口贸易的许多个案（同上，第 38 页，第 44 页，第 51 页，第 61 及以下诸页）。法国对联合省的酒类出口从 17 世纪和 18 世纪初的顶峰逐渐下

跌，比如从 1717 年占出口总量的 67% 下降到 1789 年的 10%，同期对“北欧”（主要是汉堡）的出口却从 13% 增长为 46%。（克鲁泽，1968 年，第 250—257 页）1714 年，一位英国商人对其荷兰同事解释说：“到原产地去购买货物，并节省一切多余的费用是必要的，因为各式各样的商人直接从哈姆补罗（Hambro）和不来梅获取德国亚麻制品，这样可节省很多。”（转引自威尔逊，1941 年，第 52—53 页）威尔逊把从贸易转向金融的大部分动机归结为阿姆斯特丹失去了作为贸易中转站的地位。

工　业

荷兰的商业不仅经营别国以及殖民地的产品。出口产品由黄油、奶酪和鲱鱼构成。黄油和奶酪产自农村地区的农场，农村地区是填海造地而成，农场的口粮则依靠进口的粮食。鲱鱼捕自北海，500 艘双桅捕鲭渔船将捕获的鲱鱼运回荷兰港口，在采购
94 船上进行腌制和其他加工。采购船也用于海上转运捕获物。然而，荷兰主要的工业却是造船业。通往东方和西印度群岛的远距离航行需要大船，并且船要大得足以运载远距离航行所需的补给品、迁移到海外“工厂”居住的人员、无武装护航而独自航行时抵御海盗和武装劫掠船袭击的枪支和枪手。在造船领域，英国人同荷兰人相互竞争，难分伯仲。但在波罗的海地区的贸易中，他们根本不是竞争关系。英国的木材、冷杉木板、大麻、亚麻和松脂的价格高于从波罗的海运到荷兰赞丹（即赞斯塔德）的供货的价格。其部分原因是英国的海关关税，部分是《航海条例》限制了英国对松脂制品的进口。（巴伯，1930［1954］年，尤其第

232 页，第 234 页）一艘在英国制造成本为 1 300 英镑的荷兰平底快船（*fluyt*，即快速帆船），在荷兰仅需 800 英镑。至于更大的船，成本差额则从 1 400 英镑到 2 400 英镑不等。法国和英国均鄙视地认为，荷兰平底船制造低劣，容易损坏，但相对于一艘同等大小的英国船只需要 30 名海员而言——威尔逊认为，荷兰的 18 名船员就相当于其他国家的 26—30 名船员（1941 年，第 6 页）——这种船只仅需 9 名或 10 名船员，因此荷兰的货运费率便宜 1/3。货运费低廉的另一个原因是，荷兰人在爱尔兰为其船员购买补给品，而爱尔兰的牛排和黄油由于不进入英国市场，因此价格尤其低廉。在公共开支中还有一个更加隐蔽的节约运费的措施，就是商人从荷兰海军部寻求海军的护航，以保护他们的船只免遭武装劫掠船和海盗的袭击。驶往东西印度群岛的荷兰船只吨位庞大，足以随船运载自己的武装力量，因此绝大部分船只都独自航行。但是，英国所有吨位的船只都必须既运载货物又运载枪支。

最后，如前所述，1671 年，一位荷兰作者撰写了一篇关于航运业的论文，他在评价造船业时断言，学习荷兰做法的外国人如在异国环境里使用异国工匠造船，必不可能模仿成功。“这些工匠缺少荷兰人所具有的节俭和爱好整洁的性情。”（巴伯，1930［1954］年，第 234 页）这些工匠同海员、码头工人、农民一样，堪称“欧洲受教育最好、最富有生气和最坦率的工匠”（E. N. 威廉斯，1970 年，第 31 页）。英国海军专员向荷兰船木工请教，法国的柯尔贝尔爵士也设法招募了 40 名荷兰船木工，向法国造船工人传授技术。（巴伯，1930［1954］年，第 235 页，第 239 页）然而，巴伯进一步假设，缺乏荷兰大型锯机和造船厂起重机的先进技术

或许促使某些荷兰木匠拒绝了法国人的邀请。（同上）约一个世纪之后，荷兰议会禁止外国所寻找的技术熟练工人，尤其是大型锯机的操作员、制绳工人、纺织品精整工等移民国外，虽然这些限制很容易被打破。（威廉斯，1970 年，第 257 页）

除了造船，整理纺织品，加工殖民地生产的产品之外，荷兰还从事酿造啤酒，用蒸馏法酿制杜松子酒和白兰地，提炼糖和盐，用沸煮方法制造肥皂，用菜籽榨油以及切割钻石等工业。同其他工业一样，后面列举的这些工业也主要从安特卫普引进。尽管后
95 来荷兰未能在约 1880 年之前向近代工业过渡被广泛归咎于缺少煤炭——虽然 20 世纪钢铁用煤可以便捷地用驳船从鲁尔进口——但荷兰还是能使用泥炭为其早期工业，尤其是酿造、蒸馏、制陶和制砖，提供必需的能源。在荷兰的海平面上甚或海平面以下，泥炭蕴藏丰富，并且可以通过运河交通进行运送。尽管森林早期便已匮乏，但泥炭为联合省提供了“廉价燃料”。（德齐尤伍，1978 年）一些泥炭甚至从一个方向出口到安特卫普和其他佛兰德斯的城市，又从另一个方向出口到德国埃姆登、不来梅和汉堡。与此同时，荷兰还从英格兰和苏格兰进口少量煤炭。（同上，第 14—15 页）17 世纪后，在合宜的海拔高度上，泥炭变得不太容易找到，因此其价格变得比较昂贵。J. W. 德齐尤伍计算，通过风车和泥炭，荷兰人能够生产相当于 80 万公顷森林的能源，并且如果要替代泥炭，很可能还需要 100 万公顷的可耕地来种植马的饲料。（同上，第 22—23 页）

然而，除商业、航运和渔业以外，从 1590 年开始，在最初的半个世纪之后，荷兰并没有太多的企业家的生气与活力。在 17 世

纪头40年里，发生了一次规模很大的创新爆炸——虽然技术水平非常低——从1590年到1790年的所有专利，都是在那个时期颁布的。但1640年后，发明创造的速度减慢了。（克莱因，1970a，第11页）

尽管水手的工资上涨，但荷兰的航运业仍然有利可图，直至1780年第四次英荷战争。然而，此前很久，商业就已开始让位于金融业了。威尔逊在论述18世纪的英荷贸易时坚称，荷兰的商业一直维持到1730年左右。（1939［1954］年，第254—255页；1941年，第17页）他注意到贸易在17世纪最后25年，或第三个25年里，已开始衰退的观点，但是断言"新的研究"已经修正了这一观点。（1939［1954］年，第254页）乔纳森·伊斯雷尔经过更新、更仔细的研究，认为荷兰衰退的时间更早。因为1680年代之后荷兰人/法国人的竞争，以及荷兰与英国、法国与西班牙之间一连串的战争，使荷兰贸易，尤其是同加的斯以及通过加的斯同新大陆之间的贸易遭受重大损失。这种损失并非通过侵占别人的权利就能完全得以补偿。（1989年，第340及以下诸页，第8章，第9章）伊斯雷尔指出，其他评论者把关注的焦点集中于荷兰同波罗的海的大宗贸易（它仍继续维持），而忽视荷兰同远东和西印度群岛的奢侈品贸易（它没有坚持下去），这是错误的。（第378页）与伊斯雷尔同时代的人却一直在争论17、18世纪之交的衰退是绝对的还是相对的。

金　融

九年战争和西班牙王位继承战争分别发生于1700年之前和之后。到这个时期，荷兰的金融已经非常发达。詹姆斯·特蕾西

实际上假定，17 世纪中叶存在一场“金融革命”，当时联省共和国
96 各省从向商人-银行家借款，转为直接向富有的个人出售国库券。（1980 年）这种“新奇的应急办法”领先于伦敦的另一场金融革命，并且比美国费城银行家杰伊·库克所使用的金融技术领先三个世纪。伦敦的金融革命发生于荷兰的威廉和玛丽发动的“光荣革命”取代英国斯图亚特王朝之后（迪克森，1967 年）；杰伊·库克则在美国内战期间直接向北方储蓄者而不是通过银行业机构销售债券，并由此赢得了声望（金德尔伯格，1990 年，第 78—79 页）。

1585 年，从安特卫普逃离到阿姆斯特丹和其他地方的商人-银行家，随之带来了与商业和金融密切联系的技巧。这些技巧原本属于意大利人、佛兰德斯人以及布拉班特人。1590—1609 年，荷兰的商业取得突破性发展，扩大到地中海、远东和波罗的海等地区，呈现一派繁荣景象。尤其在长达 12 年的停战期间（持续到 1621 年），荷兰实现了贸易垄断利润。随着这些情况发生，荷兰人的节俭习惯最终创造了规模巨大的国民储蓄，储蓄规模超出荷兰发展各项事业之所需。荷兰人可以借此拥有船只，在阿姆斯特丹的货栈里持有存货，以及围海填造农用圩田等。农民在筑堤保护起来的田地里生产工业用作物，获得的收益甚至外溢进入双桅捕鲱渔船和平底快船所需资金，它们的股份按二分法一直分到 1/256。（兰伯特，1971 年，第 186 页）荷兰的资本市场也发展迅速。对外国的贷款，始于为瑞典和丹麦王室参与“三十年战争”（1618—1648 年）提供资助。克莱因把从贸易转向金融业归因于怠惰和投机心理共同造成的心态的变化。（1970b，第 33 页）

荷兰人从西属尼德兰引进金融技巧，同时也从安特卫普人身上继承了赌博的嗜好。（沙马，1988 年，第 347—350 页；范德维，1963 年，第 202 页；范霍特，1964 年，第 311 页）节俭和赌博成为该时期荷兰人品格中许多异常、矛盾和悖论中的一种，沙马对此也有所发现。（1988 年，第 503 页，第 505 页）这种特点在早期走到的顶点即 1636 年的“郁金香热”*。各研究领域的历史学家对此都作过详尽描述。（同上，第 350—366 页；波斯特休姆斯，1928［1969］年。说来确实奇怪，最近一些时期，“郁金香热”竟然被视为理性投资对“根本法则”作出的反应。［加伯，1990 年］）安特卫普和阿姆斯特丹都经营博彩业，阿姆斯特丹到 18 世纪末时更是盛行博彩。当时的法国金融局局长雅克·尼克尔就曾出售过多生命状态的年金保险 **。（哈里斯，1979 年，第 125—133 页）

实质上略微显得不太像赌博，但从金融角度看却令人印象深刻的是期货、期权和商品、股票、政府债权的投机市场。鲱鱼甚至在被实际捕获前就能进行买卖。（巴伯，1950［1966］年，第 4 章，尤其第 74 页）来自西班牙和葡萄牙的犹太流亡者特别具有创新能力，并擅长期货和期权交易。由于买方和卖方实际上从未见到真实的货物，而是在空对空地进行交易，因此期货和期权交易被称为“风中的交易”（*Windhandel*）。巴伯评论说，纯粹的金融投

* 指对种植或获取郁金香的一种狂热，参与其中的绝大多数人以投机为目的。1634 年开始，这种狂热在荷兰盛行一时，并在 1636 年达到顶峰。1637 年 2 月，泡沫破裂。——译者注

** multi-life annuity. 多个被保人共用一张保单的情形，如家庭成员的联合投保、退休金计划中的最后生存年金等。——编者注

机最早始于17世纪上半叶，到下半叶时已经超过对外贸易备受
97 青睐。（同上，第74页，第76页）荷兰商人也试图垄断意大利丝绸和大理石、食糖、香水原料、硝石和黄铜等商品的市场。荷兰投机商似乎非常精明，在密西西比泡沫和南海泡沫破灭的过程中都没有遭受严重损害。（查尔斯·威尔逊，1941年，第72页，第103页，第124页）南海泡沫破灭后，许多投机商转移到阿姆斯特丹，投机于新创保险公司的股票交易，但其中只有马茨查普伊保险公司（Maatschappij van Assurance）幸存下来。（斯普纳，1983年）

17世纪金融发展的一个方面是1609年阿姆斯特丹银行的建立，其模式依威尼斯银行而设。阿姆斯特丹银行在吸收金属货币存款时，先对其进行称量和检验，然后再据此发行“银行票据”。由于这种票据的价值是有保证的，因此它通常具有高于金属货币的溢价。阿姆斯特丹银行的成功使得类似的银行在联省共和国其他省份和德国也开始出现。阿姆斯特丹市要求超过600弗罗林的汇票的兑付必须在阿姆斯特丹银行进行，该行因此以“威塞尔银行”（*Wisselbank*）（即外汇银行）而闻名。该行经常根据金属货币存款发放当地银币（rixdollar）形式的贷款，使借款人能够获得流动性。通过这些途径，阿姆斯特丹发展成为欧洲经营外汇、黄金和白银的中心。

1650年，在提交英国议会的一份报告中，托马斯·瓦奥莱特写道：

> “同西班牙进行贸易的所有商人熟知，他们至少有1/3的黄金和白银无论怎样从未作过登记；黄金和白银在进入设在圣卢卡斯港的关卡管辖范围之前就交由特殊身份的商人代为

保管（现在通常都是寄往荷兰），以避免国王的关税。”（瑟斯克和库珀，1972 年，第 63 页）

阿图尔·阿特曼说，在重商主义时代，荷兰议会允许稀有金属自由进出口，这一事实是独一无二的，“有助于创造财富”。（1983 年，第 28 页）简·德弗里斯也证实了这一政策的独特性，他说:“似乎只有联省共和国（已因许多其他原因而引人注目）已将自己从迈达斯 * 体系中解放出来。”（1976 年，第 239 页）市场发挥了公共物品的作用。东印度公司在阿姆斯特丹购买它在印度的生意所需要的英国金属货币，以此它能够打破英国议会对这种金属货币出口的限制。

1688 年光荣革命爆发，奥兰治家族 ** 的威廉登上英国王位。一个在金融上紧密联系的新时代随即在荷兰和英国之间开始了。在这个世纪初期，荷兰对斯堪的纳维亚半岛国家提供贷款，紧接着对德国各个城市提供贷款。查尔斯·威尔逊认为，荷兰没有向英国贷款并不是由于《航海条例》和三次英荷战争。他称这些战争为“海军混战”。虽然荷兰在排水系统，也许还有抵押借款方面，有一些投资，但重大的突破仍然是在奥兰治家族的威廉登上英国王位，以及英国金融革命之后才发生。（1941 年，第 4 章，引文出自第 88 页）一些荷兰金融家被迫离开祖国，前往伦敦，去处理他们自己的

* Midas，或译为米达斯，小亚细亚中西部古国弗里吉亚国王，贪恋财富，能点物成金。——译者注

** Orange，欧洲的一个贵族世家，1815 年后成为统治荷兰的王室。——译者注

和国内同胞的汇票。荷兰银行家帮助英格兰银行偿还该行声明拒付的汇票款项，该行曾使用这些汇票资助英国“九年战争”期间在欧洲大陆上的开支。“九年战争”是英国人和荷兰人对法国人和西
98 班牙人的战争（1689—1697 年）。在英格兰银行、东印度公司、南海公司的股票认购者中，荷兰人的名字占有显著地位。荷兰的金融以一种越来越令人不安的方式繁荣起来，最终在“七年战争”末（即 1763 年）引发金融危机。在这场危机中，商品投机和对德国贷款致使阿伦·约瑟夫（Arend Joseph）银行（一家犹太银行）倒闭，接着是向英格兰银行求助的德诺伊弗维尔斯（DeNeufvilles）银行倒闭；1772 年，一直在从事荷兰东印度公司的股票投机生意的克利福德公司（Clifford & Co.）同苏格兰的埃尔银行（Ayr Bank）一起破产。更为持久和更具损伤性的事件发生于第四次英荷战争期间。当时，荷兰人停止向伦敦贷款，并将自己的资本转移到法国；而当法国发生革命并导致战争以及拿破仑打败联省共和国并对其索要巨额赔款时，荷兰人不仅失去了转移到法国的资本，还失去了更多的东西。当英国人开始直接而非通过阿姆斯特丹同圣彼得堡进行外汇交易时，1763 年的危机就成为荷兰衰落过程中标志性的一步。

教　育

我们应该对阿布拉莫维茨的看法给予一定的关注。他认为，经济增长需要劳动力、资本、技术（可以进口），外加社会能力，而社会能力的方便粗略的替代估算就是教育年限。在新教传入之前很久，实际上早在遥远的中世纪，荷兰人就坚持发展教育。正如前文所指出的，17 世纪，尼德兰西部和北部的每个村庄都有一

所学校和一名教师，并且特别注重传授算术知识，而算术知识对货币经济是非常重要的。（斯利彻·范巴思，1982 年，第 32 页）

在荷兰经济快速增长初期，荷兰人创建了五所大学，其中以莱顿大学（建于 1575 年）最为有名。（兰伯特，1971 年，第 188 页）阿姆斯特丹有很多印刷厂、哲学家、历史学家、科学家。（同上）阿姆斯特丹还吸引来自国外的年轻商人到那里学习自己的专业。（R. G. 威尔逊，1971 年，第 44 页，第 45 页，第 209 页）据赫伊津赫 * 统计，1575—1700 年，有 16 557 名外国留学生在莱顿大学同 21 528 名荷兰学生一起学习。（巴特，1969 年，第 37 页）沙马使用了 12 页的篇幅，描述 18 世纪末曾尝试过的基础教育改革。在制定新税法并废除行会制度之后，戈格尔将基础教育改革当作经济复兴计划的一部分来处理。（1977［1992］年，第 530—541 页）与法国人培养工程师、军官和政府官员的兴趣相比，荷兰人更强调普通教育。（同上，第 536 页）这场改革似乎并未广泛地扩展到高等教育的实践方面。迟至 1846 年，就职演说和学术演讲仍然使用拉丁文进行。（巴特，1969 年，第 36—37 页）转变发生在 1840 年代晚期，当时一位（完全）忠实的“斯密主义经济学家”（Smithian economist）在 1842 年用拉丁文发表了一次就职演说，但他的演讲稿却在 1846 年用荷兰文出版。（同上，第 117 页）这个结论与荷 99
兰最近的研究成果并不完全一致。我只读到这项研究成果的英文摘要，摘要说，1800 年之前出生的 25% 的男性和 40% 的女性

* Huizenga（1872—1945），荷兰历史学家，著有《伊拉斯谟》《明日将来临》等，其中以《中世纪的衰落》最为有名。1942 年被纳粹扣为人质，一直拘押至死。——译者注

没有学习过如何读写，而100年后，人们却普遍具有了读写能力。（布恩斯特拉，1993年，第449页）

移　民

较之于驱逐马拉诺人*和摩尔人的西班牙而言，联省共和国以其为各色人等提供避难所的包容性而闻名。第一，正如上文所指出的，有大批由于战争破坏而逃离佛兰德斯和布拉班特的商人、银行家和产业工人移居荷兰。第二，犹太人和知识分子受到欢迎。第三，在17世纪荷兰的鼎盛时期，有来自弗里西亚群岛和德国（向东远至汉诺威）的季节性移民，其中一些人从事体力劳动，一些人为荷兰东印度公司充当士兵和水手。1650年之前，7月到12月，移民在大型捕鲱船和商船上工作；3月到5月，他们在荷兰南部制备干草和割草。非渔季时，一些捕鲱的渔民在圩田里劳作，挖掘泥炭和制砖。因为要远离家乡，而且在路途中或在国外丧生的可能性也很大，所以，在荷兰，人们认为为东印度公司工作是最没有吸引力的工作。（卢卡森，1984［1987］年，第8章）东印度公司尽可能雇用荷兰人，但只有在荷兰的商业萧条时才能雇到更多的人。它设法雇用的荷兰人主要来自荷兰沿海省份和弗里斯兰省，而雇用的德国人则属农村子弟，是“来自德国中部的无知粗人”，也不如东印度公司人能干。（博克瑟，1970年，第246页）第四，在导致《南特敕令》废除的事件及其

* 中世纪在西班牙和葡萄牙境内被迫改信基督教，但暗地依然信奉原来宗教的犹太人和摩尔人。——译者注

> 后的事件中，胡格诺教派的教徒携带着他们的资本和技术，不仅迁移到伦敦、日内瓦和汉堡，而且迁移到阿姆斯特丹。
>
> 随着经济衰退，熟练工人也从流入转为流出。随着荷兰人离开莱顿、哈勒姆及类似的工业城市，移居国外或留在国内接受救济，外来移民便越来越多地填补了无需专门技能的工作领域。有人已经提出限制熟练工匠移居外国的想法，但是未能获得成功。一位德国历史学家指出，1767 年，有 27 000 名德国人在荷兰充当割草工、泥炭挖掘工、渔夫、捕鲸人；到 1860 年，该数字下降为 4 000 或 5 000 人（当时德国工业开始蓬勃发展）。到 1900 年荷兰人到鲁尔工作时，奥伯豪森不仅有了一个荷兰人区，而且有一个荷兰人的“劳工市场”。（布雷波尔，1948 年，第 91 页）

高工资、税收和债务

> 许多历史学家将荷兰的衰退归咎于对住房、衣服和食品等生活消费品的高税收引起的高工资。税负终归要落在什么人的头上，但荷兰的中产阶级市民却在他们各自所在省份抵制征收所得税和可能干扰他们从事贸易的进出口关税。包税在英国已被废弃，以利于政府征税。但在此之后，荷兰仍继续实行。埃伦伯格 100
> 认为，包税只是在 18 世纪中叶才逐渐停止，但在那之前并未引起人们的反感。克莱因提出的不同观点认为，包税混乱导致公众的公开反对，并且上缴政府的税款只占征收总额的 60%，其余的税款自然就聚集到税款包收人手里。（1970a，第 16 页）

许多历史学家——亚当·斯密（1776［1937］年）、查尔斯·威尔逊（1941 年）、乔尔·莫基尔（1977 年）、H. R. C. 赖特（1955

年），以及许多其他人——都认为，高工资是荷兰直至19世纪晚期还不能实现从贸易向实体工业过渡的原因。然而，莫基尔在后来的一篇论文中却指出，各种工资在一种静态模型和另一种模型中都有一种效应。在静态模型中，企业家在现存物价结构内实现利润的最大化；在另一种模型中，企业家作出能动反应，设法克服不利条件。（1991b）H. J. 哈巴卡克在一本名著中比较谨慎地指出，在美国，由于工资高，所以发明创造是节约劳动力型的；而在英国，发明创造却注重节约资源，因为那里资源缺乏，并且价格很高。（1962年）W. 阿瑟·刘易斯的增长模型的条件是劳动力的无限供应（并实行低工资），与新古典主义学派的模型相矛盾。在新古典主义模型中，劳动力稀缺刺激节省劳动力的创新。这种矛盾强调，在未经深思熟虑就根据单一的模型作出结论时必须谨慎。

荷兰人向劳动阶级征税，而不向商人、银行家以及数目有限的实业家征税。这一事实意味着其在战争时期不可能轻易筹措资金，必须求助于借贷。低利率有利于这种短期借贷，但在较长时期内，不断增长的债务却要求征收更高的税，并在是否和如何使税收权力集于中央并满足战争负担和偿还债务需要的问题上引发财政危机。

衰落时间的界定

经济学界对经济崛起和衰落时间的界定存在很大争论。至于荷兰，其崛起的时间显然始于1585年。国外的商人–银行家的涌入以及荷兰作为避难地的传统导致更多的被驱逐出境者来到荷兰寻求庇护——其中有来自西班牙的马拉诺人、来自葡萄牙的犹太人和新基督教徒，后来还有来自法国的胡格诺教派的教徒——每一种人都为荷兰带来了技术，促进了荷兰经济的增长。由于不同的观察家将其注意力集中于该国不同的经济部门和领域，因此，荷兰经济衰落的时间不太明确。“1650 年，世界的中心是小荷兰，或者确切地说是阿姆斯特丹。”（布罗代尔，1977 年，第 91 页）在 101
乔纳森·伊斯雷尔的分类法中，1647—1672 年这段时期是荷兰在世界贸易中的经济霸权的顶峰时期。但是，作者解释说，尽管自 1650 年起波罗的海的贸易已开始衰退，但荷兰与地中海地区以及东西印度群岛的贸易仍继续保持繁荣，对 1650 年的强调是以夸大波罗的海到阿姆斯特丹大宗贸易的重要性为基础的。（1989 年，第 4 章，尤其第 214—215 页）有许多理由可以支持这种时间界定，认为荷兰的黄金时期从 1580 年持续到 1670 年的观点更是如此。（沙马，1988 年，第 283 页）这些观点将衰退开始的时间确定在 17 世纪最后 1/3 的某个时间（德弗里斯，1984b，第 149 页）或 1675 年，使衰退的时间局限在该世纪最后 25 年里（同上，第 167 页）。在这段时期，人们经常提及一个更为确切的时间，即 1672 年。在这一年，法国人侵占了荷兰，就像一个世纪后他们打算做的那样。但也有证据支持选择此前和此后的时间作为分界线：在一个被反复引用的评论中，荷兰历史学家艾特泽马记述了 1625 年人们在阿姆斯特丹发出的怨言，“统治阶层不是商人，他们不到海上去冒险，只从他们的房产、土地和证券（公债）上攫取收入。因此，他们不在乎领海的丧失”。（伯克，1974 年，第 104 页）伯克评论说，这是一个政治性的表述，而不是一个要弄清事实的、有见地的尝试。他还更进一步从两位证明统治阶层无职业的社会学

家那里复制了一份表格（表6-1），证明统治阶层是食利者和那些有乡间别墅的人，而非活跃的企业家和金融家。

表 6-1　荷兰的统治阶层

时　期	无职业者	有乡间别墅者
1618—1650	33%	10%
1650—1672	66%	41%
1672—1702	53%	30%
1702—1748	73%	81%

资料来源：伯克，1974 年，第 106 页。

伯克指出，虽然从第一个时期到第二个时期，无职业者增长了一倍，有乡间别墅者翻了三番，证明了将 1650 年确定为衰退时间的合理性；但是，表中的数据表明，变化是渐进的，并且较之于 1650 年，1700 年左右的变化更为突出。此表有助于解释各种历史中的自相矛盾之处。一种观点认为，公职和土地都没有对荷兰人产生吸引力（汉堡等城市的贵族，即中产阶级商人，也未受到吸引［斯卡马，1969 年］)。“人们很少感觉到要拥有土地进而获取社会地位的强烈欲望。”（戴维斯，1973 年，第 189 页）这很可能反映了人们早期的一种观点。其他推断还有：

> “……渐渐富裕起来的商人购买大面积的土地。这是一项对他们也具有吸引力的投资，因为，与这项投资紧密关联的是社会地位和贵族享有的权利和头衔。”（盖尔，1961 年，第 164 页）

> “约翰·霍普正步入一个使他逐渐疏远公司日常事务的贵族化进程。1767年，他买下了位于格鲁南达尔（Groenendaal）的大片庄园；1784年又买下了博斯比克（Bosbeek）的大片庄园；1774年占有了内德霍斯特登伯格（Nederhorst den Berg）城堡。1772年，他获得家族房产的占有权，但在1782年再度迁移。此次迁往赫伦加奇特（Herrengacht）的一幢房子……也是一幢位于海牙科特武尔霍特（Korte Voorhout）北边的房子。他拥有广泛分布的财产，过着往来于其间的游玩生活。”（布伊斯特，1974，第18页） 102

查尔斯·博克瑟认为，在17世纪的最后25年里，商人们传统、朴素、节俭的生活方式让位于铺张的风格、乡间别墅以及高官贵族的生活。他还引用了一本1662年的小册子作为证据。（1965年，第38页）约翰·霍普也许可以被当作一个苏格兰人而非荷兰人来加以解释。艾利斯·克莱尔·卡特引述孟德斯鸠1729年的话说，在阿姆斯特丹，人们将他们的资金从商业中抽出，转而投向建筑物（*pierres*）。“我看情形就像在威尼斯一样，人们把资金投在漂亮的宫殿上，而不投资于舰队和国家建设。”（1975年，第40页注）

在不同的领域，荷兰经济衰退的速度也不同。尽管金融发生了1763年和1772年的危机，但该领域的衰退还较缓慢；而在工业领域以及处于中间位置的渔业和航运业，衰退却较快。工业衰退较快是由于进口的成品布料损害了莱登和哈勒姆的生产；竞争、工资水平较高、渔民移居国外、外国的进口限制等原因，可能还有人们的口味变得喜欢其他肉类而不喜欢鱼类，给渔业和航运业造成了损害。（博克瑟，1965 年，第 273 页）在 1702—1712 年的战争中，法国的武装劫掠船也给鲱鱼捕捞业带来了损害。而在捕鲸业中，当荷兰人仍抱守自己的传统方法时，使用新技术的英国人和法国人已经超过了他们。（同上，1970 年，第 244—245 页）

《爱国者与解放者：荷兰的革命（1760—1813）》（1977［1992］年）一书，是西蒙·沙马在其学术生涯的早期所写但最近再版的著作。在书中，他细致并非常详尽地对 18 世纪下半叶联省共和国的衰退作了精彩论述。该书第二章记述了荷兰 1747—1760 年的“衰退”，并列举了通常被认为导致经济（相对）衰退的诸多因素：脱离海洋；绕过阿姆斯特丹的直接贸易；行会；过时的造船方法；熟练工人移居国外；从工商业转向金融业——就商人和实业家不能赚取与银行家同等的财富而言，这一转变引起了社会分化；私人富有和公共贫穷之间的悬殊，使夸耀性消费和日益加剧的贫穷交织在一起；工业城镇衰落和流浪行乞行为蔓延；政府机构供养昔日统治者的遗孀甚至子女，使他们赋闲在家；东印度公司在第四次英荷战争中破产，导致阿姆斯特丹银行地位下降，甚至几乎引起阿姆斯特丹市崩溃，等等。被法国打败、法国人的占领以及向法国割让土地等因素，使荷兰遭受了致命一击（the coup de grâce）。该书论述不够详尽的方面，是高效发达的农业、有效的救济制度（德弗里斯，1974 年），以及面临大陆体系的封锁而向英国走私茶叶、烟草和朗姆酒等（博克瑟，1965 年，第 281 页）。正
103 如衰退社会的普遍情况一样，荷兰也存在对黄金时代强烈的怀念情绪。（沙马，1977［1992］年，第 21 页，第 68 页，第 431 页）该书的核心论点是，荷兰缺乏政治凝聚力。18 世纪末，只有少数

几位政治家（大多是局外人）在设法使这个国家团结起来，以解决它的各种问题，尤其是解决几个拿破仑统治下的法国允许存在的联邦共和国的赔款问题。

最有趣的改革者之一是伊萨·扬·亚历山大·戈古尔。他既不属于上流阶级，也不是达官贵人，而是一个中间商。（沙马，1977［1992］年，第499页）戈古尔追随拉特格·扬·西梅尔彭尼克的步伐，力图凭借联邦体制在各省的权力（至少凭借否决权），将联邦体制改革成更加集权化的体制，以便较好地解决日益增多的政治和经济问题。联邦制在黄金时代曾发挥过令人叹为观止的作用，但是对于早就改变了的社会条件来说，它已经不够用了。沙马认为，荷兰缺乏像巴士底狱风暴那样伟大的突发事件来刺激民众，并促使他们采取行动。（同上，第16页）正如西梅尔彭尼克所评论的，需要用某种新体制“将肥胖的老共和国的脂肪削减掉”（同上，第214页），这种新体制很可能是必要的，但却难以获得。迟至19世纪，荷兰才向现代化过渡，比英国、比利时、法国和德国几乎晚了100年。在这100年间，荷兰未能追赶上在上述国家的现代化中发挥作用的工业化进程。

一些观点认为，17世纪的繁荣时期是一个奇迹，衰退仅仅标志着只有200万人口的、小小的联省共和国回归到了它在欧洲应有的位置。（科斯曼，1974年，第49页）而其他观点认为，1575年或1585年后联省共和国的崛起是一个具有原创力和生命活力的社会的发展结果。这样的一个社会能够抓住世界赋予它的机会。根据这种理解，衰退源于一长串创造性天才相继于1670年代大致相同的时期去世，并且后继无人。原创力由此丧失。（同上，

第 51 页，第 54 页）荷兰转向保守主义，失去了昔日近乎自大的自信。（博克瑟，1970 年，第 245 页）

衰落原因是外部的抑或是内部的?

荷兰衰落的各种“原因”——战争；外国重商主义（翁罗德，1974 年）；别国效仿荷兰的技术；欧洲不再将阿姆斯特丹用作货物集散地（起初是贸易方面的，后来是金融方面的）；在法国大革命中向法国贷款，导致资本损失；法国强行索取赔款——也许可以视为外因。荷兰历史学家将荷兰的衰落全然归咎于此（斯沃特，1975 年，第 44 页）。然而，从贸易和工业中退出并转向金融业，借贷对象由伦敦变为巴黎，实行高消费税并由此导致高工资，各省抵制中央政府指令（尤其是在税收问题上），行会持续存在，熟练工人丧失，夸耀性消费，收入分配扭曲，以及许多其他因素，
104 都是内因。居于外因和内因之间的因素包括但不限于：荷兰无法应对渔业和捕鲸业方面来自英国和德国的激烈竞争；熟练工人尤其是水手移居国外造成损失。在我看来，似乎这最后一条原因才隐含着回答问题的线索。年轻的国家具有生机和力量，能够向传统垄断行业发起挑战；较为古老的国家则缺乏以创造性反应迎接挑战的能力。

第七章　法国，永远的挑战者 105

反　例　证

威尼斯、佛罗伦萨、热那亚、西班牙、低地国家等经济和（或）军事霸权国家，组成了一个顺时针方向的圆圈。法国处于所圈范围之内。英国则位于此圈之外，但后来取得了霸权。法国被排除在霸权范围外并非其有意如此，它一直在为赢得军事主导地位而奋斗。费尔南德·布罗代尔说（也许是在挖苦），1130—1160年香巴尼商品交易市场存在期间，法国本土成为欧洲经济的中心，在它与其边缘之间存在一个中间地带。除了这个时期外，法国从未享有过经济霸权。（1986［1990］年，第2卷，第148页）他记录了法国早期力图摆脱作为别国成功的旁观者角色的尝试，包括查理八世1494年入侵意大利和路易十四1672年入侵荷兰。但这两次行动都无果而终。（同上，第163—164页）从1688年到1780年，持续不断的战争大部分也是侵略性的。“法国未能成为具有领导地位的经济大国，即欧洲的中心，无论是长期的还是短期的。……它缺少成为经济霸权所必要的因素：丰富的经济生产、充足的信贷、繁荣的商业和大规模的海上贸易。”（布罗代尔，1986

[1988] 年，第 328 页)

但对于我们复杂的、增长导致国家生命周期中的衰退这一模型来说，法国在另外一方面是个例外。它不仅没有获得主导地位（尽管舒克研究 1924 年道威斯计划的论文标题如是说 [1976 年]），而且相对于欧洲其他国家而言，它也没有经历过任何长时期的衰退。相反，正如杰克 · A. 戈德斯通设计的模型所描述（1991 年），
106 法国经历了一系列的政府垮台和大规模政府改组。用曼库尔 · 奥尔森的话来说（1982 年），这为它提供了一系列重新崛起的机会。

戈德斯通是一位社会经济史学家，对不同国家发生叛乱和革命的国家病理感兴趣，尤其关注各种不同因素联系在一起的方式。这些因素之间的联系在某种意义上非常相似，而又不简单雷同，有足够的差异，以致形不成一条“社会政治规律”。法国经济随着人口增长而开始发展。在一定程度上，人口增长是外来原因引起的。麦克尼尔模型中的人口素质增强所导致的人口增长除外。这种模型中的人口具有输入型传染病的抗体，而此类传染病过去造成的死亡率一直很高。人口增长的速度超过农业生产的发展速度，并引起物价上涨、通货膨胀和饥饿。无论在城市还是在以实物支付租金的农村。歉收也加重了经济困难。人口增长还导致上层人物中对地位的争夺。这挫伤了贵族、富商、职业律师、公证员、医生等阶层中年轻子女的积极性，其中许多人在司法或行政机构 * 中找到一席之地的愿望并不能得到满足。战

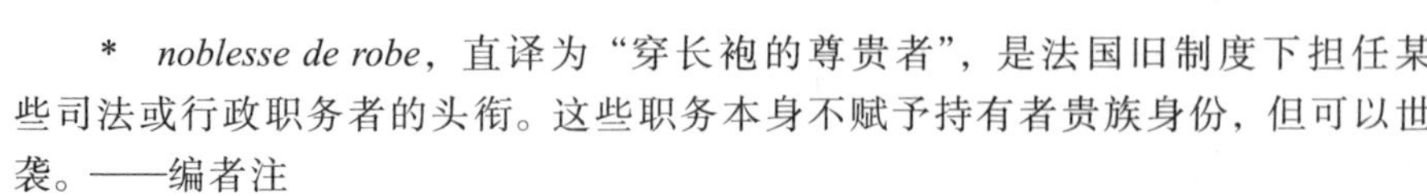

* *noblesse de robe*，直译为“穿长袍的尊贵者”，是法国旧制度下担任某些司法或行政职务者的头衔。这些职务本身不赋予持有者贵族身份，但可以世袭。——编者注

争增加了他们提升地位的欲望，在某种程度上还减少了候选人的供给。但是，如果国王及其顾问试图通过征税支付战争费用，或者由于缺乏充足的税收而要借款，并且试图以税收偿付债务利息，那么麻烦就来了。所有这四种因素——人口增长、通货膨胀、饥饿和争夺显赫地位——是否具有必然性，或者说政府各部门间在债务和税收问题上的冲突是否已近乎极点，这都尚不完全清楚。政府连续垮台，使各种因素按不同比例结合在一起。由于这些条件的共同作用，政府在叛乱之后又可恢复控制，正如17世纪中叶爆发的投石党运动中所发生的情况一样；当然也可能失去控制，就像法国大革命中所发生的情况一样。无论在哪种情况下，混乱总能瓦解旧的利益集团或使之松散，并为新人开辟道路。

投石党运动

人口的增长、“三十年战争”期间的通货膨胀，以及路易十三驾崩后摄政政府实行的固定税收，这些因素先后导致黎塞留红衣主教 * 和马萨林红衣主教 ** 通过向已经买到官职的政府官员和金

---

* Cardinal Richelieu（1585—1642），1624—1642年曾任法王路易十三的国务秘书兼御前会议主席、枢机主教，擅权巩固专制统治，剥夺了胡格诺教派的政治特权，镇压了贵族叛乱和农民起义，对外还参加了三十年战争（1635年），以扩张法国的势力。——译者注

** Cardinal Mazarin（1602—1661），1643—1661年任法国首相、枢机主教，原籍意大利，受宠于摄政王安娜，先后镇压投石党运动和人民起义，巩固专制王权，加强了法国在欧洲的地位。——译者注

融家（允许他们保留官职作为世袭之物）强行索取钱财，并创造多达 5 万个职位进行买卖来筹集资金。包税是皇室在政府公务员职位数目有限的时期募集收入的一个有效方式。当包税标的以短期租约的形式出租——这些短期租约通过拍卖形式被反复倒卖，就像在英国一样，而不是无限期地将包税区的征税权授予某人，以致逐渐演变为私有财产时，包税募集收入的效果最好。法国政府公务员的财富和地位所受到的威胁，导致国会议员发动叛乱。起初是巴黎的议员，随后波及范围越来越广，同时还不同程度地对贵族、农民和 1640 年代晚期的巴黎人造成了不利影响。投石党运动的名称源自法语词“弹弓”，意思是向摄政王安娜及其顾问马萨林发起攻击。此项运动曾受到 1640 年英国克伦威尔叛乱的鼓舞。1648 年，“三十年战争”结束，国王的军队得以解脱出来，使摄政王，以及后来于 1660 年登上王位的路易十四有力量镇压投石
107 党运动。1649 年，英国国王查理一世被斩首所引起的震动也对平息这场叛乱产生了一定的促进作用。

重商主义与《南特敕令》的废除

从 1562 年到 1598 年《南特敕令》颁布，其间的法国宗教战争早于我们感兴趣的法国经济增长的年代。然而，17 世纪投石党运动结束之后，尤其在琼-巴普蒂斯特·柯尔贝尔的重商主义政策主导时期，法国确实发生过强劲的经济增长。起初，柯尔贝尔担任马萨林的财政顾问，1665 年成为财政大臣，1669 年任海军国务大臣。在一次处罚战争投机商的法庭审判会议（即法庭听证会的

一种形式）上，柯尔贝尔拒绝清偿一些债务，并试图进行税收改革，但未能取得成功。他最大的成就在于今天所谓的工业政策，即通过补贴和关税刺激工业增长，将荷兰的船木工、瑞典的玻璃吹制工、佛兰德斯的饰边制造工等吸引到法国，还特别设法在羊毛制品方面赶超英国和荷兰。（洛奇，1931［1970］年，第151—153页）在海军事务方面，他推动造船业和港口建设向前发展，尤其是使港口建设沿大西洋沿岸布局。计划建造港口的城市有布雷斯特、洛里昂和罗斯福尔，外加南特以及位于地中海地区与黎凡特进行贸易的塞特。（康维茨，1978年，第2部分）布罗代尔引述一位名叫马洛特的人的话来证明柯尔贝尔掌管海军事务的影响，认为柯尔贝尔实施贸易和海军建设计划时过于匆忙，他几乎还没有开始建造商船就将这些船只转交海军使用。（1986［1988］年，第327页）法国在一定程度上受地理条件的影响而需要两支舰队，一支用于地中海，另一支用于大西洋和北海。路易十四对海洋没有任何认识，并且在陆地与海洋之间争夺人力以及领导权时，他手下好战的贵族总是错误地支持陆权的一方。（同上，第326页）用柯尔贝尔的话来说，就是将国家的商船队规模太小归咎于法国人的个人主义。他说："这些人中每人都希望拥有自己的三桅船队，而不愿像荷兰人那样，使自己同其他船东（船主和［或］船只机器安装工）共同拥有大船队。"（法国商业部，1919年，第1卷，第17页）

在法国人口中，胡格诺教派的教徒是可能用来加强法国海上力量的那种人。他们除了在银行业、贸易、工业、华贵玻璃、丝绸和造纸等方面取得成功之外，还在武装劫掠方面获得很好的效

益。他们在比斯开湾对从大西洋沿岸港口，尤其是从拉罗谢尔和南特开出的西班牙船只进行武装劫掠。在 17 世纪的前 75 年里，法国摄政王和王室周围的天主教势力始终在敦促对新教徒进行严格限制，并要以各种方式骚扰胡格诺教派的教徒，包括在胡格诺教徒的家里派驻士兵。1679 年，政府官员建议对那些尚未改信天主教的胡格诺教派教徒征收歧视性税收。各行各业都希望政府将胡格诺教徒从其行业中赶走，但路易十四和柯尔贝尔却不太情愿做这样的事，尤其是在贸易和航运领域。（斯科维尔，1960 年，第 2 章）

108 1683 年，柯尔贝尔去世。那些不愿发誓放弃原有宗教信仰的胡格诺教派教徒的境况随之恶化。其中很大一部分人移居国外，随身带走了资本和技术。沃伦·斯科维尔估计，法国境内的胡格诺教派的教徒总数在 150 万到 200 万之间，其中 1/10 陆续迁离法国。1685 年《南特敕令》废除之前不久，他们开始迁离，并且在随后几年里一直持续不断。（同上，第 5 页，第 7 页）尽管法国在柯尔贝尔去世时“也许是西欧最富裕、人口最多、也最为强大的国家”，可是它的经济从 1684 年到 1717 年一直停滞不前（直至约翰·劳统治时期发生的通货膨胀提供了刺激。[同上，第 155 页]）斯科维尔不愿将经济停滞主要归咎于胡格诺教派教徒的外迁，而是强调随后发生的两场战争，即 1688—1697 年的奥格斯堡同盟战争（在英国又被称为“九年战争”）和 1702—1713 年的西班牙王位继承战争（又称“安妮王后的战争”）。人们能够设想，胡格诺教派教徒的外迁实际上有助于成为 18 世纪特征的法国贸易的扩张；绝大多数胡格诺教派教徒在改信天主教（大部分不虔诚）之后继续

留在家乡，很快与过去信仰同一种宗教、处于流散状态并已在国外定居的教徒建立了联系。那些留在家乡的胡格诺教派教徒还可以和移居海外的原来的同宗教徒做生意。（同上，第 446 页）

密西西比泡沫

1713 年西班牙王位继承战争结束以及 1715 年路易十四驾崩之后，路易十五的摄政王举行了一次国王行法会 *，将最近几次战争掠夺来的或以国王名义聚敛的非法收益予以没收。这种做法后来被称为“授权 I”（Visa I）。“授权 Ⅱ”（Visa Ⅱ）是上述做法的一个翻版，是应作为约翰·劳 ** 竞争对手的金融家的要求而制定的，目的是处理密西西比泡沫问题。在这场事件中，投机商通过皇家银行（Banque Royale）的票据、西欧公司（Compagnie d' Occident）的股票以及国债（*billets d' état*）的经营而非法致富。我已在其他著作里论述过密西西比泡沫（金德尔伯格，1978［1989］年，第 93 页，第 134—135 页），因此决定不再涉及这一问题。在此，我只想谈谈与此有关的财富重新分配。在该事件中，资本税、掌握内幕者留存的大笔利润以及过晚入市者和在市场上停留时间过久者的投机性损失造成了一次大规模的财富重新

* Lit de Justice，一种国王凌驾于高等法院之上的特殊庭期。17 世纪开始式微，但路易十五时期再度兴起。——编者注

** John Law（1671—1729），苏格兰经济学家，奥尔良公爵摄政时期被任命为法国的财政大臣。任职期间的一系列举措直接导致了密西西比泡沫事件和法国经济的崩溃。——编者注

分配。从 1720 年左右到 1789 年，法国贸易和工业迅速发展。这次财富重新分配很可能就是构成贸易和工业迅速发展的部分原因的一个因素。伦敦一位研究南海泡沫的历史学家认为，南海泡沫本身、没收泡沫制造者的财富以及 1724 年颁布的《泡沫法案》规定新开设的公司必须获得议会颁发的许可证等因素，使英国工业革命的到来推迟了 40 年或 50 年。（卡斯韦尔，1960 年，第 272 页）我不清楚这种推断是否广为接受。可是，法国连续制定的两个“授权”如果不能代表约翰·劳在开设自己的银行、接管烟草的垄断经营并成为财政大臣时的内心思想，那么所代表的就不是政府的瓦解（就像在戈德斯通模型中所代表的一样），而是导致经济增长的有效行动。当其他外国人，加上一两个法国人，试图改革法国的金融时，约翰·劳也意在如此。可是由帕里斯兄弟领导的金

109 融公司打败了他。尽管如此，财富的再分配，尤其大量资本流失，刺激了许多人，促使他们努力弥补自己的财产损失。在 1680—1717 年或 1720 年的经济发展速度放慢之后，法国经济又开始加速发展。

18 世纪

1688 年，格雷戈里·金估计，荷兰的人均收入达到 8 英镑 1 先令 4 便士，英国的达到 7 英镑 18 先令，法国的达到 6 英镑 3 便士。（科尔和迪恩，1965 年，第 3 页，第 4 页）W. A. 科尔和菲利斯·迪恩接着指出，18 世纪时，英国和法国之间的差距扩大了。后来，在没有绝对说服力的研究的基础上，帕特里克·奥布赖恩

和卡格拉·凯德尔断言，到1789年，英法两国的人均收入已大致相同。（1978年）他们的估计闪烁其词，频繁使用“也许”“可能”“貌似可能”“合理的”等诸如此类的限定语。他们坚持认为，法国遵循了一条有别于英国的发展道路。“英法之间15%的差距不是非常大，并且法国的相对衰落也不明显。”（同上，第197页）同时期旅行者耳闻目睹所提供的证据都被认为是流于表面而遭弃之不顾。（同上，第186页）

认为大革命时期法国的人均经济水平与英国相当，这很难让人接受。总体而言，法国处于优越地位，因为它人口较多。1801年，英国的人口增长到1 100万，而法国的人口是2 700万。（科尔和迪恩，1965年，第6页）但是，由于工业和金融方面实质性的原因，英国实现了更加先进的发展。18世纪，法国所获成就最大的方面就是贸易。

1600年之前，英国是一个从欧洲大陆引进技术的国家，它雇用了德国的矿工、荷兰专门从事排水装置设计的工程师、法国土木工程师和建筑师等。例如，安布罗斯·克劳利从西属尼德兰的列日雇制钉工到他在英国萨瑟兰郡的工厂工作。（弗林，1953［1965］年，第244页）随着《南特敕令》被废除，企业家和工匠从法国向英国迁移，从少量流动发展为大规模涌入。诚然，他们迁移是出于宗教原因而非经济理由，并且他们大部分人从事玻璃、丝绸和钟表等高质量奢侈品和金融等行业。正如前文所提到的，托马斯·洛姆比爵士根据其弟从波伦亚偷窃来的图纸在德比建造了一座缫丝厂。然而，大约在17、18世纪之交，技术的流动开始向其他方面转变。英国涌现了诺丁汉织袜机、纽科门蒸汽

机、科特钢铁搅炼工艺等发明和创新。英国政府急切地开始制定措施，禁止机器出口和熟练工人移居国外，以保持对工业知识和技术的垄断。1719 年，棉布的生产和染色工艺被发明，并且能够同印度生产的麦斯林纱和东方棉布展开竞争。在此之后，英国政府再度禁止工人向欧洲大陆迁移。18 世纪中叶之后，这种倾斜变得更加明显。尽管英国政府仍然试图加以限制，但是技术还是在加快向法国转移。飞梭的发明者约翰·凯被法国政府吸引到法国，向法国工厂传授棉花的梳理与纺织。约翰·霍尔克尔是一个詹姆斯党人，他被说服并在法国政府的帮助下建立了一座棉纺织厂。
110 该厂还只是一系列工厂中的第一座。一位名叫威廉·威尔金森的铁器和机械制造商同样被吸引到法国，并帮助法国人在勒克勒佐创建了一座铸造厂。（亨德森，1954 年，第 2 章）

1760 年代和 1770 年代，由于工业革命（将在下一章论述）到来，法国政府为到英国学习工业技术提供了资助。1765—1766 年，加布里埃尔·贾斯被派送到英国，专门学习铁制品和煤炭产品的生产。随后德拉乌利雷于 1775 年、康斯坦丁·佩里埃于 1777 年，同样被派送到英国学习。康斯坦丁·佩里埃还在巴黎经营过一家机械厂。（布兰查德，1974 年）法国大革命及其后的战争使法国中断了从英国引进技术，但并未全部断绝。例如，尽管有战争，但纺织机械、蒸汽机等都经汉堡走私到根特，操作机器的工人也同样偷偷地经汉堡来到根特。（巴洛特，1923 年，第 99—103 页；东特，1955 [1969] 年）

18 世纪，法国经济增长的主要根源不是技术或农业（其增长速度几乎赶不上人口的增长速度），而是贸易。尽管经历了三次战争——奥地利王位继承战争、七年战争、美国独立战争——船只损失很大，但贸易仍旧迅速发展。贸易收益主要来自同西印度群岛进行的食糖、烟草、靛蓝贸易，以及同美洲殖民地进行的棉花、大米、烟草、木材、小麦和面粉贸易。波尔多、南特和拉罗谢尔等地充当大西洋西岸和欧洲大陆多数地区之间殖民地产品的贸易中转站。圣马洛主要在加拿大新斯科舍省和纽芬兰省附近海域从事渔业，没有同样充当贸易中转站。

另外，在很大程度上，法国的航运也开始取代荷兰的航运。并且，法国的发货人开始直接运输货物，而不再依靠阿姆斯特丹作为中转站。1717 年，波尔多出口的葡萄酒中有 67% 运往荷兰，相比之下只有 13% 运给"北欧"，其中大部分是属于汉萨同盟的城市，如不来梅、汉堡和但泽等。到 1787 年，这两个数字已分别变为 10% 和 46%。（克鲁泽，1968 年，第 250 页）在 18 世纪，法国另一个重要港口马赛与西印度群岛的关系还不如波尔多的那么密切。1789 年，马赛价值为 23 亿里弗赫（沿海贸易除外）的进出口总额中有 5.4 亿是同加勒比地区进行的贸易。与此相比，波尔多价值 25 亿的进出口总额中则有 11.2 亿是同加勒比地区进行的贸易。就在进出口总额中所占的比例而言，马赛和波尔多相比几乎是 25% 对 44%。那时马赛的贸易增长速度也比较慢，年均实际增长 1.6%。与之相比，波尔多的贸易增长速度则是 4.1%。（福斯特，1975 年）从 1700 年到 1815 年，法国有 60 年在同英国打仗。鉴于这个事实，大西洋两岸贸易的增长仍算是显著的。

金融机构是否是决定经济增长率的关键性因素，对此尚存在某种疑问。可是，若将法国和英国的增长率与增长水平进行比较，

111 就会发现前者在发展纸币、建立普通银行、中央银行、清算中心、保险公司和证券市场（公债除外）等方面，均比后者落后近一个世纪。这一事实很可能具有深远意义。在其他地方，我已开列了一份由9个金融机构组成的名单。它们建立的时间相近，并都延续至19世纪。在此我无须重复（金德尔伯格，1984［1993］年，第116页），但作为例证，我需指出下列事实：英格兰银行建立于1694年，而法兰西银行建立于1800年；18世纪银行票据已在英国广泛使用，而迟至1867年法国人仍在争论银行票据的效用（《对货币和信用流通的一般原则和事实的调查》，法国财政部等，1867年）。在最初列举的因素中，我可能还应该再加上一个，即英国1797年开始征收所得税，而法国直至1917年才抽出时间采取相同的举措。当时，法国制定了一部税法，并使之在第一次世界大战后生效。也许还应该指出，弗朗索瓦·克鲁泽一直认为，由于英国颁布税法和法国军事上实行强制征兵，1797年是历史上最阴郁的一年。（私人通讯）

要进一步衡量发展水平，一个粗略且便于使用的办法是计算从事农业、渔业和森林采伐业的劳动力比例。该衡量标准之所以粗略，是由于其必须对进出口、妇女和儿童人口数目是否已计算在内，以及其他差别进行调整。但是，相对于英国而言，法国已经落后，这可从下列事实中得到支持：18世纪末，英国可能只有不足40%的劳动力在从事农业、渔业和森林采伐业（科尔和迪恩，1965年，第43页）；而直至1856年，法国尚有半数以上的劳动人口在从事这些职业（INSEE，《年度统计》，1957年，第3页）。

在 18 世纪大部分时间里，法国比英国发展快。可是，奥布赖恩和凯德尔的结论仍令人难以接受，他们认为 1789 年法国的人均收入与英吉利海峡对岸的英国持平。除了忽视技术、金融发展以及由农业向工业的转变有限等实质性因素之外，戈德斯通对上述数字的修正表明，尽管法国发展较快并相对赶上了英国，但它和英国的绝对差距却在扩大。由于省略了服务方面的统计资料（仅包括贸易），表 7-1 中所列举的数字仍较为粗略，正如奥布赖恩和凯德尔的统计数字一样。同时，出于便利，表中数字已经按 25 里弗赫 * 相当于 1 英镑的整数兑换率将里弗赫转换为英镑。

表 7-1　1700 年左右与 1789 年左右英国和法国的人均收入（按英镑计） 112

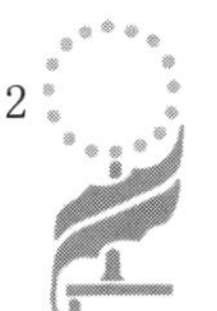

	总体		农业		工业与贸易	
	英国	法国	英国	法国	英国	法国
1700 年左右	7.28	4.38	3.98	3.27	3.28	1.18
1789 年左右	11.95	7.7	5.31	5.29	6.51	2.42
增长幅度（%）	65	76	34	61	99	120

资料来源：摘自戈德斯通著《近代初期世界的革命与叛乱》，伯克利：加利福尼亚大学出版社，1991 年出版。版权所有：加利福尼亚大学校务委员会。

由此表可以看出，1700 年左右英国的人均收入领先法国 2.9 英镑；法国大革命时期，领先 4.29 英镑：在较小基数上获得的略微大一些的增长幅度，绝对不及在较大基数上获得的较小的增长幅度。法国的工业增长可能部分发生于补充已经葬送给敌人的

* 法国旧时流通的货币名，当时的价值相当于 1 磅白银。——译者注

成千上万的船只的过程和战争时期的一系列武装劫掠行动。1763年,《巴黎条约》在"七年战争"之后签署。根据该条约，法国将加拿大割让给英国。这构成一种资本损失，损害了法国后来的收入。1791年，圣多明各（后来海地）的奴隶起义成为对两年前法国大革命的一个回应，沉重打击了法国与加勒比地区的贸易。

对于法国来说，18世纪的生产性增长未能弥补其金融领域失败引起的经济倒退。三位外国人——苏格兰人约翰·劳以及瑞士人伊萨克·潘查德和雅克·尼克尔——与两位法国人（杜尔哥*于1776年和卡洛尼于1785年）在整个18世纪进行了一连串改革财政制度的尝试。所有尝试均由于金融家的坚决抵制而以失败告终。贵族不交税。他们对国家的贡献就是要在战争中冒生命危险。18世纪的战争是在海上而非陆地上进行的，是资本密集型而非劳动密集型战争。因此，在美国独立战争后，贵族们很可能仍被认为对法国有所亏欠。然而，在不交税长达几个世纪之后，路径依赖确实使他们感觉不到这种义务。财政改革最终在大革命中得以实现，其间35位政府官员和金融家被逮捕，28位丧生于断头台。

通过强调持续至1780年代的增长，将18世纪的法国硬塞进本书第二章所论述的模型之中，这几乎是完全不可能的。但是，1780年代之后，由于利益分配联盟——主要是免于交税的贵族（问题也完全由他们而起）——拒绝偿还几次战争期间累积起来的税赋，法国急剧衰退。戈德斯通的分析较为复杂，强调政府由于

* Turgot（1727—1781年），法国经济学家，重农学派主要代表之一，曾任法国国王路易十六的财政大臣（1774—1776年），主要著作有《关于财富的形成和分配的考察》。——译者注

多种因素而瓦解。农民受到重大伤害，他们承担着大部分的土地税及1780年代农业歉收造成的沉重负担。这个时期的人口增长使在正常情况下有指望升至精英阶层的人数迅速增多。乔治·吕德看到，中产阶级过去曾具有购买世袭公职的门路，可是在1760年后，这些门路被杜绝；因此，面对贵族阶层的特权，中产阶级感到屈辱，感到灰心丧气，内心受到了伤害。在如此事实面前，吕德支持戈德斯通的分析。（1972年，第246页，第248页）我选择不去尝试弄清楚，是否应该在农民、长裤汉*、中产阶级（既得利益者）或法国议会的贵族中间寻求法国大革命的直接起因。卡洛尼改革失败后，人们曾要求这些贵族解决财政问题。改革者受到最高法院派、地位较高的神职人员、各种贵族派别的阻挠。这些人包括了所有经过18世纪的战争幸存下来但没有经历法国大革命的特权阶层。

造成路易十六统治时期财政制度崩溃的一个因素是尼克尔在 113
向银行借款时犯下的错误。他的借款以涉及多人的年金为抵押，却未将他们的年龄考虑在内。荷兰人从英国证券转向法国证券，部分就是受到尼克尔过于具有吸引力的开价的鼓励。（吕蒂，1961年，第2卷，第471—518页）这是一个典型的错误，法国的债务由此大为增加。

戈德斯通在其著作临近结尾处并没有点到拿破仑或阿道夫·希特勒的名字。他写道：

---

* *sans culottes*，又被称为无套裤汉，是法国大革命时期贵族对贫苦的共和主义者的蔑称。——译者注

> “历史表明，国家瓦解的几乎千篇一律的趋势在民粹主义时发展到顶点，这一过程通常是：军事独裁、恐怖、无序、军人的主导地位越来越高。经过重建的军队体现着力量与理想，但对民主却没有耐心。”（1991 年，第 479 页）

大陆封锁体系

在大革命时期、变革时期及拿破仑战争时期，法国在工业领域也有一些经济增长。可是，与工业革命处于上升时期的英国相比，这点增长仍然微不足道。法国与它先前从国外购买的许多商品——手表、光学仪器、火药、颜料和香皂等——的关系被切断，这反而刺激了法国的进步。（夏普塔尔，1819 年，第 32—33 页，第 76—77 页，第 90 页，第 99 页等）M. 勒 · 孔泰 · 夏普塔尔是一位化学家，曾任内政大臣，自然对于法国化学工业的进步特别感兴趣。他说：“法国现在处于一流工业制造国之列，知道在化学工艺方面没有对手”（同上，第 14 页）；“……由于到处受到阻碍，法国不得不自力更生来生产以前进口的商品……。法国再一次向倍感吃惊的欧洲表明，一个伟大的文明国家在其独立性受到攻击时可能采取何种行动。”（同上，第 37 页）

法国在化学领域的显著地位从拿破仑战争之后一直持续至 1830 年左右。对于德国化学家来说，巴黎是圣地。他们发现，较之于当时德国大学抽象的理想主义方法，巴黎以实验室为中心的方法更富有成效。（霍恩伯格，1967 年，第 68 页）一位研究法国

化学的历史学家阐述了自己的观点。他认为，1871年阿尔萨斯-洛林被割让给德国时，法国失去了许多化学家。但他又接着说，在任何情况下，法国人都缺乏化学研究所需要的吃苦精神，他们更愿意为灵感而不为实验过程工作。（比尔，1959年，第56页）

夏普塔尔认识到，尽管有这种进步，“但在法国，我们仍远未具有像英国那么多的机械设备”（1819年，第31页）。他也确实带有一种内疚良知地回忆起《亚眠条约》签署（1802年）后与威廉·福克斯和洛德·康沃利斯一起参观卢浮宫的经历。后两者对其中物品的精美和丰富都倍感惊讶，并询问哪种东西是普通百姓能得到的。夏普塔尔将价格低廉的几种餐具和手表指给他们看，以此为法国的工业辩护。（同上，第92页）后来，在讨论瓷器问题时，他又反复提及这个问题。他认为，迪尔和格拉德两位先生的工厂所生产的产品的质量与位于塞夫勒的王室工厂生产的产品相当，但他们并不是为了生产奢侈品，而是为了满足广大消费者的需要。（同上，第106页）

法国的技术教育 114

在近代，法国对战争的反应，通常是开办新的高等教育学校，并且通常是科学、技术和实践方面的学校。1747年（临近奥地利王位战争结束之时），为改善法国的道路交通，法国建立了桥梁和公路集团公司及其附属学院。与此同时，矿业学院也诞生了。随着法国大革命及其后的革命战争爆发，学者专家于1794年创办了综合理工学院，以培养科学家和工程师。其中许多人毕业后即为军队服务，但也有相当数量的学生选择在桥梁和公路学院或者矿业学院进一步深造。1816 年，矿业学院被重组为两部分：位于巴黎的理论研究机构和位于圣艾蒂安煤矿附近的实用技术学院。围绕在这些“大学校”（*grandes écoles*）周围的是一群为陆军、海军及其他专门目的设立的规模较小的学院，外加较少（但声望很高）的实用技术学校。例如：大革命时期建立起来的法国工艺学院；1829 年由一群实业家建立的中央艺术制造学院，其宗旨是增加工商企业能够使用的工程技术人员的供应，提高他们的素质，并对工人进行培训；大革命前夕由一所学校改造而来的高等工程技术学校，该校最初是由罗什富科-利昂库尔公爵为其所辖（军）团的儿童所建。普法战争结束时，从事社会科学而非自然科学的政治学院建成，国家行政学院也于 1945 年建成。所有这些学校，如果说没有培养新人和开创新起点的意图，那至少也有这样的客观效果。

几年前，我已阐述过法国的技术教育问题（金德尔伯格，1976a），此处不再赘述。但在此有几点值得指出：第一，法国对高等教育的强调，主要是笛卡尔哲学式和推论演绎式的，强调数学和纯粹的科学，而不注重实际应用。在综合理工学院中，对画法几何（学）的强调尤其突出。当然，如此强调的根源在于 18 世纪的启蒙运动。第二，声望在有关人士的心目中也占有很重要的地位；荣耀一词贯穿于各种讨论，尤其是对综合理工学院的讨论之中。（同上，第 5 页）在一篇文章中，“大学校”的毕业生被称为“我们令世界妒忌的、备受尊敬的工程技术人员群体”（维亚尔，1967 年，第 129 页）。在 20 世纪，综合理工学院、师范学院（以学术生涯为目的）以及国家行政学院是激烈竞争的对手。它们为最优秀的申请者和在公众尊重方面的一流地位而展开争夺。第三，尽管起初综合理工学院的毕业生可能会分流到军队以及桥梁和公路学院、矿业学院等学校，但是，后来他们通常都进入实业领域。第二次世界大战后，国家行政学院的毕业生大部分首先进入政府，最好是通过财政监察局（威望很高的监督和会计部门）晋升到政府高级职位，然后进入政治、实业或银行领域。

然而，重要的是，19 世纪的法国高等教育与英国的高等教 115
育大相径庭——尽管与苏格兰的差异并没有那么大——法国对科学尤其数学的重视有别于对人文科学的重视。与德国的高等学校（*Hochschulen*）相比，法国的高等教育更加抽象，较少注重实践。法、英、德教育模式在侧重点上，并且很可能在它们对经济增长的促进作用上，竟有如此广泛的差异。这样一来，三国之间的比较就动摇了阿布拉莫维茨使用教育年限作为“社会能力”标志这一方法的根基。“社会能力”在评估经济增长潜力时是一个有用的概念。另外，人们可能会注意到罗森克兰斯的担心。他认为，如果人口增长意味着受过教育的精英不能找到适合的就业机会，那么更多的教育就不可能有助于经济增长。（1986 年，第 307—310 页）

考察英国工厂

让我回到拿破仑战争的结束和英法之间的技术关系上来。经过多年的战争之后，法国各个层次的大批访问者（游客除外）涌向英国，其中包括：学者、实业家、工程技术人员和工人。（埃塞尔·琼斯，1930年）在工程技术人员中，有矿业公司的德加卢瓦斯。他在归途中描述了木轨车道（用来从矿井口运煤到泰恩河码头）的用途，在为尚未采用轨道的矿山（诸如位于昂赞的矿山，它直到1830年才采用轨道）工作的手推车工人中间引起对失业的恐慌。还有桥梁和公路公司的迪唐斯、艺术制造学院的巴伦·迪潘（他对英国进行过多次访问，并写有关于英国工业的六卷本著作）。

在法国，钢铁业是对英国工艺特别感兴趣的一种工业。其中，在法国人的好奇心中占主导地位的有两个问题：一个是通过搅动使炭烧尽进而提高铁的硬度的问题；另一个是用煤替代木炭的问题。时至今日，历史学家还在激烈争论，既然有丰富的森林资源可制作木炭（主要由炼铁炉的管理者［*maîtres cles forges*］经营），那么法国用煤炭替代木炭在当时是否经济合算。然而，法国对进口煤炭一直坚持征收复式关税——在靠近钢铁业的港口，关税比其他地方都高——这说明煤炭的费用问题部分是人为的，而不完全源于资源供应。1825年，法国使用煤炭的锻铁炉中有一半为英国人所有（维亚尔，1967年，第134页，注4）。这个事实正好支持了上述结论。工厂规模较大的厂主纷纷造访英国，参观钢铁厂，直到1849年仍未停歇。其中，有一个人即伯努瓦特非常特别。1839—1849年，他穿越英吉利海峡七次，并在其中一次访问参观了七家工厂。（洛克，1978年，第50页）一些厂主还带回了工人，但有一个厂主在访问英格兰和威尔士之后抱怨说，留在英国国内的工人在搅炼技术上比来到法国的其他工人熟

练得多。（特威利尔，1959 年，第 224—225 页）

在这个时期，法国实业家和英国实业家形成重要的对比：在 116
许多情况下，法国成功的铁器制造商和机械制造商都是大学毕业生，并且无论怎样，都设法使其子女上“大学校”；而他们的英国同行则大部分是自学成才，并将其子女送到牛津大学和剑桥大学去接受教育，为未来参军、充当神职人员或从事其他需要高深学识的职业做准备。到国外访问为大学里的抽象教育提供了有益的补充。米歇尔·谢瓦利埃写的第一封信（写于前往美国的途中）描述了从巴黎通向伦敦的铁路。（1836［1838］年，第三次出版，第 1 封信）他写道：

“在巴黎他们谈论铁路；而在伦敦他们修建铁路。”（第 1 页）“英格兰以其商业精神及与之相伴相随的品德而显得出类拔萃，如：沉着、节俭、精确、有条理性、坚持不懈等。法国的突出之处却是审美精神和艺术……”

“……一边是推理能力，另一边是想象能力；此为力量，彼为无与伦比的智力活动……”（第 4 页）

“在我们的邻国，有一种精明而雄心勃勃的自豪：只寻求以权力和财富作为回报的政治家和商人的自豪……而我们则有自视过高而无实际意义的自豪：体味并享受理想的财富、渴望赞誉、以国家为荣耀，如果人民赞赏法兰西，我们就会感到满足……”（第 5 页）

“……就工作和生产而言，我们有许多东西要向英国人学习借鉴……管理才能……基础良好的信誉……协作精神……”

（第6—7页）

“从英国归来，我们为我们的农业、我们的交通通信，以及我们的学校感到羞耻，为我们商业范围的狭窄感到屈辱……从巴黎到伦敦的火车将成为……尤其是工业和工人的一种教育工具，正如桥梁和公路学院现在定期输送少量工程技术人员。”（第8—9页）

厄恩斯特·古安是说明此类访问具有重要意义的一个突出例子。他先在综合理工学院学习，然后成为桥梁和公路学院的一名学生。他以一次到英国的旅行结束其学业。他特别参观访问了位于曼彻斯特的夏普机车厂，并从该厂订购了巴黎至奥尔良的铁路上使用的机车，然后在巴蒂格诺勒斯（Batignolles）筹建自己的机车厂。（综合理工学院，1895年，第1卷，第578页）

发明并不等于一切。菲利普·德吉拉尔发明了一种机器，用于使亚麻变软并连接起来为纺织成亚麻布做准备。可是，在英国利兹的约翰·马歇尔成功地加以使用之前，法国人没有将它运用起来。沃康松发明了一种织机，用于纺织图案复杂精细的丝绸，这种机器也未投入使用，并且被大部分人所遗忘。1800年，约瑟夫-玛丽·雅卡尔发明了一种相似的机器。之后，他在储存于工艺学院的那些机器中发现了沃康松发明的织机模型，并将两种机器最突出的优点结合起来。（邓纳姆，1955年，第253页）

一位名叫蒂莫尼尔的穷裁缝发明了一种纺织机。到1831年，这种纺织机已安装了80台。但就在同年，其他纺织工人将这些机器完全砸碎。他还送了一台机器参加伦敦博览会，但由于机器运抵太迟而未能赶上参展的最后期限。在那之后，这种发明很快就传到美国发明家豪和辛格*那里。（布代，1952年，第558页） 117
当然，化工（库尔曼、夏尔多内）、玻璃、平板玻璃、镜子（圣戈班）、汽车（博莱、庞阿尔、勒瓦索尔、贝利埃）等领域，也出现了一些成功的发明创造，只是这些发明绝大多数出现得较晚。

直至1843年，法国仍从英国走私机械设备。当时英国对机械设备和图纸出口的禁令已经取消。在英法竞争中，这种禁令损害了法国人的机械工业。（邓纳姆，1955年，第248—249页）1786年签订的《英法埃登条约》降低了法国的纺织品关税，直至法国大革命爆发。这给诺曼底的纺织品工业造成同样的打击，而阿尔萨斯的纺织品工业则由于距离英国遥远而得到保护。

圣西门主义者

1930年代，美国出现了被称为“技术专家治国论”（technocracy）的运动。它对应用技术方法来解决经济和社会问题颇感兴趣。但该运动只受到有限的欢迎，并逐渐被人们遗忘。法国的圣西门主义比技术专家治国论早一个世纪。在圣西门主义中或多或少能找到技术专家治国论的前身。克洛德·亨利·德·武弗雷，即圣西

---

* Howe（1819—1867），美国发明家，曾在轧棉机械厂工作，用了5年的业余时间研制成缝纫机，1846年获得缝纫机专利权。Singer（1811—1875），又译胜家，美国发明家、企业家，1839年发明岩石钻机，1849年发明金属和木料两用雕刻机，1851年制成第一台改进型实用缝纫机，并于1863年与他人共同创建了胜家制造公司。——译者注

门伯爵（18 世纪著名《回忆录》作者圣西门公爵的侄孙）于 1778 年参观访问了西班牙，时年 18 岁。在那里，他开始对通过公共工程、银行、教育及“协作精神”实现经济发展感兴趣。法国大革命期间，他利用国家财产（*biens nationaux*，从教堂和贵族那里掠夺来的财产）做投机生意，发财致富。但是，他又在社会实验中将财产散尽，并在 1825 年去世之前使许多最重要的知识分子改变了政治信仰。他的工作由普罗斯佩·昂方坦继承。此人树立了某种类似崇拜的文化，可是，他曾经过度超前地幻想要开凿一条苏伊士运河、一条巴拿马运河，修建一条横跨西伯利亚的铁路，以及在英吉利海峡下面开凿一条隧道。虽然这场运动的追随者经历了个人关系上不可避免的破裂，但是他们对经济发展的兴趣却得以保持下来。其中，受到影响的有米歇尔·谢瓦利埃、埃米尔和伊萨克·佩雷尔等人。1833 年和 1834 年，米歇尔·谢瓦利埃取道伦敦到达美国学习公共工程；埃米尔和伊萨克·佩雷尔则将圣西门主义者对银行的兴趣广泛传递给各界，即将银行视为对工业的刺激因素和调节器。（韦热奥，1918 年）佩雷尔家族和拿破仑三世（他对银行的作用也很着迷）的关系变得很友好，并得到他可以进行长期投资的批准，即建立著名的动产银行（Crédit mobilier）。1850 年代，即 1851 年 12 月拿破仑三世发动政变之后，法国经济迅速发展。朗多·卡梅伦将这种快速发展归功于动产银行。在他看来，这家银行还充当了后来遍布欧洲的著名的“全能银行”的一种范例。（1961 年）来自动产银行的竞争，确实刺激了罗特希尔德家族等其他银行对铁路建设的贷款。1830 年代，即 1832 年桥梁和公路公司的勒格朗提出集权化计划之后，由于银行家之间的争斗，这种刺激就缓慢开始了。更大的

刺激则来自法兰西银行。经过摄政者之间的认真讨论，法兰西银行作出重大举动，向金融企业发行以铁路债券担保的贷款。（普莱西，
1985 年，第 89—108 页，第 287 页）除了资助铁路建设之外，法兰 118
西银行还在巴黎市（巴伦·奥斯曼 * 正在开辟林荫大道，对城市进行改造）的债务问题上，提供了一些优惠贷款。但是，它却拒绝为马赛或波尔多提供类似的贷款。（同上，第 105—106 页）

1850 年代初期的繁荣扭转了法国的国际收支平衡方向，导致硬通货流失，并有可能迫使法国停止黄金支付，转而求助于所谓的“强迫流通”。对此，法兰西银行的官员曾进行过认真考虑。同时，该银行还将其贴现率提高到 6%。1856 年 10 月初，整个巴黎陷入恐慌，储户排成长队，设法以黄金形式支取存款。这迫使国王和财政部门及银行的高级官员召开会议进行商讨。公共工程部长皮埃尔·马涅、动产银行行长阿希尔·富尔德（一直担任到 1854 年），以及埃米尔·佩雷尔也都出席了这次会议。他们全都建议国王不要停止用黄金支付，其中原因包括停止黄金支付会使法国丧失成为国际金融交易中心的机会等。（同上，第 176—178 页）

我决定不遵循贯穿 19 世纪，直到第一次世界大战为止的经济发展道路进行研究。这段发展时期包括：1850 年和 1860 年代的迅速发展、1870 年代实施通货紧缩以支付战争赔偿、1880 年代的大衰退等。相反，我把很大一部分精力投入另一个研究目标，试图指出经济增长时期与停滞时期，并阐明每一时期促进增长的

---

* Baron Haussmann（1809—1891 年），法国行政官员，第二帝国时期（1852—1870 年）负责巴黎大规模市政改建工作，改善巴黎的卫生、公用事业和交通设施。——译者注

力量、阻碍增长的力量（包括摩擦力在内），以及在两个方向上都具有潜在重要意义的力量（表 7-2）。（金德尔伯格，1964 年，第 328—329 页）同业行会就是最后一种力量的例子（本书前文已经提及）：在一种产业兴起之初，行会提供技术培训和制定各种标准，有助于该产业增长；后来，随着它推动实施垄断性的限制，并抵制技术变革，它逐渐变为一种妨害力量。在较早期的著作中（其内容仅仅涵盖 1851—1950 年），我碰巧没有引用行会作例证。在那个时期，出口的增长应该算是与此相反的例子。出口增长刺激新兴产业的增长，而当它推动老式、行将淘汰的产品扩张时，却在使资源转而投向没有发展前途的产业。

与此类似的一项研究则集中于第二次世界大战后。二战后的 1945—1975 年堪称辉煌的 30 年，其间法国的经济增长欣欣向荣。该项研究没有将这个时期的繁荣归因于计划和圣西门主义的复兴，甚至也没有归因于战争期间德国占领引起的人们心理或社会价值观念的变化，以及这场战争之后“新人”的出现。（金德尔伯格，1963 年）

然而，在我研究这些问题之前，我的一部分注意力仍集中于 19 世纪的农业。奥布赖恩和凯德尔认为，与英国的工业化相比，法国农业发展不快不慢的速度，以及农业向贸易和工业转移的缓慢或多或少地是有意为之，并且是以不同的经济发展道路选择为基础的。他们还认为，如果没有经济原因的话，那么社会原因也能够证明人们的看法是正确的。（1978 年）诸如 W. 阿瑟 · 刘易斯、亚历山大 · 格申克龙、威廉 · 尼科尔斯和 W. W. 罗斯托等早
119 期的分析家认为，劳动力从农业中释放缓慢，一方面是可分割的

继承权导致的结果，另一方面又造成了法国经济发展的总体滞缓。（参阅金德尔伯格，1964 年，第 10 章，尤其第 225 及以下诸页）随着城市吸引附近地区的年轻人离开农村，靠近巴黎等大城市的农业地区由于劳动力缺乏和高工资，被迫对农业进行合理化改造。其他获得巨大发展的地区是专门从事乳品业的诺曼底和邻近低地国家的高效农业的北部地区。然而，总体而言，法国农业生产率的发展速度还是由于年轻人的“隐性失业”而放慢下来。这些年轻人待在农场里等待继承土地。他们生产的产品少于他们消费的产品，但他们作为家庭成员，无论怎样又都必须得到供养，因此他们微不足道的生产所得还是使家庭的总收入有所增加。随着粮食新品种的引进，18 世纪的农业生产率迅速提高。这些新品种包括：土豆，1740—1770 年引进，结束了周期性爆发的饥荒；苜蓿、其他饲料作物和印第安谷物（玉米），1770—1790 年引进；甜菜，大陆封锁体系存在期间引进。然而，由于 1780 年代恶劣的气候条件，这些新品种的引进仍不足以提前消除农民的不安。可是在 19 世纪，农业变化的速度缓慢下来，农民依然保持落后状态。其中，大部分人仍处于近代法国社会之外，直至普法战争爆发和 1870 年代后教育逐步传播。尤金·韦伯论述了使“农民转变为法国人”的过程。这一过程从 1800 年左右开始，一直持续到 19 世纪的最后 25 年。（韦伯，1976 年）与奥布赖恩和凯德尔描绘的乐观情景截然不同的是，韦伯使用警察、省长及其他人的档案说明，尽管法国在大革命时期采用了米制，在 1804 年采用了法郎，但近 3/4 个世纪后，直到 1870 年，农民仍在以英尺进行计量，以里弗赫作为货币单位。（同上，特别参见第 4 章，标题为“国王的

英尺”）

19 世纪后半叶，农业遭受了蚕茧中的微粒子病和袭击葡萄园的根瘤蚜病二者造成的灾害，以及世界范围内小麦（法国农民的主要商品作物）价格下跌造成的损害。然而，早在 1880 年代，无论多少人有怨言，对土地的留恋和将其留传给家庭有限成员的需要，似乎阻碍了农村人口大批流向城市。一些分析者将人口脱离农业的缓慢归咎于城市缺乏对农村劳动力的需求。可是，其他国家的农业人口在成群结队地涌进城市远郊的棚户区和贫民窟之前却没有等待人口转移的需求出现。这清楚地说明，供给不必等待需求。

120 **表 7–2　法国促进增长和阻碍增长的力量（1851—1950 年）**

时期	促进增长的力量	阻碍增长的力量及摩擦力	现实影响微不足道、潜在意义巨大的力量
1851—1875 强劲扩张期	政府城市、交通通讯支出（1）[a] 铁路投资（1） 工业银行（1） 国内市场的扩张（1） * 扩张性出口（2） * 进口竞争（2）	[b] 煤和自然传播方面的资源限制（2） 农业劳动力不流动（3） 政府注意力从经济转向冒险（1） 银行家之间的争执（3）	贵族的价值观 家族企业 社会分化 技术才能 缓慢的人口增长

续　表

时期	促进增长的力量	阻碍增长的力量及摩擦力	现实影响微不足道、潜在意义巨大的力量
1875—1896 停滞期 （尤其 1882—1894）	技术进步（3） 1881 年小麦关税（2）	从国外传入的小麦价格下跌（1） 根瘤蚜（3） *社会分裂（3） 1881 年的过度投机（3） *资源限制（3） *缓慢的人口增长（3）	阿尔萨斯-洛林的丧失 弗雷西内计划*
1896—1913 适度增长期	阿尔萨斯-洛林的丧失（3） 铁矿的发现（2） 新产业（2） 区域性银行（3） *资本输出导致迅速增长的出口（3） *1892 年的梅利娜关税（3）	家族企业（3） *资源限制——煤（3） *社会分裂（3）	资本输出 缓慢的人口增长 政府对经济缺乏兴趣
1919—1930 强劲的无序扩张期	政府改组（1） 资本外逃和后来的资本过低估价引起出口的增长（2）	持续至 1926 年的资本外逃（3） 外汇政策（3）	社会分裂 通货膨胀 战争造成的人员损失 贵族的价值观 家族企业

* Freycinet Plan，由时任法国公共工程部部长夏尔·德·弗雷西内发起的公共工程发展计划，主要目的是修筑铁路，但也投资于运河及海港。——编者注

续 表

时期	促进增长的力量	阻碍增长的力量及摩擦力	现实影响微不足道、潜在意义巨大的力量
1930—1939 经济衰退期	增长的工资成本（3）	政府对法郎价值的保护政策和应对通货紧缩的政策（3） 世界性衰退（1） *社会分裂（1） *垄断（3） 121 家族企业（2）	技术能力
1945—1950+ 经济复兴期	战时对经济增长价值的一致意见（1） 政府的规模和首创精神（1） *收入重新分配（2） 技术才华（1） *人口扩张（2） 扩展的农业生产率（3） 通过竞争淘汰小企业（2）	通货膨胀（2） 社会冲突（尤其在阿尔及利亚问题上产生的冲突）（2） *有限的资源（3） *战争时期的破坏（3）	海外资源的转移，部分由援助补偿

资料来源：经出版社授权转载于《法国与英国的经济增长（1851—1950）》，查尔斯·金德尔伯格著，马萨诸塞州坎布里奇，哈佛大学出版社，版权©1964属哈佛大学董事会。

注：a:（1）表示强因素;（2）表示适度因素;（3）表示微弱因素。

b：名词前的星号（*）表示在不同条件下，可能向相反方向起作用的因素。

价值观念

尽管发生了大革命，但长期以来法国人对世界的态度一直深受旧制度的贵族价值观念影响。这种精神的特点是以不可再现的行为、在战场上及在体育和艺术领域的杰出才华、沙龙里的清谈、在服饰和饮食消费上甚至在闺房里的优雅等个人优点为傲。（皮茨，1957年）贵族认为商业并不高贵，乡绅和资产阶级也持同样看法。（马多列士，1919年，第95—96页）正如王室工厂（例如塞夫勒瓷器厂、巴黎哥白林挂毯厂）所表明的，在生产过程中独树一帜就是目标。贵族很少在世界事务中扮演主要角色。（布代，1952年，第554—557页）中产阶级渴望获得财富，以升入庄园主和贵族阶层。“大学校”毕业生将智慧和所受的教育与优越甚至傲慢的地位联系在一起。有一次，一位曾在巴黎任教的日本精神病学家告诉我，法国的知识分子所受的训练就是要在精彩和决定性的谈话中作出评论。

在第二次世界大战前的资产阶级圈子里，据说，对商业的兴趣集中于垂直扩展的家族和王朝的创建。关于这个问题，存有大量文献，也存在值得注意的自相矛盾的说法和争论。驳斥意见提出，普通商人对经济增长和利润的兴趣小于对家族所有权代代相传的兴趣。他们回避银行贷款、公开上市的股票、公司合并、来自家族之外的高层管理员等；保持流动资产；不惜一切代价避免破产和对家族荣誉的玷污。先前，我已综述过这些文献，并翻译
过一份未得到证实的苏格兰人的裁定意见。（金德尔伯格，1964年， 122

第115—123页）但毫无疑问，在法国经济生活中积极的合作非常罕见。

与英国或美国相比，法国缺乏“协作精神”。这已经在前文有关圣西门主义的论述中提到过。查尔斯·布代断言，法国人在发明创造能力方面很可能比世界其他国家的人更为优秀，但是他们缺乏团队精神。（1952年，第558页）杰西·皮茨说法国人缺乏“学院精神”（1957年，第322页）；劳伦斯·怀利认为，法国沃克吕兹省的农场主协作能力就很差（1957年，第14章）。

关于缺乏合作能力或不愿意进行合作有一个例外。皮茨已经提出“懈怠的同龄人集团”或群体的概念。在这一群体中，同伙（*copains*）联合起来，反叛父母、老师、顾客、竞争者的权威，尤其是在缴纳税收问题上反叛政府。（1964年，第254—262页）在法国的学校里运动和游戏很少，不能培养出同龄人之间的团结（同上，第255页）；在法国，现在或过去均不存在任何“伊顿公学的运动场”*。“大学校”毕业生也许是这种观念的例外，因为他们维持了一张关系网。在这张关系网中，一个校友可以聘用其他校友，直到他们“控制法国大部分经济活动”。（布奇，1952

* 伊顿为英国英格兰南部城镇，位于伦敦西部，以伊顿公学而闻名；伊顿公学乃英国著名贵族中学，1440年创办，只招收男生，毕业生多升入牛津或剑桥等大学；昔日伊顿公学学生经常穿戴于上装衣领外面的一种白色硬宽领，被称为伊顿领。——译者注

英语世界中有一广为人知的说法，“滑铁卢之战是在伊顿公学的运动场上打赢的”，即英国军事的成功是基于公立学校传递给学生们的价值观。这一说法是对伊顿毕业生、滑铁卢英国及盟军总司令威灵顿公爵回访伊顿时的评语进行加工调色而来的。——编者注

年，第567页）尽管法国人的懈怠行为是许多国家的财富持有者所共有的一种行为，但是，在政府出现危机时将个人流动资金转移到国外仍是这种行为的突出例子。这在1924年、1936年（人民阵线统治时期）、1982年（对1981年密特朗社会主义计划作出回应）等几个时期的法国非常显著。

战争间歇期的政府垮台

战争间歇时期符合曼库尔·奥尔森提出的利益分配联盟之间的斗争模型。这个时期尽管没有发生明显的叛乱和革命，但也导致了杰克·戈德斯通所说的政府垮台。工业、农业、劳动力、中产阶级和资本家等都抵制缴税，并拒绝承担国家重建和赔偿战争债务的负担。征税困难的部分原因是，人们充满幻想地认为，损失将由输掉战争的德国来赔偿。一届又一届政府提出征税计划，均以失败告终。然后，旧政府辞职，让位给新的政府，新政府又重复这套致命的方案。在左翼社会主义者的推动下，政府提出征收资本税，劳工就静坐示威；资本家拒绝把对政府的短期义务转为长期义务，并经常将他们的资本输往国外。经济的短期恢复从未被利用来巩固增长基础。在一位金融历史学家的一段描述中，它是一幅

> “……色彩灰暗单调的、30年代法国的画卷；一个经济没有成功摆脱‘重大危机’、社会组织结构似乎已经僵化、政治领导人随波逐流，而不设法阻止流弊的国家。创新精神和

迅速适应的能力似乎都将丧失……从事银行职业的领导层，似乎毫无发明创造能力和建议能力。”（布维尔，1984年，第60页）。

123 当1940年5月德国人的进攻降临时，军队和广大民众都没有准备。

从1940年到1944年或1945年，德国人对法国的占领，促使法国人对自己生活方式的态度发生了深层次变化；1945年和1946年，“新人”随之产生。（波斯坦，1967年，第12章）人口曲线上的间断点为此提供了明显例证。强烈的农民意识导致法国的家庭人口限制。这种限制早于世界大多数地区，并且远在拿破仑时代的平等继承权之前。可是，突然之间，这种限制就被纳粹德国国防军践踏于铁蹄之下。以净繁殖率（每100名育龄妇女生育的女婴数目）为标准进行衡量，法国人口的变化如表7-3所示。法国人口统计学专家阿尔弗雷德·索维将这种变化归因于1939年通过的《家庭法案》。该法案规定向因孩子数目增加而扩大的家庭提供补贴。（1960年）其他专家的观点则明确地将这种变化与1940年法国的失败联系起来，甚至还与德国占领的最黑暗时期中法国人的人生观开始变得粗鲁无礼相联系。（法兰西传播中心，1959年，第3页；亨利，1955年，第67页）为了保持现有生活水平，需要生养更多的孩子，而不是减少生养以防分割土地或财富来确保家族能适时扩张。这种解释有下列事实可作支持：第二次世界大战后，人们突然大批从农业转移出来进入商业，离开小工匠铺进入规模更大的企业；法国的农业人口从1949年的750万减少到1954

年的 520 万，或者说从当时经济活动人口的 36.6% 降低到 27.4%；从 1954 年到 1962 年，另有 130 万人口离开农业，尽管这些人不能从 1954 年的数字中减去，因为人口数是以不同的基数进行计算的。（金德尔伯格，1967 年，第 58 页，注 1）还有一个变化的标志是中层管理人员（*cadres*）的年龄急剧下降。1951 年劳动部报告显示，该集团高层雇员的年龄已从 1898 年的 60 岁下降到 1945 年的 50 岁、1950 年的 45 岁、1951 年的 40 岁。（雅坎，1955 年，第 19 页）一个较好的标准应该是平均年龄，可是，政府官员显然认为上限的下降更为重要。

表 7-3 战前、战争期间、战后法国的净繁殖率（1935—1955 年）

年份	净繁殖率
1935—1939	89.7
1940—1941	79.5
1942—1945	90.5
1946—1950	131.0
1951—1955	124.8
1956—1959	126.25

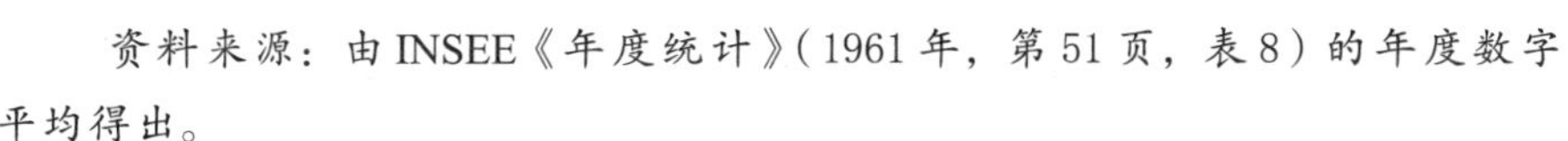

资料来源：由 INSEE《年度统计》（1961 年，第 51 页，表 8）的年度数字平均得出。

辉煌的 30 年 124

观念的变化和新人掌权导致一个持续增长时期的到来。那些被新人所取代的人或者由于在战争期间无所事事，或者由于与旧政权的关系而受到谴责。起初，由于工业界、农业界和劳工像他们在第一次世界大战后那样都拒绝承担国家重建的责任，因此产生了通货膨胀压力。第一次世界大战后，农场主提高粮食价格，引起工人罢工以争取更高的工资，进而导致工业产品涨价。当政府面临增税困难时，被迫增加财政赤字。（奥雅克，1950［1954］年）1950 年的农业丰收打断了水涨船高式的竞相提价，还破除了农场主的物价垄断权。计划与其说是促进科学决定资源分配的一个因素，倒不如说是对经济扩张的一种传教士的规劝。它可能起到了一定作用，但随后便像柴郡猫一样逐步消失，只留下计划化（planification）的咧嘴笑 *。国有化工业中的新人回归到技术专家治国论和圣西门主义的传统之中。他们推动化工制品、飞机、铁路修筑、汽车、电力输送、机械工具制造等各个方面的技术创新。尽管法国在第二次世界大战中没有彻底被打败，但似乎也不能说它取得了战争的胜利。并且，法国决定不去过多纠缠这场战争的某些方面，而将精力集中于经济扩张，使法国人的注意力从不愉快的日子上转移开。本书第二章提到的“复活模型”（Phoenix model），以及奥尔森模型的积极方面都包含有这种经济扩张。第二次世界大战后，（请奥布赖恩和凯德尔原谅我这样说，）已经充当英国副手长达 2—3 个世纪的法国很快在旧人们的领导下超过了英国。

这段辉煌的岁月只持续了一代人。到 1970 年代，由于石油冲击导致世界经济发展速度放慢，法国的增长率逐渐下降。过去存

* 柴郡猫（Cheshire Cat）是英国作家路易斯·卡罗尔作品《爱丽丝梦游仙境》中公爵夫人的猫，以标志性的咧嘴笑著称。即使其身体消失，仍能在空气中留下一抹露齿的笑容。——编者注

在的分歧变得越来越大，新的分歧也跃入眼帘。在1968年5月和6月的事件中，学生和劳工还发动了罢课与罢工。小商贩开始形成政治力量，掀起了布热德运动*以抵制超级市场的发展。农场主发动暴乱反对进口廉价食品，劳工反对来自阿尔及利亚和撒哈拉沙漠以南地区两个法国殖民地的移民的竞争。对荣耀的迷恋使戴高乐（在雅克·鲁弗的帮助下）向美元的世界货币地位发起挑战。为抵制英语（或许是美式英语）作为世界性语言的传播，法国付出了巨大代价。它向自己过去的殖民地提供昂贵的援助，以维持在联合国等国际组织中讲法语的成员国的数目。

1981年，社会主义者选举产生了一个新政府，并迅速开始实施国有化计划，以纠正左翼集团**在踌躇不前（直至1926年他们在财政问题上被击败）时犯下的错误。（让纳内，1977年）中产阶级以资本外逃形式进行的反抗导致这一进程发生变化。法国很快发现自己已处于国家生命周期的（相对）衰落阶段。回顾17世纪以来的岁月，法国并不像其他国家那样，先有一段长时期的上升，继之是一个长时期的衰退。相反，它经历的是一连串的增长与衰退，其间不时缀以革命和政府垮台。

* Poujade，1920年生，法国政治家，1950年代发起减税运动，迫使国民议会在捐税方面作出许多让步。他在法国提倡保护小商人和手工业者的利益、反对征收重税等主张，又称“布热德主义”。——译者注

** Cartel du Cauche，法国激进社会党（the Radical-Socialist Party）、社会主义工人国际法国支部（SFIO），以及其他较小左翼政党组成的竞选联盟。1924年和1932年两次组阁，但每次都只存续了约两年。——编者注

125 # 第八章　英国，经典范例

经典范例

英国提供了国家生命周期的典范：贸易、工业、金融迅速增长，逐步达到顶点，并成为世界经济霸主，然后缓慢衰落。学术界对这一周期的系统阐述通常从1760—1830年的工业革命开始。不同的分析者给出的起始日期也有所差异。一些人将1851年在伦敦水晶宫举行的博览会视为顶点；另一些人认为顶点到来的时间更晚，也许在1870年或1890年代。1914—1918年和1939—1945年的两次世界大战加速了英国的衰落。各个产业的衰退期有时叠嵌成为同一个衰退期。在工业领域的衰退之前，是17和18世纪贸易领域的增长，之后是金融领域的增长。

这是标准的系统阐述。除早期的贸易增长外，修正主义历史学家对该周期的每个方面都展开争论。1980年代，有关的文献资料突然大量涌现，否定了工业增长在18世纪最后1/3时间和19世纪最初1/3时间里的革命性。正如前面一个章节所指出的，人们认为，在19世纪中叶的世界经济霸权之前，17世纪还存在一个世界经济霸权。直到最近，一批掌握经济计量学技巧的经济史学家或许并没有否定19世纪晚期和20世纪初期衰退的事实，却否定了普遍认可的观点，即衰退是英国丧失企业家的活力或生命力的结果。凭借数学模型和当时所有的数据资料，企业家一直在使利润最大化这一命题已经得到“证实”。

本章总体上同意英国的发展轨迹与第二章列举的模型一致 126
这一传统观点。由于以前我对英国经济增长已有著述（金德尔伯格，1964年；1975［1978］年；1976b；1992a），并且也为了节省时间，因此我使用许多时间较早的资料。我先驳斥如图3-2所示的1688—1780年存在英国霸权周期这一观点；然后，我论述贸易、工业革命、19世纪英国的金融领导地位（1815—1914）、衰退的开始；最后，我将论述英国在当代世界经济中所处的地位。

17 世 纪

在《经济增长阶段》一书中，W. W. 罗斯托初步勾画了经济“起飞”前的所谓“前提条件”，其中包括：对传统社会的突破、社会观念的转变、合理利用社会间接资本等。当然，在英国这个例子中还有科学的发展（在范围广阔的、为工业革命的发明开辟道路的启蒙运动中发展）。（1960年，第2章）联系到导致开辟新大陆的一些发现，贸易具有一些意义，但仍不太重要。在本书前面的章节里，在着重论述16世纪的海外贸易之前，我首先重点论述了地中海地区的贸易，然后论述波罗的海到欧洲北部沿海地区的贸易，再次是欧洲南北方之间的贸易。除严格意义上的地中海地区的贸易之外，英国在上述所有地区的贸易中都占有一席之地。可是，英国夸大了这种认识，将这一事实视为世界领导地位。

英国人是挑战者。实际上，他们在远东同葡萄牙人、法国人、尤其是荷兰人争夺主导权；打入葡萄牙和西班牙同西印度群岛、巴西及南美西部沿海地区之间的贸易；1588年，取得对西班牙无敌舰队的胜利并洗劫法国加的斯湾。他们属于地理大发现航行中的先遣队之列，在北美及整个澳大利亚和新西兰攫取殖民地。他们设立贸易公司，与黎凡特、非洲、印度和哈得孙湾等地发展贸易关系。在东方，他们通过征服土著使殖民地连成一片。在西印度群岛、新阿姆斯特丹和加拿大，他们通过战败这些殖民地的欧洲宗主国使殖民地连在一起。从1688年到1720年，伦敦完成了金融革命，用一套有效的政府信用制度取代了粗制滥造并受皇室随心所欲支配的制度。（迪克森，1967年）

尽管英国取得了这些成就，它仍然难以忽视荷兰人在贸易及其相关工业（诸如造船）中的领导地位。英国人有意识地将自己视为挑战者，而非被挑战者。英国的人口多于荷兰，但世界贸易和金融的枢纽却是阿姆斯特丹。这种状况一直保持不变，直至18世纪中叶。（伊斯雷尔，1989年，第379页）有人认为，在1780年第四次英荷战争爆发时，荷兰人仍处于领先地位。乔纳森·伊斯雷尔在其名为《荷兰的世界贸易霸权（1585—1740）》的著作中反对这种观点。在波罗的海地区的大宗贸易中，荷兰的贸易所持续的时间长于它在东方贸易和殖民地贸易（更加有利可图）中坚持的时间。它经营国际贷款业务的时间甚至更长。在亚当·斯密于
127 1766—1776年的10年间撰写的《国富论》中，他将英、荷两国加以比较，同时还作了大量评论。其中，并非所有评论都是一致的。

他写道：就人口数量与领土面积的比例而言，荷兰比英国富有（1776［1937］年，第 91 页）；尽管荷兰特定类别的贸易可能在衰落，但总体上却没有任何衰落（同上）；荷兰是“欧洲最富有的国家”，占有“欧洲运输贸易的最大份额”；“英国可能［曾经］是欧洲第二富有的国家”（同上，第 354 页）；英国“……本质上现在也许还适于充当对外贸易的中心，和以远距离贸易为目的的制造业的中心……”，“总体而言，欧洲没有任何国家的法律比英国的法律更有利于这类工业的发展，即使荷兰亦不例外”。（同上，第 393 页）此外，斯密还论述了荷兰制造业的没落。制造业没落的原因是高工资。荷兰在费用高昂的战争中欠下庞大的债务。为了支付债务利息，它征收很高的消费税，高消费税则导致高工资。（同上，第 826—827 页，第 857 页）与此同时，荷兰政府以 2% 的利率进行借款，信誉良好的个人以 3% 的利率借款。（同上，第 91 页）斯密博士很可能缺乏详细资料来证明，从经济上而言，至少在 18 世纪第一个 25 年、第三个 25 年，或一半的时间里，是荷兰而非英国占据着主导地位。但是，他认定事实就是如此。他的这个看法必须被考虑在内。

贸易

当荷兰的贸易从 1672 年或 1700 年甚或 1740 年开始下滑时，英国的海外贸易却在 17 和 18 世纪突飞猛进地增长。（明钦顿，1969 年，编者前言）随贸易增长而来的，是贸易构成和贸易方向的变化。英国最初出口的是羊毛，然后是羊毛纺织品。在羊毛纺织品的出口中，起初是“老式纺织品”，然后是“新式纺织品”。“老式纺织品”大部分属于绒面呢和克尔赛手织粗呢——一种销往德国和东欧的羊毛制罗纹粗布；“新式纺织品”包括半精纺织物和纬起绒织物，重量较轻，三十年战争结束后初期主要在南欧和黎凡特地区销售。（同上，第 7 页）（布罗代尔引述一份威尼斯人的文件说，早在 1541 年，英国的克尔赛手织粗呢就已构成“世界贸易最重要的基础之一”。［布罗代尔，1949（1972）年，第 1 卷，第 213 页］）这是一个通常包括下列阶段的过程：从原材料转向半制成品；提高半制成品等级；缩呢，整理，染色；从位于尼德兰的莱登接过收尾工序，进行最后加工；最终直接销售制成品。贸易还从原材料出口（除羊毛外，还有锡和铜）与欧洲制成品进口转向原材料进口（铁、木材、丝绸，以及殖民地出产的食糖、烟草和靛蓝等货物）与制成品出口。欧洲作为进口的主要来源和出口的主要市场，让位于原属殖民地、后来独立的美国和南非联邦等国家，以及半独立的自治领，使它们成为食品和原材料的来源和制成品的市场。

128 在初期，政府扩展自身的权力，授予商人冒险家公司羊毛出口的权利，又在 1598 年将汉萨同盟从伦敦钢院商业区*驱逐出去。这两个因素促进了出口。远距离贸易要求组建公司，以筹集大型船只所需的大笔资本。因此，涉及的公司名目繁多，相当可观，其中包括：莫斯科公司（1555 年）、西班牙公司（1577 年）、至关

* steelyard，源于中古低地德语中的 stalhof，是汉萨同盟 15—16 世纪在伦敦的主要贸易站（kontor），位于唐盖特（Dowgate），即泰晤士河北岸沃尔布鲁克河汇入处。——编者注

重要的东印度公司（1601年）、黎凡特公司（1605年）、哈得孙湾公司（1670年）、皇家非洲公司（1672年）。不久之后的1689年，东土公司（即莫斯科公司）的垄断权被收回，当时经营绒面呢而不再是羊毛的商人冒险家公司的垄断权也被取消。（明钦顿，1969年，第7—12页）贸易由个体商人接替经营，政府的控制和帮助被局限于下列领域:《航海条例》的规定、船金（1634年开始在城镇征收的一种税收，目的是为保护商船免受包括武装劫掠船在内的“小偷、海盗及海上抢劫犯”的袭击提供经费）、对渔业的补贴、对澳大利亚纽卡斯尔与伦敦之间煤炭贸易的补贴、从事商业服务的海员的托儿所等。当然，还包括皇家海军海员的托儿所。第一部《航海条例》颁布于1651年，并促成了克拉潘所谓的“1660年伟大的《航海条例》”（1910［1962］年，第144页）。18世纪，英法两国的贸易同时迅速发展起来，但是，英国的霸权只有到工业革命才能说已经开始。

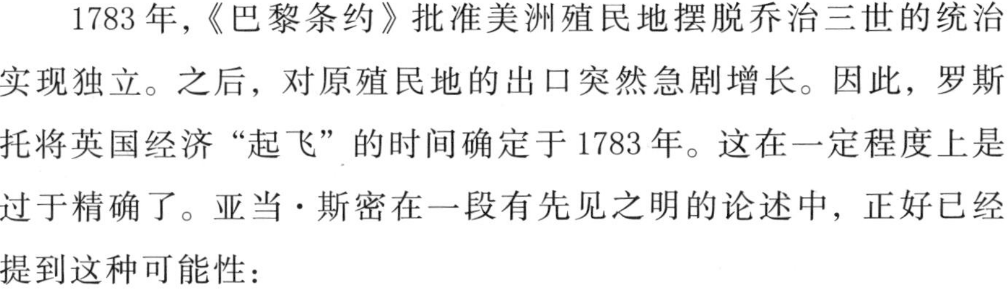

1783年,《巴黎条约》批准美洲殖民地摆脱乔治三世的统治实现独立。之后，对原殖民地的出口突然急剧增长。因此，罗斯托将英国经济“起飞”的时间确定于1783年。这在一定程度上是过于精确了。亚当·斯密在一段有先见之明的论述中，正好已经提到这种可能性:

“建议英国应该自愿放弃对自己殖民地的所有权力……等于提出了世界任何国家以前都从未采取过，将来也决不会采取的措施……然而，如果该建议被采纳，英国不仅会马上能够摆脱掉殖民地平时每年的全部军事费用，而且可以通

> 过签订贸易条约来有效地保证英国获得自由贸易。与英国现在所享有的垄断权力相比，自由贸易对商人不那么有利，却对广大人民大有裨益。”（斯密，1776［1937］年，第 581—582 页）

起初，英国出口的剧增，在发生工业革命的棉纺织品的出口中并不太突出——棉纺织品出口的激增发生在南美原棉的大批进口之后——但约克郡利兹等地出产的羊毛制品，以及伯明翰出产的钉子、扣子、金属纽扣、钢笔、五金制品等货物的出口却迅速增长。1772 年，美洲进口了 1/5 的英国羊毛纺织品和精纺毛织品；到 1880 年，该数目达到 2/5。（R. G. 威尔逊，1971 年，第 111 页）从对欧洲出口转向对美洲殖民地出口，需要建立新的贸易机构来应对新条件的变化：信用评估和时间更长的信贷。许多老公司要么破产了，要么其所有者退休了。到 1830 年，只有 21 家幸存下来的公司仍同 1782 年就已存在的 135 个贸易机构保持联系。（同上，第 115—116 页）伯明翰与美国的贸易一直保持增长和变化。（艾
129 伦，1929 年）亚当·斯密将这种状况归因于这一事实：伯明翰的产品与谢菲尔德等中心生产的“实用和必需”品相比都是“时髦和高档”货。（1776［1937］年，第 114—115 页）可是，这种差别被夸大了。而且，斯密未能预见到工业革命将会带来的变化。（金德尔伯格，1976b）

工业革命

总体而言，是否存在一次工业革命是一个几乎没有实际经济学意义的语义学问题。近乎半个世纪以前，这一点就已经得到证明。（阿什顿，1948年，第2页）历史学家已经对“欧洲中世纪”“文艺复兴运动”“重商主义”“启蒙运动”“旧制度”等绝大多数通用名称的使用发起质疑。一种观点认为，“与找到明显更合适的替代词相比，挑名称上的错误容易得多”（贾奇，1939［1969］年，第59页）。一位经济史学家将一本书命名为《工业演进》。他在书中写道，在演进性发展的进程中存在一次突破，即“工业革命”（他大写了首字母），它属于罗马帝国瓦解、宗教改革、法国大革命之列，在世界历史上引起了一次不连贯的变化（格拉斯，1930年，第90页）——尽管艾尔弗雷德·马歇尔在《经济学原理》（1920年）的引言中说：“自然界中从无飞跃”*。

对这个问题的争论在1980年代逐渐变得热烈起来，每一方都有许多著名经济史学家参与。朗多·卡梅伦和N. F. R. 克拉夫茨，在多得不计其数的论文中（前者还在其著作《世界经济简史》中）攻击了认为存在工业革命的人；乔尔·莫基尔、R. M. 哈特韦尔及W. W. 罗斯托等早期支持者则为工业革命辩护。1987年10月，卡梅伦

* *Natura non facit saltum*. 这句话是自然哲学的重要原则，最早由莱布尼茨在其著作《新论》（*New Essays*）第四章第16节提出（原文为 *La nature ne fait jamis des sauts*，即“自然从不跳跃”）。这也是达尔文在《物种起源》中认为的自然选择的基础要素。普遍认为马歇尔的引言正是借用于此。——编者注

在新奥尔良组织了一次社会科学历史学会的会议讨论这个问题。会上，许多旁听者都加入了讨论。例如，保罗·戴维评论说，是否存在一次工业革命主要取决于是否存在“可辨的变化”或者“不可辨的变化”。但是，一些人比其他人更善于观察眼前的事情，而人们必须对究竟相信谁的主张作出选择。正如前文所指明的，在很大程度上，亚当·斯密就没有意识到工业革命的存在。（金德尔伯格，1976b）我提出这一结论的论文特别遭到 R. M. 哈特韦尔的攻击。尽管斯密没有认识到工业革命，但不可否认其他人认识到这一事实。萨缪尔·约翰逊写道，世界疯狂地追求创新，“世界全部贸易都在以一种新的方式进行”。瓦特等人被 1761 年修建的布里奇沃特公爵运河所吸引。这条运河开启了一阵修建运河的浪潮，最终以 1793 年的运河热 * 宣告结束。来自各行各业的要人不仅访问参观了运河，而且参观了建在伯明翰附近索霍的博尔坦和瓦特的蒸汽机厂，以及相邻的建在伊特鲁里亚的韦奇伍德陶瓷厂。这些要人包括：丹麦国王、普鲁士施泰因男爵（他试图哄骗陶瓷厂的工人透露出技术秘密，招致韦奇伍德的憎恶）、本杰明·富兰克林、萨缪尔·约翰逊及巴克柳夫公爵。托马斯·本特利在伦敦推
130 销韦奇伍德陶瓷厂的产品。他“加入了这种新的潮流。运河航运、沼泽排干、新的制造材料、经过改进的工业工艺以及各种新发明

---

* 第三代布里奇沃特公爵弗朗西斯·埃格顿从欧洲大陆返英后，修建了一道运河将其在沃斯利的煤矿与曼彻斯特直接相连，并由此获得了巨额利润。随着工业革命的进行，运河以其相对较高的效率加上低廉的价格，适应了当时运输大宗商品的需要，加之布里奇沃特公爵的成功先例，投机者将运河开发视为新的获利机会，运河股票遭到暴炒。——编者注

都吸引并抓住了他的注意”（韦奇伍德，1915年，第29页）。1769年，埃德蒙·伯克收集了英国制造品中展现出活力的例子。（转引自凯布纳，1959年，第386页）“……大众心理发生了重大变化；认知的对象、学习的内容和追求的目标都能见之于不同的观点，并获得了不同的价值。”（韦奇伍德，1915年，第28—29页）

如果人们不看重当代人的观点，那么是否存在一次革命就主要取决于人们是否看重储蓄、人均收入、出口或发明与创新。W. 阿瑟·刘易斯和W. W. 罗斯托均过于热情地认为，在18世纪最后1/3的时间里，个人储蓄率从5%增长到10%或15%。在这个问题上，他们很可能采纳了T. S. 阿什顿的看法。阿什顿写道：

> “如果我们要寻找——这样做是错误的——在18世纪中叶左右经济发展速度加快的单一原因，我们就必须注意到这一点（此前半个世纪，利息率增长速度放慢，历史学家从未对此给予适当的重视）。”（1948年，第11页）

人们会同意，只为工业革命找一个简单原因是错误的。但是，倘若人们真要这么做，那么利息率的降低或储蓄率的跃升也不能成其为原因。较新的研究已经表明，当时的储蓄率是在上升，但速度缓慢，从占国民收入的5%上升到6%或7%。（迪恩和科尔，1962年，第8章，尤其第260—263页）克拉夫茨起初不愿意接受工业革命的现实，是基于他对1700年和1831年之间各经济部门增长率的估计。他认为，在这个时期的绝大多数时间里，一些经济部门的宏观经济增长率相对较低，而其他一些经济部门的增长率却比较适中（如表 8-1 所显示）。在整个 18 世纪及 19 世纪前 25 年中，工业部门的增长速度一直持续加快，但又不是以不连贯的速率增长。

表 8-1 1700—1830 年英国的增长估计（以百分比计）

时期	农业	工业和贸易	服务业	人均增长
1700—1760	0.6	0.7	0.8	0.3
1760—1780	0.1	1.0	0.8	0.0
1780—1801	0.8	1.8	1.3	0.8
1801—1831	1.2	2.7	1.4	0.5

资料来源：哈利，1986 年，第 683 页（对克拉夫茨的评论，1985 年）。经美国经济协会授权转载。

然而，要说到创新，那就有更多事例了。阿什顿指出，1760 年代之前，英国一年颁布的专利数目难得超过 12 项；1766 年这一数字“突然”（作者*加的着重号）上升到 31 项，1769 年上升到 36 项。在紧随其后的年份，该数字有所下降，但 1783 年“突然”（作
131 者再次加着重号）跃至 64 项。此后又略微下降，直至 1792 年该数字跃升至 87 项。之后，下降至一个平均数 67 项，但从 1798 年又开始缓慢上升，到 1802 年达到 107 项。1824 年，该数字再一次“迅速上升”到 180 项，并在随后一年里上升为 250 项。在从 1766 年到 1825 年的 60 年里，增长了 2 000%。（阿什顿，1948 年，第 90—91 页）甚至卡梅伦也在包含否认工业革命存在的内容的书中提到“18 世纪最后 1/3 的时间里引人注目的一系列创新”（1989 年，第 197 页）。在乔尔·莫基尔为研究这一问题的一本优秀著作撰写

* 此处及下一括号内的“作者”均指本书作者金德尔伯格。——编者注

的精彩前言中，他阐明了这样一个观点：尽管经济史对工业革命持怀疑论，可是，工业革命却在怀疑声中幸存下来了。（1985 年）克拉夫茨和哈利为回应人们的批评，尤其是马克辛·伯格和帕特·赫德森（1992 年）、P. K. 奥布赖恩（1991 年）等人的批评，对英国每年的经济评估进行过一次修订。这为他们两人提供了一次机会来纠正他们一直在否认的一种普遍印象——英国经济从 1750 年到 1850 年曾发生过根本转变。与此相反，现在他们说自己高兴地赞同，在讨论中的 101 年间，“英国经济的增长在历史上是独一无二的，在国际上也是引人注目的”（克拉夫茨和哈利，1992 年，第 704 页）。尽管工业方面的创新对工业产量的影响比先前认为的更为温和，但是，“它们确实创造了一次真正的工业革命……”。

诚然，并非所有的专利都具有同等的重要性，并且突破性的发明都发生在 18 世纪末经济迅速增长之前。例如：亚伯拉罕·达比 1709 年用木炭代替煤；同年，纽卡门发明蒸汽机；约翰·凯伊 1733 年发明飞梭；1764 年左右，哈格里夫斯发明珍妮纺纱机。接着出现了一阵发明创造的热潮。许多发明大同小异，不能一一提及，不仅在棉纺织品、蒸汽机和钢铁方面是这样，在陶瓷和金属制品（在伯明翰）方面也是如此。对于衰退过程至关重要的是，一个发明成功即会通过艾伯特·赫希曼所谓的“联动”导致另一个成功发明。（1958 年）在纺织环节中像飞梭这样的技术改进发明造成了纺纱环节的瓶颈。理查德·怀特发明水轮纺经纱机、哈格里夫斯发明珍妮纺纬纱机，还有后来克朗普顿发明的既纺经纱又纺纬纱的走锭纺纱机解决了这个问题。瓦特发明的蒸汽机增加了对煤的需求，又通过将蒸汽机用于水泵帮助满足了这种需求。

随着煤矿井挖掘更深，矿井里出水更多，使用蒸汽机的水泵可以将这些水抽干。威尔金森发明的镗床被应用于瓦特蒸汽机需要的钻孔活塞。因此，镗床以某种跳跃方式在棉纺织（羊毛纺织品的生产率提高较为缓慢）、钢铁、蒸汽机等行业里发展，并于 19 世纪促使铁路诞生。人口统计、农业、商业以及交通等方面发生的“革命”，扩大了市场的广度和深度，更大地刺激了工业产量的提高。（迪恩，1965［1979］年，第 2—4 章）

事实上，工业革命时期的发明家出自许多行业，并且除了几位科学家之外，其余的人都是业余爱好者。他们通常被称为修理匠——当然，法国技术教育的情况正好相反——这在很大程度上是由以下事实造成的：他们中的许多人属于不顺从国教的新教徒——基督教贵格教教徒、基督教遁道宗信徒、浸礼会教友等——
132 也就是说，不是英国教会的会员。因此，他们被排除在政府机构、军队高层和要求博学的职业（虽然不包括医学行业）之外，也不能进入牛津大学和剑桥大学。有抱负和进取心的人在一个发展方向上受阻，通常就会在另一个方向上寻求发展。一位心理学家戴维·麦克莱兰曾强调这样一种精神分析的条件，若一个人的母亲比父亲能干，他就会努力谋求成功，即具有麦氏所谓的成就事业的需要。（1961 年）埃弗里特·哈根发现，除精英阶层外，这种“成就事业的需要”在许多群体中都存在。（1962 年）然而，在整个经济发展周期中，这种群体的数目增减却不明显。从某种程度上说，英国社会过去是开放的，允许成功的企业家加入国教，获得乡间别墅，成为治安法官和国会议员，并可将其子送到精英学校接受教育。因此，渴望飞黄腾达的精力旺盛的外来人的数目很可能在早期多于后来。

费尔南德·布罗代尔在其著作《关于物质生活和资本主义的反思》中评论说："令人惊讶的是，英国工业革命的繁荣竟能在18世纪末和19世纪初不受到任何瓶颈约束地发展。"（1977年，第108页）根据我的判断，这完全误解了事实。因为经济增长几乎总是不平衡的，而瓶颈也总是存在于增长过程中。工业革命能够持续发展就是因为英国能够获得具有创造活力的人才和必需的机械技术，以应对瓶颈并将其打破。

在19世纪末，当工艺已经发展到一定阶段时，依旧碰到了瓶颈。可是，总体而言，此时的英国企业家是在等待别人来解决瓶颈问题。

19　世　纪

对于英国贸易和工业的发展、国际长期贷款业务的开设（超越资助进出口这一范围）来说，从维也纳会议*到1851年大博览会的这段时期非常重要。尽管绝大部分纺织和冶金工业在逐步实现机械化，但同时尚存在一些落后之处，比如手织机和手工制钉方法等。棉纺织行业发生了惊人的增长。对棉花的需求刺激了棉花种植，使之迅速从美国佐治亚州的海岛扩展到山区，并由此传播到阿拉巴马和密西西比，后来还传到得克萨斯和加利福

* 1814—1815年，英国、普鲁士、俄罗斯、奥地利等国为结束反对拿破仑的战争，并恢复封建王朝统治而召开的会议。会后建立神圣同盟和四国同盟，欧洲出现了历史上所谓的"百年均势"，维持了近一个世纪的和平局面。——译者注

尼亚。用于纺织纤维的机械迅速发展起来。当来自国内的订货减少时，纺织机械制造商为取消对机械出口的禁令而斗争。他们的理由是公平合理的，即如果允许纺织品制造商出口产品，那么也应该允许他们出口。（马森，1972 年）1828 年，（英国贸易工业部管辖下的）贸易委员会主席、自由贸易主义者威廉·赫斯基森放宽了对机械出口的限制。1843 年，这些限制被完全取消。改进后的瓦特蒸汽机被安装到带有轮子的机械上，其应用从公路扩展到铁路。从 1825 年开始，铁路行业在斯托克顿 *—达灵顿一线蓬
133 勃发展起来。这种繁荣发展波及整个世界，导致 1847 年证券市场的狂热。机车制造商、工程师和金融资本家甚至将铁路业进一步扩展到国外。到 1850 年，英国已经成为“世界的工厂”。（钱伯斯，1961［1968］年）

有一些参观者观看了大博览会。他们关心的是美国生产的新机械的展出，诸如科尔特牌转炉和麦考密克牌收割机 ** 等。到 1867 年的巴黎博览会时，人们对英国工业的优越性越来越怀疑。（1851 年和 1862 年两次博览会评委、1867 年法庭上的陪审员莱昂·普莱费尔的报告，1965 年，文件 63 号，第 167—169 页）R. A. 丘奇断言，从 1850 年到 1873 年，确实存在一种“维多利亚时代的盛大繁荣”。可是，他也注意到不少行业中存在的衰弱表现，并

* 英国英格兰东北部港市。——译者注

** Colt（1814—1862），美国枪械制造商，发明了科尔特 6 发左轮手枪，1835 年获得专利，1843 年设计遥控电引爆水雷，并经营了第一条水下电缆的电报业务；McCormick（1809—1884），美国工业家和发明家，1831 年发明收割机，并因建厂生产收割机而致富，后于 1902 年组建世界最大的国际收割机公司。——译者注

且指出存在一种可能性，即1850年代和1860年代的商业狂热很可能会使“世界的工厂”变成维多利亚时代末期自满情绪的摇篮。（1975年，全书，尤其第47—48页）

与工业的情况相反，19世纪中叶的贸易领域发生了一个重大变化——走向自由贸易。威廉·赫斯基森是一个自由贸易主义者，他坚信进口增长能够刺激国内生产发展，而非对其造成破坏。情况确实如此。1815年后，从法国进口的丝绸增长，促使麦克尔斯菲尔德和斯匹塔尔菲尔德*降低成本参与竞争。要展开竞争，它们需要具有活力。滑铁卢战役之后，《谷物法》被强制施行，以抑制谷物（用美国人的说法是小麦）价格下跌。随着1832年的《（议会）选举法修正法案》颁布，制造商寻求出口市场的兴趣变得愈发热切。该法案将众议院中的主要选票从具有“腐败选区”（在这些选区，议席由个别贵族控制，而不是通过民主程序选举产生）的农业地区转移到城市。《谷物法》的废止有两个相互关联的原因：一方面，在1845年北欧和爱尔兰的大部分地区几乎颗粒无收的同时，马铃薯晚疫病也在这些地方传播；另一方面，皮尔首相**认为，较低的粮食价格将有助于工人，而不是让制造业进一步获利，并将削弱地主，而不伤及从事农业的农场工人。1841—1846年，英国在通向自由贸易的道路

* Spitalfields位于伦敦东区，Macclesfield位于英格兰的柴郡，二者均为英国丝绸的生产中心。——编者注

** Sir Robert Peel（1788—1850），1834—1835年和1841—1846年出任英国首相，保守党创始人，在担任英国内政大臣期间于1829年建立了首都警察部队，1846年因取消《谷物法》招致执政党内的反对而被迫辞职。——译者注

上迈出了一大步。在此期间，600 多种关税被取消，另外 1 000 多种商品的关税也在“财政改革”——取消那些收入很低但征收费用很高的关税——的口号下被降低。在理查德·科布登和约翰·布赖特*出色的辩护之下，（英国贸易工业部管辖下的）贸易委员会的职能得到改变，专门管理有关制造商的事务。政府坚信休谟法则，即进口几乎自动引起出口的增长，因此对别国互惠性地降低关税以换取英国作出让步不太感兴趣。（布朗，1958 年）1846 年《谷物法》废止后，木材关税和《航海条例》（其中，经过与许多国家的双边谈判，后者已经变得近乎无限的复杂）的废除，以及 1860 年英法两国签署《科布登-谢瓦利埃条约》等因素，以一种比较从容的方式使自由贸易近乎迅速地向前发展。（克拉潘，1910［1962］年）《科布登-谢瓦利埃条约》规定，英国废除对法国葡萄酒的歧视（有利于西班牙和葡萄牙）；作为交换，法

134 国为英国制造品提供更广阔的市场。最后，在 1860 年代格莱斯顿**执政时期，英国逐步取消或短期内大幅度降低其余为保护本国商品征收的关税，尤其是对肉、蛋和奶产品的关税，只对葡萄

* Richard Cobden 和 John Bright。科布登（1804—1865），英国政治家、下院议员，极力主张废除《谷物法》，倡导国际自由贸易、和平及国际合作，反对对中国等发动侵略战争，美国内战时期坚定地支持北方；布赖特（1811—1889），英国议会议员、演说家、反《谷物法》联盟创始人之一，主张自由贸易和议会改革，反对英国参加克里米亚战争。——译者注

** Gladstone（1809—1898），1867—1875 年担任英国自由党领袖，先后于 1868—1874 年、1880—1885 年、1886 年、1892—1894 年四次出任英国首相，对英国近代的发展影响巨大。1872 年，他推行无记名投票；1881 年通过《爱尔兰土地法案》；1884 年进行议会改革。他对外推行殖民扩张政策，1882 年出兵侵占埃及。另外，他还著有《荷马和荷马时代研究》等著作。——译者注

酒、白兰地、食糖和烟草等商品征收“财政关税”。关税对这些商品没有任何保护作用。

《航海条例》和木材关税的取消，连同对谷物，尤其是对英国马饲料燕麦所征关税的废止，使挪威船只运送的斯堪的纳维亚半岛诸国的出口猛增。这对欧洲出口迅速产生了刺激增长的作用。尽管《谷物法》已经废止，但1850年代仍是英国技术快速进步的“高质量农业”时期。由于经济福利水平的增长大幅度转化为人们丰盛的早餐，而英国从种植小麦到生产肉类和奶制品的转变极小，丹麦和荷兰得以利用由此产生的新的市场机会。

人们指责英国人推行“自由贸易帝国主义”，将其市场对粮食和其他农产品开放，以此减缓欧洲大陆从农业转向制造业的速度。（塞梅尔，1970年）事实表明，继英国率先降低关税之后，在随后的1/4世纪时间里，法国、德国、意大利以及其他国家相继直接和通过双边协议降低关税。英国的自由贸易运动是完全出于自身利益还是为了影响公共物品的供给、和平（只在1856年偶然爆发过克里米亚战争）及金本位制？这尚需讨论。与自由贸易运动的结果相关的是，自由贸易政策一直在起作用，直至第一次世界大战。反关税甚至还是工党1923年将托利党赶下台的武器。由于快速、经济的汽船以及从平原通向港口的铁路将廉价粮食从加拿大、澳大利亚、阿根廷、乌克兰和美国运送到欧洲，因此，1880年代欧洲的小麦价格下滑，除瑞士、比利时、丹麦和荷兰外，欧洲随之失去了对自由贸易的信心。1871年，新的德意志帝国建立，德国人在反自由贸易运动方面略微领先，并于1879年由俾斯麦著名的对黑麦和钢铁征收关税的政策开始提高关税。但英国仍然

坚持自由贸易。这或许出于路径依赖和对 1850 年代高质农业辉煌的集体记忆（collective memory），或许出于占据主导地位的制造业利益集团的信念。他们的信念是，自由贸易有利于该集团和国家，即使在其他国家开始对英国货物强制征收关税的情况下也是如此。结果证明，1890 年代约瑟夫·张伯伦 * 推行的、带有帝国倾向的运动为时过早。这场运动本来要涉及开征一般关税的问题，并对英联邦自治领及殖民地的进口产品给予关税优惠。直到 1932 年的渥太华贸易会议召开时，这场运动才得以实现。坚持自由贸易（越来越不符合英国的短期利益）不变是一个集体记忆或制度落后在起主要作用的典型例子，构成科斯定理 ** 的一个反例证。

* Joseph Chamberlain（1836—1914），英国政治家，原为自由党统一派领袖，后于 1895—1903 年间担任保守党政府的殖民大臣，在任期间，推行扩张政策，挑起南非战争，并倡议保护关税和帝国特惠税制。其有两子，一为阿瑟·纳维尔·张伯伦（1860—1940），1937—1940 年担任英国首相、保守党领袖，1938 年与希特勒签订出卖捷克斯洛伐克的《慕尼黑协定》，执行纵容法西斯侵略的绥靖政策；另一为约瑟夫·奥斯坦·张伯伦爵士（1863—1937），1921—1922 年担任英国保守党领袖，1924—1929 年担任外交大臣，因于 1925 年签订《洛迦诺公约》而获当年诺贝尔和平奖。——译者注

** Ronald Harry Coase（1910—2013），美国著名经济学家，主要著作有《企业的性质》《社会成本问题》等。他对经济学的一个重大贡献就是提出了“科斯定理”，其主要内容为：当交易成本为零时，如果财产权被明确界定，且一切经济主体可以相互协调，则资源可自行达到最有效的配置而与规则无关；当交易成本相当大时，有效的资源配置结果就不可能在每种规则中出现；合理的规则是使交易成本影响最小化的规则，也就是使资源能够被合理配置的规则；规则指“合法权利的界定”；结论是即使交易成本相当高以至出现“市场失败”时，也不能说政府干预就一定能使情况改善。——译者注

金　　融 135

或许可以认为，从1815年维也纳会议之后巴林兄弟银行为法国政府向同盟国赔偿7亿法郎提供资金时起，英国的对外借贷就已经开始了。这笔贷款是一个巨大的成功，并且像此前和其后金融界的许多次成功一样，被证明是一个转折点。向欧洲借款人发放的贷款也有几笔。可是，随着1820年代拉美殖民地摆脱西班牙和葡萄牙独立和南美国家的政府从伦敦借的贷款猛增，下一次大规模的金融流动又发生了。1825年，这次大规模的金融流动在金融市场的价格暴跌中结束。在外国证券市场大起大落的同时，保险市场也发生了类似的变化。1830年代带来了国内铁路信贷业的繁荣。1840年代，巴林兄弟银行向法国罗特希尔德家族兴建的铁路——北方铁路——提供了一笔贷款。债券在伦敦按英镑发售，并且大部分被法国投资者购买。伦敦的银行则由于在法国借款人和法国贷款人之间充当中介赚取了大笔佣金。法国人吃一堑长一智，此后投资者和铁路借款者就相互直接用法郎进行交易。（普拉特，1984年，第2章）1848年的法国革命使许多英国铁路工人遭受袭击，其中有一人抑或两人死亡。这一事件导致英国人对欧洲大陆证券的兴趣发生急剧变化。1830年，66%的英国对外投资投向欧洲；1854年，该数字降低为55%；1870年为25%；1900年为5%。（波拉德，1974年，第71页）出口到欧洲的棉布在总出口中所占比例也沿着相同的轨迹变化，并且该比例在更早一些时候就已开始下降。1820年，欧洲得到英国棉布出口的一半；

1850 年是 16%；1880 年是 8%；1900 年是 6%。与此相比，在远东地区（主要包括印度，还包括中国和爪哇），英国棉布出口的比例却从 1820 年的 6% 增长为 1850 年的 31%，1880 年的 54%，1900 年的 58%。（金德尔伯格，1964 年，表 23，第 273 页）

有几位分析者已经提出指责，认为对外投资应为 19 世纪最后 1/3 的时间里英国工业的困难负责。（例如，伯恩，1940 年，第 250—254 页，第 262 页）然而，在很大程度上，资本向国外流动和国内工业的缓慢衰退二者都是同一变化的证据，正如向本国政府和铁路提供资金一样，与冒险（当时被如此认为）向外国政府和铁路提供资金无关。1870 年代，纺纱厂扩展到 7 万锭甚至更大规模，航运公司从使用帆船改为使用汽船。这种发展促生了新的工业。新生的工业需要在伦敦的资本市场上，而不是通过本地的资本家获得资金，同时也需要将利润进行再投资。许多私人企业通过发售股票成为上市公司。企业最初的所有者或其继承人得到的资金很可能又被投资到国外，在国内经济萧条时期尤其如此。国内投资经常发生一些躁动，如 1886 年 10 月私营的吉尼斯黑啤酒公司成功地公开发售股票所引起的啤酒行业的躁动。这种躁动同阿根廷证券市场上价格的暴涨在时间上并行。1890 年，阿根廷证券
136 市场上的价格暴涨以暴跌宣告结束。1904—1913 年，外国证券市场上的价格暴涨，把将近英国一半的存款和 5% 的国民收入吸引到国外。（凯恩克罗斯，1953 年，第 2 页）英国处于霸权地位，其资本大量流向欧洲以外的世界其他地区，但主要还是流向英帝国的其他地区、美国和阿根廷。身为计量历史学家的兰斯·戴维斯和身为政治史学家的罗伯特·赫坦恩巴克试图阐明，英帝国的国防费

用负担落在英国中产阶级纳税人身上，而得益的却是自治领和殖民地的商业集团以及英国国内的精英。在公共物品理论中，领导者为威望付出代价，搭便车者——在这个事例中，即为殖民地和自治领——却逃避承担任何实质性的费用份额。这两位作者指出，出现这种情况的主要原因是乔治三世和诺思勋爵*的痛苦经历。1770年代，乔治三世和诺思勋爵也曾试图对美洲殖民地征税，让它们共同分担母国的国防费用。（1986年）最近，有一篇论文质疑了戴维斯和赫坦恩巴克的结论。这些质疑部分是根据统计资料提出的，部分则因认为戴维斯和赫坦恩巴克低估了英帝国其他地区在第一次世界大战中为保卫英国作出的贡献。（奥弗尔，1993年）帕特里克·奥布赖恩提出了一个更为深刻的疑问，即英帝国的国防——一项引人注目且受人尊重的事业——是否将人们的注意力从英国真正忧虑的遏制德国在欧洲的侵略进攻上转移了，并且是否可以据此认为英帝国的国防存有缺陷。（1990年）

有人试图阐明，伦敦的资本市场使得本来可能有助于国内工业的资金流向海外，尤其从风险回报角度来看。风险工业难以在国内贷款，即使对像电器行业的西门子和化工行业的蒙德这样的公司的投资已经取得过辉煌的战绩。（W. P. 肯尼迪，1987年，第153及以下诸页）肯尼迪的著作基于风险和收益的精明计算，强烈批评英国资本未能在外国和国内用途上自由地来回流动。此前，迈克尔·埃德尔斯坦提出一个与此相反的观点，认为金融市

* Lord North（1732—1792），英王乔治三世时期的首相，他对北美殖民地实行高压政策，导致北美独立战争爆发。——译者注

场是无偏的。（1982 年）虽然已有许多烟雾，但是否存在火 * 这个问题也许仍需争论。

英国霸权在金融方面的主要表现是国际金本位制的使用。该本位制有时也被解释为英镑本位制，与后来的美元本位制相对照。虽然法国人认为，19 世纪初巴黎是英国、美国和欧洲大陆之间清偿债务的国际清算中心，但是，在 19 世纪的大部分时间里，伦敦和巴黎在金融方面确实一直是竞争对手。（布维尔，1973 年，第 238 页；布罗代尔，1979［1984］年，第 608 页；莱维-布瓦耶，1964 年，第 437—444 页）法国人的观点只是他们的信念的延续。法国实际上在 1850 年代才地位显赫起来，并成为国际金融中心。但是，由于 1870 年法兰西银行在普法战争期间中止黄金的兑换权，这一中心地位很快又丧失了。白芝浩 * 指出，1870 年之前，欧洲存在两个现款储金所，即英格兰银行和法兰西银行；但自法国人中止现金兑换之后，“现金支付的……全部债务都甩给了英格兰银行”。（1873［1938］年，第 63 页，第 141 页）危机期间，英

137 格兰银行转而向包括法兰西银行在内的其他中央银行求助，无论在 1870 年之前还是之后都是如此。然而，从那以后直至第一次世界大战，英国支配了世界金融体系，使这一体系为主要用英镑支付的贸易提供资金。英国在引领世界贸易朝着更加自由的方向发

---

* 美国谚语：无火不冒烟（where there’s smoke, there’s fire）。意同“无风不起浪”。作者在此处反其道而用之。——编者注

* Walter Bagehot（1826—1877），英国经济学家、新闻工作者和评论家，1860—1877 年曾主编《经济学家》杂志，著有《英国宪法》《物理学与政治》等著作。——译者注

展。随着这一任务趋于完成，英国金融中心的地位得到了确立。

1900年的布尔战争在两个意义上标志着英国的霸权进入了一个新阶段。第一，战争久拖不决的特性及其造成的中等程度的挫折打击了英国人的自信心，就像越南战争对1960年代的美国所造成的伤害一样。第二，由于伦敦金融市场银根很紧，并且需要借款来作战争费用，因此，英国财政部所借3 000万英镑的贷款中有一部分来自纽约。这对伦敦来说是件痛苦的事。（伯克，1992年，第359—360页）“在美国开始听到有人断言，纽约注定要取代伦敦成为世界市场中心。”（转引自同上，引自诺伊斯，1938年，第178页）正如在第三章中所指出的，实际上，在1857年，人们就已经表达了同样的情绪，尽管还相当不成熟。纽约向英国提供贷款发生于运往伦敦的南非黄金的正常运输被切断期间；随着布尔战争结束，运输恢复正常，南非黄金能顺利到达伦敦，英国的对外借贷剧增，英国人对自身金融地位的忧虑也逐渐消失了。

工业的衰退

关于英国工业衰退的问题有是否发生过衰退；如果发生过衰退，何时发生与为何发生。假如衰退是确定的，那么“原因”就应归于第二章中提出的国家生命周期模型。严格确定衰退的“时间”则是其次的问题。

就像有关工业革命的问题一样，“是否发生过衰退”的问题，可以通过对特定工业的详细分析加以回答。认为发生过衰退的人，可能要列举一些骇人听闻的实例，比如，英格兰北部城市利兹的马歇尔工厂。在一代半人的时间里，它先是成为世界领先的亚麻纺织商，然后就走向破产——典型的从木屐到木屐*的模式（里默，1960年）。再比如，威尔士出产的马口铁。随着1870年代之后罐装食品和汽油的广泛使用，尤其是在美国的广泛使用，这种马口铁的出口大幅度增长。可是，马口铁由当地小规模的生产商制造，每次只镀一条铁片。他们安于现状，未能在镀片的生产技术上做一些改变，因而在美国新生产工艺（使用带钢轧机，将熔融马口铁拉成轧制浸渍片）快速发展的冲击面前非常脆弱。而美国的新工艺，则是麦金利总统小幅提高关税所致。（明钦顿，1957年）在棉纺织、煤炭、钢铁（包括铁轨、屋顶材料使用的镀锌铁片）以及铁路设备等老工业领域，产品和生产工艺方面的技术改进进展缓慢。这个时期的新兴工业——化工、电力、汽车——常常要依赖外国企业家。在一项不依靠外国企业家的工业（即苛性苏打的生产）中，彻底转为采用索尔维工艺就能够赢利。但是，一位英国生产商在这个道理已经非常明显的情况下还坚持使用过时的勒布朗克（Le Blanc）工艺。（林德特和特蕾西，1971年）一位具
138 有创新精神的生产商，从事汽车工业的威廉·莫里斯，因难以劝诱国内机械厂家生产他的装配线所需的零部件，被迫自己生产或转而向美国购买。（马克西和西尔伯斯坦，1959年，第13页）这种差距似乎一直不容易弥补。据英国工业联合会认为，1988年，外国在英国设立的企业的生产率比英国同类企业的生产率高出46%。（《经济学家》，1993年8月27日，第46—47页）

* clogs-to-clogs，参考本书第26页编者注。——编者注

也有一些例外，例如：玻璃工业中皮尔金顿的例子，在此行业中，新一代产品在1870年取得支配地位（巴克，1968年，第318及以下诸页）；英格兰中部城市考文垂以其手表和丝带工业的残余为基础建立了缝纫机和自行车等新兴工业，前者（手表工业）使熟练工人过剩，后者（丝带工业）使非熟练工人过剩（索尔，1968年，第212及以下诸页）；还有涂料、炸药、肥皂、帕森斯汽轮机，以及一战前夕处于繁盛时期、一战后才在竞争中破败的造船业（波拉德和罗伯逊，1979年；洛伦兹，1991年）。[①] 但是，在这个时期，英国工业在煤炭、钢铁、棉纺织品、羊毛和精纺毛线、靴子和鞋子、电器、化工产品，以及商船队等领域的情况是普遍缺乏生气，前景黯淡。（奥尔德克罗夫特主编，1968年）1887年，英国议会批准《原产地标志法案》（Marks of Origin Act），力图鉴别模仿英国产品的进口假冒伪劣商品。之后，当结果证明“德国制造”成为质量的标志时，德国人的竞争在英国就特别不讨人喜欢了。（霍夫曼，1933年，第45及以下诸页；E. E. 威廉斯，1890［1896］年）半个世纪稍长的时间之后，当“日本制造”改变了日本的形象时，相同的情况在美国重现。

衰退的时间

至少在1870年，衰退的迹象和活力的表现均已明显可见。一

① 洛伦兹的著作否认企业家的失败。欲知对其著作的讨论，参见《国际海事史杂志》，第5卷，第1期（1993年6月），第221—248页。

个世纪前存在一次工业革命还是只存在一个缓慢的演变进程？就像这个问题一样，衰退时间的确定取决于所选的一种或几种标准，各种相反情况的假设，或曰比较的基本原则，等等。以不变价格计算，英国人均收入的增长率确实下降了，从 1820—1870 年的年均 1.5% 下降到 1870—1913 年的 1%，再下降到 1913—1950 年的 0.9%，但在 1950—1973 年间即所谓的“黄金时代”又上升到 2.5%——1700 年以来的最高点。（麦迪逊，1982 年，第 44 页）这最后一个数字在英国历史上是很高的，但是，与日本三倍于此，德国、意大利和法国两倍于此的增长水平相比就显得小了。（同上）就像论述工业革命时一样，与国家在世界出口市场中的竞争力和在发明尤其是创新方面的表现相比，我不愿意过多地强调缓慢变化的总数。当一个国家的经济霸权在国外引起反应时，它在世界出口中所占的份额出现某种衰退是不可避免的。技术具有传播性。具有竞争力的工业开始在国外出现，从低品质的产品起步，或慢或快地提高质量。到了一个国家开始模仿原产于外国的产品
139 而不是其他国家模仿它的领先产品时，也许就可以认为，该国已经在名次表上下跌了。1880 年代和 1890 年代，英国在许多（不是全部）化工产品、电器和汽车行业的情况尤其是这样。

一种存在很大争议、众说纷纭的工业是英国的造船业。在维多利亚和爱德华时代，它或许已经衰退或许尚未衰退，这取决于比较的基本原则。总体上看，它是衰退过程的一个例外。第一次世界大战前，英国借助海洋契约和以新船取代旧船并将旧船在世界市场上转手出卖的能力，生产了世界船舶总吨位的 60%—80% 的船只。（波拉德和罗伯逊，1979 年；马森，1978 年，第 308—311

页）按照自己的标准工作，并在专业船只的建造方面受到信任的英国熟练工匠只顾按订单生产船只，而不去学习先是欧洲，然后是美国和日本的组织更加严密的竞争方法。英国造船业的优势遂逐渐减弱。尽管19世纪皇家海军对改进过的船只设计感兴趣，但是英国还是没能迅速地将使用蒸汽和燃煤的船只成功地改造为使用煤油和柴油的船只。早在第一次世界大战前，斯堪的纳维亚半岛国家就已在研制柴油、煤油和内燃机船（在内燃机船中，煤油被转化为电能来驱动推进器），使用装配线的生产方法也已在英国以外的地区取代制造手工艺式的生产方法。另外，当木船被钢铁船只取代，锅炉制造者取代船木工时，英国的船木工正在反对破除他们对造船业的垄断；锅炉制造者反过来又抵制引进利用压缩气体制动（1900年后）、能够由不太熟练的学徒操作的机械工具。（洛伦兹，1993年，第247页）第二次世界大战后，毫无疑问，英国的造船业已没有竞争力了。可是，不同地区之间却存在差别，英格兰南部的竞争力不及苏格兰北部的克莱恩德河、英格兰北部的泰恩河和北爱尔兰东北部的贝尔法斯特等地区。这些地区的冶金、工程技术和造船等工业之间实现了一定程度的纵向一体化。（维尔勒主编，1993年，第7页）

与发明、创新和高层次的专利相对称的、意义最为重大的问题或许是不能解决那些在别的地方已经解决的技术问题。我在论述德国赶超英国的问题时收集了许多这样的例子（金德尔伯格，1975［1978］年，第266及以下诸页），在此只是再次概述一下，而不说明资料来源：迟迟不把吉尔克里斯特·托马斯工艺（1878年在英国研制成功，并马上在法国和德国得到应用）用于英格兰

东中部地区的碱性矿场，直至美国人于1915年解决了这一技术问题；炼钢过程中使矿砂微小颗粒焦化的问题，在30年里一直没有找到全面的解决办法；烧制陶瓷的隧道窑（1912年被研发出来）经过40年才得到推广和普遍使用；100英寸长的双重磨机和连续双重抛光机，在皮尔金顿平板玻璃厂的研制时间长达17年；英国电力工程师不能对三相电流远距离传输的证明作出反应；詹姆斯·马歇尔经过10年之久的努力才将麻布制造过程中机械沤制亚麻的方法改变为使用斯吕姆伯杰式精梳机，而这种精梳机到1874
140 年即被抛弃；布拉什公司使用瑞典涡轮机进行的试验，结果证明“费用昂贵”，最后被终止；电力照明公司碰到没完没了的“创业阶段的困难”，直到最后被迫放弃。毫无疑问，人们肯定能够在看到工业革命成功的同时找到类似的失败。但在18世纪最后1/3的时间里，各种瓶颈在许多工业领域都反映出来；一个世纪后，这些瓶颈似乎还不得不等待别人去寻找解决办法。成功在工业革命中得到证明，失败在19世纪末才突显出来。这个事实本身，或许就可视作根本变化的指示器。

人们，尤其是经济计量学家，已经对这些拖延和失败，特别是钢铁工业领域的拖延和失败，作出了许多解释和说明，比如：技术的特定形态、需求的本性、矿场相对于市场所处的位置等等。（麦克洛斯基，1973年；特明，1966年）就像W. H.菲利普斯使用纯粹理论术语进行阐述一样（1989年），这些解释说明均以静态最优模型为基础，而未使用带有动态特征的模型。判断瓶颈是有助还是有害，只是对上述解释说明作出反应的目的之一。

斯基德尔斯基勋爵撰写的凯恩斯传记很有权威性。该书第二卷对第一次世界大战后的英国地位提供了另外一种解释。（1994年）凯恩斯根据继承原则认为英国资本主义是由“第三代人”主宰的。（同上，第232页，第259页，第262页）尽管美国于1930年代发生大衰退，但他仍然认为，这个国家具有19世纪的“流动性”，这与僵化、峻拒改革的英国经济形成鲜明对比。（同上，第271页，第440页）我认为，“流动性”就是生命力或转换能力的同义语。

另外，凯恩斯还为金融领导中心从伦敦转移到纽约感到痛心，在1920年代就希望英国同德国合作，抵制世界的美国化。（同上，第26页）他和他所处的阶层对美国人的物质主义持有相同的文化偏见，并对英国的权势和威望转向美国表示忿恨。（同上，第489页）他在浩繁的著作中不时提出，英国必须避免与美国合作，独立管理自己的货币标准。（同上，第158页）当1931年9月英镑脱离金本位制时，他感到快慰，认为英国“一下子恢复了世界金融霸权的地位”（同上，第379页）。当然，后来他又退了回来，主张与美国合作。

斯基德尔斯基本人支持英国是第三代人的国家的观点，把凯恩斯描述为“很可能是接近衰老之文明培育的第一朵花”（同上，第18页）。

有一种对英国衰退的分析超越了经济范畴，将整个英帝国所处的地位包括进来。这就是帕特里克·奥布赖恩向我推荐的、阿伦·弗里德伯格撰写的《消沉的巨人》（*The Weary Titan*）一书。弗里德伯格的分析集中于1895—1905年这段时期。在此期间，贸

易、金融、皇家海军，以及印度的军事防务等重大问题困扰着英国政府。约瑟夫·张伯伦提出的贸易问题是，是否对英帝国内部
141 的其他地区实行优惠关税。金融刺激了国家预算。由于布尔战争的费用，以及税收可能达到限额等因素，国家预算紧张起来。法国、俄国、德国、美国和日本等国建造战舰，威胁着布里坦尼亚*对广大水域的统治。这就提出英国是应该或是否能够继续保护其世界帝国，还是应该在大西洋放弃对加拿大的保护（对抗美国），并在太平洋与日本结盟的问题。在已经取得布尔战争的胜利，保护了通往印度的航路之后，英军面临的问题集中在保卫印度、防止俄国从陆上南下的需要方面。信息不足（尤其在得到国民收入的估计数字之前）使得所有部门的决策都受到阻碍。

1905 年 5 月，日本在对马海峡打败俄国海军。这一事件使上述两个军事问题都发生重大改变。在欧洲，德国军事威胁上升，人们认为需要通过与法俄两国结盟来对付。但弗里德伯格强调，尚不存在任何连贯的全面计划，尤其是在经济领域，自由贸易主义者之所以取得对帝国主义倾向的胜利，是因为帝国主义倾向会引起食物成本上涨，而关税绝对不是自由主义者会给出的答案。（同上，第 295 页）自由贸易主义者只提出了一个积极建议：教育。这几乎达到了承认衰退的程度。首相艾尔弗雷德·贝尔福嘲笑说，这是对外国向英国出口商品征收关税的一个不恰当的回答。

* 英帝国的拟人化称呼，以头戴钢盔，手持盾牌和三叉戟的女人为象征。——译者注

衰退的原因

第一次世界大战中，英国富有才智的年轻一代在佛兰德斯战场上遭受了骇人听闻的大屠杀。若在其他时期，人们很可能将英国的衰落归咎于此。虽然这种解释会令人满意——将衰落归咎于一场偶然战争所造成的外部影响，以及使战争延长的军事上的愚蠢错误——但是，衰退在较早时期就已经开始，这一事实排除了这种解释。许多分析人士得出的衰落原因绝大部分并不是相互排斥的。这一连串原因包括：率先起步的惩罚；业余爱好者从事发明的英国传统；英国的教育制度；英国社会的开放性将成功的企业家及其后代从工业领域分离到公众生活和金融领域；英国工业中具有制度刚性的专门组织放慢了向具有规模效益的大企业转变的速度；工会组织抵制变革的本性。此外，还有许多其他原因。

率先起步的惩罚理论已受到一些经济学家的嘲笑。他们的理由是，如果一家工厂、一项技术，或一种机制过时而无效益，那么它通常会被抛弃，以利于更加现代的事物。（杰维斯，1947 年）这种理由忽视了路径依赖的影响力。由于路基所有权、驱动力（铁路公司）与矿井拥有的煤炭列车在所有权上存在分离，因此，英国铁路上的煤炭列车一直保持着无效规模，直到第二次世界大战后进行国有化为止。纵向一体化将列车所有权归由铁路公司掌管，从而能够像在其他国家一样，使列车的吨位从 10 吨提高到 20 吨或 40 吨。（金德尔伯格，1964 年，第 141 及以下诸页）然而，还应该加上一点，就像在许多例子中一样，在这个问题上 142

也存在一种修正主义观点，认为英国铁路的发展历史产生了一种有效的解决办法：由于从矿井到零售分销商是短途运输，其间几乎没有仓储空间，因此，小吨位列车（即使运煤炭的列车也如此）很有用。（范维利克，1993 年）政府或一个大企业可以对一种行业强制实行标准化——然而直至 1890 年代，西部大铁路才同意采用 1846 年《标准轨距法案》。除了陆军部和海军部在有关产品的确切规格等方面给予具体指令之外，19 世纪的英国工业很少得到政府的指导。

总体而言，小工业是依靠自身成长起来的。每个铁路公司和自治市都有自己的工程师，他们根据自己的设计订购设备。这一事实使得铁路设备的规格更加复杂多样。结果，全国铁路有 200 种不同类型的轴箱；全部铁路车辆有 40 种不同类型的手刹车；当自动刹车被采用时（为时已晚），又有许多种不同类型的自动刹车。尽管没有任何权威引证过，但是，据宣称，由于地方当局和有关部门坚持它们自己的标准，英国生产了 200 种不同大小和设计的检修孔盖。在电力行业，不同地区的公司也具有自己的工程技术顾问，其结果是，截止到第一次世界大战，全国存在 70 种不同的发电站、50 种供电系统、24 种电压和 10 种频率。（普卢默，1937 年，第 21 页）在英国，钢产品中的槽铁和角铁有 122 种规格，与德国工业中的 34 种规格形成鲜明对照。（兰德斯，1965 年，第 495 页）在农业机械方面，“英国制造商缺乏标准化达到了几乎不可思议的程度，这使得它把世界铁犁贸易的绝大部分市场输给了德国、美国和加拿大等几国的公司”（索尔，1968 年，第 211—212 页）。在一些工业领域，由于居于生产者和消费者之间

的英国商人在处理实际问题时非常愚钝，因此他们抑制了技术的改进。在棉纺织品和机械工具领域尤其如此。当用户至多只能辨别三种类型的毛葛时，曼彻斯特的商人为他们的客户向生产商订货时却指明需要30种不同类型的低级毛葛。（罗布森，1957年，第92—95页）机械工具生产商和单个代理商打交道，以销售他们的产品，但代理商却对解决用户遇到的问题或为新型工具开发新用途很不感兴趣。（比斯利与思鲁普，1958年，第380—384页）生产与销售之间的纵向一体化本可以推动技术改进。机械工具的用户能够表明他所需要的、满足其使用目的的产品，生产商可以了解以合理成本满足用户要求的程度。但是，英国的这种商业体制实际上在消费者和生产者之间设置了一道障碍。在该体制下，商人告诉生产商，“他们不想要这样的产品”；同时又对消费者说，“他们不能生产这样的产品”。这种认为英国工业缺乏效率的早期观点，是在对产品规格、企业情况和缺乏纵向一体化等进行研究的基础上提出的。在最近由伯纳德·埃尔鲍姆和威廉·拉佐尼克以及其他合作者共同撰写的著作中，上述观点已经找到了确凿证据。他们认为，英国经济和社会体制中的僵化阻碍了公司获取对市场、劳工和管理的控制。（埃尔鲍姆与拉佐尼克，1984年；埃尔鲍姆与拉佐尼克主编，1986年；拉佐尼克，1991年）

埃尔鲍姆-拉佐尼克分析法是制度模型的一个特殊变量。该模型依赖于路径依赖和改造经济组织的困难，而经济组织已经在发展过程中固定下来，即使条件已经发生了变化。这再一次与科斯定理相左。科斯定理认为，制度能够迅速变化，以适应供求关系中出现的新情况——但在制度改变的交易成本过高的情况下存

143 在重大的例外。这种例外几乎会使科斯定理成为空洞的自明之理：当改制成本低廉且容易进行时，制度就会调整适应；当改制代价很高且难以进行时，制度就不会进行调整适应。M. W. 柯比批评埃尔鲍姆和拉佐尼克把注意力过于集中在单个的商业组织形式上。在埃尔鲍姆和拉佐尼克看来，英国的经济在组织形式方面是失败的。（1992 年）在一种更为普遍的公式化阐释中，成功的历史所遗传下来的、各种各样的僵化之处或习惯被解释为衰落的缘由。这些僵化之处或习惯在没有新人加入的情况下造成了交易成本；而这种交易成本过于高昂。这种现象可以称之为“经济上的动脉硬化”。

请注意，这里对僵化的讨论不同于奥尔森对僵化的讨论。奥尔森的讨论着重于分配结合体，即既得利益集团，而非人们不同的思维模式，以及在开始后改变发展方向的困难所在。固守某种方式与志同道合、利益相关、共同致力于反对（或赞成）某种变革的人结为联盟是不同的。工业中的僵化就是在以非常相似的方式做相同的事。对于一个国家整体来说，奥尔森的论述将经济增长速度放慢归咎于老市场不能保持向外拓展，正如在棉纺织品（迈耶，1955 年）、钢轨、镀锌铁皮屋顶等商品领域中的情况一样。随着世界收入水平提高，一种特定商品在其上市时就具有收入弹性；当它融入日常生活标准，成为其中一部分时，它逐渐变得没有收入弹性；在未来某个时候，它可能变为一种低档商品——就像制作屋顶的镀锌铁皮一样，其需求随着收入增加而下降。几年前，唐纳德·麦克杜格尔爵士指出，今天的汽车可能成为明天的棉纺织品。（1954 年，第 196 页）恩格尔定理要求，随着经济增长，一国必须从老的工业和服务业中摆脱出来，转移到新的工业和服

务业中。由于老企业和老工业传统的存在，这常常是难以做到的。

在表 8-2 中（此表取自较早时期的一次研究），我给出了 1851—1950 年促进和阻碍英国经济增长的力量的大致情况。这些力量可以同论述法国时在表 7-2 中给出的力量相提并论。（金德尔伯格，1964 年，第 330—331 页）若要对此复杂问题进行更加全面的探讨，读者需要回头查阅 30 年以前的著作。

表 8-2　促进和阻碍英国经济增长的力量（1851—1950 年） 144

时期	促进增长的力量	阻碍增长的力量及摩擦力	现实影响微不足道、潜在意义巨大的力量
1851—1875 强劲扩张期	技术创新（1）[a] [b]* 国外需求、金矿开采、资本输出等引起的大宗货物出口 * 战争（2） 高质农业（3） * 业余爱好者从事发明创造的精神（2）	政府管制（3） * 证券、棉精纺领域的投机（2）	缺乏技术培训
1873—1896 大萧条时期	1885—1890 年的资本输出（3） 贸易收入引起实际工资的增长（2）	黄金产量增长速度放慢（3） 货币混乱（3） * 国外供给和农产品的扩展（2） 初期的生产能力过剩和高金融成本（2）	家族企业 业余爱好者从事发明创造的精神（2）

续　表

时期	促进增长的力量	阻碍增长的力量及摩擦力	现实影响微不足道、潜在意义巨大的力量
1896—1913 适度扩张期	*资本输出和黄金产量增长引起的企业出口需求（2） *传统工业的国内投资（2）	老化的工商企业家（3） 通过商人、市场联合起来的专业化小企业（2） 长期缺乏技术能力（2） *业余爱好者从事发明创造的精神	
1919—1931 停滞期	累积起来的贬值（3） 战争时期的发明（2）	1919—1920年的投机活动（2） 英镑升值（1） *国外对英国纺织品、煤炭和船只需要的衰退（2） 技术落后（2）	战争时期劳动力的损失
1931—1939 适度扩张期	英镑贬值（2） *经过改进的贸易条件（2） 重整军备（2） 对战前的体系不抱希望（1）	*停滞的出口（3） 技术能力弱（2）	
145 1945—1950+ 缓慢增长期	外国的援助（2） 在新兴工业、工程技术和电力工业方面的投资（1）	战争使霸权地位丧失（1） 公平分配原则和阶级分化继续（2） 战争期间造成的财产损失和不利条件增多（3） 有限的技术能力（2）	煤炭、钢铁、铁路、英格兰银行等的国有化

资料来源：经出版社授权转载于《法国与英国的经济增长（1851—1950）》，

查尔斯·金德尔伯格著，马萨诸塞州坎布里奇，哈佛大学出版社，版权©1964属哈佛大学董事会。

a:（1）表示强因素;（2）表示适度因素;（3）表示微弱因素。

b：名词前的星号（*）表示在不同条件下，可能向相反方向起作用的因素。

绅士，还是花花公子？

工业革命期间业余爱好者从事发明的传统在前面已经提及。工业革命后的发展结果证明，这是非常成功的。然而，随着时间的推移，生产工艺以及许多领域的产品变得越来越复杂，使业余爱好者从事发明的传统越来越无助于经济增长。有一篇文章论述了英国企业家的失败，其标题为“绅士和花花公子”，是模仿偶尔举行的业余队与职业队之间的板球比赛得来的。业余队与职业队之间本来就存在巨大的社会差距。（科尔曼，1973年）绅士在乡村和公共生活中享有领导地位；工业中的领导地位则在第二代和第三代人时逐渐被企业经理和工人出身的家族老臣所掌握。能干的下属很难晋升为家族企业的上层人员，除非他们来自与企业创建者的继承人相同的社交圈。这些继承人都曾就读于公立学校和牛津大学或剑桥大学。（弗洛伦斯，1953年，第304及以下诸页）企业的继承人-所有者，有时对继续保持红利水平感兴趣（他们以再投资获得的利润为代价，扩大对新产品的投资或研究），有时又为了以信托证券的形式进行投资而想使公司上市。但是，他们都不能提供任何保证，使企业保持创建之初曾经存在的那种富有活力的管理。马丁·威纳确认，英国存在与其文化有关的“工

业精神的衰落”，并援引了 C. P. 斯诺*和马克思主义者汤姆·奈恩（他们将英国与威尼斯共和国加以比较）的论述。（1981 年，第 161 页）在其中一个例子中，他引证说，英国“缺乏打破已经成形的模式的意志力”；在另一个例子中，他又引证说，英国进入了威尼斯式的衰落时期。在这个时期，英国对奋起直追没有什么兴趣，相反，主要是想保护帝国大家庭的关税和饱经风霜的相关文献。

教　　育

在许多情况下，对英国文化的指责最后都归结到对公立学校、牛津大学和剑桥大学的批评上。然而，英国领导人并没有意识到进行技术教育的必要性。在举行大博览会的那个时期，维多利亚女王的丈夫阿尔伯特亲王（德国人）敦促采取措施发展技术教育。早些时候，在伯明翰月光社、曼彻斯特文学与哲学协会等一系列位于首都之外的社团中，科学已经得到一定发展。虽然爱丁
146 堡大学具有发展科学的明确目的，但是，上述这些协会却都是出自成员的业余爱好，没有明确的发展科学的宗旨，并且参与者大部分为外国人。（撒克雷，1973 年）可是，从 19 世纪中叶开始，英国政府任命了一批杰出委员，设立了几个皇家委员会（包括 1883 年成立的“皇家技术教育委员会”在内），由它们专门负责科学指

* Charles Percy Snow（1905—1980），英国科学家、小说家，著有《陌生人与亲兄弟》《权力走廊》等作品。其较著名的观点包括科学与人文的联系中断阻碍了文明进步等，详见其著作《两种文化》。他与著名的美国记者埃德加·斯诺（《红星照耀中国》的作者）刚好生于同年。——编者注

导。另外，英国政府还于1889年通过了《技术教育法案》——1891年得到“威士忌酒钱”*的资助。（科特格罗夫，1958年；马斯格雷夫，1967年）1895年，随着数学、理论和应用化学、冶金学等科目的考试范围扩大，科技课在剑桥大学作为一门选修课程逐渐被人们所接受。（马斯格雷夫，1967年，第89页）在一定程度上，就像法国在一系列战争失败之后作出的反应一样，英国也在1860年代创建了应用型省级（“红砖”）大学**，并在第二次世界大战后创建了一些“平板玻璃”大学***。但是，关于工业或国家的灵魂是否就存在于科技的问题，人们尚有疑问。技术教育是为了“他们”而不是为了“我们”。在法国，事业成功的父亲将子女送到综合工科学校学习；而在英国，事业成功的父亲却先将子女送到伊顿公学或哈罗公学，然后再送到牛津和剑桥大学就读。这种对科技教育的漠视态度，一直持续到19世纪结束之后。科特格罗夫写道：

> “鉴于工业界普遍对研究和将科技应用于生产不感兴趣，在两次世界大战之间的年代里，工业界对科技教育态度冷淡，以及对科技人才需求较小，就不足为奇了。”（1958年，第99页）

---

* 1890年，英国通过了《地方税收法》，增加了酒类税以减少对其的消费，这一税收被称为“威士忌酒钱”（whiskey money）。同年7月，财政大臣G. G. 戈申宣布这笔收入将被用于资助技术教育。——编者注

** 特指英国的红砖大学，多兴办于外省工业城市，校舍多用红砖砌成，以同历史悠久、多巨石建筑的牛津和剑桥等名牌大学相区别。——译者注

*** 特指建于20世纪后半叶《罗宾斯报告》发布后的英国大学。——译者注

再论金融

有观点认为，英国的衰落是由它的文化缺陷引起的，而英国文化缺陷的部分原因在于其教育制度。一本新近出版的著作强烈抨击了这种观点。W. D. 鲁本斯坦对英国的财富和富有的个人颇有研究。他对上述观点（比如马丁·威纳的观点）不屑一顾，对那种认为英国的教育制度反对商业的观点尤其蔑视。（1993 年）《经济学家》（1993 年 7 月 17 日，第 85 页）刊登的一篇对鲁本斯坦著作的评论文章是我写作本书时看到的唯一评论。其作者声称，英国已经“证明自己是一个富有人情味、充满理性和成功的社会”，并且已经“很快地调整适应了社会和经济的变革”。鲁本斯坦提出的批评意见集中针对制造业。他认为，在丹尼尔·贝尔称之为“后工业国家”的地方，发展制造业是错误的。年轻人应受到良好的教育，以适应繁荣的城市的要求。《经济学家》并不准备轻易地完全接受这一点。在后来与此无关的一篇文章中，该杂志指出，尽管英国人在制造东西方面越来越擅长，但是，他们若要赶上在生产率、创造力，以及给予普通工人（没有受过足够的培训、技术很差）以社会地位等方面居领先地位的国家，还有巨大的差距。（《经济学家》，1993 年 8 月 21 日，第 46 页）英国人在服务业方面做得比较好，但在金融、出版或电视等行业却不及世界水平的一半，而且不愿与政府保持过于密切的关系。（同上，第 46—47 页）

147 诚然，未经研究不能对鲁本斯坦的批评意见进行评价。但是，他的观点看来似乎忽略了下列几点：1）英国只是最近才开始对商

业和管理进行研究。2）1986 年 10 月进行的“大爆炸”改革 * 是一个可笑的失败。当时，英国撤消了对金融的管制。人们认为，英国可能要接管欧洲的，并且很可能接管世界的金融领导权。但是，随着人们高涨的情绪逐渐消逝，伦敦的地位还是落到了东京和纽约之后。（沃尔特，1990 年，第 149 页）3）在那段不幸的日子里，劳埃德保险社也由于骇人听闻的保险亏损而垮台。（巴恩斯，1993 年）4）虽然规模大小只是选择债券和债务兑换率问题的一部分，但是英国银行总体上还是相对小于日本和美国的银行。

更为重要的是，英镑的价值已经从高于 4.86 美元——19 世纪与美元的兑换率——连续贬值，跌至 1.60 美元。当时，美元本身已经贬值到难以衡量的程度，因为人们在把美元与黄金（金价从 21.67 美元涨至 400 美元），或者日元（第二次世界大战后不久为 360 日元兑换 1 美元，1993 年降至 110 日元，然后降至 1995 年初的 90 日元以下），或者其他货币进行比较衡量时，会得出不同的答案。凯恩克罗斯和艾肯格林将他们对 1931 年、1949 年和 1967 年英镑贬值的研究命名为“衰落中的英镑”。（1983 年）1976 年的汇兑危机牵涉到从国际货币基金组织得来的借款（要受该组织的条件限制所制约）。凯思林·伯克和亚历克·凯恩克罗斯在一本书中已经对此做了详细论述。（1992 年）该书的标题借用了 1975 年

* the Big Bang，伦敦证券交易所 1986 年 10 月进行的改革，其内容包括取消固定回扣、依靠计算机信息来控制市场等。——译者注

《华尔街日报》一篇社论的话:“别了，大不列颠”。[①]这个标题的选择是否具有挖苦或嘲讽意味，不得而知。1992年秋还发生了另外一次英镑危机，但还没有哪本书来研究这一问题。在这场危机中，一位短期投机商承认或者说自夸赢利10亿英镑。

1973年，英国政府被最终接纳成为欧洲共同体成员。此时，它自我期望甚高，希望以制衡者的身份出现，在德法两国谋求欧洲支配地位的努力之间搞平衡。并且，如果走运的话，英国还希望伦敦成为欧洲货币体系的金融中心。大致从1960年开始，伦敦就在欧洲美元*体系中表现出色，欧洲美元也逐渐演变为欧洲货币和欧洲债券之一。随着欧洲货币体系即将形成，伦敦发现，就奋斗目标而言，自己正在同欧洲共同体的中心布鲁塞尔进行竞争；巴黎一直野心勃勃；并且还有美因河畔法兰克福。伦敦享有的优势是它在欧洲美元和欧洲债券市场上的经验，而不利条件是伦敦（和巴黎）市场的参与者缺少法兰克福甚至规模更小的布鲁塞尔可以引为自豪的外语。根据我的判断，伦敦作为一个金融中心的真正弱点在于缺少稳定的储蓄积累。在从1870年至1914年的岁月里，这种积累为它赢得了很高的地位。另外，要使

① 人们已经不断地碰到这种悲观的记录，即使在“黄金时代”中期也是如此。《交锋》(1963年7月）一期特刊被冠以“一个国家的自杀?”的标题。其内容除了有马尔科姆·马格里奇、迈克尔·尚克斯、安德鲁·肖恩菲尔德以及其他人的一系列悲观预测之外，还包括亨利·费尔利所写的一篇言辞激烈的为英国辩护的文章。

* 指存放在美国境外各国银行中的美元。由于这种美元存款最早出现于欧洲地区的金融市场，并在欧洲各地的各国银行进行交易活动，故称欧洲美元，有时也被称为“境外美元”。1960年代，欧洲美元延伸到亚洲地区，形成以新加坡为中心的亚洲美元。——译者注

用其他人的货币来建立一个市场也是一个问题。正如前面的论述已经表明的，有一种不可抗拒的迫切愿望要求通过直接交易来节省交易成本。

政　　策 148

前面已经阐明，从1950年到1973年，英国经济每年的人均增长率为2.5%，好于1700年以来很长时期内任何一年的增长率。虽然它不比美国差，但远在其他欧洲国家和日本的增长速度之下。一种观点认为，增长缓慢的责任应归咎于第二次世界大战后社会主义者所奉行的政策，是“由于智识方面的错误”所致。随着玛格丽特·撒切尔首相（现在是女勋爵）领导的保守党政府当选上任，英国经济在1979年开始了一个新的起点。（明福德，1993年，第116页）如果英国经济的好坏须用这些数据来检验，那么这些数据在1979年后就变糟了，尽管比起1970年代还稍好一些。而且，英国在意识形态上对货币主义和私有化的坚持也由于拒绝接受货币主义而随着通货膨胀和外汇危机一起结束了。马修斯起初曾疑惑，以为是政策造就了英国1950—1973年的“黄金时代”。（1968年）但是，他后来在一定程度上放弃了这一判断。（马修斯、范斯坦、奥德林-斯米，1982年，第313页）然而，无论英国的政策应对第二次世界大战后的美好时期负责，还是应对糟糕的时期负责，这种政策总体上已经趋向于实用主义而非重视意识形态。（切克兰德，1983年）切克兰德说，英国政府的政策倾向于自由放任，一直到19世纪中叶之后才比较收敛。但在总体上，它还是

一种放任自流的政策——没有秩序、漫不经心、即兴、零碎、不明确以及缺少管理原则。

个人和国家老化的过程让我想起很久以前的一件事。当时我看到朋友们在发笑，于是便问他们在笑什么。其中一位朋友说："艾森豪威尔总统的身份不是父亲而是祖父。重要的不是他能为我们做点什么，而是我们能为他做点什么。"第三位听众接着说："而且他不会太给我们添乱。"也许，英国已经步入了祖父的生命阶段，丧失了大英帝国的地位和同美国的特殊关系，与欧洲的关系也不确定。英国已肯定不是欧洲的领导，并且当发现其在辉煌历史过后即将仅仅成为集团中的普通一国时，它感到自己处境尴尬。《经济学家》刊登的对制造业的审计报告说出了我所见过的最悲观的估计。这份报告写道："根据财富——人均国内生产总值——这个标准衡量，英国处于被淘汰在世界前 20 名之外的危险中。"（1993 年 8 月 27 日，第 46 页）

我得出的结论是，英国崛起成为世界经济霸主并在后来衰落，完全符合国家生命周期的理论，基本遵循了强大的生命力逐渐减弱，转变为僵化和对变革的抵制这一内生衰落模式。

第九章　德国，后来者 149

赶超英国

第二次世界大战期间，我偶然有机会从选择军事轰炸目标的角度对德国工业展开研究。战后，我发现自己又很快着迷于德国的经济重建。然而，我第一次研究德国经济史是1971年秋天在德国基尔的世界经济研究所。经过几个月集中精力的高强度钻研，并于1974年1月在爱丁堡大学参加了几次研讨会之后，我写了一篇题为“德国赶超英国（1806—1914）”的两部分论文（1975［1978］年）。自那之后，除欧洲金融通史之外，我对德国史学的接触一直比较有限。因此，我意识到，本章将要阐述的内容，在最近十年德国经济史研究的发现和争论方面，肯定有所疏漏。读者阅读时应加以甄别。

在1975年的论文中，论述德国的段落分为三部分：

作为学徒的德国（1806—1848年）

作为熟练工的德国（1850—1871年）

作为能手的德国（1873—1913年）

这种比喻自然来自行会制度，因为“熟练度”与德国同英国的竞争并没有关联。在德国经济发展史中，分期的具体时间随意性比较大，主要依据政治缘由来选择。例如：1806 年——当年普鲁士在耶拿被拿破仑打败，导致普鲁士贵族对经济发展的关注高
150 涨，而不是像曼瑟·奥尔森所言一样，失败产生了新人和发展经济的新决心；1848 年——当年资产阶级革命流产，在法兰克福制定的宪法失去约束力，不能限制普鲁士王朝的权力；1871 年——当年法国在普法战争中战败，德意志帝国在普鲁士的领导下建立；1913 年——当年是第一次世界大战前的最后一年。本章将叙述两次世界大战之间那段将世界推向深渊的时期，其间发生了灾难性的通货膨胀、经济萧条，以及希特勒上台掌权等重大事件；还要叙述第二次世界大战和随之发生的经济奇迹（*Wirtschaftswunder*）；最后论述德国在欧洲一体化进程中的新角色。在一体化进程中也许不再有国家谋求霸权，霸权甚至几乎不再被人们接受。当然，这是在西欧框架内而非在全球意义上来说的。

之后的简史——因为我不提倡重复 1970 年代初期的写法——在很大程度上，将重点放在德国从 1890 年左右到 1913 年对英国享有的世界经济霸权的挑战上，而且试图阐明，德国的发展轨迹并没有严密地遵循国家生命周期模型。该模型在第二章中提出并已在论述英国的章节中得到阐释。对这个周期，还有一个更早的回应。在一篇内容广博的历史评论中，威廉·卡滕斯塔德勒写道：

> “……直至 13 世纪，汉萨同盟的成员仍然非常积极，生机勃勃。他们不希望被迫接受行会的管制，并由此成功地创建了资本密集型企业。14 世纪，这种态度被财富带来的对安

全的偏好和对反自由主义趋势的拥护所取代。”（1972年，第209页）

在这段时期的另外一端，《华盛顿邮报》刊登了一篇2英寸长的报道，而《波士顿环球报》以“科尔设法增强竞争力”为标题加以转载。该文提到德国一份长达110页的计划。计划提出全面改革德国的社会、经济和教育体制，以便大幅度加强国家竞争优势。作者们都认为，由于增多的失业人口、高税收、短工作周以及老化中的劳动力等因素，德国处于丧失“世界经济中的首要地位”的危险之中。德国需要采取行动了。（《波士顿环球报》，1993年9月3日，第8页）所谓“世界经济中的首要地位”，只是在诸如此类的地位中占据一席，而非排他性独占。

德国人的惯例是通常在书名和学术机构的名称中将“社会”史和经济史结合在一起。社会运动和价值观念等特性已经常常在前文所描述的国家生命周期中浮出水面。但是，没有任何一个国家的社会发展对经济发展道路的意义像在德国这样重要。这种重要性贯穿于工业、关税、货币，以及经济和政治史。外国和德国的历史学家批评德国在历史上未能和平与民主地实现各地区和各经济阶层之间的和解，直至第二次世界大战结束才有所改观。由于容克地主厌恶发展城市和工业，因此当奥托·冯·俾斯麦以其高超的技巧使1879年的“黑麦和钢铁”关税得到批准时饱受赞誉，被普遍认为是一个高明的政治家。不到一代人的时间，容克地主对英国的仇视就代替了他们对发展城市和工业的厌恶。所
以他们又在政府的引导之下，支持鲁尔钢铁工业势力谋求进行 151

的海军建设计划。（凯尔，1965 年，第 152 页）“仇视”一词在绝大多数经济学著作中很难找到，但在德国历史上却频繁出现（卡勒，1974 年，第 31 页；费利克斯，1971 年，第 166—167 页；凯尔，1965 年，第 155—157 页；费尔德曼，1993 年，第 245、284、360、560、799、858 页等。请注意，杰拉尔德·费尔德曼对魏玛共和国时期通货膨胀的论述也包含有“盛怒”“暴怒”“轻蔑”之类的词语）。第一次世界大战后，德国爆发了一次政治大暗杀。据统计，四年内有 376 人遇刺。被害人包括下列著名人士：卡尔·李卜克内西、罗莎·卢森堡、库尔特·艾斯纳（巴伐利亚共和国州政府首脑）、卡尔·加赖斯（巴伐利亚共和国州议会副主席），还有全国著名的沃尔瑟·拉特瑙和马赛厄斯·埃兹伯格。（费利克斯，1971 年，第 125 页，第 163 页）作为一个新人，埃兹伯格在推行共和国政策中所表现出来的能力和干劲使与威廉二世帝国密切相关的集团感到害怕，这些人——“官僚、公务员、容克地主、神职人员和企业家”——因此对埃兹伯格充满仇恨。（爱泼斯坦，1959 年，第 367 页）

拼凑的德国

拿破仑战争前，德国由 355 个相互独立的邦和 1 476 个自治的骑士领地组成。（杜姆克，1976 年，第 32 页）1801 年，拿破仑的征服将法国版图扩展到莱茵河左岸（当人们面向北方时）。1803 年，拿破仑把《吕内维尔条约》强加给德国。该条约取消了 112 个公国（除两个世俗化公国外，其余全是宗教性公国），摧毁了绝大多数规模较小的城市和市镇的政治独立性。（贝克特尔，1967年，第313页）拿破仑还铲除了行会，并建设了一些道路。1815年召开的维也纳会议，确认这种改变的大部分有效，并使古代政权的政治单位压缩为39个新的独立国家，然后将其组织为一个松散的联邦（Bund）。在19世纪剩余的时间里（到1871年），各种各样的国家主要在普鲁士的倡议和领导下逐渐形成德意志帝国。1818年，普鲁士统一了边界范围内的关税。经过18世纪的征讨之后，普鲁士的边界包括西里西亚和萨克森，并从东向西延伸到莱茵兰。随着德意志联邦之间建立关税同盟，南北方之间缔结货币协议之后，它们又加入单一货币体系，到1834年德国的关税得到进一步统一。1851年，各方就有关汇票的共同法律达成一致；1856—1858年共同的度量衡确立；1857—1861年共同的商业法律形成。（贝纳厄茨，1933a，第628页）1866年，普鲁士打败了获取大德意志领导地位的最大挑战者奥地利。随着1871年普鲁士在普法战争中取得胜利，德国的统一最终完成，甚至还由于获得阿尔萨斯和洛林而使其版图有所扩大。普鲁士的货币泰勒改名为马克，被定为德意志帝国的记账货币单位。1875年德意志帝国银行建立。由于它们在世界贸易中的利益，加入汉萨同盟的城市只要政治上还有可能，就游离于关税同盟之外。但是坚持到最后的城市汉堡也终于在1879年的关税实行之后，于1881年屈服了。

152

贸　易

德意志各公国被切割为许多小单位，除在一些城市外，无法培育起一个商人阶层。如我们所见，奥格斯堡和纽伦堡与威尼斯在商业上往来密切；富格尔家族等德国南部的银行家同安特卫普、里昂和塞维利亚发展业务。汉萨同盟的主要城市发展各异：正如托马斯·曼在《布登勃洛克一家》一书中所描述的，卢卑克步入缓慢的衰落。（1901［1924］年）在早期，东普鲁士和但泽的谷物、木材和松脂制品出口被荷兰商人控制。（布罗代尔，1979［1982］年，第 215 页；同上，1979［1984］年，第 255 页）汉堡主要与英国发展贸易；不来梅发展跨大西洋的棉花和咖啡贸易。正如赫尔穆特·博梅所描述，法兰克福与汉堡的发展不同，前者远离海岸线，是美因河沿岸的贸易和金融城市，由罗特希尔德家族等宫廷银行家所控制；后者由对外贸特别感兴趣的商业银行家所占据。（1968a）汉堡由团结、拥护共和政体、主张实行寡头政治的商人阶层统治。法兰克福的情况则有所不同。那里的商人分为两个集团，一是银行家和零售商，他们组成想置身关税同盟之外并坚持国际贸易的“英国派”；二是 300 位小商人组成的集团，他们将注意力集中于发展国内贸易、商品交易会、让提货人交货运费以及与本地工业保持密切合作等方面。结果是后一个集团取得胜利，法兰克福在早期就加入了关税同盟。（博赫梅，1968a，第 36 页，第 107 页，第 5 章）在莱茵兰，原始工业或家庭手工业通过依赖荷兰商人起步，但逐渐掌握了自己的国际

贸易。

相对于边缘地区来说，德国内地存在一些小商店店主，但其中从事远距离贸易的商人数量却很有限。之所以缺少远距离贸易商，部分原因是通讯、道路交通、河流航运条件差，沿河市镇征收的费用太多；部分原因是三十年战争造成的破坏。（布罗代尔，1979［1982］年，第159页；卡勒，1974年，第233页）布罗代尔认为，17世纪在法兰克福商品交易会上占据显著位置的犹太商人取代了德国商人的位置。（出处同上）戴维·兰德斯则将德国商人的取代者的范围扩大，把胡格诺教徒、英国人、希腊人等一般的外来人都包括进来。当然，他也认为，其中“首先是犹太人”。（1960年，第203页）贵族和资产阶级都看不起商业。后者开始从商人阶层转变为依靠王侯的官僚之一。（卡勒，1974年）德国中部是行会管理的“国内市镇”，它们对过境的货物征税，自身也受到严格管理，并且对外来人持怀疑态度。一个满师学徒工在外度过了流动干活学习的漫游期（*Wanderjahr*）之后，还要回来为其师傅工作。如果他要结婚，则需师傅同意。在工厂里工作，或者大量生产货物并出口销售给生产者不认识的人，是一种失败的标志。（沃克，1971年，全书尤其第25、82、85、105页）德国西部和南部的国内市镇被农民所包围。1786年，有人把农
民描述为具有下列标志的人：“身心懒惰、头脑空洞、粗俗蠢笨、 153
嗜酒成性，奴性难改的同时又对权威充满憎恶与敌视”，并且“大手大脚、目光短浅、耽于享乐”。（同上，第119页）这些农民在从不事生产的贵族与教会那里租来的小块土地上劳作。这就是封建领主土地所有制（*Grundherrschaft*），与易北河以东容克地

主实行的封建领主财产所有制形成鲜明对比。在易北河以东，贵族在自己的土地上和充当农奴的农民一起干活。这两种制度都与行会同时被拿破仑战争所破除。在法国统治近 20 年的莱茵兰地区，这种变化更加深刻。在德国的西部和南部，拿破仑颁布的法令对正从封建主义向资本主义演变的德国产生了相当大的影响。在耶拿战役失败和具有决定性的《提尔西特条约》(1807 年) 签署后，施泰因男爵、哈登贝格亲王和其他人在普鲁士进行了一次重大改革尝试。改革内容就是彻底废除对农民的封建限制。但是，农民只有在作出补偿或放弃他们一直在耕作的土地的 1/3 之后，才能从限制中解脱。就农业而言，到 1819 年，改革实际上已经完全失败。

工业政策

改革在其他领域取得了一些进展。新的大学在柏林、布雷斯劳 * 和波恩创建，其他大学也得到扩建。培养学生进入高等学校的高级中学被改革；现有的哈雷和哥廷根等大学将它们的神学和哲学等课程改为数学和自然科学学科，同时还在洪堡 ** 的领导下形成了注重研究的趋势。(里特，1961 年，第 25—30 页)

* 现在波兰境内，为波兰西南部城市弗罗茨瓦夫（Wroclaw）的旧称。——译者注

** William von Humbolt（1767—1835），德国语言学家、教育改革家，1809 年曾经担任普鲁士教育大臣，致力于爪哇岛古加维语的研究，有《依照语言发展的不同时期论语言的比较研究》等著作。——译者注

与此同时，今天人们称之为工业政策的“产业升级”（*Gewerbefoerderung*）也开始了。在拿破仑战争期间，当彼得·伯思受命驻守在比利时东部列日的科克里尔工厂附近时，他对工业变得越来越感兴趣。1816年，他成为设在柏林的普鲁士财政部贸易和工业局的领导人，开始实施产业升级计划。该计划包括下列内容：为到国外尤其是英国旅行提供补贴；在工业学院培训年轻人；资助工程技术人员；开办企业；收集外国机械设备进行仿造，并将原装货提供给企业家。他自己还到英国、比利时和荷兰参观。柏林也组织了一个沙龙，就工业和经济问题连续进行讨论，并发表论文。在伯思的帮助下开始创业的德国重要实业家，有在比利时设厂的英国机械制造商的儿子科克里尔兄弟、蒸汽机和机械设备领域的F. J. 埃格尔斯、从蒸汽机转到机车生产的奥古斯特·博西格等人。1841年，德国在用机车有20辆，它们全部是从外国进口的。同年，博西格制造出他的第一台机车。到1844年，他已生产了将近44台机车；到1847年底为止，共生产了187台。在艾斯拉沙佩勒（Aix-La-Chapelle）、斯图卡德（Storkade）和中西部城市马格德堡，还有其他德国生产商存在。到1854年，德国没有进口任何机车。博西格生产了德国所购69台机车中的67台，另外还向波兰出口6台，向丹麦出口4台。这是一个有效的、进口替代导致出口的典型例子。（伯纳厄茨，1933b，第4章）

1830年代，与德国银行家对法国人的金融活动发生兴趣同时，154

凯库勒 * 和李比希 ** 也到法国参观，并在盖-吕萨克 *** 和贝特洛 **** 的指导下学习化学。这在前文已经提及（第七章）。

工业政策不仅意味着创建研究所，举办展览，对学生和企业家提供补贴。在德国西南部的巴登地区，该政策还涉及对专利和专卖的奖励；通过禁止出口（用于制造肥皂的）苏打灰和（用于造纸的）破衣服阻碍外国获取原材料；征收进口关税保护本国市场；开办工厂需要审批（常常被拒绝）等方面。（费希尔，1962年）从产业升级（*Gewerbefoerderung*）到工业自由权（*Gewerbefreiheit*）（创建企业的自由）的转变虽然在德国其他地方迅速传播，并且受到1815年德国失去阿尔萨斯（归还法国）后关税同盟将巴登的经济关注点从瑞士和法国转移到欧洲北部的推动，但还是经历了从拿破仑战争到1862年整整两代人的时间才在当地完成。最后，由于不同的利益相互竞争并重叠赢得对方的让步，因此产业政策变得非常复杂，以致最终证明，只有彻底废除这个政策体系并重新开始才是最容易的。几乎与此同时，这种政策还铲除了英国人的

* Kekulé（1829—1896），德国化学家，确立化合物碳原子四价及碳链理论，提出6个碳原子苯环概念，为有机化学现代结构理论奠定了基础。——译者注

** Liebig（1803—1873），德国化学家，发展了基团理论及碳、氢、卤素定量分析法，否定植物腐殖质提供营养的旧理论，提出植物的矿质营养学说，倡导使用无机肥料。——译者注

*** Gay-Lussac（1778—1850），法国化学家、物理学家，1808年提出气体反应体积比定律即盖-吕萨克定律（亦称化合体积定律），研究地磁效应，发现硼等元素，并改进了许多化工生产工艺。——译者注

**** Berthollet（1827—1907），法国有机化学家，用高温合成有机化合物，推翻了“生机论”概念，共出版了约1 600种专著和论文，包括《合成有机化学》《化学力学》等。——译者注

《航海条例》。布鲁金斯研究所过世的约瑟夫·佩奇曼和新泽西州参议员比尔·布拉德莱等人已经建议采取这种政策用以征收美国的所得税。

关税同盟

在 1850 年代工业急剧发展之前，德国的一体化步骤多种多样，不胜枚举。运河、标准化的度量衡、货币的逐步统一，连同 1818 年普鲁士和范围更广的关税同盟内部关税的废除，都已经被提及。人们普遍认为，德意志联邦结成关税同盟的目的是政治性的，即开始建立一个在普鲁士领导下的更大的德国。当然也有商业目的，也就是扩大贸易区域。但是，罗尔夫·杜姆克已经阐明，较小的公国与普鲁士结为同盟的原因是财政方面的：消除 1836 年之前加入的那些邦国间的内部边界，节约巡逻 780 “里”（Meilen）需征收关税的边界的费用。在走私猖獗的时代，巡逻每英里边界的费用估计为 2 000 泰勒。（杜姆克，1976 年，第 41—43 页）将关税收入在邦国之间根据人口而不是根据征收情况（这将有利于具有进口口岸的普鲁士）分配，大小公国的国王和君主就能保证获得一份不必依靠议会投票批准的收入。

《1848 年宪法》

在德国历史的研究中，人们一直在就引致 20 世纪灾难性事件的重大时点争论不休。有人引述弗里德里希·迈尼克的话称

1819 年——施泰因-哈登贝格的改革被逆转的年份——为“19 世纪的不幸之年”（克雷格，1970 年，第 76 页）。另一些人可能把 1848 年普鲁士资产阶级在法兰克福起草新宪法时错失了控制普
155 鲁士君主国的机会作为一个重要标志。当要求职业自由和商业自由的呼声随着铁路系统的发展和相互联系的增多而四处传播时，弗里德里希·威廉四世承受着来自自由主义者的压力。巴黎和维也纳发生的革命有波及德意志各邦国的威胁。1846 年发生的马铃薯晚疫病，加上次年的粮食歉收，推动了科隆和柏林发生的叛乱，其中包括 1847 年被称为“马铃薯叛乱”的三日暴动。当选举产生的制宪议会在法兰克福举行会议时，军队与受 1848 年工业萧条影响的工人还发生了几次冲突。（同上，第 91 及以下诸页）宪法将对军队的控制权赋予议会，可是国王拒绝接受宪法。由于害怕工人阶级力量不断增强所带来的威胁，中产阶级让步了。克雷格认为，这种冲突完全可以被称为德意志帝国在“最后 100 年”国内历史中的核心事件。1866 年，俾斯麦推动普鲁士议会通过了《补偿法案》，追溯批准了未经议会同意但早已开始实行的军队改革。在这个时候，资产阶级和中产阶级遭受的失败就更加严重了。自由主义者的惨败，部分是由于他们害怕暴乱的民众，部分是由于他们的目标相互抵触，同时还由于中产阶级具有“使国内目标服从于实现民族辉煌的愿望”的倾向。（同上，第 139 页）

19 世纪中叶之后，德国人逐渐克服了他们在面对法国人、比利时人，以及尤其是英国人时的自卑情绪。莱茵兰地区的中产阶级通过多种途径谋求社会地位。这些途径包括：参加培养学生升

入高等学校的高级中学和技术教育；获得荣誉；商业上的成就；美满的婚姻等。（艾科贝里，1968 年，第 513 页，第 525 页）鲁尔地区的商人全面参与通向大德意志的运动，支持扩张政策。甚至工人也在德国的世界强国地位中找到了自己的利益。（布雷波尔，1948 年，第 209 页）随着莱茵兰-威斯特伐利亚减弱了对册封贵族的抵制，许多成功的商人便开始购置庄园地产，放弃从事工业活动，并全身心投入到贵族阶层的活动中。（曾凯尔，1962 年，第 4 章，尤其第 121 及以下诸页）

1850 年代

工业政策、（德意志联邦共和国之间的）关税同盟，以及德国铁路系统方面的优势为 1850—1857 年经济活力的迸发开辟了道路。当然，还有其他因素也发挥了作用，例如：英国《谷物法》的废除，导致德国谷物出口剧增；资本尤其是来自比利时和法国的资本流入鲁尔，特别是投资到有色金属工业；一系列银行在达姆施塔特、柏林和汉堡等中部城市建立，其他银行在科隆、莱比锡和柏林筹建或重组。1840 年代，汉堡和不来梅在造船业方面已经赶上汉萨同盟小成员国。同时，从使用帆船航运转为使用汽船航运和迁居国外的移民迅速增多（大部分迁往美国，并且根据非常不可靠的统计数字，从 1840 年代的 47 万人，增加
到 1850 年代的 107.5 万人）等因素，也刺激它们的经济向前发 156
展。（博哈特，1972 年，第 123 页）移民分为三支：一支直接来自不来梅；一支间接来自不来梅，经由欧洲大陆的荷兰和（法国西

北部港市）瑟堡到达美国；一支经过汉堡到达利物浦，在那里盘缠用尽，无依无靠。（沃克，1964 年）迈克·沃克对传统看法作了许多纠正，认为这场移民运动不是由知识分子所推动，移民也不是由农民所组成。人们需要一些钱来支付路费；德国西部和南部的移民运动主要由工匠组成。1840 年代后，这些工匠对德国的未来已失去信心，感到“一种衰弱、抑郁和不满”。（同上，第 65 页，第 104 页，第 130 页）由于经济增长突然加速，移民的速度急剧下降，从 1854 年的 25 万人，下降到 1855 年的 10 万人。（沃克，1964 年，第 153 页）

莱茵兰、威斯特伐利亚、柏林、萨克森和西里西亚等地工业就业机会的增加为迁移距离较近、路费较为低廉的移民提供了改变命运的机会。普鲁士城市人口（2 000 多个城镇的居民）占全部人口的比例从 1849 年的 27% 增加到 1861 年的 32%，其中后一个数字还被判定由于统计的方式和时间选择问题而估计过低（贝克尔，1960 年，第 218 页，第 237 页）。莱茵兰-威斯特伐利亚地区、盖尔森基兴、沙尔克和许伦等地都在 1850 年代由村庄发展为城市。（同上，第 219 页）由于克虏伯家族 * 扩大了使用当地炼焦煤的钢铁生产，以满足铁路、轮船、重型机械和军火对钢铁的巨大需求，西部城市埃森的人口从 1850 年的 8 800 人增长到 1870 年的 5.2 万人。（巴克豪森，1963 年，第 226—227 页）在 1850 年代、1860 年代，甚至 1870 年代，大部分由农村向城市的人口转移都局限在当

* 德国大军火制造商世家，由始祖阿恩德特·克虏伯靠购进大批地产起家，为 1870、1914、1939 年德国三次对外侵略战争提供大量武器，1967 年作为军火商的家族史始告结束。——译者注

地。从易北河以东向鲁尔地区的大规模远距离迁移开始于 1880 年代和 1890 年代的小麦价格下跌与钢铁生产扩大之后一段时间。（布雷波尔，1948 年）正如科尔曼在对巴门（纺织城市）人和盖尔森基兴（利用煤炭生产钢铁的城市）人的出身进行比较时所证实的（1965 年），莱茵兰地区发展纺织业的城镇内部发生过规模比较小的人口转移。

1860 年代的三次战争胜利引起德国国民情绪的一阵高涨。这种狂热情绪导致德国经济繁荣年代（*Gründerzeit*）中的房地产和证券价格快速上涨。50 亿法郎的战争赔款为这种快速发展提供了部分的资金支持；赔款还给德国带来数百万现款和潜在的资金，使国家和城市有能力支付债务。（金德尔伯格，1984［1993］年，第 235—245 页）1873 年的经济崩溃使经济发展速度放慢。但是，人们所谓的“大萧条”在德国却比在欧洲其他国家轻微。

黑麦与钢铁关税

1818 年统一之后，普鲁士的关税一直很低。1834 年，德意志联邦各共和国间的关税同盟所实行的关税，正是普鲁士的低关税。1840 年代，一些项目的关税有一些上调，以同其他国家的关税保持一致。可是，由于 1846 年英国废除《谷物法》和 1860 年签订《科布登-谢瓦利埃条约》，整个欧洲开始了一场自由贸易运动。德意志联邦各共和国间的关税同盟也同法国和意大利签署双边条约加入这场运动。虽然俾斯麦对经济问题不甚感兴趣，但是， 157
他同意关税同盟实行低关税，以致于关税低到使奥地利感到尴尬的程度。奥地利由于需要对自己的许多工业进行保护，因此它未能加入关税同盟，也没有能力与普鲁士争夺领导地位。1866 年，随着普鲁士取得对奥地利战争的胜利，以及泰勒取得对荷兰盾的胜利，俾斯麦对低关税的兴趣就更小了。曾经对低关税情有独钟以便获取廉价中间产品的工业界现在已能自己生产大部分的中间产品。

由于世界平原地区相继建成铁路系统，蒸汽机车能够廉价地将粮食运送到欧洲，欧洲的粮食价格变得疲软，德国也因此失去了在英国的粮食市场。从 1856 年到 1860 年，德国供给了英国粮食进口的 25%，美国供给了 18%；从 1871 年到 1875 年，这一比例分别变为 8.2% 和 40.9%。到 1879 年，美国供给的比例上升到 68.2%。（兰比，1963 年，第 20 页，第 133 页）1867 年，关税同盟的组织变得越来越灵活，使变革比较容易实现。1876 年，俾斯麦首相府的总管、坚决主张实行自由贸易的鲁道夫·冯·德尔布吕克退休。他完全可能是被排挤走的，而不是自愿离职。兰比将 1873 年后的经济衰退归为 1879 年实行黑麦和钢铁关税的根本原因。（同上，第 73 页）1878 年 6 月，一次对德国皇帝的失败行刺激发了人们的民族主义情绪。1879 年，尽管 1 000 名商人在汉堡举行大规模集会，75 个城市的代表在柏林召开会议，但德国还是对钢铁和粮食征收了关税。俾斯麦已经建立起他的黑麦和钢铁联盟，或“骑士的封地和高炉”（*Rittergut und Hochofen*）。国家生机勃勃的发展势头和容克阶级在财富和权势方面的衰落，逐渐削弱了容克地主反对发展城市和工业的力量。尽管存在不可分割的财产权（*fideikommis*）（禁止土地买卖），但是，1820 年代和 1880 年代的农业萧条，迫使

容克地主将土地卖给处于上升状态的中产阶级。因此，在 19 世纪末，德国东部六个省区的土地所有者中只有 1/3 是贵族。（克雷格，1970 年，第 234 页）

1880 年代，俾斯麦把注意力转向工业和农业关系之外的两个问题。一个是解决疾病（1883 年）、事故（1884 年）和养老（1889 年）等问题的工人保险。博梅始终认为，工人保险未能平息工人的不满情绪。他们继续努力争取工会的保护，要求限制妇女和儿童的工作时间，保证最低工资，并获得对企业的政策充分发表不同意见的权利。（1968b，第 89—90 页）第二个问题是争夺殖民地利益。德国由于统一进程缓慢，在殖民地的争夺方面失去了一些机会。比利时国王利奥波德二世征服非洲富饶的刚果自由邦，导致 1885 年柏林会议召开。在会上，德国人不愉快的情绪表露无遗。这种不满情绪持续了很长一个时期。直到 1920 年代和 1930 年代，雅尔马·沙赫特还经常提及这件事。

德国与沙皇俄国之间也存在经济纠纷。1887 年抵押贷款禁令（*Lombardverbot*）（禁止无商业赞助的资金在俄国债券市场上投资）颁布之后，德国金融界停止向沙皇俄国借贷，结果法国借贷银行
从 1890 年代到 1913 年，一直取代德国借贷银行向俄国贷款。易北 158
河东部地区的农业问题导致农民向鲁尔地区和国外大规模迁移。1880 年代那 10 年，移民达到顶点（130 万人）。但是，在 1890 年代新的经济快速增长过程中，移民又减少到 53 万人，1901—1910 年进一步减少为 28 万人。（博哈特，1972 年，第 123 页）人口迁移中的反周期运动与资本流动周期相一致：当国内投资需求增大时，德国的金融市场就不仅停止向俄国贷款，而且停止向拉美大部

分地区贷款。例如，当英国银行对拉美增加贷款时（一直持续到1890年巴林银行危机爆发），德国却在削减对阿根廷的贷款。

对英国的态度

1890年代初，德国以英国一个强有力的竞争对手的面貌出现。有一种传统看法认为，这两个国家间的竞争可以追溯到1780年。但是，理查德·蒂利坚持认为，在19世纪的绝大部分时间里，德国工业从它与英国的经济关系中受益匪浅。它从英国购买用于纺织的纱线，向英国学习质量管理方法，还从英国获取技术知识并借取资本。（1968年）“在1840年代，英国人的每一个构想都受到德国人的赞扬和认可。”（凯尔，1930［1970］年，第293页）然而，这个句子后面接着还有一句话：“但由于德意志帝国的建立及其反动，每一个英国人的构想都视之为欧洲木偶剧院里恶魔一样的导演，这个恶魔导演自16、17世纪以来就已控制了世界。”（同上）正如前文所指出的，一种观点认为，1850年代经济的快速发展消除了德国商业界面对法国人、比利时人，尤其是英国人所怀有的自卑感。（艾科贝里，1968年，第513页）还有一个人注意到德国人远在三十年战争时期的一种民族自卑情结。（卡勒，1974年，第234页）两个半世纪后卡勒指出，当德国人看到英国庞大的殖民和商业帝国时，这种自卑情结加重了。德国人觉得他们被欺骗和愚弄了。普鲁士已经凭着勤劳的美德建立起国家，并拥有欧洲效率最高的政府。（同上，第261页）因此，它谦卑的地位是错误的。

在所有的历史记录中，德国人的自卑压抑所引起的愤慨均始

于或重新始于俾斯麦下台之后的1890年代。正如E. E.威廉斯的著作《德国制造》(1890［1896］年)所阐明的，1890年代也是德国人在商业和海军力量方面日益强劲的竞争使英国人越来越感到不安的时期。布尔战争使德国人的愤慨情绪凸显出来。在这场战争中德国人支持布尔人奋起抗击英国人。假如没有英国人在德兰士瓦战役的胜利，德国的保守派(容克地主)决不会心甘情愿地同意扩建海军舰队。容克地主认为舰队是用于战争的工业工具，完全不同于他们所支持的军队。(1965年，第154页)

德国人对英国的厌恶情绪依然如故。据引述，德国国家银行行长鲁道夫·冯·哈文斯坦在1914年9月25日的一次演讲(可能是对该行董事会)中曾经说过，他们的敌人是英国，英国人“对我们的经济繁荣、我们不断扩大的世界贸易和日益增强的海军实力的妒忌和敌意，在权威的分析中是(原文如此)世界大战的根 159
本原因”(费尔德曼，1993年，第32页)。

超　越

公众人物最喜好的娱乐就是宣告谁是第一，有时还要宣告第一领先的程度。皮埃尔·贝纳厄茨在其关于德国工业化的优秀著作中就曾三次作出这样的宣告。他认为，1820年左右，德国在通往机械化的道路上就已经落后至少半个世纪了。普鲁士取得了一些进展，但其发展仍比较薄弱，处于初期发展阶段。(1933a，第119页)1856年底，科隆的银行家古斯塔夫·梅维森指出，德国过去一直落后法国和英国100年，但是现在由于达姆斯塔特银行

（他于 1853 年创建）做出的贡献，德国已经超过了英法。（同上，第 277 页）在论述外国对 19 世纪德国经济增长的影响的章节中，贝纳厄茨评价说，德国人自己对经济增长的贡献也很大。外国资本和设备起了引导作用，但德国已经在 20 年内弥补上了 50 多年的差距。从其论述的上下文看，这 20 年在何时结束并不明确，但似乎是在 1850 年代。（同上，第 368 页）另一个资料来源引述恩格斯的话说，虽然 1860 年德国尚未达到英国的发展水平，但已发生很大变化，完全不同于过去了。（博梅，1968b，第 54 页）

一代人过后，英、德两国的相对位置迅速发生变化，在电力、化工产品、汽车、机械，甚至纺织业的一些分支行业等新的工业领域尤其如此。德国生产的钢铁已从 1880 年世界钢产量的 15% 上升到 1913 年的 24%，而英国所占的份额却由 31% 下降为 10%（1913 年美国所占份额为 42% [同上，第 97 页]）。与英国独立的小企业——利华兄弟、立顿、科特德斯*等几家特别著名的企业除外——明显不同，德国的主要企业规模都很大，组织形式采取卡特尔模式或实行纵向一体化。伯纳德·埃尔鲍姆和威廉·拉佐尼克发现，这两种企业形式均已在英国商业中消失。（参阅前面的章节）一项对英国领事 1875—1914 年的报告的研究，揭示了英国人市场销售工作的许多缺点，如：不懂外语；不能对市场进行研究，并且不能根据市场需要改造商品；信贷条件有限；销售时非常勉强，除非定货量很大；不能适应外国的度量衡标准，或在报商品价格时不习惯

* Courtaulds，成立于 1794 年，在 1990 年被拆分前是世界领先的人造纤维生产商。——编者注

使用外国货币，等等。（霍夫曼，1933 年，第 3 章）侨居国外、靠本土汇款生活的德国人被英国人蔑视，认为他们粗鲁且不讲究商业尊严，只能“永远是杂货店店主，绝不可能成为商人”（同上，第 177 页）。然而，尽管德国人的收益增长率较高，但他们的销售技巧还是未能使英联邦殖民地和自治领得到较大削弱，或取代英国在拉丁美洲主要市场上的主导地位。（同上，第 198 页，第 201 页）

相对于工业和贸易，英国的航运业和银行业较好地抵挡住了德国的竞争。在航运方面，德国曾取得巨大收益。英国曾短暂失去穿越大西洋所需时间最短这一冠军荣誉 *。英国船只先是输给 1897 年建造的“恺撒·威廉德格罗斯”号，接着输给 1900 年建 160
造的“德国”号，然后才于凭借 1906 年建造的“毛里塔尼亚”号赢回冠军。包括德国和英国在内的国家曾经召开了一次国际航运会议，但会议在分配合理份额的问题上破裂了。霍夫曼认为，到 1914 年，英国已经丧失其垄断地位，但仍保有海洋上的领导地位。（1933 年，第 213—221 页）1901 年出版的《每日电讯报》以略有不同的言辞表达了英国人在更广范的领域内所怀有的同样的心情。该报写道：“逝去的是我们的垄断地位，存留的是我们的至高无上。”（同上，第 93 页）汉堡航运巨头艾伯特·巴林（赫伯公司）** 的船只，航行于汉堡—美洲一线。在与此相关的一个段

* 该荣誉名为“大西洋蓝丝带奖”（the Atlantic Blue Riband），授予横渡大西洋最快的客轮。可在 www.greatoceanliners.com/blue-riband 上查阅更详细信息。——编者注

** Hapag，指 Hamburg-Amerikanische Packetfahrt-Aktien-Gesellschaft，即汉堡—美洲行包航运公司，创立于 1847 年，后来在 1970 年与罗德（Lloyd）公司合并为赫伯罗德公司。巴林曾是赫伯公司的总经理。——编者注

落里，霍夫曼援引巴林的话说：“如果英国人不曾大笔投资，那么他们保守和偏爱成熟市场的习惯将使他们变得无足轻重。”（同上，第 97 页）

德国与英国在金融领域的竞争可追溯到 1872 年柏林德意志银行的创建。该行专门为德国的贸易直接提供资金，而不像汉堡银行所做的那样，通过伦敦进行资助。填补对外贸易资金差额的计划至少可追溯到德意志帝国建立之前的 1869 年。电气设备生产商西门子的一个表兄弟冯·西门子被推选来管理银行。他写道，其“目标是使德国的进出口贸易独立于英国，实现这一目标将成为与征服任何一个省份同样伟大的民族功绩”（赫尔费里希，1923—1925［1956］年，第 38 页）。由于沿海和内陆城市之间在外汇实践方面的差距，德意志银行一开始就在汉堡和不来梅设立了支行。另外，它还同其他两家德国银行在伦敦设立了一个联合分行。由于联合分行本身直接隶属于伦敦，所以该行 1872 年秋被德意志银行放弃。但它是德国银行的此类分行中唯一持续存在十年的分行。在 1871 年的年度报告中，德意志银行牢骚满腹，认为德国与海外市场之间难以建立直接关系的原因是伦敦享有绝对的优势，以及德国存在几种不同的货币——在这些货币统一为马克之前，确实如此。为了获得声望，德意志银行自己付出一些代价将外汇卖给德国海军。（同上，第 38—53 页）

德国经济繁荣年代（*Gründerzeit*）的快速发展，使德意志银行参与经营直接外汇交易的最初意图发生了改变。德意志银行一度将其经营重点转向国内工业。后来，它又通过各种不同的方式重新回到国际市场。例如，为新银行在意大利开拓业务提供帮助；

建立自己的海外分支机构；在中东发放贷款，同英国和法国展开竞争；发行外国债券等。德意志银行取得的成功，也并非一直不断，势不可当。该银行撤销了它最初在中国和日本的附属机构，同时还让它的一些伙伴去管理海外合资银行。再后来，冯·西门子放弃了将所有海外经营机构统一到设立在柏林的一个机构的想法，而选择了权力下放和专门化。（同上，第 4 章，尤其第 111—120 页）在金融领域，正如在商业航运领域和海军军备领域一样，而不像在电器、化工和机械领域，德国人的努力尚不足以赶超英国。德国赢得了太阳下的一席之地，但绝不是一个主导位置。

这种赶超英国的努力在国内外都产生了一些后果。在国内，161
保守派、平均地权论者、官僚和学者[①]在面对英国时的社会自卑感仍能部分明显地感觉到，部分还存在于潜意识。这是他们厌弃态度傲慢、经济发展优越的敌国的决定性原因。（凯尔，1965 年，第 156—157 页）但是，凯尔继续论述道：尽管对外政策被宣称为该国的重大问题，但对英国的仇视却是这些集团镇压无产阶级所需要的。无产阶级虽然仍受到统治，却在酝酿着日益激烈的社会和精神反叛。在国外，德国要得到“应得的世界主导地位”的欲望使邻国担忧，于是它们就联合起来包围这个国家。（博梅，1968b，第 102 页）因此，萨拉热窝偶然撞击出的火花竟然点燃了第一次世界大战的熊熊烈火。

① 保守派经济学家阿道夫·瓦格纳强烈地意识到 19 世纪末的德国的不安全感，并且敦促德国人培养一种类似法国人和英国人的自大的健康的自负感。（巴尔金，1970 年，第 140 页）

两次世界大战之间

我看没有必要去叙述第一次世界大战中发生的具体事件。这些事件包括：史里芬计划背叛了德国与比利时签定的条约；提尔皮茨将军认为，无限制潜艇战能够断绝英国的补给并使其就范，最终赢得对英战争的胜利——这很像第二次世界大战期间美国空军总司令阿瑟·哈里斯将军认为的，大规模轰炸德国的城市将打败德国，而不必派军队进入其领土。有人认为，如果不是由于遭受来自大后方，主要是德国犹太人的“背后袭击”，德国就不会输掉这场战争。战争打断了这个国家正常的生命周期。社会各阶级之间尖锐的对立，不管怎么说，都扭曲了国家正常的发展进程。生命周期模型实际上被另一种理论所取代，这种理论非常近似于戈德斯通提出的“革命与崩溃”模型。就像法国大革命产生了平民主义者拿破仑一样，魏玛共和国的崩溃同样导致希特勒的崛起。1933 年 2 月，希特勒攫取德意志帝国总理大权。促成此事的原因分散于下列因素之中：规定德国战争罪行和战争赔款的《凡尔赛条约》、1919—1923 年的战后通货膨胀、1928—1932 年的经济大萧条等。这次经济大萧条在 1932 年 5、6 月造成的失业人口多达 150 万，或者说是劳动人口的 15%。《凡尔赛条约》不属于本项研究的范围，但我还是禁不住要说，凯恩斯的论战性文章《和约的经济后果》（1919 年）无论写得何等精彩，都夸大了《凡尔赛条约》的缺陷。

德国的通货膨胀更容易引起经济学家的兴趣。因为它提出了一个问题，即通货膨胀是源于单一的货币政策的错误，还是深深

地植根于德国的阶级对抗之中。这种情形与下文将要论述的第二次世界大战后德国的币制改革形成鲜明对比。尽管关于德国通货膨胀的论述已经很多，并且都见解深刻、非常细致，但是在我看来，这个问题在于，第一次世界大战后初期的德国社会是否有能力承担国家重建和战争赔款的巨大负担。并且，也只有德国社会 162
培养起足够的、共同承担上述负担的凝聚力，它才可能这么做。《凡尔赛条约》规定的战争赔款很高，凯恩斯估计100亿美元是德国能够承担的。根据他的计算，《凡尔赛条约》中隐含的赔款数额达到400亿美元，或者是战争赔款委员会1921年4月一致商定的330亿美元加上出口税（在42年内支付）。两相比照之下，凯恩斯的估计是比较合乎情理的。（金德尔伯格，1984［1993］年，第289及以下诸页）然而，问题在于德国是否存在赔偿的意愿。

货币主义学派认为，德国的通货膨胀源于国家银行过度发行马克；而结构主义学派却认为，原因在于德国各个经济部门没有承担各种负担的能力。就这两种涉及内容广泛的理论而言，确实存在许多精妙之处。例如：货币主义认为，在金融体系中，当外国资本确实来自国外（大部分来自美国）时，资本的国际流动能够使战争赔款得以偿还，并且不会产生太大压力；但是，当外国资金和德国资金被调回本国或投向国外时，资本的国际流动就使物价上涨的速度加快。结构主义理论认为，问题在于哪个集团从通货膨胀和通货紧缩中赢利或失利——大工业和小工业；商业；大小农场主；包括公务员、律师、教师在内的专业技术人员；熟练工人和非熟练工人。重要的政治集团从战争中几乎毫发无伤地幸存下来，就像它们相互之间的敌对关系完好无损地保留下来

一样。1921年春资本外流加快，随后埃兹伯杰于1921年8月被暗杀。1922年6月财政部长拉特瑙*被暗杀之后，资本外流情况变得更加严重。没有人具有足够强大的力量超越争权夺利的利益集团，并制定出一项预算案。威廉·库诺曾经作为汉堡—美洲航线的管理层，代表公司与同盟国成功地进行过谈判。他试图组建一个自己领导的超党派的政府，但遭到惨败。应该承认，库诺不是一个惹人注目的人物。莫里茨·博恩称他是一个可以成为豪华酒店里的优秀接待员的有魅力的人。（鲁皮珀，1979年，第18页）库诺从1922年11月执政到1923年8月：

> “当涉及到筹措资金资助抵抗，并使德国做好准备与法国进行长期斗争［1923年1月法国和比利时占领鲁尔］时，库诺显然无能为力了。在很大程度上，这是由代表国会中资产阶级政党和工业利益集团的态度决定的，它们并没有准备将政府的政策置于实际政策的基础之上。这些集团阻挠平衡预算和修改税收体系，直至德意志帝国的财政体系彻底崩溃时为止。”（同上，第297页）

有关第一次世界大战后德国的通货膨胀问题，我无意详细叙述各个方面的各种观点，但对本书主题至关重要的两个观点除外：

---

* Walther Rathenau（1867—1922），德国企业家、德国民主党创建人之一，曾经于1914年担任通用电气公司总裁，1914—1915年担任战时物资局局长，后来于1921年、1922年先后担任复兴部长、外交部长等职，与苏俄签订《拉巴洛条约》后被民族主义极端分子暗杀。——译者注

（1）以贸易联合会为一方，以产业界为另一方，二者在诸如实行8小时工作日等问题上的毫不妥协的态度。在1918年11月9日的革命斗争中，工人早已赢得这项权利。可是，产业界尤其是钢铁行业中的雨果·斯廷内家族，联合文职部门、国有化铁路和煤矿 163
等行业的特种联合会的力量，将8小时工作日制度斥为通货膨胀的起因。（2）德国财政制度的分权性质。这一特点可追溯到1871年德意志帝国建立之初，但在第一次世界大战的绝大多数时间里，担任财政部长的卡尔·赫尔费里希几乎没有对其加以改变。

雨果·斯廷内家族认为，对于德国的稳定来说，延长工作时间比币制改革更为重要。而且，他们认为恢复战前10.5个小时的工作日制度能够使德国再度抢占世界市场。（费尔德曼，1993年，第793页）德国财政制度中的集权与分权问题最终于1919年夏天由马提亚·埃兹伯杰解决。他为中央政府征收了一种所得税。在德国，财政收入的分配比例原来是42%归帝国中央政府，22%归各联邦共和国（州），36%归各直辖市，后来分别改变为70%、10%和22%。尽管实行权力下放在和平时期意义重大，但在发生战争等的紧急情况下，这却是一个障碍。就像拿破仑战争时期荷兰的情况一样，反复改革并不容易做到。

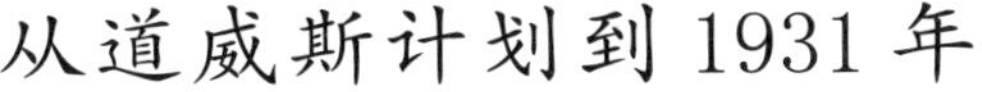

从道威斯计划到1931年

我决定不对1920年代晚期通货膨胀结束之后的短期经济繁荣进行细究。其中包括地产抵押马克*、道威斯计划、德国马克地

* Rentenmark，1923—1924年德国发行的货币。——译者注

位的确立，以及以进口资本为基础的德国经济产量急剧增长等问题。根据道威斯计划发放的贷款取得成功，其在纽约发行的部分被超额认购，并导致纽约金融市场突然大量发售外国债券，就像金融领域一些出乎意料的成功事例经常造成的情况一样。然而，让时任德国国家银行行长的沙赫特失望的是，流往德国的资金大部分不只被用于工业，而是也被用于改善地方设施。1928 年 3 月左右，纽约股票市场开始繁荣，美国投资者的兴趣被从外国债券吸引到国内证券上。这样就切断了流向德国、拉丁美洲各国以及澳大利亚的资本，而上述各国却全都依赖外国贷款。德国和奥地利的银行尽可能长时期地转向短期借贷和为自己发行的股票的提供价格支持等危险做法，这些危险做法最终耗尽了它们的现金。

对于 1930 年代的经济大萧条来说，更具有根本性意义的是 1925 年之后欧洲经济出现的复苏，当时的世界已经扩大了许多产品的生产。而 1914 年之前，世界还在从欧洲购买这些产品。各种国际商品的价格从 1925 年开始下滑，并且在 1929 年 10 月底纽约股票市场行情暴跌之时进一步下跌。凯恩斯主义认为，物价水平不起重要作用。根据这一分析，有观点认为，从 1929 年到 1939 年第二次世界大战爆发这一时期的经济大萧条，或者说至少此前扩充军备的努力，主要是美国总统胡佛、英国财政大臣菲利普·斯诺
164 登、法国总理皮埃尔·拉瓦尔、德国总理海因里希·布吕宁等人盲目坚持金本位制，实行通货紧缩性质的财政和货币政策的错误所致。目前，这种观点已经得到广泛认同。但是，这一观点忽视了世界市场物价下跌时债务紧缩的影响力。1925 年以后，世界市

场的物价就缓慢下滑；当纽约各家银行通过向依靠贷款的商品经纪人配给信贷应对股票行情的暴跌时，世界市场的物价迅速大幅下挫。当英镑贬值30%时，美元、法郎和德国马克也相应于1931年贬值40%，世界市场的物价随之遭受进一步的打击。（金德尔伯格，1973［1986］年）一种精细的分析认为，通货紧缩政策既影响消费也影响物价，当物价灵活并且政策造成物价进一步下跌的预期时更是如此。（特明，1989年；艾肯格林，1992年）但是，若以货币幻觉为理由而忽视价格运动，那就要犯严重的错误。下跌的物价对银行造成损失，促使它们限制贷款，而不顾政府的政策如何。

尽管实际情况可能完全如此，但是，对德国国家生命周期的这种论述及其与标准模型的差异的兴趣，在后来德国史学著作中提出了一个问题：布吕宁的主要目的是表明德国不可能支付战争赔款，但他是否有可供选择的办法以替代实行通货紧缩？一个事例已经强有力地说明，他既受德国国家银行内部章程的约束，又在更加广泛的意义上受道威斯计划规定的义务的限制，同时还受到1931年7月与外国银行家签署的《暂停偿债协议》的束缚。该协议给德国六个月不必赔偿短期贷款的宽限期。而且，由于该协议会使外债中的德国马克升值，所以致使外汇贬值变得棘手。最为重要的是，布吕宁别无选择。（卢瑟，1964年，第131及以下诸页）这种观点已经得到一位著名的德国经济史学家克努特·博哈特的一系列论文的支持。（这些论文绝大部分用德文撰写，但可参阅1979［1991］年，1990年；要了解与此观点相反的作者，参阅霍尔特弗雷里希，1982年，1990年。）迄今为止，这场争论已经持

续了十年有余。

1931 年 9 月，就在英国放弃金本位制前一个星期，德国经济事务部的威廉·劳滕巴赫提出一份建议书，主张政府实行一个公共工程项目，由德国国家银行的特别贷款提供资金。最近发现了一份有关该建议书的一场讨论的记录，这给通货紧缩等问题带来了新的解释。当时在场的有：著名经济学家奥尤肯、科尔姆、奈斯厄、勒普克、萨林，还有包括原社会主义者、财政部长希尔费丁在内的前任和现任政府的代表。讨论的气氛活跃、热烈并富有戏剧性。会议不时被德国国家银行行长汉斯·卢瑟（他认为其银行处于违背信义的危险之中）以及许多其他人所打断，这些人中大部分没有被记下姓名。（博哈特和肖茨主编，1991 年）实际上，对于这场事关德国和世界命运问题的争论来说，存在一种类似于莎士比亚风格的性质。就像其他几位政府高级官员一样，布吕宁没有与会。由于公务缠身，他们在绝大部分时间都缺席。但是，劳滕巴赫（事后，他被称为“凯恩斯之前的，德国的凯恩斯”）提出的计划几乎与 1932 年布吕宁辞职之
165 后，冯·帕彭实行的计划一模一样。布吕宁辞职时“离到达终点只有百米之遥”了——1932 年夏天举行的洛桑会议彻底取消了德国的战争赔款。

布吕宁的政策是否在一定程度上受到易北河以东容克地主中平均地权论者组成的利益集团的影响，对此尚存在争论。1933 年，该利益集团也曾参与劝说冯·欣登堡总统不要反对希特勒出任德国总理。我缺少对此类意见进行评价所需要的知识。在亚历山大·格申克龙（1943 年）看来，几个世纪以来，容克地主一

直过着幸福的生活。他们凭借各种手段——诸如政府在艰难时期提供贷款援助，在通货膨胀期间偿还债务等——经历了战争、和平、繁荣、经济萧条、通货膨胀、自由贸易和关税改革而幸存下来。1820年代和1880年代，农业歉收使容克地主的固定资产遭受损失。对此，格申克龙给予的注意可能太少。但是，他确实强调指出，第二次世界大战后，将德国的东部边界确定在奥德—尼斯河线，并把容克地主的领地留在苏联占领区中的德国境内是最终使容克地主这个统治阶级消亡的因素，就像断头台消灭了法国的金融家和政府官员一样。

如前所述，希特勒的上台被归结为许多原因——《凡尔赛条约》、通货膨胀、失业、德国人的品性等等。这些原因使希特勒上台成为一个超定的问题——就像一个方程，其含有的解释变量的个数超过未知数的个数*。希特勒的过度扩张政策与拿破仑、路易十四和腓力二世等人的政策非常相似。在金融市场上的泡沫繁荣中，导致这类政策产生的部分人文社会条件虽然表现形式不甚张扬，却变得越来越明显。本书第三章阐述了戈尔茨坦提出的模型。该模型认为，经济繁荣之后，通常随之而来的就是战争。可是，如果要根据诸如此类理论就认定希特勒的过度扩张政策是对德国1933—1939年经济产量增长的反应却很困难。

由于篇幅所限，在此不再继续讨论战争和在集中营里处决犹太人所发泄出来的潜在的仇恨；从被占领地区掳掠来的政治犯和

* 超定方程组一般无解。——编者注

残疾人由于粮食不够而在工厂里劳累致死等问题。[①]

战后初期

德国败于同盟国开启了德国历史的一个新阶段，其中苏联地面部队做出了巨大贡献。值得探究的是，这个阶段在美国却是以参谋长联席会议发给美国占领军的一项指令，即“参谋长联席会
166 议（JCS）第1067号令”开始的。该指令要求对德国实行非纳粹化，裁减军备，实行民主化，等等。但是，它却补充说明，不得采取任何措施以提高德国人的生活水平，“防止可能危及占领军的疾病和动乱”所必需的措施除外。这是“摩根索计划”的一个反映，该计划以罗斯福总统领导下的美国财政部长的名字命名。摩根索本人，如其班底的许多成员一样，带有犹太血统。在本质上，“摩根索计划”是要求德国回复成为一个农业国而不是一个工业国，专门从事黑林山*的布谷鸟自鸣钟和哈尔茨山的加那利白葡

① 约翰·希克斯爵士在其著作《经济史理论》中指出，当奴隶价格昂贵时，他们就得到关照；当奴隶价格低廉，或者他们已经得到将获解放的承诺时，他们就得不到维持生存所需要的粮食，相反将被榨干每一滴血。（1969年，第127页）1945年4月，在对德国北豪森附近一个集中营的参观过程中，我得知在科恩斯坦（Kohnstein）附近的地下工厂中，一个强壮的男劳力依靠数量最少的粮食配给，每天工作12个小时，持续6个月就死亡；在同样情况下，一个瘦弱的男劳力只能工作3个月就死亡。在该厂的高峰时期，2万名男女工人在此干活。到此地被接管时为止，已经有12万人在那里工作过，其中10万人已经死亡。（金德尔伯格，1945［1989］年，第203页）

* 黑林山位于原德意志联邦共和国西南部，东北—西南走向，东坡和北坡森林资源丰富；哈尔茨山位于中欧原德意志联邦共和国东北部和德意志民主共和国西南部。——译者注

萄酒的生产。随着集中营和600万犹太人、波兰人和俄罗斯人死于纳粹之手等事实被揭露，敌视德国的情绪一阵高过一阵。在此情势下，像“摩根索计划”这样的观点很容易解释。然而，这种观点没有持续下去。法国人的观点同样也未得以延续。法国人认为，德国应该重新回到1871年之前四分五裂的状态，萨尔、鲁尔以及其他资源丰富的地区应由同盟国无限期占领。“摩根索计划”与法国人的观点这两种行动路线都无法阻止欧洲其他国家对德国经济的依赖。德国不仅是欧洲其他国家商品和服务的出口市场，而且是它们资本货物的来源。

在此，我忽略了《波茨坦协议》。该协议对战争赔款问题采取不恰当的分区处理方式，结果使苏联占领区从西方国家的三个占领区分割出去。起初，苏联执意拆卸资本设备抵作赔偿。但是，当各占领区布局分散的、充当战利品的设备几乎生产不出可用之物时，各方又要求从现有产品中得到赔偿。这种处理方式不能将德国的四个被占领区——苏联占领区、英国占领区、美国占领区和法国占领区——当作一个单一体来对待，而且苏联占领区需要求助于三个西方占领区，在贸易和金融事务方面尤其如此。在1946—1947年那个灾年里，冰冻的天气使交通阻塞，随后洪水又冲毁了春麦等庄稼，西方占领区的经济情况逐步恶化。对欧洲的援助由联合国善后救济总署（UNRRA）提供，包括37.5亿美元的英国贷款（根据1946年签署的《英美金融协定》提供）、向同盟国解放的地区提供的军事援助、占领区治理和救济（GARIOA）计划等。1947年春，德国境内农村和城市之间的贸易中断，而且烟草和私人用来进行易货贸易的物品也不能替代货币。另外，西方

三大国与苏联在莫斯科外长会议上举行的一次会谈未能解决战争赔款和将四个占领区当作一个单一体来管理的问题。

1947年4月，国务卿乔治·马歇尔在返回美国途中提议，由包括社会主义国家在内的欧洲各国提出一项新的经济复兴合作计划，美国将在合理的合作安排下提供援助。1948年4月，美国国会通过《经济复兴法案》，批准在从1948年4月到1952年6月的几年里，向参与该计划的国家提供141亿美元的援助。由于东欧国家把美国监督使用其援助的商品视为侵略，因此该集团没有包括东欧集团。在"马歇尔计划"缓慢实施的过程中，德国的币制改革同时也在三个西方占领区付诸实践。早在1946年5月，这项改革计划
167 已由《科尔姆-道奇-戈德史密斯报告》设计好初步方案。但是，该计划一直被拖延，等待各方就在其四个占领区的施行达成协议。

我们还是不必关注币制改革的细节以及随后征收的资本税。币制改革是用一个新发行的马克替换十个德国马克，以此削减各种形式的货币和债务；而征收资本税却是用来调节由此造成的不公平的分配效果。马歇尔计划和币制改革推行之后，德国经济的显著恢复引出许多令经济学家和更多的政策制定者感兴趣的问题。币制改革是否属于一个早就应该加以实行（例如在1920年代初期）以消灭那些年月的通货膨胀的技术问题？币制改革的成功是否仅仅因为在1920年代构成僵持局面的各种利益集团失去了影响力——德国的边界西移使容克地主流离失所；纳粹在1930年代采取的措施伤害了工人，破坏了农民的农业；军队、工业界人士以及政府公务员由于战争造成的损失和顺从于希特勒而名誉扫地？（币制改革的成功）是否可能仅仅由于德国被外来大国占领？

一些人认为（艾贝尔肖斯特，1991年），马歇尔计划对德国的援助是荒谬可笑的。其理由是，在根据该计划所提供的美国援助大批到位之前，德国的经济复苏已经开始。事情是否确实如此？或者说，援助已经得到保证，并将到位，以填补各种生产线对生产资料的需要这一事实是否意味着，由于原材料和零部件肯定会得到补给，因此德国制造商可以开始动用原材料和零部件的供给？（博哈特和布克海姆，1991年）币制改革实施时，报道中的和人们看到的产量迅速大幅上升在相当大程度上属于幻觉。当产品只能以固定价格出售换取一文不值的货币时，企业出于以货易货的目的，一直在低报和隐瞒产量。随着良币开始投入使用，股票行情开始逐步回升，产量的数字也就开始向上矫正。但是毫无疑问，币制改革、恢复市场结算价格以取代从1939年10月战争爆发时的物价冻结（*Preisstop*）继承下来的随意定价，加上马歇尔计划无论怎样说都至少提供了一些援助，这三个因素共同导致了1950年以后的经济奇迹。1950年6月朝鲜战争爆发，引起德国国际收支平衡表中出现一点下挫。同时，这场战争的爆发还导致银行业的管制放松。企业向银行大笔借款，并在外国原材料价格上涨时大量购进。德国在“欧洲支付同盟”中的信誉增长。（卡普兰和施莱明格，1989年，第6章）后来，物价逐步稳定下来，德国的狂热采购取得效果。西德的经济开始走向奇迹。

经济奇迹

德国的经济复兴是一代新人的任务。问卷调查的结果表明，去纳粹化即使是一个可能解决的问题，至少也将非常棘手。但是，在政界和工业界，那些高度认同于纳粹侵略的人都退休了。1950
168 年，德、法两国商定建立“欧洲煤钢共同体”（ECSC），并在 1957 年签订的《罗马条约》中就建立“欧洲经济共同体”（EEC）达成一致意见。康拉德·阿登纳总理表示，乐于与法国在诸如此类的倡议中实现缓和。德国的商业开始转为外向发展。在经历了几年的自给自足和闭关锁国之后，企业中崛起的新人为了到国外旅行开始谋取出口业务中的职位。活力的迸发部分源于国内那些人的努力，因为他们想恢复自己急剧下降的生活水平；部分来自东部省份的难民和被驱逐出境者的推动力，包括从波兰和捷克斯洛伐克境内、原德国领土上被驱逐出境者，还有决定从苏联占领区向西迁移的难民群体。这股人口迁移潮的规模变得越来越大，直到 1961 年 8 月苏联占领区当局建造了柏林墙为止。1989 年 11 月发生的柏林墙倒塌产生了巨大影响。渴望重新获得财富的中产阶级、熟练工人和贫穷的德国人流入，提供了特有的活力源泉。另外，这种人口流动和工人大规模迁移也压低了德国人的工资水平。迁移的工人中一部分是熟练工人，但大部分是非熟练工人。起初，非熟练工人来自意大利和希腊，后来来自南斯拉夫和土耳其。他们被称为客工。这样就产生了一种结果，即销售增加，导致利润增长；增加的利润可以用来增加投资并进一步提高生产率。由此，便形成一个积极的反馈过程。这个过程继续不断，直至社会吸纳外来客工的能力逐步达到极限为止。诸如法本（I. G. Farben）等原有的卡特尔公司和垄断企业最后都被打破了。

在 1949 年英国人对英镑实行贬值时，德国政府也对西德马克（Deutschemark）实行贬值。在当时那个汇率水平上，结果证明德国政府低估了马克对美元的价值，但贸易顺差却增加了。外汇储备的盈余部分被用于偿还“停滞时期”以来拖欠的债务。由于德国的防务支出有限，德国的安全（防止苏联的袭击）在很大程度上由美国提供保证。因此，德国接受美国政府的请求，为驻德美军提供支援。向以色列提供的战争赔款绝大部分以预先建造好的房屋的形式支付。1956 年，德国试图通过降低进口关税来减少外贸顺差，这为说明德国经济的恢复力提供了一个显著例子。这个企图失败了：当进口增长时，出口增长得更多，成为休谟法则和英国人 1840 年代的信念的例证。休谟法则认为，进口带动出口；英国人的信念则认为，由于进口增长引起出口增长，因此没有任何必要在关税减让中实行互惠安排。正如欧洲其他国家一样，德国在人民生活水平上迅速赶上英国。然而，在它经历了先前的两次失败之后，德国似乎不再力争获取经济上和政治上的霸权，与此相反，正当许多人认为美国的领导地位正在下降之时，它仍满足于追随美国之后。

欧洲的德国

就像欧洲其他国家一样，德国的经济繁荣一直持续到 1973 年左右，并逐渐被称为“黄金时期”。（凯恩克罗斯主编，1992 年；马格林和肖尔主编，1990 年）德国（与世界另一边的日本）的经济发展速度都比西欧其他国家快。而且，所有西欧国家的经济发展速度都比美国和英国快。但是，英国人之所以将这个时期视为 169

“黄金时期”，是因为他们自己的经济增长速度比时间跨度近似的任何有据可查的历史时期都快。所有西欧国家共同发展这一事实或许不能否定本书第二章中讨论的有关国家增长周期的看法，但是，这个经历的确提出了一个重大问题，即，正在崛起的国家是否都将无可避免地向现存经济霸权的领导者发起挑战。日本和德国均未挑战美国在西方世界的领导地位，相反却满足于让世界领导权被锁定在美苏之间超级大国的争夺之中。然而，西德慢慢地开始向欧洲其他国家张望，谋求获得西欧的领导地位。

对于第二次世界大战后的欧洲，法国人的兴趣在于一种领导角色。对英国成为一个竞争者的担心促使戴高乐总统 1963 年否决了英国加入欧洲经济共同体（EEC）的申请。后来，当德国具有了经济实力和增长的经济数据时，法国看到了德国在欧洲日益上升的影响力。此时，法国已做好准备接受英国和欧洲自由贸易区的其他成员国，使之成为冲淡德国主导地位的因素。在汇率以及欧洲中央银行的组建方面，西欧尚存在进一步的问题。其中，法国和德国之间存有潜在分歧，但是，德国人的观点很可能占上风。

联邦德国对西欧的政策和对世界经济的实际政策由于东西德的关系而变得复杂。假若不是一直在小心提防东德，那么西德很可能早已作出更大努力，推动欧洲一体化向前发展了。随着 1989 年柏林墙倒塌和东德与西德实现统一，对新东方政策（*Ostpolitik*）的迷恋变得越来越势不可当。两国在将东德马克以 1∶1 的比例兑换为西德马克的过程中犯了一个错误。虽然从政治上讲，这一错误可以理解，但这无法改变其灾难性的实质。这一错误提高了东德工人的实际收入，使之远远超过他们的生产率。在东德这个

社会主义国家里，长达30年（从柏林墙建立算起）或者44年（从苏联占领算起）缺乏的工作和储蓄的动力，已经破坏了生产率的发展。西德的生产率早已超出东德许多（诸如柏林、莱比锡以及19世纪的德累斯顿这样的封闭地区除外）。（博哈特，1966［1991］年）而且，在西德经济快速发展，东德经济变得萧条，以及许多比较有活力的公民向西迁移之后，东西德之间的差距变得更大了。维持东德收入水平和生活水平的需要使得波恩政府的预算难以平衡。因此，德意志联邦银行担心发生通货膨胀，便实行货币紧缩政策。这不仅在东德而且在西德都导致失业增加。与此同时，德国的扩大和苏联威胁的解除，加上美国经济衰退的可能性，这些因素使得统一后的德国变得更加自信，甚至是过于自信。一个表现是，德国外交官中开始出现一种和法国人一样坚持使用自己母语的倾向，即使在说话者同参加会议的所有其他人一样精通英文的时候也是如此。（《纽约时报》，1992年2月23日，第7页）而且，也像日本一样，鉴于自己的经济实力和政治影响力与英国、法国、中国、俄罗斯等旗鼓相当或者更有优势，德国现在也想得 170
到联合国安理会的席位。

德国的老化

我以前没有机会拜读《行将衰退的奇迹》，但曾见到过对该书的评论（蒂利，1993年）。在该书中，赫伯特·吉尔斯奇、卡尔-海因茨·帕奎和霍尔特·施米丁三人指出，德国经济的增长速度在1973年左右就放慢了；相对于工资的增长，它的生产率萎缩；

而工会却坚决要求获得更高的工资；“人们已形成一种共识，认为政治和经济发展的重点应该从单纯的物质进步转向提高生活质量和实现更多的社会公正”（1992 年，第 160 页，转引自蒂利，1993 年，第 943 页）。具有重要意义的是，该书写于 1991 年，当时东德合并到西德经济中所造成的困难尚未全面显露。评论者注意到，合并造成的困难全面显露可能会使人们质疑该书作者提出的东西德合并将导致第二次经济奇迹的积极看法。诸如此类的看法在 1948 年至 1973 年也曾盛行一时。（同上）我再说一遍，仅凭对一本书的评论来对该书做判断是不合适的，即使这评论出自一位著名经济史学家之手也是如此。但是，我推断上述三位作者肯定有一个隐含的模型，并且该模型与本书第二章中论述的国家周期没有很大差异。

更近的一份历史研究资料是 1994 年出版发行的一期《代达罗斯》*，主题是“过渡期的德国”。其中所载许多文章特别是库尔特·劳克的看法均与德国正在老化这一观点相关。而且，绝大多数文章都一致认为，由于东德的生产率低下，失业率很高，人们的精神萎靡不振，因此吸收消化东德造成的问题使寻找德国经济复苏的正确道路成为非常艰巨的任务。科卡和劳克二人都强调指出，德国需要在不断变化的世界环境中找到一个新的位置（科卡，

---

* Daedalus，希腊神话中的神名，传说是建筑师和雕刻家，曾经为克里特国王建造迷宫。此处是美国人文与科学院的机关杂志名。该杂志创办于 1955 年，1958 年成为季刊，并沿续至今。杂志每期设定一个主题，邀请不同学者就该主题写作探讨文章。2021 年，此杂志免费向公众开放，可通过 www.amacad.org/daedalus 进行浏览。——译者著

1994年，第189页），而只有当德国的生产率提高到能与世界水平相竞争的时候，这一目标才可能实现（劳克，1994年，第60页）。他们还建议，这很可能要求每周的工作时间长于35小时，而每年的假期却要短于5星期。（同上，第64页）这种意见正好回应了本章前面所提到的斯廷内家族的呼声。

在本章开头部分，我提到过一份由德国经济部拟订并由科尔内阁批准的报告。该报告指出，“由于高失业率、高税收、短工作周、令人窒息的官僚作风和老化的劳动力”，德国正处于“失去其在世界经济中的头号位置”的危险之中。而且，报告还倡导其国民努力工作，严守时间，发扬群体精神。然而，似乎是在反驳这一观点，《纽约时报》对德国国家银行行长希尔马·科珀进行的一次采访竟然得出了德国人把形势看得过于悲观的看法。（1993年9月13日，D版第1页，第4页）科珀先生引述了一些造成悲观看法的理由——1993年的产量下降；1994年几乎或者根本看不到任何增长的前景；失业率上升；37.5小时的短工作周和6星期的假期（包括公共和宗教节日）；劳动力生产成本处于世界最高水平；另外，外国经济衰退阻碍出口，而出口又一直是德国经济复苏的推动力。他说，这些消极因素并不意味着德国正在沦落为二流国家，因为德 171
国拥有“国家的政治和社会稳定、坚挺和稳定的货币，以及高度熟练且受过良好教育的劳动力”等优势力量。因此，解决办法就是，“我们全都必须工作更长的时间。事情就这么简单”（同上）。

也许事情真的就那么简单。但是，另一方面，德国的经济也许就像它之前许多国家的经济一样，在一定程度上正变得越来越僵化。

172 # 第十章 美国

1976年前不久，《外交事务》杂志请我就美国两个世纪以来的对外经济政策写一篇文章，为的是庆祝美国建国200周年。这篇文章最后发表于该杂志1977年1月的那期，同时又被收录进纽约对外关系委员会出版的一本论文集中（邦迪主编，1977年）。该文第三次被收录是编入我自己的论文集（1990年）。我看除了进行尽可能概括的总结之外，没有任何必要再进行全面仔细的论述。因此，我从“黄金时期”结束之后开始本章的论述。“黄金时期”结束于1968年，还是1971年，抑或1973年，这取决于所选择的转折点。我将把对美国国家周期——从一个陷入孤立的小国发展到一个拥有世界主导地位或领导权的国家——的阐述放在本章较为靠前的位置，在尽可能简短的概述之后，再着重论述备受争议的美国衰落的起始问题。

在1776年到1976年之间的两个世纪中，美国经历了从一个在摆脱英国殖民统治之后渴望置身世界事务之外的小国，到缓慢但稳健地融入世界事务，最后成为世界事务的领导者的过程。这一演变过程的主要特点如下：

- 除生活在美国南方的非洲奴隶和一些白人契约仆役 * 外，没有任何特权阶层或下层社会。也就是说，这个国家从一开始就基本由中产阶级构成。
- 大量的土地——起初是 13 个殖民地，然后加上从法国、西班牙和墨西哥手里购得的土地，达到了很高的土地 / 劳动力之比；高工资——因为一个劳动者经常可以放弃现有的工作前往西部和农场；还有为节约劳动力而进行技术创新的强烈动机。
- 19 世纪中叶的大规模移民——1846 年闹马铃薯饥荒期间 173
的爱尔兰人，稍后几年的德国人，1880 年代之后的东南欧人。所有这些人将这个国家从凭借无限的土地供应发展经济，改变为凭借无限的劳动力供应发展经济。这遵循了阿瑟 · 刘易斯爵士提出的著名模型（1954 年）。

- 最初阶段是出口导向型增长，出口木材、船舶、烟草、棉花和食糖等。之后，北方转向进口替代，征收关税以保护本国工业，与南方在有关奴隶问题的意见分歧外又增添了一个分歧。这些分歧导致北部州与南部州于 1860 年代爆发灾难性的战争（美国内战）。
- 外国投资开始投向劳动节约型制造业。
- 铁路和西部移民的扩展，耗尽了边疆地区的廉价土地。
- 托拉斯与反托拉斯。

* 指 1700—1900 年来到美洲，与人订立契约充当仆役若干年以偿付旅费和维持生活的异乡客。——译者注

- 随着 1854 年海军准将佩里率领的“黑船”到达日本，1898 年西班牙与美国爆发战争，古巴和美国在波多黎各、菲律宾群岛的保护国赢得独立，以及中国 1900 年的义和团运动，美国开始越来越多地卷入国际事务。
- 由于与英国的“特殊关系”，以及德国发动无限制潜艇战，美国推迟（1917 年）参加第一次世界大战。
- 第一次世界大战之前和战争期间，大量生产技术逐渐成型。
- 1918 年 11 月之后，美国拒绝在世界事务中承担一个负责任的角色，拒绝接受《凡尔赛条约》和加入国联，对德国的战争赔款也保持超然态度，同时还坚持向同盟国收回战争债务。

- 1920 年代，汽车和电力时代来临，住房和工业重新安置。
- 继 1928 年春的一阵泡沫繁荣之后，1929 年股票市场暴跌，陷入深度衰退的世界物价和贸易承受着巨大压力。1930 年 6 月实施的斯穆特-霍利关税 * 则使这一情况更加恶化。
- 逐步负责任地参与国际经济事务，并在第二次世界大战后成为令人敬畏的世界经济领导者——慷慨地了结了美国对盟国的借贷；建立联合国善后救济总署（UNRRA）；向英国提供贷款；不仅援助盟国而且援助被打败的敌对国；建立由国际货币基金组织和世界银行构成的布雷顿森林体系；最后实施“欧洲复兴计划”（马歇尔计划）（并

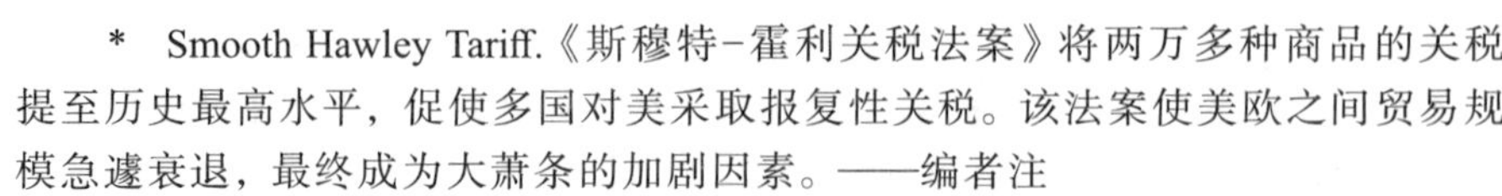

* Smooth Hawley Tariff.《斯穆特-霍利关税法案》将两万多种商品的关税提至历史最高水平，促使多国对美采取报复性关税。该法案使美欧之间贸易规模急遽衰退，最终成为大萧条的加剧因素。——编者注

向日本提供帮助），谋求推动欧洲国家在贸易、工业和金融等领域建立更为紧密的合作关系。

- 通过签订条约组成关税与贸易总协定（GATT），并帮助第三世界国家进行发展。
- 在“冷战”中对社会主义阵营实行遏制政策，直至社会主 174
义阵营于1989年瓦解。

在专门论述“20世纪的美国与世界经济”的一篇单行本论文中，我编制了一张表（见下表10-1）来说明美国对外经济政策如何沿着几条职能线发展演变。这几条职能线对作为世界经济领导者具有重要意义，其中包括：商品市场、外汇市场、资本流动、国家宏观经济政策的协调，和在金融危机中充当最终解决问题的借贷方等（金德尔伯格，1986b）。从这些重要领域已经产生出了一项对1930年代世界经济大萧条的研究。就经济大萧条持续的时间、影响的广度和深度而言，我将其归咎于如下事实，即：英国在经济上已经过于衰弱，不能承担作为银行挤兑过程中最终解决问题的借贷方的角色；银行挤兑自1931年5月在奥地利发生之后，已经开始从一个国家波及另一个国家，而美国（和法国）却不愿意成为最后借款人。（金德尔伯格，1973［1986］年，第14章）第二次世界大战后美国的态度发生改变，在这些职能领域扮演了强有力的角色，一直持续到1971年等几次金融危机。之后，它承担的义务开始逐步减少。为了将这些信息放到一个单页上，我对其进行了最大限度的压缩，并简要地界定了缩写词。该表所列出的绝大部分内容将是学习那段时期的经济史的学生应该掌

表 10-1　美国对外经济政策与世界经济——20 世纪[a] 176

职能	1901—1914	1919—1929	1930—1939	1945—1970	1971—1990	备注
商品市场	强有力的保护，1913 年有所减弱	反倾销关税，忽视 1927 年订立的《关税休战协定》，抵制斯蒂文森橡胶计划 *	不负责任的《斯穆特-霍利关税法案》；1934 年开始恢复 RTAA	ITO，GATT，狄龙回合和肯尼迪回合等多边贸易谈判，用战略储备资源生产的商品的销售，联合企业，证券交易所，NTBs	双边 XR，MFA，大豆“冲击”**，AOPEC 禁运交由石油公司执行	格普哈特威胁进行双边报复，商品协议摇摆不定，GSP
外汇	金本位制度下的“自动调节”	FRBNY 对与欧洲的合作感兴趣	《托马斯修正案》，修改黄金价格，破坏 WEC，《三边金融协定》，白银的价格	布雷顿森林体系，英国的贷款，马歇尔计划，黄金总库交换，G-10，SDR	10% 的贬值浮动范围，善意的忽视，《卢浮宫协议》试图纠正 1982—1985 年的货币升值	黄金迷（gold bugs）：蒙代尔等人，金价自由下降？流动不成问题

* Stevenson Plan，英国在一战后通过限制橡胶出口吨位来稳定其价格的计划，由锡兰和英属马来西亚政府制定，1922 年 11 月 1 日生效。美国当时消费约全球 75% 的橡胶（用于轮胎等制造业），因此该计划引起的橡胶价格抬高严重威胁了美国利益。——编者注

** 指 1972 — 1974 年的粮食冲击。参见本书第十一章《贸易与工业》小节。——编者注

职能	1901—1914	1919—1929	1930—1939	1945—1970	1971—1990	备注
资本流动	作为成熟债务人*偿还FDI	根据道威斯计划提供的贷款，使X在1924—1928年间急剧上升，当1928年NYSE暴涨时停止	普遍不履行债务，停止向加拿大以外的所有国家提供贷款	X-M银行，世界银行，地区性DBS，IET，VCRP，MCP	“1971年的罪行”**之后银行向主权国家贷款，贝克和布雷迪关于第三世界债务的计划，资金大规模流入，国库债券，不动产，股票	贝克坚决主张银行继续贷款，1987年的“黑色星期一”
货币、财政政策的协调	金本位制，奥尔德里奇委员会，《联邦储备银行法案》	冲销战时黄金，1927年的奥格登·米尔斯CB会议	与英格兰银行（B of E）协调的愿望比较微弱	IMF，OECD，第三工作组，契克斯阁	卡特计划，火车头，无效的首脑会议	美国不能说服日本限制出口带动的经济增长，FRG放松对通货膨胀的控制

* mature debtor. 金德尔伯格在其著作《美元短缺》（The Dollar Shortage）中提出了一个周期模型，在模型中，一国的国际收支取决于其在生命周期中的位置。初始的不发达国家以高速借贷的年轻债务人（young debtor）身份出现，并逐渐转为有经常账户余额的成年债务人（adult debtor）。随后国家开始作为成熟债务人偿还贷款，并向债权人转变。——编者注

** 指1971年孟加拉大屠杀。——编者注

续 表

177

职能	1901—1914	1919—1929	1930—1939	1945—1970	1971—1990	备注
最终解决问题的借贷方	没有必要	孤立主义，坚决要求偿还战争债务	影响太小，参与过迟，破坏世界经济会议	马歇尔计划等，互惠外汇信贷，巴黎俱乐部，G-10，《巴塞尔协议》	1982年墨西哥，1975年《巴塞尔议定书》	不清楚今日责任在何处

a：欲见有关此类一论点的论述，参阅第12章。

缩略词：

AOPEC—阿拉伯石油输出国组织；B of E—英格兰银行；CB—中央银行；DB—开发银行；FDI—外国直接投资；FRBNY—纽约联邦储备银行；FRG—德意志联邦共和国；GATT—《关税与贸易总协定》；GSP—（关税）一般特惠制；G-10—10大金融领导国集团；IET—利息平衡税；IMF—国际货币基金组织；ITO—国际贸易组织；MCP—强制性控制计划；MFA—《多种纤维协定》；NTB—非关税壁垒；NYSE—纽约证券交易所；OECD—经济合作与发展组织；RTAA—《互惠贸易协定法案》；SDR—特别提款权；VCRP—自愿限制信用计划；WEC—世界经济会议；WP—经营效率提高委员会；X—资本出口；X-M—出口减去进口，或者贸易差额；XR—出口限制。

资料来源：金德尔伯格，1989年，第290—291页。经收割机/麦束出版社授权转载。

握的内容；其他人可以从论文原文中得到比较全面的解释。使用这种方法，加上前面非常简洁的概述，使得本章可以从1970年左右的“黄金时期”结束时开始阐述。当时美国已是世界起领导作用的经济大国，衰退的迹象已经开始显现。

黄金时期从1945年或1950年开始，持续了1/4世纪，堪称美国在经济问题上的显著地位无可挑战的时期之一。但是，在这一时期，国外存在赶超的迹象，美国本身也有下滑的表现。在新兴工业领域——飞机、计算机、电子产品、制药、使人能够在月球上驻足的惯性制导、CT扫描仪等医疗设备——1950年代存在的巨大差距在随后的10年开始缩小，尤其是不仅德国、日本、瑞典、瑞士，而且法国和意大利都开始缩小与美国的差距。正如琼-雅克·塞范·施赖伯在《美国的挑战》（1968年）一书所述，大规模直接投资流的出现及从美国流向整个工业世界，引起了“过分外

311
国化”的担心。这股直接投资流的速度逐渐减慢，而且外国在美国的直接投资随之增加。意义更为重要的是：生产率增长速度放慢；储蓄下降；联邦预算和国际收支经常账户双赤字；在丹尼尔·贝尔所说的“后工业化国家”（1976年）中出现了从制造业向服务业的转变；特别是人们越来越关注金融和财产的买与卖而不是货物的买与卖，越来越关注开发新的金融工具或者恢复使用旧的金融工具，而不是开发新的产品和制造工艺。

生 产 率 175

普遍的看法认为，自1950年以来，其他发达国家和大多数

欠发达国家已经在生产率方面追赶了美国很长一段路程。但是，仍有一系列有关追赶程度、时间和原因的问题尚待解决。首先是衡量方面的困难，即生产率是应以每个工人的产量（或每个工人每小时的产量）为准（尤其是在服务领域，产量更是难以衡量），还是应以全部要素生产率扣除折旧提成为准；如果是后者，那么是应只计算实物资本，还是也应包括体现在工人培训过程中的人力资本；而人力资本又应如何衡量，甚至是否应该对“土地”或自然资源也给予一些关注，等等。在最后这一类影响因素中，随着越来越多的资源型商品由出口转为进口，美国原有的资源富足正变为缺乏。（瓦尼克，1963 年）

生产率绝对下降的程度变成了一个高度技术性的问题。正如前文所说，这取决于使用的衡量标准。在很大程度上，这还取决于讨论的行业，即它是技术含量较低的行业，如纺织品、汽车和钢铁等；还是飞机、计算机和科学仪器等高技术行业。虽然总的说来，贸易收支差额受 1980 年代发生的汇率的重大变化的影响，但是其中一个衡量标准仍然来自制造商品的贸易差额。随着美元在里根政府“善意的忽视”*时期升值，汇率先是上涨，并一直持续到 1985 年 9 月《广场协议》签署，然后才在 1980 年代末下降。统计图表表明，与 1978 年相比，1991 年美国在汽车、其他消费品、服装和日常用品等方面均有大量逆差；外国人在美国高技术产品市场上所占的份额越来越大，在计算机和科学仪器等产品的

* benign neglect. 指里根政府初期对国际外汇市场采取的不干预政策。——编者注

市场上尤其如此。（贝利，1993 年，第 31 页，统计表 1）但是，一切似乎都不会丧失。在过去几年中汽车工业已经通过“精简”取得了效率上的显著提高。他们解雇了大批中层管理和监督人员，关闭了效率低下的工厂，如福特汽车制造厂在密歇根州威洛伦的工厂，该厂是为生产飞机而在第二次世界大战期间建立的。以铁矿为基础的大型一体化钢铁厂让位于小钢厂。这些小钢厂都靠近消费中心，使用钢铁的边角废料代替铁矿，并且许多小钢厂用的还是电而非煤。（美国化学学会，1984 年）服务行业，尤其是金融业，在不解雇职员的情况下还连续几年增添计算机等办公设备。但是，自 1987 年后，它们也已经在不减少产出的情况下逐步裁员。保罗·戴维早已指出，提高生产率获得的收益可能要比资本设备方面的发明和投资滞后几年，但是，发明和投资最终将使收益成为可能。他还引证说，制造业中的电气机械用了 80 多年才实现了成本的大幅降低。（1990 年）特别是现在分子生物学和遗传工程学领域的企业，它们发展迅速，吸收了许多风险资本，但迄今为止尚未产生利润。它们的赢利希望如果真实的话，那也存在于未来。

从 1964 年左右（戈登，1993 年）到 1980 年代末，美国的生产 178
率很可能在经济形势恶化的过程中下降。但是，我抛开这种可能性，把注意力集中到此前发生的生产率下降问题上。首先，生产率下降是相对的，不是绝对的，就像战争期间发展受到抑制的国家，即使不在所有领域也在某些领域实现赶超并向前发展一样。（阿布拉莫维茨，1986［1989］年，第 7 章）在许多人看来，技术是一种公共物品，所有能够有效适应的人均可免费或近乎免费地获得。（纳尔逊和赖特，1992 年）理查德·纳尔逊和加文·赖特没有

否认美国可能正处于滑向“生产率和人均资本收入方面的第二、第三或第五等国家”的过程之中；但是，他们强调技术及其在创新过程中的改进作为世界公共物品的作用。（同上，第1961页）

威廉·鲍莫尔、休·安妮·贝蒂和爱德华·N.沃尔夫三人合著的著作（1989年），以及麻省理工学院迈克尔·德图佐斯、理查德·莱斯特和罗伯特·索洛三人团队的著作（1989年），是对美国生产率的两项重要研究。前者将技术的相对落后与导致经济发展速度减慢的其他因素联系起来研究，包括储蓄和投资的减少，资本输出剧增，科学和工程技术的注意力转向军事领域，对教育不够重视，以及自然资源可能已经变得更加匮乏等因素。（威廉姆森，1991年，第52页，第67页）麻省理工学院的研究小组则把注意力集中于管理不善的问题上，这是通用汽车、国际商业机器公司（IBM）、美国钢铁、LTV*、西尔斯和其他许多大公司所经历的困难中都体现出的问题。其中一些大公司在1990年代仍在进行异常大胆的努力，以克服自身的弱点。

一种比较怪诞的（碰巧是法国人的）观点认为，当1971年国会拒绝拨款建造超音速运输机时，美国就已经放弃为获得技术优势而奋斗。（吉佩尔，1976年，第14页）W. W.罗斯托注意到，1992年4月，肯尼迪总统——作为对技术创新感兴趣的很少几位美国总统之一——在向国会作证时向当时国家航空航天局

* 即凌-特姆科-沃特（Ling-Temco-Vought）公司，创立于1947年，主要从事零部件制造，后通过持续并购建立起综合性公司集团。业务涉及航空航天、电子器件、钢铁制造、运动品、汽车租赁、药物医疗等诸多领域。经过数次非常复杂的拆分与破产保护，LTV最终于2001年不复存在。——编者注

（NASA）负责航天计划的领导人詹姆斯·韦布问道，为何从这个项目派生出来的和平时期的创新成果如此之少，不像第二次世界大战期间军事发明的情况一样。（1992 年，第 3—4 页）更近一点看，自从苏联集团崩溃之后，五角大楼的军事部门国防高级研究项目局（DARPA）一直在深入探讨军事研究和开发在何种程度上能够被改造适用于和平用途。

除了管理不善（有时被描述为发展中的制度僵化）外，可以用来解释 1960 年代生产率下降的理由还包括：1973 年和 1979 年石油输出国组织（OPEC）操纵的石油价格上涨等外来冲击；1970 年代的通货膨胀大爆发导致商业界压缩自身的研发开支；尤其是美国人的注意力转向金融业，专心于短期投资而不是长期投资，买卖资产而不是货物和服务。

储　　蓄 179

对生产率的降低，一种解释是美国国内资本投资的增长速度放慢。这部分是因为美国公司和企业在向国外投资，尽管这在一定程度上应该被投到美国的外国资本——通常携带着新的技术——所抵消。可用于在美国投资的公司储蓄可能已经略有减少。但更为重要的是，作为美国人价值观念的一种标志，1960 年代的居民储蓄率从 9% 或 10%（已经分别远远低于日本和德国将近 20% 和 15% 的储蓄率）开始向下滑动，一直下降到 1980 年代的 3% 或 4%，并且大部分储蓄是按合同规定的形式而非以自愿的形式存储，也就是说，是以保单和养老金的形式存储。居民债务——负储蓄——已经从 1965 年的 3 590 亿美元增长为 1988 年的将近 33 万亿美元。1985 年的增长速度甚至还有一个小的加速度。（波林，1990 年）这些数字都是些名义上的说法；并且在对鼓励贷款的通货膨胀进行矫正之后，增长速度更慢。一位功成身退的商人 J. 欧文·米勒曾对美国经济表示哀叹。他指出，过去那些习惯于把未来置于现在之前的国家，现在已不再那么做了。（米勒，1991 年，第 43 页）低收入水平人口的储蓄出现某种程度的下降是通货膨胀时期人们生活困难所导致的结果，大学教育和医疗保健费用提高加剧了这一点。收入分配的倾斜度增大理论上能使高收入阶层的储蓄增多，但情况似乎并非如此。1981 年，里根总统提出的减税计划意在增进储蓄，并由此促进投资增长。但是，它以失败告终。当边际税率从 70% 降低到 28%（到布什总统执政期间才略有回升），留存收益似乎都已被用来消费，包括：购买第二套和第三套房子；旅游；购买高档服装、汽车、珠宝、游艇等等。资金并没有被存到银行和用于投资。一些储蓄保留着流动资本的形式，以利用基金会中的“投资”机会进行企业并购，或在可能受并购影响的证券公司中进行套汇；换句话说，就是保持流动性以进行资产交易，而不是投资到用于生产的资本设备上。

在消费领域存在一种很有影响的理论，即生命周期假设。该理论认为，家庭成员年轻时储蓄，年老时支出；因为收入是先增多，后减少。（莫迪格利安尼，1980 年，第 2 卷）正如 1971 年后美国的居民储蓄下降所表明的，这种模型完全适用于本书第二章中论述的国家生命周期理论。但是，正如计量经济学实验提供的例子所证明的，将这种模型应用于家庭却存在一定困难。从理论层面上讲，如果该模型有效，人们就会看到大笔资金被用于购买终生年金——这种年金将在个人或结婚夫妇退休后给付。对此类投资的兴趣有限，说明存在把钱财作为遗产留给子女的动机。其次，该模型并不适合同时应用于年轻人和老年人。今天的年轻人通过借贷而不是储蓄来完成教育，购置房产（通过抵押贷款），并增 180
添家用物品及进行其他消费（使用信用卡、分期付款以及赊购方式）。个别人是在中年以后才付完部分此类款项的，这些钱构成了储蓄。老年人的收入由社会保障的转移支付提供，并用指数化的方式同生活费用的增长挂上了钩，从劳动人口到退休人口都是如此。再次，即使老年人对诸如医疗开支、旅游和外出进餐等服务的需求可能不大会减退，但老年人的需求欲望仍然会减退，至少他们对商品的欲望是如此。

然而，即使生命周期假设在应用于单个美国家庭的过程中遇到困难，它也仍然非常适用于作为一个整体的美国。这个国家在成熟、强大的发展期间储蓄水平很高，现在处于老化过程之中，发展速度也在逐步放慢。

储蓄减少的第三个根源，是联邦预算赤字的急剧增长。尽管有或是由于有了1981年的大规模减税，联邦预算出现了巨额赤字。该减税意在增加储蓄和投资，提高国民收入，并由此在税率较低的情况下提高税收总体收益，就像U型的拉弗曲线所预测的那样。社会保障的转移支付和医疗保健等权利项目的支出持续上升；军队或国防开支并未减少，甚至随着“战略防御倡议（SDI）”（“星球大战”计划）开始实施还有所扩大。在许多人看来，联邦政府是在忽视道路、桥梁、航道、大坝、排污系统等设施的维护，忽视对遭受有毒废物污染的场所的清理和对机场等新型基础设施的投资。实际上，在国家和地方层次上所拖延的维护已经累积到了一定数量。

美国的国防开支激起了苏联的竞争性反应，但是苏联缺乏加以应对的政府能力，并且解体了。有人由此证明美国的努力是正确的。根据这种理解，可以说，美国能够得到巨大的“和平红利”，用以处理被拖延的基础设施的维护问题。然而，苏联的崩溃破坏了世界许多地区的稳定，诸如前南斯拉夫和索马里，以及一个时期的中东等，由此淡化了美国政府大幅度削减军费开支的意愿。另外受影响的地区都抵制减少军事采购，它们关心的是就业问题。1993 年，参议院在总体投票产生平局的情况之下，参议院议长、副总统戈尔的投票使克林顿总统减少赤字的重大计划获得通过。共和党人以党派斗争形式集体反对税收法案，相当多的民主党人也是这样。甚至在政府已经向他们作出让步之后，他们仍然坚持己见。这一事实表明，减税在 1981 年轻而易举就获得通过，而在 12 年之后，这一进程仍然难以稍加扭转，尽管前面采取的行动已被证明是错误的。克林顿总统为全民提供医疗保险的医疗保健计划，需要用税金来照顾那些没有资格让雇主分担保险金或成为医疗保健组织（HMOs）成员的人。当该计划在国会中被否决时，第二次危机爆发了。

181 罗伯特·艾斯纳堪称一位称职的经济学家。他有一个观点，认为联邦预算赤字被过分夸大了。通过从官方公布的数字中减去联邦政府累积起来的固定资产、中央政府和地方政府掌控的盈余，以及通货膨胀税（通货膨胀率乘以国民收入）等，他将 1988

财政年度 1 550 亿美元的联邦预算赤字调整为 440 亿美元的盈余。（艾斯纳，1992 年，表 13.2，第 257 页）至于国际债务余额，他发现衡量方面存在其他困难，并设法将 1987 年 3 680 亿美元的负值债务余额调整为基于现行市价的 590 亿美元的盈余，或者基于重置成本的 1 160 亿美元。国际债务余额等于美国国内拥有及在国外保有的财产价值，减去外国人在美国所拥有的财产价值。而衡量方面的困难则包括：投资的价值是用成本而非现行市价或重置成本进行衡量；黄金的价格是每盎司 41 美元，而不是市场上接近 400 美元的价格。国际债务余额是一个最令人不满意的概念。未经调整的头寸从 1981 年正的 1 410 亿美元变为 1987 年负的 3 680 亿美元，恶化了 5 090 亿美元。这种恶化即使改为用艾斯纳的标准来衡量，也没有发生大幅度的改变。事实上，艾斯纳的标准显示了一个逐步恶化的过程，从 1980 年基于现行市价达 3 900 亿美元的盈余，减少到 1987 年的 590 亿美元（变糟的程度达到 331 亿美元）；或者基于重置成本，从 1980 年正的 5 270 亿美元降到正的 1 160 亿美元（减幅达 4 100 亿美元）。（同上，表 13.8，第 266 页）虽然水平和衡量标准一样不令人满意，但是，根据前后一致的标准衡量出来的变化却说明了一个下降的过程。

国际收支赤字

将国际收支平衡表中的任何两个细目，或者将国民收入账户中的一个纯粹的国内细目与一个国际细目（诸如国际收支平衡表中的任何一个细目）相联系，是新手容易犯的经济学错误。从综合平衡的角度来说，所有细目决定所有细目——用艾尔弗雷德·马歇尔的比喻来说，就像一只碗里的几个球之间的位置关系一样。即使联邦赤字减少，这种减少可能也不会使国际收支赤字等量减少——实际上最不可能如此，因为其他储蓄的下降会部分抵消联邦开支的削减或税收的增加。然而，不言自明的是，未抵消支出增长的国内储蓄的增长肯定会改善经常账户下的国际收支状况。

一定数量的进口减少或出口增加不会同等程度地改善国际收支状况，因为从进口转移出来的支出或者出口增加的支出提高了国内的收入和消费，并再次转化为增加的进口。经济学家对此也表示接受。所以，一位经济学家无法仅通过国际支付中的任何细目的变化去确认国际收支整体平衡的变化，因为其他细目不会继续保持不变。

前面已经说过，有个动态的论述可以将生产率的持续提高和导致出口扩大的持续创新与国际收支改善联系起来：新的出口立
182 即会改善国际收支状况；而尽管当其影响通过国民收入账户慢慢发生作用时，这种改善有部分会被抵消但在高度发展的经济中，仍可能会有一次新的技术创新伴随着这一新的短时期的外贸顺差发生；伴随第三次技术创新而来的是第三次短暂的出超。所有这些因素所构成的整体综合下来导致了国际收支状况改善。反之，如果一个经济体在许多项目中正逐步失去比较优势，那么它累积起来的暂时赤字，将使经常项目下的国际收支状况进一步恶化。考虑到影响经常项目的许多其他因素，如 1981—1985 年的汇率增值以及随之而来的汇率贬值，美国的通货膨胀和欧洲的失业人

口，以及来自日本的不断发展的一系列技术创新等，这一模型的重要程度并不容易确定。

作为国际收支的一个决定因素，汇率的价值一直是经济学家中争议非常大的一个问题。一些人主张汇率决不会被错误估计，而是严格遵循购买力平价理论。（麦克洛斯基和泽彻，1976 年）这是一种几乎无人接受的观点。另一些人则坚信，早在 1980 年代，美国的国际收支赤字就已经产生，其主要原因正是对汇率估值过高。这一赤字滞后两年，并且目前正处于向顺差挺进的过程之中——或者说至少在朝那个方向前进；并且随着 1987 年《卢浮宫协议》的签定，美元也从贬值中走出。（克鲁格曼，1990a）根据我的判断，上述这种将经常项目同储蓄总额与企业投资之间的差额联系在一起的吸收模型是主要运作机制。但我也会将动态模型纳入考量，因为在此类模型中，一系列持续时间短暂的效应也会对国内外相关的技术创新起作用。

金　　融

伴随着生产率增长速度下降而来的是一个向金融的强大转移过程。这个现象并不新鲜：意大利城邦从贸易和工业转向金融（佛罗伦萨和热那亚的转变也许比威尼斯还厉害）；布鲁日、安特卫普、阿姆斯特丹和伦敦也同样如此。美国人对金融的兴趣早已有之：1834 年，米歇尔·谢瓦利埃写道，在向一个新的市镇移民的过程中，美国人首先建造一个带有酒吧的小旅馆，接着建造一个邮局、几间房子、一座教堂、一所学校、一家印刷所，然后就开设一家银行。这些设施可都位于尚有熊和响尾蛇栖息的社区。（1836 年，第 1 卷，第 262—263 页）他还在各种不同的著作中三次提到宾夕法尼亚州的卡本港。那里建有 30 间房子，没有修整过的街道上还残留着烧焦的树墩，然而，有一个标牌上却写着“斯凯基尔银行存款和贴现办公室”的字样。（同上，第 264 页）根据谢瓦利埃记载，托马斯·杰斐逊将这个时期描述为“银行狂热”（Bancomania），同时赌博盛行。因此，遵循 1980 年代的变化路线，转向金融的行为根本不新鲜。然而，它却是对美国人从 1945 年到 1975 年的一贯行为的重大背离。他们对联合大企业中的技术创新
183 给予持续的资金支持；实行杠杆收购、并购；采用期货和期权合同；将抵押、信用卡、分期付款以及其他债务形式等作为新型有价证券进行捆绑销售。在不动产投资信托（Reits）、第三世界债务、共同基金、垃圾债券等业务中，投资狂热瞬息即逝。

在对荷兰进行评论时，有人引述 P. W. 克莱因的话说，金融不是最差的职业（我认为这是从道德方面来衡量的），但却能导致社会分裂。（沙马，1977［1992］年，第 35 页）商人和企业家的发财程度都难以同银行家和证券交易商的发财程度相比。亚当·斯密曾将投机交易同正当的有根基的著名实业分支机构做过比较。他说：“除非是由于毕生勤奋、节俭和专心努力，否则后者获取巨额财富的情况很少发生”；相反，投机生意中却时有“突然发迹”的情况。（1976［1987］年，第 113—114 页）在 19 世纪的英国，最富有的人是继承有大量土地和城市财产的贵族，但其次就是那些从事商业和金融职业（相互之间没有显著区别）者，制造业和工业领域发大财的却不多见。（鲁本斯坦，1980 年，第 59 页）在一个

充斥嫉妒和攀比心理的世界中，目睹金融专家通过经营证券而非制造实际物品来发财，也许会刺激其他人在原本没有多少需求的情况下去努力争取高回报。如果根据“满足”来考虑，他们很可能在别人领先时就不再努力了。

当有巨大的经济收益牵涉进来时，困难就加剧了。电视频道起初是免费向申请者提供的，申请者从电视广告的收益中获取了大笔财富。后来，体育团体的所有者提高了他们允许电视台转播其比赛的价格，电视台和广告商相当大的一部分利润就转到体育团体所有者手里。运动员及其代理人参与进来，企图廉价获取很大一部分超额利润或收益。在大众体育运动中，团队合作为个人表演让出了地盘，运动员签署终身合同的制度让位于“职业运动员”制度。在“职业运动员”制度下，运动员个人在其试用期结束后能够拍卖自己的服务。当一个棒球投手通过谈判获得一份合同且报酬高于另一个投手时，后者就会愠怒，并要求获得更高的报酬，即使他已经赢得数百万美元的年薪——除非有丧失道德而胡作非为的财政顾问利用他在理财方面可能存在的无知，否则这笔钱足以为他提早退役提供资金保证。团队合作不仅在体育运动中衰落，而且在需要专业技能的行业中也衰落了。例如，在律师事务所，少付工资和过度付酬，都是司空见惯之事。非正式的合伙人和刚成为正式合伙人几年者总是得不到应有的回报，而吸引客户的能力已经下降的老搭档却仍待遇甚高。在1980年代的美国，年轻的合伙人为他们所能拥有的一切而奋斗。而且，一旦受到挫折，他们就分离出去建立新的公司。类似的失去持久合伙人的事情也发生在会计、建筑、金融和广告等行业之中。“任用知名人士的制度”

也悄悄渗透到学术界。除了高薪，人们还通过减少教学和行政工作等对个人价值较低的职责来争取知名研究人员（而非优秀的教
184 学者）。在赢家通吃的游戏中，经常见到的事例是，知名人士和熟练工在酬金方面的差距正在扩大。这对士气非常不利，并且对内部晋升和按资历晋升等较为稳定的升迁制度起到破坏作用。

金融、体育明星和专业人员的收益，导致制造业追求更高的薪水、额外收入、优先认股权等福利，以及退休甚至解雇时的高额赔偿。由于薪水或股权在一定程度上取决于公司股票的价格，因此人们的注意力从公司的长期发展转向短期损益表。同时，由于对资本收益征收的绝大多数税的税率均低于所得税税率，而许多金融界人士又在强烈要求对资本收益完全免税，因此税收制度扭曲了资源分配。

此外，过度关注收入和财富，一方面鼓励了赌博业的发展，另一方面刺激了诈骗和违法行为的增长。鲁文·布雷纳提出一个理论。他认为，就像买彩票一样，以高赔率赌博是把赌博当作唯一机会的低收入群体的一种战术。如果是一个确定无疑的穷人，那他甚至把赌博视为一举摆脱中低收入或最低收入阶层的唯一机会。（1983 年）正如我此前已经指出的，诈骗以两种形式存在。一种形式是，当通货膨胀或泡沫经济时期，冒险的欲望遍及整个社会——较多的人渴望致富时，利用诈骗作为致富手段的企图就变得不可抗拒。在另一类例子中，那些已经在冒险并且正处于被发现的危险之中的人，可能进行诈骗以挽回他们的损失并掩盖他们的违法行为。（金德尔伯格，1978［1989］年，第 5 章）后来，在一本我一时记不起来书名的参考书中，弗雷德·赫希提出这样一

个问题，即包括美国（虽然他自己是英国人）在内的世界，是否已经开始消费它的道德资本。当应用这一观点分析美国1980年代的情况时，人们就能理解这一观点背后的含义，但同时怀疑世界是否从来就没有过多少道德资本。或许道德资本的存量是周期性运动的。一位德国经济史学家大胆地说出了一个观点。他认为，18世纪的东印度公司是世界历史上最为邪恶的公司。（凡·克拉维伦，1957年）如果金融犯罪存在周期，那么伊凡·伯斯基、马丁·西格尔、迈克尔·米尔肯、查尔斯·基廷及其同事所处的1980年代无疑是一个峰期。* 在商学院开设伦理学课程，也许会减少金融领域企图走捷径的人的数目。然而，许多伦理学家认为这在个人生命周期中已经晚了。

两极分化

团队合作精神下降和道德方面的顾虑减弱，提出了一个问题：美国是否已经变成一个越来越分化的社会，不同的阶级、种族、收入群体、性别、来自不同国家的美国人之间，以及劳资之间，是否已经不太愿意实现妥协。富人与穷人之间日益扩大的差距和中产阶级的萎缩削弱了社会的凝聚力。中产阶级为处于上升阶段的群体提供了一个台阶，同时也为从更高等级衰落下来的群体提
供了一个垫子。白种穷人抵制实施下列措施：为平衡黑白儿童比 185

* 关于这一历史事件，可参阅［美］詹姆斯·B. 斯图尔特：《贼巢：美国金融史上最大内幕交易网的猖狂和覆灭》，北京联合出版公司2016年版。——编者注

例，用校车接送外区儿童上学；鼓励采取雇用少数民族成员及妇女等赞助性行动；努力促使种族总体上实现融合等。这种抵制是不同种族之间反感和厌恶最为基本的反映，例如：波士顿的黑人和爱尔兰人之间、洛杉矶的黑人与韩国人之间、纽约皇冠高地的黑人与哈西德派犹太人之间，等等。在第一次世界大战前涌入美国的移民潮（亚洲人除外）之后，人们对美国是个大熔炉的信念已经减弱。但也确实取得了一些实质性进展。第一次世界大战时期的通货膨胀第一次使黑人男劳力能在北方的工厂就业；第二次世界大战时期的通货膨胀则为黑人妇女提供了摆脱家务活的拖累进入办公室和商店的白领职业的机会。正如学生团体、学校教职员工、大学校长、律师事务所，尤其是过去歧视犹太人的郊区所反映出来的情况一样，对犹太裔专业人员的歧视现在几乎彻底消失了。有雄心又勤奋的亚洲人由于自身的优点而居领先地位。可是，低收入阶层的问题依旧存在。对原教旨主义、总体意义上的政治、宗教、堕胎和女权运动等的意识形态敌对几乎没有表现出消失的迹象。人们要求享有权利，却不肯愉快地履行职责和义务。要求某人为意外买单，或为已明确知悉其高风险性的医疗行为中的事故负责等的诉讼，说明美国已经忘记，世界上绝大多数的事情都是混沌的，其结果全凭运气。此外，一个人在成为行家之前需要实践。

由于各种集团组织起来竭力实现它们的目标，用奥尔森的话说就是变成“利益分配联盟”或不愿意妥协的既得利益集团，政治和社会议程受到妨碍，难以执行。1993 年提出的减税法案差点以失败告终。但是，政治生活中存在的诸如拉什·林博、帕特·布坎南、帕特·罗伯逊、罗斯·佩罗特之类的人物*以及他们无数的追随者，加上 1994 年 11 月中期选举中发生的共和党“革命”**则说明，在实施（比如说）马歇尔计划的时期发挥过作用的社会凝聚力已经消失，至少暂时是如此。现在，人们的态度是固执的、不妥协的和峻拒改革的。

当然，应该加上一句，许多政治上属于自由派的“有思想”的人还带有一些意识形态倾向和一些偏执。对他们的批评已经演变成了“政治正确”的人身攻击。

资本流动

按照通常的定义，国际收支中的“基本平衡”意味着涉及货物和服务出口的经常项目完全被长期资本流动所抵消，顺差被资金外流抵消，赤字被资本流入抵消，最后使短期的资本和黄金的交易等于零。像黄金一样，短期资本被认为是货币的等价物。如果一个国家外汇结存的减少或者该国对外国居民的短期净债权的增长与其黄金外流相当，那么就可判定国际收支大体平衡。在 1950 年代，这种看法曾经有过一点变化。首先是美国政府，然后是世界各国，它们相继开始把美国对世界其他国家和地区的债权 186

* 上述诸人的政治立场都偏于保守，基本都是共和党人（布坎南和佩罗特曾加入过改革党，后又回到共和党）。——编者注

** 指共和党在 1994 年中期选举中终结民主党对国会长达 40 年的控制权一事。之后的 12 年中，参众两院都由共和党控制。此事是共和党内保守主义势力复兴的转折点。——编者注

与世界对美国的债权加以区别。前者被认为类似于长期资本，即投资，不一定属于平衡项目；而外国对美国的债权，就像可以随意提取的银行存款，其流动的方式远比美国对世界其他国家和地区的短期债权更为灵活多变。随着“流动平衡”（liquidity balance）定义的变化而来的是历史记录的改变。1950 年代晚期，美国的国际收支账户未能实现平衡或顺差，而是一直存在 20 亿—40 亿美元的赤字，因为外国人把他们从美国借来的一些长期贷款和得到的援助用来平衡自己的美元账户。这一结论受到一小撮经济学家质疑。他们的理由是，美国一直充当世界其他国家和地区的银行，将部分资金投向海外。其中的一部分被用于购买商品和服务，但另一部分却被截留下来，补充借贷国家的流动资金。这些借贷国家对流动资金的需求随着对外贸易的发展而增长。（德普雷、金德尔伯格和萨伦特，1966 年）作为一个“银行”，美国并不处于赤字状态，正如在贷款、投资与存款同步增长时，银行不存在赤字一样。

美国各有关部门完全不同意这种少数派观点。它们采取一系列措施将对外援助与美国产品的出口联系起来，并限制资本外流。每一个措施都是在前一个措施失败时才被采取，包括：利息平衡税（IET）*；《戈尔修正案》，将利息平衡税应用于银行贷款和证券发行；自愿限制信用计划，约束非金融公司的对外投资；强制性控制计划（MCP），命令这些公司限制对国投资规模；向外国中央银行发行罗

---

* 1963—1974 年征收的税种。由于美国金融市场上的利率比国外低，因此美国公民购买外国证券就要为其所得的利息交纳这种税。政府希望借此削弱本国资金对外国债券的兴趣，但其结果是促进了欧洲货币市场的发展。——译者注

涉债券 *，保证以美元储备为基础的汇率。结果证明，没有一项措施是成功的：资本通过各种渠道加入世界资本市场；堵塞一个渠道就等于向其他渠道施压，最后促使资本流动得更快。

1960 年代中期，美国财政部最终批准了一项计划，同意通过创建“特别提款权”（SDRs）制度为国际货币基金组织（IMF）补充资本金。特别提款权有时也被称作“纸黄金”，可被用于偿付国际收支差额。各国根据自身在国际货币基金组织中所承担的基金份额按比例获得特别提款权。美国的目的在于使其国际储备与其国际债务同步增长，因为新生产的黄金不再流向纽约和诺克斯堡 **，相反，其他国家的中央银行却随着其美元的增多，增大了对黄金的需求。对于充当世界银行的国家来说，这种新储备似乎有一定道理；但是在政治世界中，一国的纸黄金必须得到所有国家纸黄金的配合。人们很快认识到，世界并不缺乏黄金储备；只有美国相对于它庞大的美元债务而言黄金储备短缺。因此，特别提款权这剂灵丹妙药就也失效了。

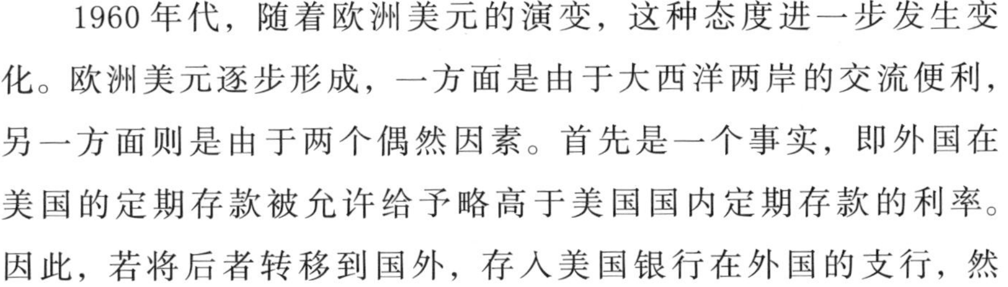

1960 年代，随着欧洲美元的演变，这种态度进一步发生变化。欧洲美元逐步形成，一方面是由于大西洋两岸的交流便利，另一方面则是由于两个偶然因素。首先是一个事实，即外国在
美国的定期存款被允许给予略高于美国国内定期存款的利率。187
因此，若将后者转移到国外，存入美国银行在外国的支行，然

* Roosa bonds，由肯尼迪政府财政部副部长（主管货币）罗伯特·罗莎发行，是以外币计价的美国国债，旨在阻止盟国将美元兑换为黄金。——编者注

** 位于美国肯塔基州北部的一个军用基地，是联邦政府黄金储备的贮存处。——译者注

后再作为外国人的定期存款而非美国国内的定期存款返存回纽约，仅这一变换就有利可图。其次是苏联的担心，即较之于存放在伦敦的美元，存放在纽约的美元更容易被美国没收。如果说还有某种额外的刺激因素，那就是欧洲和美国东部之间的时间差。

随着欧洲和美国通过欧洲美元市场紧密地联系在一起，就1970年的联邦储备系统而言，在联邦德国正严格控制其金融市场以抑制通货膨胀的时候，美国实行的降低利率以加速经济发展的政策——据说是为了帮助尼克松总统在1972年竞选连任——就是一个严重的错误。资金从纽约流向欧洲美元市场，那里的利率正在降低。首先是位于德国的跨国公司，然后是德国的公司，它们纷纷从欧洲美元市场借款，以偿还自己在国内利率更高的贷款。德意志联邦银行被迫购买被人出售以换取西德马克的美元，然后又将其重新存入欧洲美元市场。全世界的利率都出现下降，引发一股向第三世界国家（大部分是拉丁美洲国家）贷款的热潮，就像1920年代初期所发生的情况一样。这股热潮持续了10年，直至1982年8月墨西哥威胁不履行债务，美国银行家才最终清楚地认识到，狂热已经过头了。首先是里根总统手下的财政部长詹姆斯·贝克，然后是布什总统手下的财政部长尼古拉斯·布雷迪，他们推动银行就对第三世界国家的贷款问题重新进行谈判，同时继续实行借贷。历史的经验表明，当借贷迅速增长，然后又被突然切断时，它就导致借方的支出急剧下降，并随之引起经济衰退。根据这一历史经验来判断，贝克和布雷迪推动采取的最后一项措施是一个显著的进步。

美　　元

在这段历史上，令人吃惊的是，除向别国中央银行有限发行罗莎债券之事这个例外，人们并没有普遍对用正在贬值的美元进行贷款产生厌恶，并转向其他货币。曾经有过一些以合成货币进行交易的尝试，包括：欧洲记账单位、前面提到的特别提款权，以及 1980 年代和 1990 年代的欧洲货币单位（ECU）等。然而，这些尝试都不太成功。合成货币具有使用不便的特点，也就是说，它们必须被兑换成某个国家的货币才可用作支付手段。这对以合成货币计价的贷款造成了不利影响，尽管这种贷款提供了一种贬值保护。

另外，德国和日本均不鼓励外国人在国际上使用西德马克和日元。而且，实际上，它们早已采取措施阻止外国人使用，只是后来才稍微有些松动。（塔弗拉斯，1991 年；塔弗拉斯和奥泽基，1992 年）法国人试图恢复金本位制，这在戴高乐总统的演讲、雅克·吕夫的论文，以及 1965 年和 1966 年法兰西银行分别将 10 亿美元和 5 亿美元兑换为黄金的举动中都可以找到例证。但是，当 1968 年 5 月和 6 月的一系列事件——学生和工人骚乱——发生时，
一次严重的资本外流促使法国人去借美元而不是支付黄金，以补 188
充外流的资本。法国恢复金本位制的努力因此而丧失了信誉。一些日本投资商从投资于美元债务转向在美国购买不动产，结果却陷入了商业性不动产的泡沫并随之遭受损失。在 1985 年华盛顿召开的一次会议上，戴维·黑尔令人信服地指出了日本人的荒唐之

处。他们将大笔资金投在长期空置着的集体或私有产权的美国公寓上，可是自己的房子却供不应求。1968 年黄金窗口关闭，美国征收 10% 的进口税，1971 年的黄金价格略有上涨，以及 1973 年固定比价被放弃等一系列事件之后，美元变成了充当国际货币的糟糕工具。但是，由于缺乏一种足够合适的替代物，它仍然继续被使用。石油等商品以美元计价，黄金也是如此。后者不仅停止充当货币，而且变成一种价格昂贵的商品，其价格在泡沫经济中曾经上涨到每盎司 850 美元之高，然后跌落至每盎司 330 美元。世界在不得已的情况下将美元做为了跛行本位制。事实表明，美国提供美元为世界货币，并且推动《关税及贸易总协定》实行关税减让，加上资本的外流，这些因素共同导致了世界经济从 1945 年到 1970 年左右“黄金时期”的复兴。（梅尔泽，1991 年）1973 年后，美元价值的不确定性使这种支持失去了一根支柱。

其他国家继续借款给美国并在美国进行投资，部分原因在于社会主义阵营的崩溃、苏联解体以及南斯拉夫的内部冲突、欧洲的政治和军事地位尚未确定等因素。美国也许已经丧失生产能力以及解决赤字、不断恶化的收入分配等问题的能力，但是，它并没有受到革命或侵袭的威胁。

政　　策

1992 年海湾战争期间，布什总统将他的“乞讨碗”递给欧洲国家和日本，请求它们提供资金援助，以打击伊拉克对科威特的侵略。在为此致歉时，布什总统说，美国有进行战争的意志，但没有财力。约瑟夫·奈反驳了这一观点。他断言，美国有这种财力，但没有这种意愿；实际上美国很富有，较之于其他国家，它没有税负过重，只是表现得很穷。（1990年，第259页）许多分析人员就应如何解决预算平衡方面的问题开列了几乎一致的建议，包括：提高生产率；增加储蓄和投资；调动具有创造性的工商企业家的积极性等。而且，他们认为，美国所需要的一切只是意愿。亨利·诺明确区分了结构性模型与选择导向型模型的差别。他认为，在结构性模型中，衰退是不可阻挡的；并且断言，在选择导向型模型中，美国能够有所选择，但是，美国需要一个明确而自信的目标，以避免衰退并保持其领导地位。（1990年，特别是第370—371页）理查德·罗森克兰斯指出，美国具有保持世界经济霸权所需要的经济实力和潜力，但是它需要一
次危机的刺激才能奋起行动。危机能够使它利用其潜在的社会 189
能量并形成新的社会合作。至于所说的危机，他暗示了股票市场崩溃、美元崩溃，或者类似于1930年代经济危机的一次经济萧条等因素引起的经济秩序方面的问题。（1990年，第201—218页）这一看法使人想起西蒙·沙马的观点（见第6章）。沙马认为，荷兰人缺乏像法国人1789年攻占巴士底狱那样的一次重大的、激动人心的事件来帮助他们废除财政联邦主义，并建立统一集权制度。

绝大部分有关提高美国地位的建议均涉及向储蓄者、企业家和研究人员提供激励措施的问题，主要是减税，即财政经济学家所谓的“税式支出”。一些财政经济学家认为，里根总统1981年进行的实验走得不够远。对于企业家来说，这种呼声就是要求减

让或者废除资本收益税。但是，并非所有提出此建议的人都将资本收益税问题局限于未来的投资上。这一点显然不同于以前提出的建议。如果从某个规定日期开始，所有的资本收益都免于征税，那就可能发生大规模的、以资本重组为目的的资产拍卖，证券市场行情的急剧下降，甚至萧条。

人们认为，教育是一个有潜力改善经济的领域，特别是它有可能提高总体较低的文化水平，尤其是提高数学方面的能力。美国学校的做法与日本人的情况形成鲜明对比。在中学阶段，日本人在学校学习的时间很长，成绩也很优秀，并通过激烈竞争进入精英大学。然而，人们不常注意的是，在日本，一旦进入重点大学的目标已经实现，勤奋好学的强烈愿望马上就急剧松懈下来。在美国的体制下，招收没有学习习惯又有暴力、枪支和毒品等问题的贫家子女入学的城市学校仍旧受到最多的关注，但是，除了用校车将学生接送到郊区学校之外，还难以找到成功解决问题的办法。一条建议认为，要凭借“起步前的优势”（Head Start）提早着手解决问题，把对学习的兴趣灌输给入幼儿园之前的孩子。其他建议主张，让高等院校，尤其是其在校学生，承担起辅导和鼓励居住在城市中心的孩子的任务。改进小学和中学学校教育的需要已经普遍而明显地存在。但改善国家表现的前景却堪称渺茫。

在学院和大学层次，人们的满意度要高得多。在一期专门刊登对大学进行研究的论文的《代达罗斯》杂志上，肯尼思·普鲁伊特指出，美国公众对医药（抽样调查者的 50%）、科学界（40%）和教育（34%）表现出“巨大信心”。与此相比，对政府行政机关

（19%）、国会（16%）和劳工组织（16%）持满意态度的人却比较有限。（1993年，第90页）然而，在同一期杂志上，尤金·斯科尔尼克奥夫却指出，今日的工科大学强调工程设计和学科成就，却把制造业设计和成就置于二等地位。（1993年，第234页）卫生工程学、纺织技术、地理和（动物与植物）生物学等各系的课程都被取消了，而在现存的土木工程学或材料科学等各系中，实践课也几乎被放弃，以支持理论课程。麻省理工学院最近已经作出努力，对斯隆管理学院的学生进行培训，为他们到制造业领域而不
是金融业或咨询业去工作做准备。麻省理工学院相信，社会需要 190
更出色的工商企业家。学院对此信念的关注远大于对学院毕业生面临的市场的广阔程度关注。

美国在衰落？

有半杯水的杯子是半满还是半空？对这个问题，见仁见智，各有不同的说法。当然，问题的答案取决于反事实条件，即人们把特定的情况与何种替代理论进行比较。乐观主义者环顾四周，看到其他国家的状况也不甚良好；他们甚至可能从有些人觉察到的德国经济增长的下滑中（据说德国的经济奇迹正在消退）（吉尔斯奇，帕克和施米丁，1992年），或者从1990年日本股票市场泡沫的爆裂中得到安慰。但另外一些人在把1990年代与1950年代和1960年代（直至越南战争打碎美国人对自己独特性的信心）进行比较时便泄气了。

当我继续补充美国老化的下列征兆时，我站到了悲观主义者

一边。这些征兆包括：需要实行关税保护和补贴；为主张各自的利益展开激烈游说，以获取政府的支持；生产率的增长速度下降；低储蓄率和国家、公司及家庭的高债务水平；金融、工业、体育和娱乐界明星的收入增加，社会低层的实际收入下降；赌博风气蔓延，而且尽管统计数字可疑，但脑力劳动者在工作中所犯的诈骗、挪用公款等白领罪行恐怕确实在蔓延；在国际经济领域承担的责任在减弱，从拖欠联合国维和费用的债务增加，到越来越需要别国为美国领导的实现和平的努力（诸如海湾战争等）提供援助。此外，还有许多其他征兆。《经济学家》一期特刊的标题就是"美国概览：老迈之国"（1991 年）。黛安娜·平托撰写了一篇论文，题为"欧洲海洋的巨变"。她在文中指出："生活在欧洲的人们都有一种明显的感觉，即美国已变得不那么重要和相关了，未来几年它甚至会变得越来越不重要……。"（1992 年，第 130 页）

在此，我并没有将美国经济恢复的征兆全部包括在内。1994 年 1 月克林顿总统出访欧洲时，《纽约时报》沉浸在"对美国领导地位的怀恋"之中。该报引述法国国际关系研究所副所长多米尼克·穆瓦西的话说：

> "……我们正从美国寻求动力和抚慰……。之所以寻求动力，是因为我们沉痛地认识到，没有美国的鞭策，我们就不会前进。之所以寻求抚慰，是因为欧洲再次变成一个危险之地。仅凭我们自己的力量，我们无法感到安全。"（1994 年 1 月 9 日，第 E5 页）

另外，在美国内部，东部的新泽西州和康涅狄格州两州的州长在反对反增税利益集团和对“美国全国步枪协会”等令人生畏的院外活动集团展开斗争的过程中，已经显示出强大的领导力。一些回报期限较远的技术创新成果可能投入生产并带来恢复力。我不是一个赌徒，但对成功的可能性有一些预估。我认为，上述变化都会进一步将美国推向僵化和衰退；而保罗·克鲁格曼撰写的一本书的书名《降低期望的时代》(1990年）也指明了这一点。

191 第十一章　日本在排队？

我对日本经济的认识较之对除英、法和德之外的各欧洲国家更为肤浅。而且，国内有关日本经济问题的藏书资料也比较有限。然而，这个问题必须提出来，即日本是否将顺次在21世纪接替世界经济霸权的地位——虽然提出来也势必得不到完整的回答。在1950年代之后的1/4世纪里，日本在主要工业国家中发展最快。但是，到1990年代，它似乎和其他国家一样遇到了困难。并且，它遇到的问题不同于欧洲（失业）和美国（赤字、低储蓄以及生产率增长下滑），是自己独有的。这些问题使它可能的霸权岌岌可危。

在许多自然条件方面，日本近似于英国：远离大陆的一串岛屿；除煤和早期历史上的铜、白银和黄金之外，自然资源匮乏。它得益于富饶的渔业水域和进行贸易的必要性，这种必要性使日本培育了懂得如何最大限度地获取财富的一个商人阶层。可是，鉴于其大部分粮食必须进口，日本也一直处于某种风险之中。海洋形成的屏障有助于国防。长期坚持规避外国人也保护了它的文化同一性。

第一次世界大战前

1542年，葡萄牙人成为打破日本孤立状态的第一批欧洲人。但是，由于与他们结伴而来的耶稣会会士，包括圣方济各·沙勿略*，试图使日本人改信基督教，因此，日本人将葡萄牙人赶走 192
了。在德川幕府时代的1600年左右，一直被限制在港口城市长崎的荷兰人也被赶出了日本。**随着商人阶层的崛起，日本经济也逐步发展起来。但是，债务累累的贵族大名和武士和受压迫的农民使社会结构变得脆弱。在1854年美国海军准将佩里的“黑船”到达前后，这种社会结构似乎已经开始瓦解。在随后几年里，日本人一直试图把外国人赶出日本，但在外国炮火的轰炸下均以失败告终。在内外势力的夹击下，1867年幕府将军的统治陷于崩溃。随后，年幼的明治天皇于1868年“复辟”。从那以后，日本人便下定决心，坚持追赶西方，富强国家，并创办企业，加强军备。（小宫隆太郎，1990年，第7页）

从1885年左右开始，日本的经济发展逐步加速。正如表11-1所示，在1870—1913年的数十年间，日本的发展尽管不如美国或德国快速，却把英国和法国抛在后面。在第一次世界大战爆发之前的数年里，日本在1881年确立了单一货币，1882年创建了一个中央银

* Saint Francis Xavier（1506—1552），西班牙传教士，耶稣会创始人之一，后在果阿、锡兰、印度、日本等地传教，1622年被谥为圣徒，1927年教廷宣布其为外方传信会的主保圣人。——译者注

** 原文如此。——译者注

行，并于1897年采取了金本位制。日本的对外政策无论政治方面还是经济方面都富有侵略性。1876年，日本强迫朝鲜签定商业条约；1894—1895年发动战争，侵略中国；另外，还于1904—1905年进攻沙皇俄国。日本在海上取得对沙皇俄国的胜利之后，1905年变朝鲜为日本实际上的被保护国，并在1910年将朝鲜强行吞并。甲午战争后，日本又根据日中签订的条约攫取了台湾。

1920年代

尽管只有海军有限地卷入第一次世界大战，但日本还是未能逃脱1920年3月初的股票和商品价格暴跌，特别是它的大宗出口商品丝绸（人造丝的技术创新带来的损害）和棉纺织品的价格。（滨田宏一，1994年）到1920年7月止，日本已有230家企业破产。日本银行充当最后解决问题的借贷方，只能提供2.4亿日元（按2日元兑换1美元的汇率计算，即1.2亿美元）以恢复经济秩序。

表11-1　国民生产总值指数（1900年、1913年）

（1870年=100）	1900	1913
美国	349	585
德国	225	330
日本	206	281
英国	184	224
法国	160	200

资料来源：根据麦迪逊，1989年，表B-1，第119页计算得来。

随经济危机而来的是1923年9月1日发生的毁灭性地震。这
场地震造成14万人死亡，估计损失达5 150亿美元，相当于日本
一年国民收入的42%。（同上）日本银行再次出面拯救，削价特 193
别发行“地震票据”（earthquake bills），以取代已到支付日期的现
有商业票据。同时，日本银行还为受灾地区提供信贷。各种银行
乘机设法获得大批此类票据；在此基础上，它们过分地放贷。当
1927年这些票据未得到续期时，就导致一场金融危机的爆发。有
一家银行（即渡边银行）闭门了几个小时，但这几个小时已足够
人们开始挤兑其他一系列银行。1927年4月和5月，32家银行失
去支付能力。到该年年底，又有45家银行破产。经济破坏加强了
军方的力量，并使其逐步得势，最终接管政府。

1930年1月，距离1929年10月纽约股票市场暴跌才短短几个星期，日本就选择恢复实行金本位制，犯下了一个近乎致命的错误。日元升值和为商品经纪人配给信贷对日本商品价格造成了沉重压力。丝绸价格承受的压力尤为重大，从1929年9月的每磅5.20美元下降为1930年6月的3.56美元。截止到12月，该价格甚至降到2.69美元。按1929年的价值计算，丝绸占到日本出口额的36%，农业收入的约1/5，以及农民现金流量的相当大一部分。1929—1930年，日本的丝绸出口额几乎下降了一半，从7.81亿日元减少为4.17亿日元。由此造成的日本银行的黄金损失使通货紧缩的压力增大，并促使军方的力量得到新的增强。1931年，日本在军方的领导下进攻中国东北和上海。天生的凯恩斯主义者、财政部长高桥是清试图通过削减军费开支来抑制通货膨胀。但是，1936年他就被暗杀了。

1937 年 7 月，日本侵华战争全面爆发。1939 年欧洲战争爆发后，日本加入德国与意大利签订的建立“轴心同盟”的条约，宣布要建立一个“大东亚共荣圈”。同时，日本向印度支那半岛派出军队。1941 年 4 月，日本与苏联缔结了互不侵犯条约。1941 年 10 月，军方在一次政变中完全接管了政府；1941 年 12 月 7 日，日本舰载飞机轰炸了美国的珍珠港海军基地，同时袭击了美国在菲律宾的军事设施和英国驻扎在新加坡的海军。日本声称，资源匮乏的日本需要原油和废钢铁以完成其军备计划，美国限制原油和废钢铁出口的政策是对日本的敌对行动，袭击珍珠港正是对此行为的报复。

战争初期，日本在亚洲的进攻进展迅速，并攻占太平洋许多岛屿。然而，战线渐渐稳定下来。随着 1945 年 5 月欧洲战争结束，东京以及日本其他主要城市也遭到轰炸，1945 年 8 月广岛和长崎还遭受了原子弹的蹂躏，最终日本投降。即使失踪人员不计算在内，日本军队的伤亡人数至少也达到 155 万。据官方估计，平民中有 30 万人死亡，2.5 万人失踪，14.5 万人严重受伤，不包括冲绳的平民伤亡者在内，总数达 47 万人。（都留重人，1993 年，第 9 页）

194 ## 从 1945 年到 1950 年 6 月

盟军对日本的占领，几乎全部由太平洋战区最高统帅（SCAP）道格拉斯·麦克阿瑟将军率领的美军执行。盟军最初的指令反对重建该国。这实际上遵循了第一次世界大战后美国参谋长联席会议（JCS）针对德国颁发的第1067号命令中所适用的原则，对日援助也只能达到防止可能干扰占领军行动的疾病和骚乱所必需的程度。（原朗，1993年，第608页）1945年9月，日本政府请求提供粮食和汽油以缓解饥荒。1946年春，日本的形势变得更加严峻。此时，美国政府放松政策限制，向日本人提供了粮食，其中大部分来自美国农业的盈余。随后，经济复兴与非军事化、民主化一起逐渐成为美国政府的目标——共产党人在中国取得胜利之后，复兴日本经济被认为是维护东亚经济稳定所必需的步骤。美国商品信贷公司剩余的棉花被运送给日本；美国进出口银行与占领区治理和救济（GARIOA）机构一起为日本提供贷款；另外，美国还制定了一个没有在德国实行过的新项目，即“占领区经济复兴”（EROA）计划，可与为欧洲制订的马歇尔计划相提并论。（同上，第609—610页）

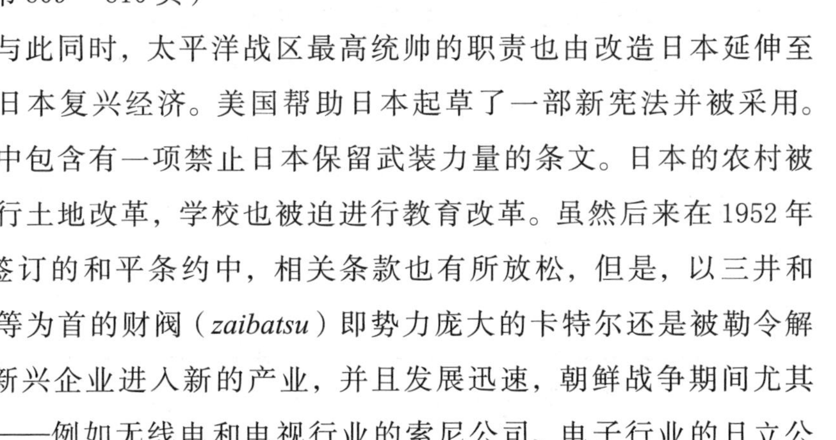

与此同时，太平洋战区最高统帅的职责也由改造日本延伸至帮助日本复兴经济。美国帮助日本起草了一部新宪法并被采用。宪法中包含有一项禁止日本保留武装力量的条文。日本的农村被迫实行土地改革，学校也被迫进行教育改革。虽然后来在1952年4月签订的和平条约中，相关条款也有所放松，但是，以三井和三菱等为首的财阀（*zaibatsu*）即势力庞大的卡特尔还是被勒令解散。新兴企业进入新的产业，并且发展迅速，朝鲜战争期间尤其如此——例如无线电和电视行业的索尼公司、电子行业的日立公司、汽车行业的丰田公司和日产公司等。

1950年代，日本经济迅速发展起来。滨田宏一和粕谷宗久将这种快速发展归因于币制改革。首先，他们归因于拉尔夫·扬的币制改革。当这被证明还不足以说明问题时，他们又归因于约瑟夫·道奇的币制改革。道奇是当时由货币经济学家组成的集团的领导者，于 1949 年提出日本应实行货币转换，以缩减货币供应量，并将汇率固定在 360 日元兑换 1 美元的低水平上。(1993 年)

1950 年 6 月，朝鲜战争爆发，所谓的“联合国部队”(绝大部分来自美国)随即前往援助韩国。战争的爆发导致美国对日本的政策发生重大变化。麦克阿瑟将军的职责由太平洋战区最高统帅转变为该战区部队的总指挥。美国对日本经济状况所抱有的一定程度的冷漠让位于对日本经济复兴的极大热情。美国希望日本凭借与朝鲜隔日本海相望的战略位置为朝鲜半岛上的美军提供后勤支持。日本国际收支差额的数据资料表明，主要表示军事采购的“政府”一项，其国际收支差额增长了 9 倍。(表 11-2)

表 11-2　日本国际收支差额中“政府”的收支差额(以百万美元计)

1947	0	1952	788
1948	19	1953	803
1949	49	1954	602
1950	63	1955	511
1951	624	1956	505

资料来源：滨田宏一和粕谷宗久，1993 年，表 7-9，第 171 页。

日本应付此类紧迫压力的能力寓于下列因素之中：日本战
195 败之后经济总体上的潜在活力；对通货膨胀提早进行控制；来自高储蓄率和政府补贴的廉价资本以及廉价而熟练的劳动力。我将在后面论及储蓄率的问题。廉价劳动力出自两个来源：第一个来源是从农业转移出来的人口；第二个来源不仅包括军队的复员人员，还有许多被强行遣返的、曾在东亚充当劳工尤其“满洲”铁路工人的日本人。都留重人评论说，日本得到了“出奇灵活的劳动力供应”的支持：1 000多万工人从与战争相关的活动中解脱出来，主要有710万复员军人，来自亚洲国家的260万遣返回国人员，以及曾被选拔从事军火工业工作的160万工人。（1993年，第68页）他还评价说，其中绝大多数人都体格强壮并掌握某种技能。未能马上被雇用者回到农村，并在后来被输入到工业劳动力之中。滨田宏一和粕谷宗久进一步阐述道，这批劳动力受过良好教育，可以使日本经济符合阿瑟·刘易斯的增长模型的条件，即拥有无限制的劳动力供应。（1993年，第177—178页）另外，美国在最初阶段还对工会和集体谈判交涉加以鼓励，并在1945年12月颁布的《工会法》中承认罢工权利。但在此之后，麦克阿瑟在1947年1月仍然禁止了一次威胁要进行的大罢工。当时，政府工作人员要求把工资增加到与私营工业职工的工资相当。一位美国文职官员断言，阻止此次大罢工的发生代表了美国对日占领政策的一个转折点。日本人民由此开始意识到，日本需要自我限制。（都留重人，1993年，第23—25页）但是，他们仍然忘记了在1980年代后期的股票市场和房地产市场泡沫经济中做到这点。

贸易与工业

小宫隆太郎将朝鲜战争爆发之后日本对外贸易的发展经历划分为三个不同的时期。虽然美国和欧洲的许多分析家认为，日本政府和产业界在上述三个时期内一直在促进出口和阻止进口，但是，三个时期仍应以不同的比较优势、国际收支表显示的结果以及日本人通常所认为的贸易政策为基础。（1990 年，第 1 章）

在 1950—1967 年的第一个时期，日本出口的是劳动密集型
196 产品，主要有纺织品、服装、瓷器、玩具和家庭用品等。和丝绸出口一样，这在很大程度上和日本在两次世界大战间一直遵循的比较优势原则相一致。这些出口产品中，有些是盗版或从国外窃取的技术。一个缝纫机公司试图将其产品的商标标为“盛家”（Seager），以冒充“胜家”（Singer）牌产品，在国内市场上每台卖到 25 000 日元，在国外市场上每台卖到 10 000 日元。（都留重人，1993 年，第 78—79 页）据传，一些劣质品生产商创建了一个名为“Usa”的市镇，以至于他们能够将其劣质品打上“Usa 制造”的标志，使美国的原产地标志的规定混淆不清。虽然日本的储蓄率很高，但是由于经济重建的各种需求，这个时期的资本仍很缺乏。在 360 日元兑换 1 美元的水平上，日元的汇价被过分低估了。日本的对外贸易出现入超，运输方面的结余使入超进一步增大。但是美国为了朝鲜战争而在日本进行的采购，在 1950 年代的绝大多数年份中都抵消了这种入超。日本促进产品出口，并且采取

"要么出口，要么死亡"的态度，除最为至关重要的进口产品之外，阻止一切产品进口。（小宫隆太郎，1990年，第7页）出口产品不仅可获得低利率的贷款，还能得到优惠的税收待遇。在此时期，日本加入了《关税及贸易总协定》（GATT）。但是，它缺乏履行义务的热情，对于1965年结束的肯尼迪回合的谈判中所要求的线性关税减让始终坚持保有许多例外情况。小宫隆太郎认为，美国只是通过协议来加入《关税及贸易总协定》，而日本以及其他许多国家的加入都是通过条约来实现的。在此基础上，他指出，美国对执行《关税及贸易总协定》的热情也是有限的。（同上，第11页）对此，我重新收集的资料可得出一种不同的解释。1948年在哈瓦那达成一致意见的《国际贸易组织（ITO）宪章》草案，充满了美国之外的其他国家坚持保留的如国际收支逆差、少部分长期失业人员等原因造成的例外情况，以至于美国国会拒绝批准该条约。他们的理由是，美国会遵守这些规则，而世界其他国家却将利用这些例外情况。由于从技术上讲，《关税及贸易总协定》不是一个条约，并且无需国会批准，因此，不能使《哈瓦那宪章》得到国会批准就导致美国国务院从国际贸易组织转向《关税及贸易总协定》。

小宫隆太郎承认，美国一直向日本的出口产品开放自己的市场，直至棉纺织品进口的压力导致所谓的"自愿出口限制"谈判。从根本上讲，"自愿出口限制"是强迫性的。美国首先于1955年将此"限制"强加给日本，接着强加于其他出口国。欧洲国家阻止日本进口产品持续的时间比美国长得多。在整个这段时期，日本向进出口商提供行政指导，对物价实行调控，并限制国内竞

争，反对国内的公司之间改变市场份额。小宫隆太郎断言，日本加入《关税及贸易总协定》，不是由于它信奉自由市场的原则，而是因为它想被接纳成为世界共同体中一名正式成员，并在其中发挥重要作用。因此，它的自由化进程是谨慎、缓慢的，并且仅仅是为了应付外部的压力。一些实行自由化的措施后来又被逆转。（同上，第15—16页）许多貌似真实的自由化措施纯粹是弄虚作假，例如允许外国企业100%投资于一些根本就没有企业愿意投
197 资的行业或产业，如清酒酒吧和弹子房；而在钢铁、水泥、摩托车、棉纱以及合成纤维纺织等产业，日本的出口产品早已显示了强大的比较优势。（金德尔伯格，1969年，第88—103页）在这个时期，日本一直努力从国外获取技术（主要通过许可证制度），并在国内投产。只有在许可范围内无法得到重要技术的情况之下，日本才会允许外国进行投资。在通常情况下，合资企业能够得到批准。但是，当外国的技术已被日本掌握时，日本就将合资企业解散。

第二个时期，小宫隆太郎设定为1968—1975年。这个时期涉及一个转变，即从使用廉价劳动力的产品，转向资本密集型和/或包含有高技术与质量控制的产品，包括：使用大量资本的钢铁和船舶；质量起决定性作用的相机、收音机、电视机、家庭用具、手表以及汽车等。

钢铁和航运紧密相联。第二次世界大战前，用2万吨左右的货船运输铁矿、煤和钢费用很高，所以钢铁方面的越洋贸易相对较少。日本的重工业大部分都局限在它的本土。第二次世界大战后，日本成功建造最大载重量达25万和30万吨的第一批超大型

油船，还有 20 万吨左右的矿石运输船。随后，钢铁就像棉纺织品和毛纺织品一样，几乎变成一种不受局限的工业。无论何地，只要其港口能够容纳深水船只，就可布局钢铁工业。日本的钢铁厂能够很容易地使用美国的废钢或巴西或澳大利亚的铁矿石生产出钢铁。而且，它还将由此产生的产品销售到美国。产品在新奥尔良登陆，然后沿着密西西比河和俄亥俄河向上游运送，最后几乎能够到达匹兹堡。日本不仅率先使用自己的钢铁建造了一些超级航空母舰，而且还在海洋运输的其他技术创新上处于领先地位，如：集装箱船、用于运输卡车和汽车的滚装滚卸货船（而不是一次一辆地从船舱口上下、放低和抬高卡车与汽车）。世界贸易之所以获得巨大发展，部分原因在于，经过《关税及贸易总协定》连续几个回合的谈判，关税壁垒得以削减；而且也由于运输费用变得便宜，扩大了重型货物的交易范围。后来，日本还对澳大利亚西北部新发现的铁矿矿藏进行投资。虽然都留重人根本不是一个沙文主义者，但他呼吁人们注意一个事实，即开始于 1950 年的日本钢铁厂现代化导致通产省计划使钢产量从 1951 年至 1955 年翻 10 倍。在此之后，钢铁生产确实由 1955 年的 940 万吨增长到 1974 年的 1.171 亿吨。1975 年，世界 20 座最大的高炉中，有 13 座在日本。而且，这 13 座高炉在连续浇铸方面超过其他所有高炉。然而，通产省和向该产业提供资金的银行担心过度竞争。因此，两家最大的公司八幡和富士，在政府的指导下于 1965 年合并，创建了世界最大的钢铁公司。该公司的产量达到 3 250 万吨，超过美国钢铁公司几乎 1 000 万吨。（都留重人，1993 年，第 58—59 页，第 98—100 页）

当然，在大宗货物的海运费用降低的同时，对时间敏感度高的货物实行空运的费用也变得低廉。而且，人们能够以更低的价格乘坐飞机，更加便利地通过当面接触达成协议。

1960 年代末和 1970 年代初是世界贸易发生剧变的时期。
198 1968 年，政府停止对伦敦黄金市场的支持。1971 年 8 月，尼克松总统关闭了美国的黄金窗口，并对美国的进口产品强行征收一项 10% 的附加税；当年 12 月，他还使美元实现同等程度的贬值。日本人称此举造成的影响为“尼克松冲击”。1973 年，美国政府为抑制国内大豆的价格而停止出口大豆（日本进口的主要产品）时，对日本造成了更加直接的第二次冲击。1973 年春，美元开始实行浮动汇率，打破了国际货币基金组织（IMF）的原则依据。

随后，石油输出国组织（OPEC）对石油出口实行禁运，使原油价格从每桶 3 美元提升为 12 美元。世界再次遭受打击。由于日本严重依赖进口的石油，因此它当即作出的反应几乎是恐慌性质的。之后，它才平静下来寻求办法度过困难。它采取的措施包括扩大煤炭生产和增加水力发电，对核能发电厂和阿拉伯国家的石油公司进行投资等。美元贬值使日元的汇率从 360 日元兑换 1 美元提高为 265 日元兑换 1 美元。日元汇率的上升和石油价格的上涨，使石油在进口总额中所占的比例由 1970 年的 21% 上升为 1975 年的 44%。后来，1979 年石油价格上涨造成的冲击使这一比例水平增长到 1981 年的 51%。（小宫隆太郎，1990 年，第 30 页）尽管如此，日本国际收支中的经常账户也只在 1974 年很短的一段时间内陷入赤字（1980 年再度出现赤字）。另外，在 1973 年和 1979 年

两次石油价格上涨造成的冲击中，日本突出地显示了它的经济恢复能力。

1975年后，比较优势从资本密集型产品转移到其他新产品上。这些新产品体现着“组织和管理技巧、充满才智并有合作能力的劳动力、信息的有效使用，以及将资源从一个产品转向另一个产品的灵活性”等要素。(同上，第46页)小宫隆太郎接着作了一个一反常态的豪爽评论，他说:“看来，在未来一段时间内，日本似乎将在此类技术，并由此在范围更为广阔的制造业方面，领导其他国家。”(同上)

在整个这段时期，日本与美国的贸易摩擦日渐增大。美国的谈判代表将本国数额巨大且仍在增长的贸易逆差归咎于日本促进出口和限制进口的做法。日本官员和学者承认，在第二次世界大战后初期，日本曾推行这种政策。但是，对于这种政策后来造成的重大意义，他们从两个方面表示质疑。第一，撤销管制规定和削减关税已经推进了很远。如今，除了大米等几个政治上重要的商品贸易中的情况之外，这种指责不再令人信服。第二，他们提出了一个有根据的经济学观点，即国际收支逆差的根源在于宏观经济方面的可变因素，诸如保护、补贴、低效率分配等，而不在于微观经济方面的可变因素。(在此，他们忽视了一种可能性，即引起暂时性顺差的每一项技术创新之后都有另一项创新接踵而至；同时，随着过渡性剧烈波动［出口剧增，进口骤减］而不断变化的比较优势，就可能累积为出口顺差。)1990年召开的一次高级经济会议讨论了一些战略倡议和日本国际收支经常账户的盈余问题。但会议的结局却是，美国指责日本的政府补贴和保护，

包括系列（*keiretsu*）所属的几个贸易公司的做法；日本则强调美国的低家庭储蓄和数额巨大且难以管理的政府赤字。日本的重要支持者，偶尔还满足于适度的“诉诸伪善”（*tu quoque*）的争论。小宫隆太郎指出一个事实，即当时非关税壁垒（NTBs）在美国已被提高，在日本却降低了。他还引证说，出口日本面条等产品的日本出口商发现美国的进口程序非常繁琐。（1990 年，第 60 页，脚注 32）日本出超和美国入超的主要原因在于宏观经济因素，而非微观经济因素——日本的储蓄率超过国内投资，而美国的储蓄率则比商业投资和政府预算赤字都低。

微观经济学层面的问题使美国经济学家产生了分歧。《经济观点杂志》刊登了罗伯特·劳伦斯和加里·萨克森豪斯之间的一场争论。在这场争论中，前者特别强调系列所属的贸易公司，认为这些公司支持自己的制造分公司而非潜在的进口商，并且不太顾及价格（促进出口）；而萨克森豪斯则把对日本出口受挫的美国出口商的传闻视作正态曲线的尾部而拒绝考虑，认为他们与平均值有相当大的距离。他还认为，美国也存在阻挠进口的重重障碍，类似的传闻在日本方面也能找到。（劳伦斯，1993 年；萨克森豪斯，1993 年）萨克森豪斯还进一步声称，系列就像先前的财阀一样，已经被逐步塑造成一个骇人的怪物；实际上，此类公司并不存在明确的含义，或者说没有明确的归属其中的公司名单。

美国特别指责日本的一点是，和其他发达国家一样，日本在买卖差异化制成品的同时，所从事的部门内贸易却非常少。它出口了大量产品，进口的却微乎其微。问题在于，这是推行强有力的公共政策和私人政策的结果，还是仅为比较优势在自然资源有限的国家的一种反映。人们已经将计量经济学方面的检验应用于这个问题，但尚未取得有说服力的结果。另外一个麻烦的问题是，在日元贬值时，日本的出口商是否应提高以外汇计算的商品价格，即是应实行新汇率使国内价格保持固定不变，还是应为了保持市场份额而让出口商品在国外的价格保持不变，并且接受国内高价和国外低价之间的价差。

1991年，一份国际期刊的单行本刊登了截然相反的观点。一位日本经济学家详细论述了通产省的“国际合作计划”。根据该计划，行政指导正在促使公司削减它们的出口额，到1993年削减1/3，到2000年削减1/2；以直接投资代替出口符合国家利益。（山泽逸平，1991年）另一方面，一位研究日本经济的意大利学者则认为，日本所实行的进口替代政策并不源于行政指导，而是来自市场的自发行为。日本的贸易公司并不愿意推销外国的啤酒、威士忌和意大利面，因为它们认为日本当地的产品（头两个例子中 200
是三得利和麒麟）质量更好。这种观点认为，日本的成功在于它促进有前景的产业发展，并关闭走向衰败的产业（或者将其转移到亚洲大陆上）；而美国却仍在坚持全力挽救衰败之中的产业。（福德拉，1991年，第660—663页）

但是，日本的贸易一直与英国的贸易形成强烈对比。第二次世界大战后，日本一直坚持改变产品结构，且可以肯定，出口产品的结构比进口产品的结构改变大。相比之下，英国在维多利亚时期和爱德华时期，不仅一直保持其产品结构不变，而且从竞争性强的市场转向竞争性稍弱的市场。

1970年代晚期和1980年代中期，当日元升值时，日本产业界都并未太在意。这进一步显示了日本工业的生命力。在这一时期的早期阶段，尽管日本银行努力抑制，但日元还是从 291 日元兑换 1 美元上涨到 241 日元兑换 1 美元，升值 25%。后来，日元在 1980 年又上涨到 218 日元兑换 1 美元。美国观察家批评日本产业界没有让日元的升值传递给按美元计算的物价，致使物价保持原有水平。日本大藏省的一位高级官员行天丰雄认为，日元升值促使日本工业的成本更加合理化，并由此降低日元价格。（沃尔克和行天丰雄，1992 年，第 175 页）五年后，即 1985 年 9 月签署《广场协议》之后，随着日元在 1986 年 5 月、6 月、7 月分别上涨到 171 日元、165 日元、154 日元兑换 1 美元，行天丰雄惊讶地发现日本产业界和公众竟然仍不着急。当然，公众受益于贸易商品的低价。但产业界却将此变化当作一种到海外投资和进一步推动工业合理化进程的激励。（同上，第 257—258 页）这种动态反应类似于 1956 年面对低关税的德国。当时德国的进口增长，但出口增长幅度更大，贸易余额依旧保持了强劲的正值。

外国直接投资

日美之间的摩擦也产生于美国公司在日本建立或并购工厂面临的一系列困难。前文已经提及，日本对限制条件的解除进展缓慢且有些虚伪。与此同时，日本在已经吸收了外国技术之后就把一些合资企业解散。1970 年代和 1980 年代，日本在国外的直接投资剧增，可谓对别国限制进口和日元升值作出的反应。许多公司本来可能更愿意经营所谓的“螺丝刀工厂”（screw-driver factories），即将在日本生产的零部件组装起来以实现规模经济的工厂。但是，“当地成分法”（Local-content laws）却使这种选择不可能实现。其中一些法律甚至要求制成品价值的45%必须在当地生产。（山泽逸平，1991年，第643页）日本人组织生产的技巧包括：始终坚持让最底层发挥首创精神，而不是从最上面的管理层向下灌输；生产率和质量周期；零部件准时化配送，节省了滞留在库存中的资本。据说，这些技巧难以转移到外国文化中去，因为其他 201
文化不如日本文化那样重视社会交互作用和群体凝聚力。（克拉克，1993a，第19页）

由于在第二次世界大战中战败，日本失去了自己在外国的投资。此后，日本企业在政府的参与下立即开始投资原材料——阿拉斯加的纸浆、巴西的铁矿、阿拉伯半岛和印度尼西亚的石油——接着投资于有色金属矿。1960年代那十年最大的投资类别是采矿业，是仅次于1970年代的制造业的第二大投资。（小宫隆太郎，1990年，第118页和表3，第119页）统计资料显示，从1981年4月到1993年3月（整整12年），制造业投资为1 040亿美元，远远超过750亿美元的金融和保险投资、400亿美元的商业投资、220亿美元的交通运输投资；采矿业投资仅为190亿美元。（日本社会经济事务研究所［Keizai Koho center］，1993年，第55页）都留重人对1975年后的日本投资者进行过一个比较。他认为，1975年后“太平洋地区领导者的位置从美国转移到日本，那些现在居住于澳大利亚的日本实业巨头，全然不像过去19世纪侨居国外、靠国内汇款生活的英国人”（1993年，第201页）。日本在澳大利亚的投资完全超出了铁矿、木材刨削和纸浆厂等原材料的范围，并进入房地产行业，包括供日本游客消遣放松的酒店和高尔夫球场在内。政府和私营投资商联合，打算修建一座社区居民达10万人、最终投资为5万亿日元的“高科技城”。“日本的投资扩展到澳大利亚经济的每一个方面。”（同上，第201—204页）小宫隆太郎认为，日本的对外直接投资由于尚处于“不成熟的状态”，并未赚到很多利润。（1990年，第137—139页，第150页）特别令人失望的是，在1986年10月伦敦证券交易所因放松管制规定而发生“大爆炸”时，日本的各家银行竟然未能妥善处置。

日本的银行业向国外转移，部分是企图逃脱国内的管制。但是，它们筹集日本国内廉价资本的能力仍然使之受益。因此，武田真彦和菲利普·特纳称这种转移是“假装的”（1992年，第93页）。

然而，不管受何种力量驱使，日本银行还是在规模上不断壮大，并在根据资产确定的世界排行榜上占据主导地位。1992年，《财富》杂志对世界最大的银行进行排名，将8家日本银行列在其他所有国家的银行之前；而在前20强中，又有另外5家日本银行。由于存在如何选择适当的汇率这一问题，进行比较似乎有些困难。但是，资产达4 760亿美元的日本第一劝业银行，在规模上是花旗银行的两倍多。花旗银行是美国最大的银行，拥有2 170亿美元的资产。较之于其他国家的银行利差，日本的银行由于贷款利率和存款利率之间的利差很小，因此在海内外的赢利状况都不是特别好。（武田真彦和特纳，1992年，第41页，表17）对于银行借方和储户来说，利差小是一种好处。就像1984—1989年的状况一样，在此后几年里，日本银行的利润率就随着房地产和股票价格中的泡沫破裂而急剧下降，并且无疑已经下降到了负数。

教育和“工薪阶层” 202

有些人认为，日本在争夺世界经济统治地位的竞赛中正迅速赶上并领先于美国，或者至少已经对美国构成了威胁。他们所谈论的主题之一就是教育。据称，与美国的同龄青年相比，日本的学生在学校学习的时间较长，所学的数学知识也较多，因此普遍为他们的终生职业奠定了更加良好的基础。日本学校教育具有高度的竞争性。如果父母要使他们的孩子取得优异成绩，并赢得进入名牌大学的机会，那么私立的补习班，就可以补充正规公立学校的不足之处。许多人认为，对于14—18岁的学生来说，生活就是地狱；他们筋疲力尽地考入大学，因此他们在继续其人生道路、参加工作之前得放松四年；他们之所以被大公司选中，大部分原因是基于他们曾被名牌大学录取。一种观点认为：

> “……在高中阶段，有一种经历被恰如其分地称为‘考试地狱’。它损害了学生的视力，对他们的健康几无益处，对他们的心智全无帮助。但是，在他们坠入其他形式的地狱——主要是日本的公司生活——之前，学生享有四年名正言顺的假期。”（洛，1993年，第596页）

正如优秀的大学毕业生所期待的那样，受雇于一家大公司之后，他或她就变成“工薪阶层”的一员。他们“像一个机器人一样工作，直至退休”（广中和歌子，1993 年）。人们要在东京这个“地狱”般的城市里工作，可是：

> “东京的道路、公园、住宅、办公室、火车、影剧院、饭店、医院等等设施，却不能满足它们设计承担人数的两倍或三倍的人口所需。因此，工薪阶层居住在离上班地点两个或更多小时的地方，每天早晨 7 点钟离开家，夜里 11 点回到家。一周的工作日包括星期六在内，没有一次全家共进的晚餐。在日本，家庭生活已经被争先恐后的竞争所取代。”（同上）

之所以非常晚才回家，主要原因是，要形成亲密的人际关系，就需要在下班后参加一定数量的聚会（至少在男人之间是如此）。生活不是一件轻松的事，有时还引起过劳死（*karoshi*）（日语词，表示某因工作劳累致死）。据说“在日本的国际商务职员中，此类事故发生率很高”（岛田晴雄，1992 年，第 29 页）。朱丽叶·肖尔声称，美国人工作过度，不仅工作时间很长，有时还同时做两份工作；至于妇女，额外还需要几个小时来料理家务。（1992 年）如果这个判断正确，那么在美国通过受教育以获得那种不愉快的职位，似乎比在日本要轻松得多，甚至也许过于轻松以致于达不到最优效率。

系　　列

系列（*Keiretsu*）* 这个主题在本章已经涉及。首先是作为第二次世界大战前财阀的替代物论及。然后，罗伯特·劳伦斯和加里·萨克森豪斯曾就系列在日本贸易结构和国际收支形成中的重要作用展开过争论。系列的影响范围还进一步扩展到廉价资本的供应问题。绝大部分横向扩展的系列，在拥有一家贸易公司和几 203
家制造公司的同时，还设有银行和保险公司。银行和保险公司从公众中吸取储蓄，并使本系列的所有其他公司都能够利用这些储蓄。在此就涉及一个防御性动机问题。纵向一体化将金融同商业和生产联合在一起。因此，它被用来确保生产与金融的联系在困难之时不被切断，正如钢铁公司在拥有铁矿和煤矿的情况下就感到比较安全一样。与此同时，小宫隆太郎对属于系列的保险公司进行了详细论述。他坚持认为，此类保险公司独立对外部的市场力量作出反应。与竞争要价相对照，保险公司的所有者不允许向本系列的其他成员提供补贴。（1990 年，第 6 章）保险公司通过持有的股票和证券，银行通过提供短期贷款，向同一系列的非金融性公司进行资助。但是，如果非金融性公司能够经营得更好，它们也可以自由地在系列之外经营。然而，所有评论家均一致认为，难以判定系列中的贸易公司是否会在采购时置其他公司尤其是外国供应商于不顾，而支持自己的合伙公司。

---

* 亦译为“经联会”，最主要的含义是大型的跨产业企业集团，属于非正式的商业团体，其成员间有稳定而密切的利益关系。——编者注

“组织件”

意大利一位研究日本的学者吉安尼·福德拉构造了一个乏味的表述——“组织件”（Orgware），以描述日本企业在组织结构方面的做法。这一构词类似于软件（software）和硬件（hardware）。此术语不仅包括系列在内，而且更为重要地，包括了普遍意义上的企业组织实践。就定义而言，组织件由公司的制度、规章及行为组成，并且包括贷款机构借贷利率之间范围很小的利差、零部件准时化配送、终身雇佣、质量控制圈和其他生产方法，尤其是能够自下而上引发产品和生产工艺变革的禀议制（*ringi*）方法，而不是自上而下的管理方法等。（1991 年，第 664 页）由于进行广泛的民意调查需要花费时间，有时人们认为此类决策方式过于缓慢。一位为《日本最新报道》撰稿的美国记者坦雅·克拉克却认为并非如此。她指出，首先，官僚机构的成员要为变革准备一份报告；然后，如果有关的各类人员同意，他们就在报告上签字；如果他们不同意，就展开辩论。（1993a）如前所述，这种制度让我想起美国国务院中处理一般事务的政策形成过程：首先，有关的最基层的人员起草一份该领域的电报或建议书；然后，与该问题利害相关的同级和上级部门会进行“审批”；最后才是发送出去。签署国务卿名字的权力可以顺着授权的路线往下延伸，一直到基层；文件发送出去的第二天，当对外传达的文件副本被传阅时，就会发现忽视了征得有关官员的同意。克拉克始终认为，日本的
204 制度是流动性的，可交互影响。由于信息流通顺畅，能被相关职

权部门广泛接受，并且在某种程度上还能获得信任，因此这一制度运转得很好。

然而，自从1990年房地产和股票价格暴跌之后，这种制度面临着瓦解的危险。都留重人所著《日本的资本主义》一书，一方面论述了1973年和1979年石油价格上涨过程中的“两次价格革命”；另一方面论述了1980年代房地产价格的暴涨以及随之而来的暴跌。(1993年，第6章)前者进一步证实了克拉克称之为“日本根本的指路灯”的观点。其观点认为，在那个时期，日本将自身视为一个小国，自然资源有限，受到孤立、贫穷和饥饿的威胁，并且担心致使全体国民一直从事单调枯燥、令人厌倦的工作，因而“不能抬起头来，也不能从成功之中汲取欢乐”(1993b，第19页)。我使用的资料来源大部分局限于《纽约时报》和用英文出版并免费分发给美国学者的日本期刊杂志。这些材料可能传递了公共关系方面的某种偏见。在上述两种资料来源中，据报道，1993年夏天，日本人正在考虑限制他们的官僚机构(和行政指导)，开始将薪金与业绩表现而非终身雇佣制中的资历挂钩，并且正在为污染、交通拥挤、住房建筑和过度工作等问题而忧虑。因此，许多人说，日本应该将重点从全球性经济扩张转移到民众的福祉上来。

日本的储蓄

日本经常项目下的国际收支盈余是相对于世界其他国家尤其是美国而言的国民高储蓄率的结果。前文已经指出了隶属于系列的保险公司和银行在吸取储蓄方面的作用，在此不再赘述。在第二次世界大战后的绝大部分年月里，日本政府之所以一直保有预算盈余——与美国的预算赤字截然不同——在相当大的程度上，是由于它的宪法禁止政府为国防事业花钱。另外，日本的家庭储蓄也达到接近国内生产总值15%的水平，而美国的仅为3%或4%。

我们可以列举许多缘由来说明这种高储蓄率。一个原因是日本实行17个月的年薪制度。该制度规定，夏天和冬天都向员工发额外的奖金。米尔顿·弗里德曼提出的永久性收入假设认为，尽管人们会花费掉永久性收入，但却会将额外收入储存起来。情况也许是这样：虽然根据理性的预期和常规的领取，额外那几个月的薪水似乎应该归入永久性收入，但这笔额外薪水确属意外收入。另外一个激励措施是让私人储蓄账户和邮政储蓄账户免于征税。邮政储蓄银行为十年期的存款提供高利息率，但实际上储户开户六个月之后就可从账户上支取存款。政府可以使用邮政储蓄银行筹集的资金，而企业只能间接得到。因此，这些资金不仅可以享有高回报率，而且可以得到政府的担保。（翁百合，1993年）其他因素可能还包括：较早的退休年龄，起初是在55岁，后来是60岁；简单的社会保障制度，这促使日本人提前为自己日后退休
205 而存钱；较晚引进的信用卡制度；分期付款买房时首付款额很高；缺乏在所得税中扣除抵押贷款利息的条款，从而打击了人们借款的积极性等。

尽管有这些理由，日本的高个人储蓄率仍然是一个谜。都留重人指出，日本家庭存有“对储蓄的强烈偏好”，并提供了1970年代的一些数据。但他并未说明数据来源。他的著作中的那一章当

时似乎已经写好了。(1993年，第71页)滨田宏一和粕谷宗久提供的详细数据表明，早在1950年代，日本人就在以国民生产总值(GNP)的两位数的百分比进行储蓄。(1993年，表7.6和7.7，第166—167页)都留重人还提到，日本的高储蓄率起源于东京乃至整个日本土地价格的高昂。土地价格高昂使个人难以购买房子。在1980年代末的经济繁荣时期，人们实际上根本不可能购买房子。为了获得一幢房子，年轻人很可能要以很高的比率进行储蓄。老年人这样做的部分原因则是为了帮助他们的孩子买房。

现在，储蓄率似乎正在发生变化。比尔·埃莫特声称，当今日本是一个"消费者、寻求快乐者、靠养老金生活的人、投资者和投机分子"组成的国度。(1989年，第2—6章的标题与重述，第239页)他指出，随着工人在55岁的退休年龄之后继续工作，以及社会保障体系得以完善，可支配收入中的储蓄部分可能会从16%(1980年为18%)下降到8%。(1989年，第4章)另一个可能的影响因素是预期寿命的延长，从1975年的男性71.73岁、女性76.89岁，分别增长为1990年的75.86岁和81.81岁。但是，储蓄率的变化不仅仅涉及人口统计学方面的问题，还有其他方面的原因。都留重人指出，通常情况下，即使继承得来的财富也不够购买一所房子，因此，较为年轻的一代现在转向"有悖常理的"夸耀性消费，购买价格昂贵的进口轿车，并大笔花钱到外国旅游。(1993年，第169页)

住房的高昂价格并不仅仅是土地价格所致。建筑费用也很高，甚至达到每平方米8万日元。相比之下，美国的建筑费用只有该水平的1/3(相当于45美元)。(佐久田昌治，1993年，第89页)在专家看来，这种解释不完全在于木工、泥水匠和其他工人的工作

效率低下，其深刻原因还是该行业和日本社会的结构。由于建筑风格的变化、相关规定尤其是防震标准的要求、标准化的缺乏，以及宅基地造型不规则且规模很小，建筑一幢相同规模的房子在日本所需工时数是它在美国所需工时数的十倍。然而，土地的价格仍始终是最主要的障碍。政府对种植水稻的农民的补贴，加上1980年代投机风潮的推动，使土地的价格一直居高不下。都留重人注意到，1989年和1990年，日本政府开始采取一些措施打击此类投机活动，如：提高资本收益税；对土地开发商持有但尚未开发的土地征税；要求对土地进行开发等。同时，政府还在海滨的浅水滩头填土扩地，并将一些功能设施从城市迁移到此。房地产价格的暴跌是否使这些按亨利·乔治*的方向制定的措施进展速度放慢，现在尚不能断言。

206 ## 经济泡沫

1980年代末的房地产和股票市场的泡沫是日本金融管制实行自由化和大藏省与日本银行之间的关系紧张所导致的结果。（伍德，1992年）1990年泡沫破裂。虽然经常有人针对管制严格的金融体系提出建议，但是自由化并不是急于摆脱金融管制的结果。（麦金农，1963年）自由化的步调一直是审慎的，原本想让市场有时间调整适应每一个步骤。麦金农后来认为，韩国放松管制之

---

* Henry George（1839—1897），美国经济学家，主张征收“单一地价税”，取消其他捐税，使土地增价收益全部归社会所有。——译者注

后，金融混乱随之而来的原因，是韩国所采取的措施的顺序造成了非常重要的影响。他认为，放松一国内部的金融管制，最好在贸易和外汇控制放松之前进行。（麦金农和马西森，1981 年）这个问题似乎尚未在日本出现。

在日本，自由化进程进展缓慢，至少从 1970 年以来就一直在进行。个中原因主要在于外国（尤其美国）的压力。（欲见大事年表，参阅武田真彦和特纳，1992 年，附录 1。）自 1985 年 9 月《广场协议》达成之后，美元就一直在下跌。1987 年 2 月，有关各方签署《卢浮宫协议》以稳定美元。日本银行随之将其贴现率降低为 2.5%，使之达到空前的低水平；并在实际收入增长 4.4%—6.6% 的时候，使货币供应量以每年 10%—12% 的速度增加。滨田宏一说，由于商品价格稳定，因此日本银行不担心资产价格出现问题。（1994 年）大藏省是《卢浮宫协议》的参与者，但是它不愿意使用财政政策援助美元，而将此重担留给了日本银行。

1987 年 10 月 19 日，纽约股票市场突然崩溃，这使日本银行进一步采取放松银根的政策。随着股票市场价格下挫，东京证券交易所的成交额上升，日经指数攀升了三倍有余，从 1986 年的约 12 000 点上涨到 1988 年的 27 000 点。1989 年，日经指数继续上涨到 39 000 点，然后在 1992 年暴跌至 15 000 点，又恢复到 20 000 点。（见图 11-1）我没有房地产价格变化的具体数据，但我知道它与股票价格的变化方式大致相同。银行和保险公司不仅在直接持有的土地、房地产建筑和证券等方面的实际和预期损失严重，而且在对处于金融市场边缘的投机性金融机构的贷款方面同样如此。此次股票价格下跌，还揭露出一些可疑的金融行为，诸如：补偿大投资者的

207

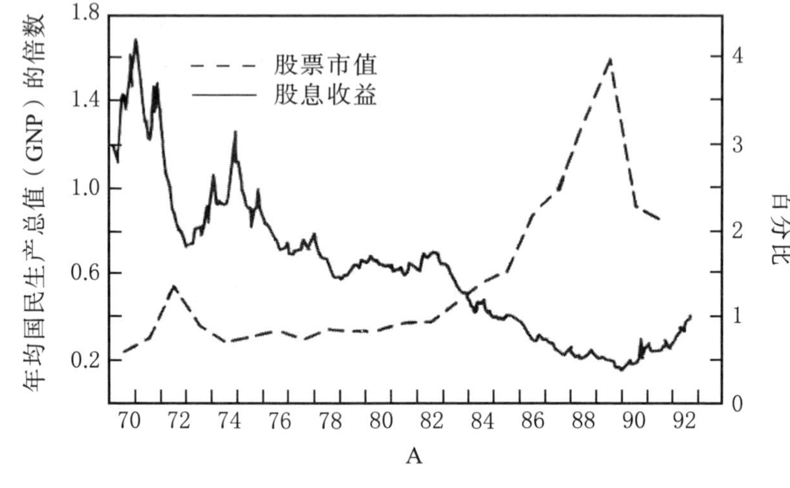

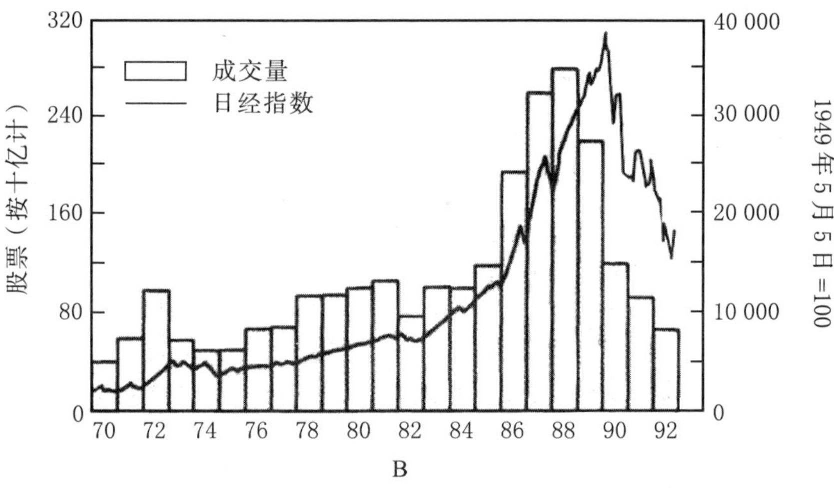

图 11–1　东京股票市场

A. 股票的市场总值与平均股息收益。B. 年均成交额和日经指数。1992 年的数字是上半年的，按年均比率计算。

资料来源：武田真彦和特纳，1992 年，图 8，第 53 页，引自东京证券交易所《1991 年行情实录手册》和国家数据。

损失；操纵证券价格；通过做假账隐瞒损失等。（武田真彦和特纳，1992 年，第 58—65 页，尤其第 64 页）在存在这些问题的同时，据揭发，贪污腐败已经渗透到政界高层，官员们从中攫取的金条甚至能填满保险库。

1993 年 10 月，当日经指数从 15 000 的低点上升到 20 500 点时，《经济学家》的一位记者仍在犹豫日本的金融风波是否已经结束。公司的利润依然较低，实际上是非常低，以至于日经指数的市盈率才达到 78。这表明市场普遍定价过高。（《经济学家》，1993 年 9 月 25 日，第 92 页）如果预期的收益降低 15%，该比率就会上升为 100。现在，东京的房租已经下降 20%。外资对日本股票的热情也已经消失殆尽。1980 年代中期，它们曾成立了多家共同基金以投资日本股票。《经济学家》刊登的那篇文章说，银行没有有效地处理它们的呆账和坏账；每个月有 1 000 家企业走向破产（与武田真彦和特纳著作中的图表所显示的比率大致相当，1992 年，第 63 页；《经济学家》1993 年 9 月 25 日）。这些企业主要是小型企业，他们缺乏获取资本的便利途径，却提供了日本 4/5 的就业机会。另外，在 1993 年出版的那期《经济学家》看来：“通产省（MITI）认为，日本摆脱经济迟钝所需要的大部分活力将不得不来 208
自小公司，因为大公司已经变得越来越呆板和官僚主义。”

日本是世界第一？

股票和房地产价格中的泡沫破裂，以及接踵而至的（在美国人看来的）轻度衰退，已经在日本引起有关改变发展方向的问题。

一些政界和商界领导人认为，日本不应继续努力争取扩大世界市场份额，甚至争取世界经济霸权；也不应再为了成为经济巨人而像机器人一样工作。也许转向国内问题的时机已经来临：

> “肮脏的空气、劣质的水、被污染的土壤、呼吸系统的疾病、镉和水银污染、噪音……将重心从全球经济扩张［转向］民众的福祉，把注意力更多地集中在教育、福利、工资、医疗服务、城市基础设施、家庭和社区生活以及外籍工人的地位等。”（广中和歌子，1993 年）

这个议题读起来似乎更适用于美国。索尼公司董事长、有影响力的商业组织经团联的副主席盛田昭夫等实业界领导人认为，日本实业家进一步向世界其他国家的惯例靠近，并减少对效率和竞争的关注的时候已经到了。（1992 年）1993 年下半年，《纽约时报》充斥着发自东京的新闻报道，每一篇都在讲述日本的转变。这些报道认为，终身雇佣制、年功序列制、贸易管理以及官僚在行政指导中的主导作用等都在发生变化。一本在美国发行的日本期刊中刊登了一篇颇具代表性的文章《解除官僚体制的重压》（*Lifting the Heavy Hand of Bureaucratic Guidance*，堺屋太一，1993 年）。但此文是从一些日本人从自身视角写作的原稿中挑选出来的。该文认为日本已经成为一个毫无争议的“资产超级大国”，并且与美国之流的国家相比，其物价稳定，收入的偏度也较低；但是天堂里也有麻烦，单调的生活方式抵消了物质上的富裕。

诚然，如果有人能够从这个国家所显露出来的日本人的思想恰当地作出判断，那么就能看出，并非所有日本人都在以这种方式思考问题。有人认为，日本应该以其所能采用的一切方式，支持“美国强权之下的世界和平”（*Pax Americana*）。（冈崎久彦，1993年）而另外一人，即同时也在美国几家出版物的编委会任职的一位《朝日新闻》的外交记者，却主张日本不应再充当旁观者，而应当系统阐述自己的建议，努力加强联合国的力量，并在可能的情况下坚持谋求日本在安理会的席位。（船桥洋一，1993年）实际上，日本的一些精力集中于领土问题而非经济问题，尤其是苏联1945年占领的千岛群岛的归还问题。一个重要的观点是，日本的利益不在于经济衰退的欧洲和美国，而在于世界欠发达国家，也许在非洲，但肯定在南美、远东，尤其是中国。

我的直觉告诉自己，1950—1985年，日本生命力的迸发正在 209
逐渐减弱。尽管一度看起来日本的发展轨迹似乎正以世界经济史上前所未见的经济速跳出冈珀茨曲线的轨道，但是它现在正放慢发展速度，回归人们熟知的模型。日本的政治变革起源于已经暴露出来的腐败。这种变革暗示出不确定性和信心丧失，或许还在某种程度上回归到以前不时在自负中发作的自卑情结。

鉴于此，我预测日本不会继任美国的角色成为公认的世界经济领导者，并具有与之相应的威望和承担相应的职责。然而，这个预测也隐隐包含着一种外科医生常用的警告：我以前错过许多次。历史上偶尔会有这样的卡珊德拉预言*，即为地位之荣耀而进

---

* 卡珊德拉是古希腊神话中的特洛伊公主，在阿波罗神庙中被赐予了预言能力，后因与阿波罗不和而遭诅咒，其预言准确，但无人相信。——编者注

行的经济竞争将再次导致重大战争。无论怎样，我决定不通过讨论这种预言来自抬身价。

知识渊博的埃蒙特是《经济学家》现任主编，他的观点是老化将限制日本成为一个大国的潜力；如果美国成功地削减赤字，将储蓄重新提高到纳税后可支配收入的 7.9%，并坚持实行自由贸易而不强调对等互惠，那么美国还能重新获得作为世界“头号”大国的地位。他认为，如果美国位居第一，那么日本显然是第二。人们应该担心的是一个没有领导者的世界，即同时有三个均衡的力量——美国、日本和欧洲——却没有一个仲裁者或指导者。（1989 年，第 254 页和第 12 章）

［注］为方便读者查阅书后的英文文献目录，特将本章中日文人名的英文拼法列出如下：

滨田宏一，Hamada Koichi；船桥洋一，Funabashi Yoichi；岛田晴雄，Shimada Haruo；都留重人，Tsuru Shigeto；冈崎久彦，Okazaki Hisahiko；高桥是清，Takahashi Korekiyo；广中和歌子，Hironaka Wakako；行天丰雄，Gyoten Toyoo；堺屋太一，Sakaiya Taichi；粕谷宗久，Kasuya Munehisa；山泽逸平，Yamazawa Ippei；翁百合，Okina Yuri；武田真彦，Takeda Masahiko；小宫隆太郎，Komiya Ryutaro；原朗，Hara Akira；佐久田昌治，Masaharu Sakuta。——编者注

第十二章　结论 210

我们的结论将分为两部分。一部分论及国家的生命周期，尤其是老化问题；另一部分论及世界经济霸权更迭的实质。如果您不介意，本结论将重温第二章和第三章的一些内容。

国家的生命周期

自 1993 年初开始撰写本书，我已了解到，另一位经济学家正在撰写一本有关“国家生命周期”的著作。该书像拙著一样，从历史学的角度入手，但是追溯到希腊和罗马时代。作者从古代写到近代，论述了古代以 500 年和 200 年为限的两类周期，以及近代以 50 年为限的周期。（阿萨纳斯，即将出版）克里斯托斯·阿萨纳斯也对国家与人的类比感兴趣，他假定成年智人的生产性生命周期是 50 年。阿萨纳斯使我了解了丹尼尔·J. 莱文森进行的一项研究成果，即《人生的分期》（1978 年）。该书将人生命持续的时间划分为童年和青少年（至 22 岁）、早期成年（17—45 岁）、中老年（40—65 岁）、暮年（80 岁之后）几个时期。生理机能的高峰期从 20 岁持续到 40 岁。到 20 岁时，男人的身高、力量、性能力、心脏和呼吸系统的能力，以及一般意义上的生物活力等，都接近最高程度。

而且，智力、记忆力乃至抽象思维能力也近于最高。生命的上述方面通常稳定到40岁。在他的（莱文森的）直觉判断中，40岁是一个关键时段，虽然一些男人在30岁就开始衰老。莱文森试图寻找引起男人身体变化的、类似妇女绝经的某种属性，但他始终未能找到。（同上，第21—24页）论述了很长一段之后，他注意到
211 原始社会的男人在40岁时就死亡。到此，他的著作到了结尾（同上，第328页），仍没有将这一事实与40岁作为现代男人的一个转折点联系起来。尽管40岁以后精力在一定程度上有所减退，但是男人的体力和智力仍旧足以进行积极活跃的生活。年轻人的冲动，诸如强烈的欲望、愤怒、自我主张和雄心勃勃等，到中年并非就全然消失，但它们能得到较好的控制。然而，对于许多男人来说，中年的生命变成一种逐渐或迅速停滞的过程。（同上，第24—26页）[①]

当然，这些相当明白的陈述应当被加以限定，一方面要注意广泛存在的差异，另一方面要对能否由普通个人推论至普通国家有所保留。然而，他们仍然给人以启迪。虽然人类个体彼此各异，国家之间也互不相同，可他们都具有一些与成长和衰老相关的共同特点。

至少在朝气蓬勃的早期，每个国家就像每个人一样，都认为

① 1881年7月4日，71岁的托马斯·杰斐逊致信给76岁的约翰·亚当斯。他写道："我们的身体器官迄今已经运转了70年或80年，虽然它们只是受到磨损，但我们还是必须预料到，此一根枢轴，彼一个轮子，现在一个小齿轮，接着一条弹簧，将逐渐失灵，并且无论我们可能如何笨拙地将它们修理一番，最终所有器官都将停止运转。"（纽兰德，1994年，第44页）

自己是独一无二的。此类证据很容易收集到，诸如：

“当绝大多数人都将土地、空气、水和火结合在一起，制造出简单的商品时，按教皇卜尼法斯八世*在1300年的说法，佛罗伦萨人是第五种元素。”（维塞思，1990年，第19页）

“西班牙人是与众不同的。”（布雷南，1950年，第xvii页）

“葡萄牙人自成一类，有别于欧洲人和西班牙人，独一无二……葡萄牙人性格的独特之处产生了一种后殖民主义的特殊人性。”（罗杰斯，1989年，第76—77页）

“一个将以足智多谋闻名的国家，其最为非凡的发明创造，就是自己的文化……。荷兰人创造了一种崭新的特性。”（沙马，1988年，第67页）

“在赫伊津哈**1941年的著作中，荷兰在所有方面均为独一无二之例的代表。人们显然不可能解释这种独特之处。因此，其独特之处应该受到赞赏，并被说成是上帝赐予的礼物。”（科斯曼，1974年，第49页）

“法国人无意中从路易十四那里继承了一种自认为优越于欧洲大陆的信念。”（赫尔，1958年，第229页）

“法国人过去一直以其独有的经济‘平衡’而自豪。这是

* Pope Boniface Ⅷ（1235—1303），意大利人，1294—1303年担任教皇，曾发通谕鼓吹教皇权力至上，被法兰西国王腓力四世拘捕，获释后死于罗马。——译者注

** Johan Huizenga（1872—1945），荷兰著名历史学家，其名著为《中世纪的衰落》，另外还有《伊拉斯谟》《明日将来临》《游戏的人》等，1942年被纳粹扣为人质，一直拘押至死。——译者注

他们对自己社会独特性之感的一个重要组成部分。”（霍夫曼，1993年，第77页）

“1980年代，德国经济史学家讨论了德国现代化的独特道路（*Sonderweg*），将德国人的时代精神、文化、集体同一性与经济联系起来。关于这一独特道路是神话抑或现实的问题尚有一些争论。”（德伊莱亚，1993年，全书，但尤其是第382页和脚注2，3）

“美国例外论是在英国举行的一次会议的主题，西摩·马
212 丁·利普塞特和丹尼尔·贝尔（以及其他人）在会上发表了论文（谢弗主编，1991年）。贝尔坚持认为，例外不同于独特，所有国家都有一定程度的独特性，但是早从托克维尔*开始，美国就已经被描述为例外的。”（同上，第50—51页）

“日本被广泛认为是‘一个独特而不寻常的国家’（派尔，1988年，转引自罗森克兰斯，1990年，第147页），日本人自己也提出这样的问题：‘日本难道不可能迥异于其他国家吗？日本难道不可能远远优越于其他国家吗？’”（派尔引述楚埃尼奥·伊达的话，见于罗森克兰斯，同上，第141页）

这些例子，都是我在阅读过程中随意收集的，其中没有任何条目涉及布鲁日、安特卫普或英国。这是因为，我是后来才对此见解敏感起来，并且缺乏时间重新阅读过去的资料。

---

* de Tocqueville（1805—1859），法国政治学家、历史学家，法兰西第二共和国时期（1848—1852年）曾当选为制宪议会议员，并任宪法起草委员会委员，著有《美国的民主》《旧制度与大革命》等。——译者注

请注意，处于蓬勃发展时期的国家均自认为独特，并且对未来踌躇满志。但在后期，它们对自己的例外论变得越来越没信心，并且常常带着怀旧的情绪回顾过去某个或某些黄金年代。

贸易、工业和金融

国家生命周期演进的顺序，通常是由贸易到工业，再到金融。每个阶段都有自己内部的发展轨迹。在初期阶段，贸易可能是有竞争意识和侵略性的，准备通过不太光彩的方式获取外国的技术，并且在向外国学习的过程中总想将自己的产品伪装为外国产品。经济增长通常是出口导向型的，偶尔在与别国产品竞争中实行进口替代。贸易保护是为幼稚工业的逐步发展而设计的。在后期阶段，过度扩大出口可能有害于经济发展。比如在偏爱出口的英国乃至大英帝国这一例子中，在应该尽可能将注意力转移到创新活动上的时候，仍然有压力要求继续维持垂死的工业。在如此条件下，虽然偶尔也在有限基础上试图对从困难时期恢复的工业加以保护，但贸易保护通常仍旧是对处于衰老过程中的工业进行的。

工业领域也遵循类似的周期发展变化。起初是模仿和适应新出现的情况，然后再加以创新。幸存下来的企业逐渐扩大规模，然后开始抵制变革，变成防御型企业，偶尔学习其他企业的创新。虽然一个国家中的所有产业并非同时经历着生命周期的增长阶段和衰退阶段，但是，可能有足够多的产业同长同衰，使得这一周期性模型可以适用于所有产业的加总。

正如本书不止一次提到的，像行会这样的组织机构在早期发

挥了积极作用，因为它们传播生产技术，制定质量标准；可是，
当它们后来限制产量以维持物价，墨守过时的标准时，甚至在低
213 成本和一定程度的低质量的产品有利于消费者与生产者的情况下
仍抵制技术改进和改革生产工艺时，它们对经济发展就起了破坏作用。这一论断很可能也适用于卡特尔和垄断企业，尽管熊彼特曾对卡特尔和垄断企业对创新和经济增长所做的贡献（但仅限于早期）大加赞赏，但是后来它们也抵制创新。

金融业的生命周期始于通过短期间或长期的资本借贷促进贸易和工业升级，最终转向资产交易，并且主要关注于财富而非产出。商人和实业家也从风险承担者逐渐发展成为食利者，以保存逐渐衰退的精力。在给定收入下，消费增加，而储蓄则下降。各种利益促使商人和实业家更加关注政界，并且只要利益够大，他们就阻挠政府采取有效行动。另外，收入分配通常变得越来越倾斜，富者愈富，穷者愈穷。随着富人对政治的操控能力增大，他们可能会反对在道义上适当分担国家负担的某些做法，诸如分担国防、战争赔款、基础设施以及其他公共物品等的成本。

在通常情况下，一个国家在生命周期的早期可能更为分权化，或者实行联邦制或多元主义，尽管近代的西班牙和法国可能是例外。多元主义有助于促发有竞争力的创举，并且不仅仅限于经济领域，因为普遍规律同样甚至更多地适用于艺术、音乐、文学，但在经济领域这一点极为有益。随着经济发展向前推进，需要更多的中央指导，以协调日益增大的，甚至有时相互冲突的地方利益。这种需求可能难以实现。荷兰的七个省阻挠实行税收统一，然而，税收统一本来可以使这个国家更加有能力面对 1780

年后与英国、法国和普鲁士的战争和后来拿破仑的勒索。（沙马，1977［1992］年）埃茨伯格对德国分权化财政的改革是解决经济重建、战争赔款和通货膨胀等棘手问题所需要的，但遭到官僚主义严重、作风拖沓的国家财政机构和富人阶层的破坏。改革最后以他本人在1921年8月被暗杀而告终。（费尔德曼，1993年，第347页）尽管这一切只是徒劳尝试，却仍使费尔德曼称埃茨伯格为“思想奔放、精力充沛、足智多谋、充满乐观主义的人”，具有“罕见的魄力和技巧，不仅在魏玛共和国难以找到，而且在整个近代史中任何政府和任何地方均难以找到”。（同上，第160页）经济发展逐渐达到一个阶段后，不仅商界人士而且连政府人员都抵制改革。正如曼库尔·奥尔森和M. M.波斯坦已经阐明的，在某些情况下，由于创伤性失败会导致旧人被解雇而新人上台，因此前述情况导致的僵化会被中止。

第七章已经谈到，由于政治体系在法国大革命中的瓦解、拿破仑战败、1848年革命、1871年巴黎公社革命，以及法国在第二次世界大战中的平庸角色等因素，法国成为国家生命周期模型的一个例外。正如曼库尔·奥尔森（1982年）最初所指出的，由于在第二次世界大战中战败，德国和日本也是部分的例外。然而，50年后，两国似乎都在不知不觉中滑入了典型的僵化模型。

我缺少政治学方面的背景，政治学兴许能使我解释为何一些国家实行两党政治制度，而其他国家却有许多政党或政党派别。
如果说现行宪法规定了定期选举，一个政党在选举中要冒被选下 214
台并由其他政党接替的风险，那么人们就会认为，筋疲力尽的政治家退位，并由反对党中的新人接替，将从制度上提供阻止经济衰退所需要的新人。由于我所不能够透彻理解的原因，事实似乎并非如此。

衰落的原因

本书第二章表明，人的身体几乎是突然间就衰竭。尽管报纸上刊登的讣告会将某种病症或器官衰竭作为死亡的原因，但人的死亡极有可能是因为此人的生命时间已经耗尽。并且，假如讣告上所言的病因未曾导致其死亡，那么很可能马上就会有另外一个病因出现。在论述这方面的问题后，我曾经有机会与住在邻近的病理学家交谈。他告诉我说，我的观点并不离谱。他始终认为，在许多为查明死因而进行的尸体解剖中，简直不可能判定一种明确的死因。在被迫向死者家属，并直接或间接地向新闻界以及收集统计资料的卫生部门官员报告死因时，病理学家通常从许多方便的候选因素中挑选出一个。在没有任何疾病也没有任何创伤的情况下，大脑、神经和肌肉仍会随着时间的推移而丧失细胞，在这些器官没有得到锻炼的情况下尤其如此。在很少抑或根本没有锻炼的情况下，起初跑步和走路步伐有力的人，随着时间的推移，将依次转变为拄拐杖者、乘坐轮椅者和卧床不起者，并且没有任何明显的衰弱原因。在过去的岁月里，他们可能在某个时候死于肺炎。如今，由于有磺胺类药物可供使用，这种命运几乎不再发生。当然，疾病和创伤是大量存在的。但是，当人的体力耗尽时，即使没有病痛的侵扰，自然的生命周期也将最终完结。

我之所以对这种带有冒险性的比拟感兴趣，是因为我想探究

国家衰退的原因，无论是病痛般的外部原因，还是像老化过程一样的内部原因。外部原因包括战争、过度扩张、来自突然崛起者的残酷竞争等。内部原因包括：抵制税收和责任分担的利益分配联盟固守自身利益；生产率增长力和创新性的创造能力下降；政府、大公司和个人抵制变革；民族英雄从生产领域转移到消费领域，甚或成为资产操纵者并在此过程中积累财富；由于不能使税收收入满足政府开支，或者收入群体之间的收入分配不能被接受致使印制钞票等原因，通货过度膨胀；可能还有“荷兰病”或“西班牙病”，即当社会的一部分人富裕起来后，其他人就努力争取获得更多的收入，结果超出了自己所在社会经济部门收益能力的范围。

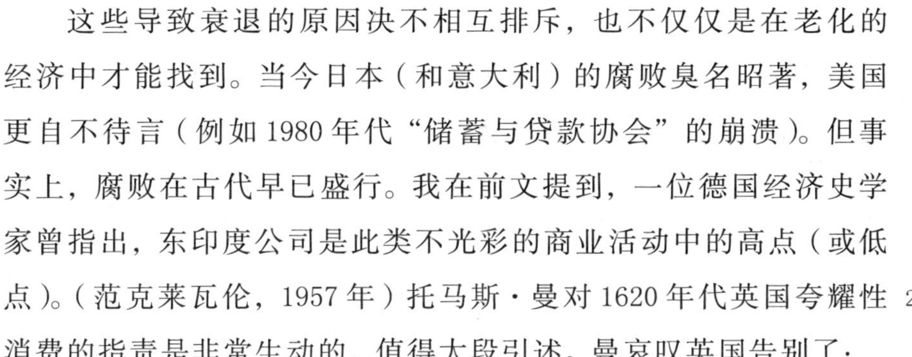

这些导致衰退的原因决不相互排斥，也不仅仅是在老化的经济中才能找到。当今日本（和意大利）的腐败臭名昭著，美国更自不待言（例如 1980 年代“储蓄与贷款协会”的崩溃）。但事实上，腐败在古代早已盛行。我在前文提到，一位德国经济史学家曾指出，东印度公司是此类不光彩的商业活动中的高点（或低
点）。（范克莱瓦伦，1957 年）托马斯·曼对 1620 年代英国夸耀性 215
消费的指责是非常生动的，值得大段引述。曼哀叹英国告别了：

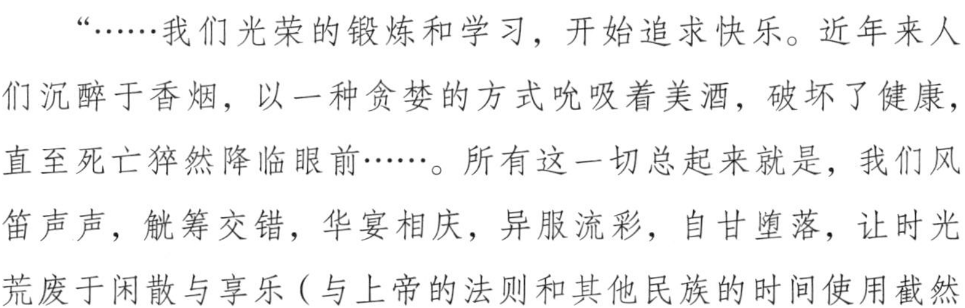

“……我们光荣的锻炼和学习，开始追求快乐。近年来人们沉醉于香烟，以一种贪婪的方式吮吸着美酒，破坏了健康，直至死亡猝然降临眼前……。所有这一切总起来就是，我们风笛声声，觥筹交错，华宴相庆，异服流彩，自甘堕落，让时光荒废于闲散与享乐（与上帝的法则和其他民族的时间使用截然

> 不同)，已使我们的身体变得阴柔，知识变得贫乏，财富变得枯竭，勇气下降，事业遭受不幸，最终被敌人推入困境……
>
> “正如富裕和权利使一个民族堕落和挥霍，贫穷和匮乏确实使人明智和勤奋……”(1622［1644］年，第 179—180 页)

虽然曼对“吸烟”的看法不合乎今天的时宜，“酒杯”一词的用法也不同于当今年轻人的用法，并且在鄙视阴柔之气时，亦不知道现代的人们对性别的态度，但他的抨击说明，对消费的过度关注并不局限于成熟的经济。

外部原因

将国家衰退的原因划分为类似个人病痛的外部原因，和类似人体全面衰退过程的内部原因，这是比较随意和不甚明确的。例如，在一个自认为遭受外来袭击的国家，战争可能被视为一个非常突出的外部原因。但是，正如历史学家已经反复证明的，战争罪行通常不能被毫无正当疑问地归结在某个特殊的参与者身上，而应当按不同程度被共同分担。再者，尽管 1780—1784 年的第四次英荷战争，以及 1790 年代法国人进攻联省共和国并加以占领这两个因素确实对荷兰的衰落给予了致命的一击；但是，联省共和国内部衰退的迹象长期以来一直很明显。我反对乔舒亚·戈尔茨坦(1988 年)的观点，即战争是经济增长周期中的内生变量。相反，战争通常在使年轻国家的经济增长速度加快的同时，也使老牌国家的衰退加速。这是十分显然的。

其他的外部因素是一些产生重大影响的事件，尤其是重大发现和发明创造，它们扩展人们的视野或破坏现存社会活动的基础。虽然皮埃尔·维拉注意到，哥伦布的日记中有65条提及黄金，说明发现新大陆的航行是对15世纪金银奇缺作出的一种反应（1969［1976］年，第169页）；但是，哥伦布1492年发现新大陆，玻利维亚波托西地区发现银矿，以及美国加利福尼亚、澳大利亚和南非威特沃特斯兰德发现金矿，一般均被当作造成重大影响的外部事件。尼龙取代妇女长筒袜上使用的丝绸，这对1930年代日本经济的增长是一个残酷打击。另外，1973年和1979年石油输出国组织（OPEC）的石油价格上涨也属此列。

然而，外部因素的变化使经济增长加速还是减速，取决于经济对此变化作出的反应。这种反应一方面是该国经济的生命力、活力和恢复力的函数，另一方面是其倦怠和迟钝程度的函数。几 216
年前，我写道，对于一个国家来说，过度关注贸易条件——出口商品价格与进口商品价格之比——是一种衰弱的表现，就像一个人持续不断地测量自己的体温、脉搏或血压一样。在最佳状态下，一个国家重新配置资源，以应对进出口价格的变化，使资源由价格下跌的商品向价格稳定或上涨的商品转移，除非价格下跌的商品是由成本降低所致。（金德尔伯格，1956年）“转换能力”是适应贸易条件变化所必需的要素，并且是一种受内部因素决定的要素。

衰落的外部根源和内部根源，在“过度扩张”这一概念中又一次相遇。这一概念在保罗·肯尼迪的著作《大国的兴衰》（1989年）中跻身于显要位置。当然，这一概念并不新鲜。杰弗里·帕克在其著作《佛兰德斯的军队和西班牙人的道路（1567—1659）》（1972 年）中，引用了一位怀尔凯斯先生在 1587 年 7 月的话。此话说道："维持这一行动最为困难的问题……就是使战争费用和士兵人数与国家的摊派和收入相称。"（第 125 页）有关西班牙人试图镇压尼德兰的叛乱的情况，帕克继续阐述道：

> "总体说来，西班牙很少有人准备接受这样一种可能性，即在尼德兰的战争不可能无限期地进行下去。结果将证明，战争的代价非常之大，国库无法承担。正如怀尔凯斯所指出的，使战争费用和可资利用的资源保持平衡的问题，是一个威胁并击败 16 世纪几乎每个政府的问题：在那些日子里，人们很少用'小商人的秤杆'来衡量政治。因此，佛兰德斯的军队接受命令，要对荷兰人保持最大限度的军事压力，直至所有抵抗瓦解，无论付出什么代价……当然，执行这一命令的代价是毁灭性的……"（同上，第 145 页）

这段叙述与路易十四临终时的致歉"太多的宫殿，太多的战争"具有一致的内涵，让人回想起约翰逊总统对越南战争的态度，以及（容克）德国总参谋部的格言 *Geld spielt keine Rolle*，字面意思是，"钱不起作用"，更加口语化的说法就是，"甭管代价多大"。"小商人的秤杆"一词使人想起研究法国贵族价值观的社会学家杰西·皮茨，他的格言有"他的人民崇拜他""永远不要隐瞒""永远不要数你的零钱"（1964 年，第 244—249 页）。

过度扩张对当今世界的重要意义也可见于人们广泛抱有的批评

意见。人们认为，美国承担了过多的义务，包括：为世界其他国家和地区提供核保护伞；维持两大洋或三大洋的海军；在中东、索马里、海地，以及以前在危地马拉和巴拿马，甚至以后很可能在波斯尼亚和与苏联断绝关系的地区充当世界警察等。在此还存在一个意愿资金（will-wallet）的问题，本书第九章曾提到此类问题。一个能在第二次世界大战中花费一半国民收入的国家，如果 217
愿意使自己为了范围广泛的各种警察行动而承担足够沉重的税收负担，那么它就能够如愿以偿。批评意见通常来自那些不大愿意如此作为的人。仅仅愿意取得成果是不够的，还必须愿意采取相应手段。“我们承担不起此事的代价”，只是一种间接的表达方式。其实，这句话是说还有许多其他开支是我们更愿意支付的，或者说这个国家——不仅政府或者国会，而且是整个国家，包括压力集团和选民在内——不愿意为此目的而放弃其他事情。

以上并不涉及愿意取得某成果，但期待或希望其他国家提供手段的问题，就像布什总统那样，找到日本、沙特阿拉伯等中东国家，以及其他国家，请求它们为美国决定的政策出钱，而且这些政策肯定对那些受邀提供资金的国家有利。例如，对于像英国这样享有经济霸权的国家来说，在通常情况下，联盟的领导者通过提供财政援助的形式，雇用其他国家来帮助打仗。可在“沙漠风暴”行动中，角色正好被颠倒了。

内部原因

我再次选择不对内部原因进行详细阐释。内部原因包括：风险规避、消费增加、储蓄降低、生产率收益减少、创新能力下降、对税收的抵制、债务增多、寻租、妒忌引发“荷兰病”、投机泡沫、赌博、腐败、政府和公司官僚作风增多、不愿意适应变化。但是，我确实想阐明两点：一是关于卡德韦尔法则，乔·莫基尔对此已经撰写了一系列饶有趣味的论文（1992a，1992b，1992c，1994年）；另一点是关于联邦的/集权的，或多元主义的/等级制度的组织问题。

本节将从第三章开始加以回顾。D. S. L. 卡德韦尔（1972年）注意到，没有任何一个国家能在技术创新方面一直保持显著优势超过两代或三代人的时间。可他未能为这一本质上属于经验主义的发现提供理论基础。乔·莫基尔承担了该项任务。莫基尔指出，任何国家都存在抵制变革的势力，不仅体现在勒德分子*、宪章派、行会、贸易联合会、长期存续的卡特尔以及衰退中的产业，还会体现在组织性不太强的组织和个人身上。随着时间的推移，这些势力往往试图阻止创新带来的威胁，以免对乔·莫基尔称之为“过时的专门技巧”和“不可塑资产”造成损失。（莫基尔，1994年）这种观点在很大程度上依靠奥尔森提出的“利益分配联盟”的观点作为基础，但是又将奥尔森的观点的适用范围扩展到整个既得利益集团。在英国的例子中，这些势力还包括“怀旧的浪漫主义者”（1992c）。前面曾经提到，煤车载重量小，使用效率低，但由于其属于矿山而非铁路公司，因此出现了市场失灵。莫基尔

* 1811—1816年，英国手工业工人中参加捣毁机器运动的人，后来也指反对机械自动化的人和阻碍技术进步的人。——译者注

所考虑到的网络技术创新方面不协调的情况，就像煤车的发展过程一样。煤车的情况只是一个例子，可以用来说明，若市场无力调节成本与利润的分配，就需要进行纵向一体化来内在化变革带来的收益。（参阅上文，第8章，但也可参阅范维利克，1993年）实质上，这一观点认为，当技术进步在单个国家发展到一定程度之后，反对继续革新的势力就越来越大。从欧洲或者世界等更为广阔的范围看，整体性的进步是由在新领域刚开端的新事物维持 218
的，它们对落后的事物构成威胁，迫使它们加以调整和适应。

联邦/集权的问题，不仅涵盖创新和创新速度放慢的问题，而且完全超越这一范围，将商业、政府、军队、大学——实际上是任何规模由小到大逐步发展的机构——组织方面的问题都囊括在内。机构规模小，可能好，也可能不好。但是它要么有效率，要么就得消失。莫基尔指出，城邦式的经济体可能是效率最高的——不仅从历史上的威尼斯和热那亚，而且从今天的香港地区和新加坡，均可看到这一点（莫基尔，1993年），但是，当城邦的版图扩大时，麻烦就开始了。松散的联邦结构可能运转效果很好。可是，当出现实质性增长或集聚时，就存在如何在最高机构与下级机构之间划分职权、义务和权利的问题。在很大程度上，这取决于面对的环境是否稳定。在稳定的环境中联邦结构可能运转良好。然而，如果环境充满紧张和变化因素或者存在进行创造性变革的机会，而创造性变革需要国家各组成部分之间相互协调，或指挥某一组成部分或更多部分朝着不同的方向，那么中央可能就需要作出决策。

困境在于：稳定时宜于下放权力，以激发基层的才干、天赋

和创新能力；危机或重大变革时则宜于中央集权。然而，随着中央的权力过度增大，官僚机构的僵化就逐渐滋生，导致集权化的中央权力机构应对下一次危机的能力减弱。

通用电气公司在20世纪中叶是一个业绩辉煌的大公司，拥有一系列盈利的下属企业，它们生产发电机、飞机引擎，以及电冰箱、洗衣机、烤面包机等各种电器。但是，显得多余的公司总部错过了计算机带来的机遇。通用汽车公司的成功，长期以来不在于它在总裁小艾尔弗雷德·P.斯隆领导之下的集权化，而在于它下放了权力，赋予雪佛兰、别克、奥兹莫比尔和凯迪拉克等分部以独立性。当竞争表明将引擎和车身的一些部件进行标准化生产可能节约成本时，当企业联合的风潮开始发端并逐步扩展到柴油机车和电器生产领域时，更不要说当集团在德国、英国、澳大利亚和南非等国都对汽车制造厂进行投资时，麻烦也就逐渐蔓延开来了。就像政府和大学里的情况一样，中间管理机构扩大，出现了查尔斯·狄更斯在《小杜丽》中所描述的“拖拖拉拉部”。这种办公室的工作就是“填表格，发函件，做记录，立备考，签字，会签，会签的会签，退回来，报上去，横向的手续，交叉的手续，弯弯曲曲、曲曲弯弯的手续，没有一个完结”*（1857［1894］年，第92页）。

军队已经知道，当单个士兵须听从的机构——班、排、连、营、团、师、军、军团、集团军——数目超过三个时，最好将基层

* 此处译文引用了金绍禹先生的译本，参见上海译文出版社1993年版，第717页。——编者注

机构分解开，在其上另外再设置一个级别更高的机构，以使问题更可控。但是，级别较高的机构与较低的机构之间依然存在潜在的意见不一致之处。级别高的机构审视的视野范围更加广阔，级别低的机构与大致准确的现实保持比较密切的联系。乔治·马
歇尔将军（后来成为国务卿）担心他称之为“局部利益症”的弊 219
病，即基层机构的目光短浅。在他眼前的例子就是，第二次世界大战后，盟国在被占领的德国设立“控制委员会”，美国代表卢休斯·D. 克莱将军把注意力全部集中于德国的经济和政治问题，而没有对这些问题给整个欧洲带来的影响给予足够关注。

在大学，问题在于学校是否得到了发展；经费是应该拨给处于最上层的管理机构，还是应该拨给级别较低的学院、研究所、系和实验室。这个问题出自 1910 年普林斯顿大学的系主任安德鲁·韦斯特和时任校长伍德罗·威尔逊之间的著名论战。当时的辩论主题是，这两人中谁应该掌管韦斯特筹集到的 200 万美元的经费——这笔经费是应该拨给研究生院建造一个新校区，还是应该由学校统一支配。在这场论战中，威尔逊输了，他退职并当选新泽西州州长，后又在 1912 年当选美国总统。哈佛大学流传的格言是“每个木桶都立在自己的底上”，这意味着各个学院和各个系都可以支配自己筹集的经费。这对于神学和古典文学这样的系来说就艰难了，因为它们缺乏（比如说）商学院和法学院那样的筹措资金的能力。同样，这也提出一个问题：一所大学是应该冒着扭曲各学科发展方向的危险来强化它的优势，还是应该进行投资，使实力较弱的学科也能赶上整个大学的总体水平。尼尔·鲁

登斯坦校长*1992—1993年度的报告在其他大学正取消难以吸引资金和/或学生的系的时候提出了一项措施，进一步加强学校的中央控制力，以利于各学院和各系平衡发展。

无论人们是将联邦主义作为一种普遍原则加以接受，还是认为某种程度的集权化也有必要，变革都是困难的。特别是当新的环境需要改变发展方向的时候。实际上，正如18世纪末伊萨·简·亚历山大·戈古尔和约翰尼斯·戈德堡治理下的荷兰（沙马，1977［1992］年），或者财政部长马提亚斯·埃茨伯格1921年的德国税收体系改革一样，变革通常是不可能的（费尔德曼，1993年）。我稍有了解的一个例子是，由于1867年《英属北美法案》已经变得过时，因此，由罗厄尔和西罗伊斯两人领导的一个加拿大委员会在1939年试图重新安排该法案规定的财力分配方案，特别是将一些筹集和花费资金的权力从各省收归中央。结果这一尝试失败了。

从一个按等级组织起来的机构向一个分权的或实行联邦制的机构转变，或者反其道而行之，在诸如大学或中等规模的公司等相对较小的组织中，可能比较容易实行；而在一个大公司或整个国家，实施的困难就大得多。此外，任何一种组织体系都受熵的影响，或者说都在变得越来越僵化。在我看来，不久以前，国务

* Neil Leon Rudenstine，1991—2001年任哈佛大学校长。他领导了哈佛现代历史上首次全校范围内的筹款活动并募得26亿美元，并使哈佛捐赠基金在其任职期内由47亿美元增长到超过150亿美元。他大力支持基于大学的研究，促进学院和学生群体的多元化，并支援艺术和人文类学科的发展，2007年获哈佛百年奖章。——编者注

院似乎通过频繁的职员重组保持最佳活力。重组每十年或十年左右一次，从按地区划分变为按职能划分，或者按相反的方向转变。在任何体系之下，总是存在对地区政治专家和（比如说）一般性 220
研究贸易、国际金融、石油、通讯、航运等问题的经济学家的需要。由地区专家或者经济专家主导过长时间，都会使这种体系朝不作为的方向严重倾斜。如果一个机构无法通过失败获得新人，那么定期改组旧人可能是仅次于最佳方案的恰当选择。

在经济和政治领域，存在小机构聚结和合并为大机构的运动，同时也存在走向分解的运动。如果人们不愿意追溯第二次世界大战后，英国、荷兰、葡萄牙、比利时，以及某种程度上的法国和日本等诸帝国的瓦解，那么最明显的例子就是苏联和南斯拉夫的解体。另外同样具有重要意义的是一些分离运动。西班牙的巴斯克人、加拿大的魁北克人、英国权力下放运动中的威尔士人和苏格兰人，甚至可能还有似乎想要放弃作为纽约市一部分的斯塔腾岛居民等，他们都想分离出去。集权和分权是在地方乃至国家整体层面上持续处于紧张状态的运动，世界范围内也是如此。

这个问题作为“辅助性原则”*之一在欧盟当中被提出来，即哪些职能应上升到联盟层面，哪些职能应保留在成员国层面。争论主要集中在政府职能方面，而评判标准则依据外溢效应。一个国家内部的劳工、卫生和治安状况不太可能影响另一个国家内

* subsidiarity. 辅助性原则是欧盟的一项宪法性原则，指如无欧盟干预的必要，则决策权由欧盟成员国保留。只有成员国权力不足时，欧盟才应集体采取行动。即，“必要时为欧洲，可能时为国家”。——编者注

部的劳工、卫生和治安状况。因此，这些领域的管制可以完全放心地留给这些国家自己进行。但是，移民问题具有外溢效应，无论如何也应交由联盟管理。在卡特尔政策或反托拉斯政策方面，一国内部的公司并购可能会也可能不会在国外产生影响。这取决于由此产生的企业的规模。可是，不同国家之间同一行业内部的企业联合或并购，却很可能在国外产生影响。因此，欧盟经济政策研究中心认为，理解欧盟的辅助性原则，必须具体问题具体分析。（1993 年，第 2 页，第 3 页）

在前面几页的论述里所强调的另一个标准，就是时机问题。在和平时期，经济顺势发展，权力基础应转向权力下放、联邦制和多元主义，或者辅助性原则应该得到正式表明；在危机时期，社会呼吁集权化或者加强中央领导，或者需要协调。不论时势如何，一味支持集权战胜分权，或者正好相反，是不现实的。

政　　策

然而问题仍在于，国家的生命周期是否能够由人们的有意设计而根本改变，以及，如果国家的发展受到衰退的威胁，那么适当的政策能否使国家由于一阵活力的恢复而避免衰退，或者将衰退推迟到未来。在第二章中，我曾经指出，就病痛而言，好的药物通常能够使人的生命周期得以延长。没有任何外来因素干扰的情况下，在莱文森后来称之为“暮年”，即 80 岁之后的年龄期间，良药即使不延长生命的时间，也能使生命的质量得到改善。（1978 年，第 36—39 页）这个问题是由亨利·诺提出的。他一方面根

据“结构理论”，另一方面根据“选择导向模型”，对增长与衰退
加以分析。在“结构理论”中，变化是不可阻挡的；而在“选择导 221
向模型”中，亨利·诺认为一个社会有可能通过执行政策以抵制衰退。(1990年)

许多经济学专家曾经提出阻止和彻底扭转经济衰退的各种“疗法”。现从最近出版的一本书的评论中抽取一范例如下：

> “里夫林提出的改革议程直接来自……我们经济停滞的原因。为了解决生产率增长速度放慢的问题，她支持增加对私营企业和设备、工人的技能、新技术在基础研究中的应用等方面的投资。缩小收入不平等同样需要提高工人的生产率。但是，必须进行一系列努力，以使经济水平低下的阶层融入主流经济，分享经济增长的成果。为此，里夫林建议提高公共教育水平，而且教育要重视使用新技术进行工作所需要的基本技能。为了提高美国的储蓄率，里夫林的建议很简单：削减联邦预算赤字。为了控制医疗保健费用，她赞同在整个医疗保障体系范围内实行费用控制，确定所有付款人的报销比例，无论是公共机构还是私人，均是如此。”(英曼，1993年，对里夫林所作评论，1992年，第1455—1458页)

该评论指出：“这些措施需要有一个政治过程——调整、控制、重新确定方向、削减支出，也许还要增加税收。当政治进程陷入僵局时，上述措施似乎都无法施行。”英曼继续评论道，里夫林克服这些困难的办法是：

“给美国各个州注入新的活力，使之成为独立的经济决策中心。联邦政府与各州之间的财政责任应该重新划分。联邦政府应削减赤字，并防止爆发全国性医疗保健危机。借助于分配到各州的国家税收，各州应该接管提高生产率的工作……”（同上）

这个计划听起来极为艰巨。

仅仅依靠一个评论者的摘要，就将一本200页长的书提炼成几段话，这有失公平。这份被我如此极度压缩的计划，相对于那些只提出一种方案的经济学专家的计划来说，应是一个长足的进步。那些经济学专家提出的方案，或是稳定货币供应，或是竭尽全力推行反托拉斯政策，或是按照通产省在日本推行产业政策的办法来实施产业政策，或是推进收入政策或是恢复金本位制，诸如此类。然而，这却使我想起漫游奇境的爱丽丝的“红皇后”和“早餐之前要相信的六件不可能之事”*。一个国家能够全心全意地致力于提高教育，调整收入分配，提高生产率、储蓄和增加投资，减少不经济的补贴，平衡预算，使社会能够普遍得到负担得起费用的医疗保障。然而，在政治权力的现有状态下，每次改革都激起院

---

* 见《爱丽丝镜中奇遇记》第5章“羊毛和水”。原文如下：

爱丽丝笑了，说：“试也没用，一个人不能相信不可能的事情。”

“我敢说这是你练习得不够。”（白）皇后说：“我像你这样大的时候，每天练上半个小时呢。嗯！有时候，我早饭前就能相信六件不可能的事哩！”——编者注，括号为编者所加。

外活动集团的强烈反对。院外活动集团势力强大，资金充足，通过政治献金影响立法进程。这听起来可能有些愤世嫉俗，但是，现实似乎已经证明这个结论，即上文概略勾画的此类庞大计划是乌托邦式的。

当超级大国的数目已经从两个减少为一个的时候，美国为了其自身安全应采取何种贸易政策？对此有过一场争论。在另外一 222
本针对这场讨论的书中，西奥多·莫兰一开始就用一个章节来论述彻底扭转美国的衰落的问题。他认为，美国的衰落“至少在原则上是显然彻底可逆的”（1993年，第13页）。

> “所需的宏观经济措施（限制消费，奖励储蓄和投资，削减联邦政府赤字）相对简单易行。困难来自将它们贯彻实施这一政治任务……在［冷战结束后］令人欣慰地缺乏明确和现实的威胁的情况下，似乎越来越没必要采取令人不舒服的解决办法。这些办法需要克制、牺牲和目标一致。”（同上）

将这个国家不愿意坚定地面对其经济和政治问题归咎于冷战结束产生的舒适感，而非更加根深蒂固的隐忧（引用一个卡特总统由于用之而遭受嘲笑的词），这在实际上回避了上述问题。到1990年为止，为了一个一致的目标而作出克制和牺牲的意愿已经丧失了10年有余。

可以说，有些时候国家准备采取行动创造一些奇迹。人们自然会想起法国人偿付1871—1872年普法战争的赔款；芬兰人1944年和1945—1947年两次向苏联偿还战争赔款；第二次世界大战后德国和日本的经济奇迹；甚至美国两党共同努力援助受战争削弱的盟国，并在1945年后打败了敌人，其中包括但并不局限于马歇尔计划。这些努力均需政治统一，而除了在战争时期和在绝境中，政治统一都是罕见的。

通常，国家对类似医学所称“病痛”的外部事件引起的危机所作出的对策，好于它们对缓慢衰落作出的对策。外部危机在一个国家“比较年轻”，并且充满生机、能量和活力时，比在后来已经开始僵化的时候更容易抗击。国家在生命周期后期阶段能否用相同的方式成功克服衰退的内部原因更加令人怀疑。已故卡尔多勋爵为解决英国经济危机所倡导的关税保护，似乎尤其不可能发挥青春之泉*或猴腺**的作用。尝试启动衰退中的经济总是值得的。经济学家或许很难赞同富兰克林·D.罗斯福总统在经济大萧条期间尝试一服又一服政治或社会改革方面的偏方的意愿，而其中任何一种政策都没有太多的理论支持。在世界性经济大萧条期间，比起衰退到夹杂着停滞和偶尔狂热的低级增长，采取折中主义也可能更为适宜。

在讨论荷兰衰落的过程中，西蒙·沙马指出，这个国家缺少一种重大的“戏剧性的事态突变”（*coup de théatre*），即像1789年巴黎发生的攻占巴士底狱的风暴一样的事件。（1977［1992］年，

---

* Fountain of Youth，一座传说中可以使人恢复青春的泉水。世界各地都有类似传说。——编者注

** Monkey Gland. 俄罗斯医生塞尔吉·沃罗诺夫认为，将健康的年轻猴子的睾丸移植到老年男人身上，可使后者免于死亡。著名的鸡尾酒“猴腺”即得名于此。——编者注

第216页）罗森克兰斯是相信美国经济会复兴的人。他说，迄今为止，一直缺少火花来点燃这个国家的社会能量，并形成一种新的社会合作。他指望有一场危机能够产生这种推动力，并提出四种可能发生的事态：（1）日本股票市场崩溃（在他撰写此书时日本股市正处于空前的高水平）并波及纽约；（2）对美国贷款的持续需求导致利率进一步紧缩；（3）美国贸易赤字状况恶化引起外国投资者大量抛出美元换取本国货币，美元硬着陆；（4）这个 223
国家再度缓慢地陷入萧条。（1990年，第8章）1993年秋，日本股票市场下跌，但未影响到纽约。第（2）和第（3）种事态也均未发生。此外，1991—1993年的"抑制性萧条"（contained depression）——如果您愿意了解的话，就是先长期衰退，而后缓慢增长——也没有引发一场危机。罗森克兰斯的乐观主义是值得称赞的，因为他认为，美国公众充足的善意需要在危机中加以利用，**并且肯定会得到利用**。（同上，第214页）

光制定政策是没用的。正如西班牙的改革派以前就注意到的，将正确的政策付诸实践需要努力。可西班牙的改革派的正确建议完全被忽视了。有人也对第二次世界大战前患紧张症的法国进行了类似的反思：

> "……当人们回顾1930年代时，不能不注意到，在人们普遍认为有必要进行改革的认识与缺乏促使改革措施变得成熟的能力之间，存在着强烈的反差。正如德拉普利塞先生可能指出的，这是保守主义的力量仍旧占统治地位所造成的结

果。”[①]（布维尔，1984 年，第 74 页）

一个世界经济霸权衰落之后，另一个会随之崛起吗？

在 1973 年之前，一旦行使着世界经济领导权的国家衰落，通常另外一个愿意甚至急于接替其位的国家便随之崛起。正如法国、德国和日本的例子（后面两国是 1939 年以前的情况）所证明，通常在位置尚未空出时，接替的候选国就已经产生了。有一篇论文集中研究了从公元前 1700 年到公元 1450 年长达 3000 多年间的霸权的转移问题。该文指出，上升（A）和下降（B）过程可划分为 15 个阶段；在其中许多阶段中，都不存在任何霸主。（弗兰克和吉勒斯，1992 年，第 157 页）在 16 世纪至 17 世纪之间，实际上没有任何人十分确切地知道，世界的重心究竟在何处。（布罗代尔，1979［1984］年，第 35 页）我没有能力就此作出判断。但是，我能觉察到，有时这种变化是在仓促之间剧烈地发生的，正如 1440 年前后霸权从布鲁日向安特卫普的转移，还有主要是在 1585 年当年霸权就从安特卫普向阿姆斯特丹的转移。在其他时期，虽然霸权转变的确切时间难以明确证实；但是，哪个国家在

① 《小拉鲁斯字典》* 的词条中没有一位德拉普利塞先生，但是含有一位雅克·德夏巴纳·拉帕利塞上尉。此人约出生于 1470 年，1525 年在帕维亚战役中阵亡。他的士兵歌颂他说，在他死亡之前一刻钟，他还活着，意即他仍在战斗。最后，这位上尉逐渐成为显然的、无可争辩的事实的代名词。

* *Le Petit Larousse*，法国拉鲁斯出版社出版的法语百科全书式字典，首次问世于 1905 年。——编者注

崛起，哪个国家在衰落，却是清楚的。先前的一项研究结果坚称，在英国开始衰落及其在爱德华时代逐步丧失霸权和美国愿意接受维护世界经济稳定的责任之间，存在一个很长的过渡期。英国开始衰落是在1870年左右；美国承担维护世界经济稳定的责任的意愿，则是通过1934年（《互惠贸易协定法案》）、1936年（《三方货币协议》*）、1941年（《租借法案》）、1944年（《布雷顿森林协定》）、 224
1948年（马歇尔计划）才慢慢逐步显现出来。

经济实力和将这种经济实力应用于生产世界和平、稳定和发展等公共物品的意愿，这二者之间的关系模糊不清。1890年，美国的人均收入高于德国或英国。但是由于它坚持孤立主义，因此不能说美国已经占据了世界经济领导者的交椅。如果人们接受日本社会经济事务研究所选择的汇率，那么，1993年日本的人均收入是33 701美元，美国是25 009美元，前者可能比也可能不比后者高。但是，在美国的经济霸权地位下滑的过程中，日本并未挑战或者声称已经获得世界经济霸权。（1994年，第11页）

与前面当一个国家迅速发展而另一个国家的发展速度放慢的时期明显不同的是，所有工业国家在从1945年或1950年到1973年之间的“黄金时期”都增长迅速，但在随后20年中的发展速度

---

* 1936年9月26日，英、美、法三国为应对金融危机，尤其是法郎贬值问题而签订，协议规定：每个国家都同意随时准备与其他国家就外汇业务进行磋商；同意持有彼此的货币达24小时，然后再换成黄金；同意向法国政府提供帮助，防止法郎贬值。该协议被认为是将30年代后半期人们的注意力，从法郎贬值问题转移到国际货币稳定问题，标志着国际货币合作在经历了30年代前半期的深渊之后，到达一个转折点。后来，荷兰和瑞士在其货币贬值之后，也同意遵守该协议。——译者注

都变得越来越慢。但是，并非所有国家均同时放慢。英国率先，是在1970年代初。随后，美国在1974年和1980—1981年两度短暂放慢，然后在1980年代末和1990年代初进入停滞期。法国在1982年密特朗总统的社会所有化试验之后增长速度放慢。中产阶级采取资本外逃形式的罢工从根基上削弱了其实力。德国和日本在1989—1990年由于不同的原因而增长放慢。德国是由于在将东德马克兑换为德国马克时选择了错误的汇率：若选择的是像2∶1这样的汇率，德国本可以降低通胀可能，德意志联邦银行也不必进行抑制，但它却选择了1∶1的汇率。日本是由于前面章节中曾经描述的泡沫经济：1990年泡沫经济破灭，其留下的创伤可能影响深远。前面的章节已经阐明，尽管德国和日本可能为获取欧洲和远东的地区性主导地位而竞争，但是，二者似乎都不可能谋求或保有17世纪的荷兰、1770—1870年的英国、1945—1971年的美国所享有，或者仅仅曾经保有的（可能更为准确）世界经济霸权。

如果没有任何等候着准备接替的领导国，那么接下去是什么？正如奈、诺、彼得森、罗森克兰斯及其他人所断言的，仍将存在这种可能性，即美国经济将呈现出新的恢复力，美国的经济和政治领导地位将再度像在1950年代和1960年代一样。1990年代，美国的经济增长已经按周期性模式加快速度，并已经达到一定程度，以至于1994年春联邦储备委员会开始运用进一步提高利率的手段加以控制，以防止陷入通货膨胀。美国的对外政策已经在海地取得成功，并成功地迫使伊拉克的萨达姆·侯赛因撤回其对科威特再度发出的威胁。然而，这些回升均十分缺乏年轻国家所展示出来的生命力。民族的心理是尖酸而非自信的。顾问们也

无法取得一致意见。人们很少愿意为整体利益作出妥协。收入分
配的倾斜度进一步增大，既是社会凝聚力丧失的产物，也是衰退 225
萌芽的一个标志。除了在金融领域之外，其他领域的创造力都在减弱。尽管创新减少，但是，由于裁减人浮于事的白领职员和高薪职员，生产率却在提高。公司裁减高薪职员是以在被雇用的中层职员和那些希望通过完成学业来获得好职位的人中引起恐慌为代价的。从长远角度看，开始于1991年的美国的复兴，看起来与其说像是一种趋势的一部分，不如说更像一种周期性上升。

在美国、意大利、日本，尤其在苏联解体后独立的国家，推行改革都是必要的。但是，以一种适时而令人满意的方式实现改革的可能性却很渺茫。各国的公众都已变得悲观失望甚至心怀不满了。他们不仅对政府现任官员持否定态度，而且对可能替代现有体制的新体制，人们就能否纠正其弊端变得越来越不乐观。保守主义者指责官僚、政客导致政府无能，却没有明显的意图要把需求政府采取行动的市场的失败牵扯进来。

如果美国不能成功东山再起并重新赢得世界经济中心或领导的地位（这在我看来可能性似乎比较小），那么接下去会怎样呢？要列举一系列可能事态是很容易的，但是根据我的判断，要能自信地说，在很近的将来，一种事态比另一种事态更有可能发生，这实际上是不可能的。

斯蒂芬·克拉斯纳和罗伯特·基欧汉等政治学家相信“权力机制”（regimes）——机构、习惯、惯例。在一个霸主占主导地位的时期，权力机制发展起来；在霸主无处不在的或强制性的权力已经丧失之后，权力机制由于惯性而继续存在。第二次世界大战

后，美国建立了一个国际组织构成的权力机制，它由下列机构组成：联合国，主要负责军事安全；商贸领域的《关税及贸易总协定》；世界银行，促进一些国家的经济增长和发展，这些国家按经济水平由低到高依次被称为后进国家、不发达国家、欠发达国家，以及发展中国家；国际货币基金组织，负责处理国际支付中的短期不平衡。经过一段时期的缓慢启动之后，这套权力机制开始不时地发挥有效作用。在启动期间，美国自身承担了对被占领地区的军事救济和援助、英国的贷款、马歇尔计划。各国的货币变得可以兑换；关税被降低；在 1930 年代枯竭的个人国际投资恢复。实际上，那是一个“黄金时期”。有一种观点认为，问题在于这个时期如何最终结束；另一种观点认为，问题在于这个时期如何碰巧持续如此长的时间。

这套权力机制何时瓦解难以确切判定，但是人们通常认为是在 1970 年代初。在这个时期，固定汇率制度失败。比较大的国家的货币政策不再进行协调，结果导致美元在世界上泛滥成灾。石油输出国组织（OPEC）先是在 1973 年底将石油价格提高四倍，后来在 1979 年又提高近三倍。银行对发展中国家的辛迪加贷款猛增，所依据的实际利率接近负值水平。起初，由于苏联在安理
226 会经常投否决票，联合国受到妨碍。后来，随着德国和日本经济实力（虽然不是军事实力）上升，却未能赢得安理会常任理事国的席位，联合国变得越来越不能代表现实。经过许多轮多边谈判——日内瓦回合、狄龙回合、肯尼迪回合、东京回合——贸易壁垒的削减本来已经取得很大进展；但是，非关税壁垒的增多，还有以美国为主的进口国强加给出口国的“自愿出口限制”，使贸易

壁垒的削减速度放慢。乌拉圭回合贸易谈判意在使各方的让步范围从工业品扩展到农产品和银行、保险等服务业领域，在两次被迫延长达成协议的五年限期之后，各国政府最后于1994年达成一致意见。《关贸总协定》的乌拉圭回合谈判之后，该组织由新的世界贸易组织（WTO）延续。然而，国际组织也不是什么万应灵药。许多组织运转效果很差。建立世界卫生组织（WHO）花费了八年时间。它本该最关注共同目标、通过合作才能取得的收益，以及各国共同承担的费用的适度，但事实却并非如此。（库珀，1985年）虽然国际组织确实值得鼓励和加强，但是它们的成绩却使人们难以相信危机期间的超国家实体能够有效处置世界经济。

国际组织并不限于刚刚提到的那些。一些人认为，未来的世界经济秩序取决于地区主义，例如：欧盟（前身为欧洲经济共同体）；加拿大、墨西哥和美国之间的《北美自由贸易协定》；某种形式的"东南亚同盟"，包括日本、"四小龙"（香港地区、新加坡、韩国、台湾地区），以及印度尼西亚、马来西亚、菲律宾、泰国等"新兴市场"，可能最后还要包括中国。北美自由贸易区（NAFTA）很可能由于南美洲和中美洲国家的加入而扩大。在写作本书时看来，排在首位的候选国是智利。上述三大集团间或被认为是根据外汇而非政治或贸易来划分的，分别划分为欧洲货币单位（ECU）区、美元区和日元区；并且各地区有自己的领导国而非多元主义组织，分别是德国、美国和日本。尽管这些布局确实是可能出现的，但可以肯定的是，它们不可能完全令人满意。以这种模式划分的世界，至少将使中东、南亚和非洲处于孤立，可能还会孤立原苏联成员国和大洋洲，除非俄罗斯和其他一些原

苏联成员加入欧盟，以及澳大利亚和新西兰与东南亚集团联合发展。要理清目前不同程度地存在的关系范围之外的关系，需要一个长期的过程；而且不能靠法令来解决，相反应通过一个达尔文式的演化过程加以解决。

一些政治预言家对按照发展的差异而非地理界线划分世界抱有信心。比如，可以如此划分：一方是经济合作与发展组织（OECD），另一方是联合国贸易与发展会议（UNCTAD）。后一个
227 组织现在看来将逐渐被废弃。至少，它已经退出了发达世界的视线。经济合作与发展组织离重要的决策圈同样或几乎同样遥远。

稍欠正式的组织当数七国集团（G7）。它开始是五国集团（G5）——英国、法国、德国、日本和美国，后来在压力之下增添了加拿大和意大利。七国集团每年召开一次或两次“峰会”，由财政部长、中央银行行长以及被称为“协调人”的工作人员提前进行准备。他们要准备政策倡议，而这些倡议最终将由国家首脑们确认、批准。（马尔福德，1991 年）由于缺少欠发达国家、原苏联集团的任何成员及中国，七国集团的代表性值得怀疑。虽然国际货币基金组织的总裁出席七国集团的会议，尤其是代表会议，但他只是提供信息，而不参与决策。

对于国际决策来说，国家首脑的年度会议并不是一个有效方法。谈判应该在较低的级别上由与国内机构联系紧密的文职官员和政治家进行。在国际政治中，彻底失败与成功运作对比鲜明。彻底失败的事情包括 1920 年 7 月的斯帕（比利时）战争赔款会议（费尔德曼，1993 年，第 7 章），1933 年的世界经济会议（金德尔伯格，1973［1986］年，第 9 章），1945 年 7—8 月的波茨坦会议；

另一边是成功的运作，包括经济合作与发展组织的第三工作组（当它存在时），以及欧洲支付联盟的管理委员会（卡普兰和施莱明格，1989年），其中中层专家级别的连续会议产生了一些结果。

对于各种不同经济层面的频繁互动，有许多东西可以阐述，特别是在宏观经济政策、贸易，以及卫生、污染、移民和难民等其他可能稍为次要的方面，人们可以继续列举下去。尽管这种互动取得了许多成功，但其成绩却并不全都令人鼓舞。当国家利益相异时，如果不是其中一方施加压力，并说服其他各方同意，就难以保证合作继续发展。西德对通货膨胀的恐慌、法国对农民暴动的多疑、美国势力不等的院外集团，都以狭隘的方式运作，而非以国际公共利益为重。强有力的领导机制在伪装起来时是最为出色的，它也许能够克服或者跨越这些障碍，就像金本位制（在英国的例子中）；国际货币基金组织和世界银行（美国），至少持续到1970年代初；或者《关税及贸易总协定》（GATT）的报复性威胁等机制的情况一样。如果缺乏有必需的实力和目标的有效领导国，这种机制将演变为一种囚徒困境式的博弈。其中，首先在建设性方向上采取行动的一方，完全受充当搭便车者的其他各方所支配。

如我以为，假若仁慈的专制主义是最有效的制度，那么它也要受制于熵，就像几个平等实体相互合作的多元主义制度或均势一样。专制君主不可能保持仁慈，并按照整个国家的总体利益进行统治；而且如果他成功地这样做了，人们就不会以这种角色来看待他。一些小国家也许能够保持一致，除非它们就像有时发生的情况一样集体叛变。但是，较大的国家可能自行其是，就像法 228

国的导弹对准所有方位（既瞄准美国也瞄准苏联），或者像 1965 年法国人企图通过把美元兑换成黄金以惩戒美国的情况一样。领导国支付了稳定成本中太大的份额，并在这样做的过程中变得疲惫不堪。当人们谴责它获取剥削性的国家利益，在提供国际货币时谋取铸币利差*或积聚私人投资，却不提供储蓄、技术或其他有价值的建议时，领导国尤其觉得疲惫不堪。这与他们所寻求的声望相去甚远。

下一个是谁？

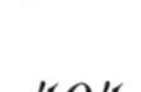

如果尽管诺、罗森克兰斯、彼得森、里夫林、莫兰和其他人存有异议，人们仍然接受美国已开始衰退且无力挽狂澜于既倒等观点，那么在美国陷入难以扭转的衰退，而德国和日本的经济增长在减弱且非常不愿意争取世界经济霸权的情况下，下一个霸主会是谁呢？1990 年代初，所有主要大国的政府都软弱无能。一些腐败缠身，一些只获得少数人的支持，还有一些则面临难以对付的问题。

我不是一个预言家，也不是预言家的儿子。但是，我预测世界将呈现混乱状态。许多问题将被逐一解决；其他问题将继续存在，并且引发冲突；这些冲突迟迟不决，程度不同地毒化着国际经济和政治关系。一些达成的协议得不到执行；不能解决的分歧有时将逐渐淡化，变得无足轻重；同时，世界还将存在一些地区

---

* 指硬币面值与贵金属内含值加铸造费用之差。——译者注

主义、一些大国之间的某种合作，以及一些长期持续的低水平冲突。总之，混乱是显而易见的。在恰当的时刻，一个国家将崛起于混乱之中，成为首要的世界经济大国。又是美国？或是日本？德国？整个欧盟？也许有一匹黑马，像澳大利亚或巴西或中国？谁知道？至少我无法得出结论。

参考文献

Abelshauser, Werner. 1991. "American Aid and West German Economic Recovery: A Macro-Economic Perspective. " In *The Marshall Plan and Germany*, edited by Charles S. Maier. New York and Oxford: Berg, pp.367–411.

Abramovitz, Moses. 1986 (1989). "Catching Up, Forging Ahead and Falling Behind." *Journal of Economic History* 46 (2) (June). Reprinted in idem, *Thinking About Growth and Other Essays on Economic Growth and Welfare*. Cambridge: Cambridge University Press, pp.220–242.

Abramovitz, Moses. 1990. "The Catch-Up Factor in Economic Growth." *Economic Inquiry* 28: 1–18.

Acs, Zoltan J. 1984. *The Changing Structure of the American Economy: Lessons from the Steel Industry*. New York: Praeger.

Aldcroft, Derek H., ed. 1968. *The Development of British Industry and Foreign Competition, 1875–1914*. London: George Allen & Unwin.

Allen, G. C. 1929. *The Industrial Development of Birmingham and the Black Country, 1860–1927*. London: Allen & Unwin.

Arruba, José Jobson de Andrade. 1991. "Colonies as Mercantile Investments: The Luso-Brazilian Empire, 1500–1800." In *The Political Economy of Merchant Empires*, edited by James D. Tracy. Cambridge: Cambridge University Press, pp.360–420.

Ashton, T. S. 1948. *The Industrial Revolution, 1760–1830*. London: Oxford University Press.

Athanas, Christos N. (NYP), "The Lifecycles of Nations."

Attman, Artur. 1983. *Dutch Enterprise in the World Bullion Trade, 1550–1880.* Göteborg: Kungl. Vetenskaps-och Viterhets-Samhället.

Attman, Artur. 1986. *American Bullion in the European World Trade, 1600–1800*. Translated by Eve and Allen Green. Göteberg: Kungl. Vetenskaps-och Viterhets-Samhället.

Aujac, Henri. 1950 (1954). "Inflation as the Monetary Consequence of the Behavior of Social Groups: A Working Hypothesis." Translated *Economie appliquée* 3 (2) (April-June), in *International Economic Papers*, no. 4. pp.109–123.

Aycoberry, Pierre. 1968. "Problem der Sozialschichtung in Köln in Zeitalter der Frühindustrialisierung." In *Wirtschafts-und Sozialgeschi-chte Probleme der früher Industrialisierung*, edited by Wolfram Fis-cher. Berlin: Colloquium Verlag, pp.512–528.

Aymard, Maurice. 1956. *Venise, Raguse et la commerce du blé pendant la seconde moitié du XVIe siècle*. Paris: S. E. V. P. E. N.

Bagehot, Walter. 1873 (1938). *Lombard Street.* Reprinted in *The Collected Works of Walter Bagehot*, edited by Norman St. John Stevas. Vol. 9. London: *The Economist*, pp.48–233.

Baily, Martin J. 1993. "Made in the U. S. A." *The Brookings Review* (Winter), pp.34–39.

Ballot, Charles (Claude Gevel). 1923. *Introduction du machinisme dans l'industrie française*. Paris: Rieder.

Barbour, Violet. 1930 (1954). "Dutch and English Merchant Shipping in the Seventeenth Century." In *Essays in Economic History*, edited by E. M.

Carus-Wilson. Vol. 1. London: Arnold, pp.227–253.

Barbour, Violet. 1950 (1966). *Capitalism and Amsterdam in the Seventeenth Century*. Ann Arbor: University of Michigan Press. Paperback, 2nd printing.

Barker, T. C. 1968. "The Glass Industry." In *The Development of British Industry and Foreign Competition, 1875–1914*, edited by Derek H. Aldcroft. London: George Allen & Unwin, pp.307–325.

Barkhausen, Max. 1963. *Aus Territorial-und Wirtschaftsgeschichte*. Krefeld, Germany: Krefeld Publishers.

Barkin, Kenneth D. 1970. *The Controversy over German Industrialization, 1890–1902*. Chicago: University of Chicago Press.

Barlow, Edward. 1934. *Barlow's Journal of His Life at Sea in King's Ships, East and West Indian and other Merchantmen from 1659 to 1703*. Transcribed from the original manuscript by Basil Lubbock. London: Hurst and Blackett.

Barnes, Julian. 1993. "Letter from London: The Deficit Millionaires." *The New Yorker*, September 20, pp.74–93.

Baumol, William J., Sue Anne Batey, and Edward N. Wolff. 1989. *Productivity and American Leadership, the Long View*. Cambridge, Mass.: MIT Press.

Bautier, Robert-Henri. 1971. *The Economic Development of Medieval Europe*. New York: Harcourt Brace Jovanovich.

Bechtel, Heinrich. 1967. *Wirtschafts-und Sozialgeschichte Deutschlands: Wirtschaftsstile und Lebensformen von die Vorzeit zur Gegenwart*. Munich: Verlag Georg D. W. Callway.

Becker, Walter. 1960. "Die Bedeutung der nichtagrarischen Wanderungen für die Herausbildung des industrielle Proletariats in Deutschland, unter besonderer Berücksichtigung Preussens von 1850 bis 1870." In *Studien zur Geschichte der industrielle Revolution in Deutschland*, edited by Hans Mottek et al. Berlin: Akademie-Verlag.

Beer, John Joseph. 1959. *The Emergence of the German Dye Industry.* Urbana: University of Illinois Press.

Beesley, M. E. and G. W. Throup. 1958. "The Machine-Tool Industry." In *The Structure of British Industry*, edited by Duncan Burn. Vol. 1. Cambridge: Cambridge University Press, pp.359–392.

Bell, Daniel. 1976. *The Coming of Post-Industrial Society: A Venture in Social Forecasting*. New York: Basic Books.

Bell, Daniel. 1991. "The 'Hegelian Secret' : Civil Society and American Exceptionalism." In *Is America Different? A New Look at American Exceptionalism*, edited by Byron E. Shafer. Oxford: Clarendon Press, pp.46–70.

Benaerts, Pierre. 1933a. *Les origines de la grande industrie allemande*. Paris: Turot.

Benaerts, Pierre. 1933b. *Borsig et des débuts de la fabrication des locomotivesen Allemagne*. Paris: Turot.

Berengo, Marino. 1963. *L'agricoltura veneta dall caduta dell republica all'-unità*. Milan: Banca Commerciale Italiana.

Berg, Maxine and Pat Hudson. 1992. "Rehabilitating the Industrial Revolution." *Economic History Review* 45 (1) (February): 24–50.

Bergesen, Albert. 1985. "Cycles of War in the Reproduction of the World Economy." In *Rhythms in Politics and Economics*, edited by Paul M. Johnson and William R. Thomson. New York: Praeger, pp.313–331.

Bergier, Jean. 1963. *Genève et l'économie europée ne de la Renaissance*. Paris: S. E. V. P. E. N.

Bergier, Jean François. 1979. "From the Fifteenth Century in Italy to the Sixteenth Century in Germany: A New Banking Concept, " In *The Dawn of Modern Banking*, Center for Medieval and Renaissance Studies, University of California at Los Angeles. New Haven, Conn.: Yale University Press,

pp.105–130.

Berner, Samuel. 1974. "Italy: Commentary." In *Failed Transitions to Modern Industrial Society: Renaissance Italy and Seventeenth-Century Holland*, edited by Frederick Krantz and Paul M. Hohenberg. Montreal: Interuniversity Center for European Studies, pp.19–22.

Berry, Brian J. L. 1991. *Long-Wave Rhythms in Economic Development and Political Behavior.* Baltimore: Johns Hopkins University Press.

Blanchard, Olivier. 1974. "Was France Backward Compared to England in 1789? " MIT term paper, unpublished.

Böhme, Helmut. 1966. *Deutschlands Wegzur Grossmacht*: *Studien zum Verhältnis von Wirtschaft und Staat während der Reichsgründerzeit*. Cologne: Kiepenheuer and Witsch.

Böhme, Helmut. 1968a. *Frankfurt und Hamburg, Des Deutsches Reiches Silberund Goldloch und die Allerenglischste Stadt des Kontinents*. Frankfurt: Europaische Verlagsanstalt.

Böhme, Helmut. 1968b. *Prolegomena zu einer Sozial und Wirtschafts geschichte Deutschlands in 19. und 20. Jahrhundert*. Frankfurt-am-Main: Suhrkamp Verlag.

Boonstra, O. W. A. 1993. *Die Waadrij van eene Vroege Opleidung*, no. 34. Wageningen: A. A. G. Bidragen.

Borchardt, Knut. 1972. "Germany 1700–1914." In *The Emergence of Industrial Societies*. Vol. 4, part 1 of *The Fontana Economic History of Europe*, tanslated by George Hammersley, edited by Carlo M. Cipolla. London and Glasgow: Fontana/Collins, pp.76–180.

Borchardt, Knut. 1966 (1991). "Regional Variations in Growth in Germany in the Nineteenth Century with Particular Reference to the West-East Development Gradient." In idem, *Perspectives on Modern German Economic History and Policy*. Cambridge: Cambridge University Press. pp.30–47.

Borchardt Knut. 1979 (1991). "Constraints and Room for Manoeuvre in the Great Depression of the Early Thirties: Towards a Revision of the Received Historical Picture." In idem, *Perspectives on Modern German Economic History and Policy*. Cambridge: Cambridge University Press, pp.143–160.

Borchardt, Knut. 1990. "A Decade of Debate about Bruening' s Economic Policy." In *Economic Crisis and Political Collapse: The Weimar Republic, 1924–1933*, edited by Jürgen Baron von Kruedner. New York: Berg, pp.99–132.

Borchardt, Knut and Hans Otto Schötz, eds. 1991. *Wirtschaftspolitik in der Krise: Die (Geheim-) Konferens der Friederich List-Gesellschaft im September 1931 über Möglichkeiten und Folgen einer Kreditausweisung*. Baden-Baden: Nomos.

Borchardt, Knut and Christopher Buchheim. 1991. "The Marshall Plan and Key Economic Sectors: a Micro-Economic Perspective." In *The Marshall Plan and Germany*, edited by Charles S. Maier. New York and Oxford: Berg, pp.410–451.

Bouch, Antoine. 1952. "Les grandes écoles." In C. Boudet, *Le monde des affaires en France de 1830 à nos jours*. Paris: Société d' Edition de Dictionnaires et Encyclopédies, pp.566–574.

Boudet, Charles. 1952. *Le monde des affaires en France de 1830 à nos jours*. Paris: Société d' Edition de Dictionnaires et Encyclopédies.

Bouvier, Jean. 1973. *Un siècle de banque française*. Paris: Fayard.

Bouvier, Jean. 1984. "The French Banks: Inflation and the Economic Crisis, 1919–1939." *Journal of European Economic History*, Special Issue on Banks and Industry in the Interwar Period 12 (2): 29–80.

Boxer, C. R. 1965. *The Dutch Seaborne Empire*. New York: Knopf.

Boxer, C. R. 1969. *The Portuguese Seaborne Empire*. New York: Knopf.

Boxer, Charles R. 1970. "The Dutch Economic Decline." In *The Economic Decline of Empires*, edited by Carlo M. Cipolla. London: Methuen, pp.253–263.

Boyer-Xambeau, Marie Thérese, Ghislain Deleplace, and Lucien Gillard. 1986. *Monnaie privée et pouvoir des princes: L'économie monétaire à la Renaissance*. No place stated: Presse de la Foundation Nationale des Sciences Politiques.

Brachtel, N. E. 1980. "Regulation and Group Consciousness in the Later History of London Italian Merchant Colonies." *Journal of European Economic History* 9 (3) (Winter): 585–610.

Braudel, Fernand. 1949 (1972). *The Mediterranean and the Mediterranean World in the Age of Phillip II*, vol. 1. Translated by Siân Reynolds. New York: Harper & Row.

Braudel, Fernand. 1966 (1975). *The Mediterranean and the Mediterranean World in the Age of Philip II*, vol. 2. Translated Siân Reynolds. New York: Harper & Row.

Braudel, Fernand. 1977. *Afterthoughts on Material Life and Capitalism*. Baltimore: Johns Hopkins University Press.

Braudel, Fernand. 1979 (1981). *Civilization & Capitalism, 15th–18th Century*, vol. 1. *The Structures of Everyday Life*. Translated by Siân Reynolds, New York: Harper & Row.

Braudel, Fernand. 1979 (1982). *Civilization & Capitalism, 15th–18th Century*, vol. 2. *The Wheels of Commerce*. Translated by Siân Reynolds. New York: Harper & Row.

Braudel, Fernand. 1979 (1984). *Civilization & Capitalism, 15th–18th Century*, vol. 3, *The Perspective of the World*. Translated by Siân Reynolds. London:

Collins.

Braudel, Fernand. 1986 (1988). *The Identity of France*, vol. 1, *History and Environment*. Translated by Siân Reynolds. New York: Harper &Row.

Braudel, Fernand. 1986 (1990). *The Identity of France*, vol. 2, *People and Production*. Translated by Siân Reynolds. New York: Harper Collins.

Braun, Rudolph. 1960. *Industrialisierung und Volksleben: Die Veränderungen der Lebensformen in einen ländlichen Industriegebiet vor 1800* (*Zürcher Oberland*). Erlenbach-Zurich and Stuttgart: Eugen Rentch Verlag.

Braun, Rudolph. 1965. *Sozialer und cultureller Wandel in einem ländlichen Industriegebiet im 19. und 20. Jahrhundert*. Erlenbach-Zurich and Stuttgart: Eugen Rentch Verlag.

Brenan, Gerald. 1950. *The Spanish Labyrinth: An Account of the Social and Political Background of the Civil War*. 2nd ed. Cambridge: Cambridge University Press.

Brenner, Reuven. 1983. *History: The Human Gamble*. Chicago: University of Chicago Press.

Brepohl, Wilhelm. 1948. *Der Aufbau des Ruhrvolkes im Züge der Ost-West Wanderung: Beiträge zur deutschen Sozialgeschichte des 19. und 20. Jahrhunderts*. Rechlingshausen: Verlag Ritter.

Brezis, Elise S., Paul R. Krugman, and Daniel Tsiddon. 1993. "Leapfrogging in International Competition: A Theory of Cycles in National Technological Leadership." *American Economic Review* 83 (5) (December): 1211–1219.

Broeze, Frank. 1991. "Roundtable: Comment on Yrjo Kaukiainin, *Sailing into Twilight*: *Finnish Shipping in an Age of Technological Revolution*." *International Journal of Maritime History* 3 (2) (December): 121–69.

Brown, Lucy. 1958. *The Board of Trade and the Free-Trade Movement, 1830–1842*. Oxford: Clarendon.

Buist, Marten G. 1974. *At Spes Non Fracta, Hope and Co., 1770–1815: Merchant Bankers and Diplomats at Work.* The Hague: Martinus Nijhoff.

Bulferetti, Luigi and Claudio Costanti. 1966. *Industriale e Commercio in Liguria nell'età del Risorgimento* (*1700–1862*). Milan: Banca Commerciale Italiana.

Bundy, William P. 1977. *Two Hundred Years of American Foreign Policy*. New York: New York University Press (Council on Foreign Relations). Burk, Kathleen. 1992. "Money and Power: The Shift from Great Britain to the United States." In *Finance and Financiers in European History, 1880–1960*, edited by Youssef Cassis. Cambridge: CambridgeUniversity Press, pp.359–369.

Burk, Kathleen and Alec Cairncross. 1992. "*Goodbye, Great Britain*: " *The 1976 IMF Crisis*. New Haven: Yale University Press.

Burke, Peter. 1974. *Venice and Amsterdam, A Study of Seventeenth Century Elites*. London: Temple Smith.

Burn, Duncan. 1940. *Economic History of Steel-Making*. Cambridge: Cambridge University Press.

Butter, Irene Hasenberg. 1969. *Academic Economics in Holland, 1800–1870.* The Hague: Martinus Nijhoff.

Cairncross, A. K. 1953. *Home and Foreign Investment*: *1870–1913*: *Studies in Capital Accumulation*. Cambridge: Cambridge University Press.

Cairncross, Alec and Barry Eichengreen. 1983. *Sterling in Decline*: *The Devaluations of 1931, 1949 and 1967*. Oxford: Blackwell.

Cairncross, Frances and Alec Cairncross, eds. 1992. *The Legacy of the Golden Age: The 1960s and Their Economic Consequences*. London and New York: Routledge.

Cameron, Rondo. 1961. *France and the Economic Development of Europe* (*1800–1914*). Princeton, NJ: Princeton University Press.

Cameron, Rondo. 1983. "A New View of European Industrialization." *Economic History Review* (second series)38 (1) (February): 1–23.

Cameron, Rondo. 1989. *A Concise Economic History of the World, from Paleolithic Times to the Present*. New York: Oxford UniversityPress.

Cardwell, D. S. L. 1972. *Turning Points in Western Technology: A Study of Technology, Science and History*. New York: Neale Watson Academic Publications.

Carswell, John. 1960. *The South Sea Bubble*. London: Cresset Press.

Carter, Alice Clare. 1975. *Getting, Spending and Investing in Early Modern Times: Essays on Dutch, English and Huguenot Economic History*. Assen, Netherlands: Van Gorcum & Co.

Central Planning Bureau (the Netherlands). 1992. *Scanning the Future: A Long-Term Scenario of the World Economy, 1990–2015*. The Hague: Sdu Publishers.

Centre de Diffusion Française. 1959. *The Young Face of France*. Paris.

Centre for Economic Policy Research. 1993. "Institutions and Markets: Balance of Power." *European Economic Perspectives*, no. 2 (December), pp.2–3.

Cervantes, Miguel de. 1606 (1950). *The Ingenious Gentleman, DonQuixote de la Mancha*. New York: Modern Library.

Chambers, J. D. 1961 (1968). *The Workshop of the World: British Economic History from 1820–1880*. 2nd ed. London: Oxford Univer-sity Press.

Chaptal, M. le Comte (Jean Antoine Claude de). 1819. *De l'industrie française*, 2 vols. Paris: Renouard.

Chatelaine, Abel. 1956. "Dans les campagnes française du XIX siècle: La lente progression de la faux." *Annales: Economies, Sociètès, Civilisations* 11 (3) (October-December): 495–499.

Checkland, Sydney. 1983. *British Public Policy, 1776–1939: An Economic, So-*

cial and Political Perspective. Cambridge: Cambridge Univer-sity Press.

Chevalier, Michel. 1836 (1838). *Lettres sur L'Amérique du Nord*, 2 vols, 3rd ed. Paris: Gosselin.

Church, R. A. 1975. *The Great Victorian Boom. 1850–1873*. London: Macmillan.

Churchill, Winston S. 1925 (1974). *Winston S. Churchill, His Complete Speeches, 1897–1963*, vol. 4, 1922–1938, edited by R. R. James. London: Chelsea House.

Cipolla, Carlo M. 1968. "The Economic Decline of Italy." In *Crisis and Change in the Venetian Economy in the Sixteenth and Seventeenth Centuries*, edited by Brian Pullan. London: Methuen, pp.127–145.

Cipolla, Carlo M., ed. 1970. *The Economic Decline of Empires*. London: Methuen.

Cipolla, Carlo M. 1974. "The Italian 'Failure'." In *Failed Transitions to Modern Industrial Society: Renaissance Italy and Seventeenh-Century Holland*, edited by Frederick Kranz and Paul M. Hohenberg. Montreal: Interuniversity Center for European Studies, pp.8–10.

Cipolla, Carlo. M. 1976. *Before the Industrial Revolution: European Society and its Economy. 1000–1700*. New York: W. W. Norton.

Clapham, J. H. 1910 (1962). "The Last Years of the Navigation Acts." Vol. 3 in *Essays in Economic History*, edited by E. M. Carus-Wilson. London: Edward Arnold, pp.144–178.

Clark, Colin. 1945. "Public Finance and the Value of Money." *Economic Journal* 50 (4) (December): 371–381.

Clark, Tanya. 1993a. "Decisions? Decisions: Japanese Decision Making is Clearer and More Familiar Than the West Thinks." *Japan Update* 23 (August): 18–19.

Clark, Tanya. 1993b. "The Twain Imitate: Japan and the United States Learn from Each Other' s Strengths." *Japan Update* 24 (September): 18–19.

Cole, W. A. and Phyllis Deane. 1965. "The Growth of National Income." In *The Industrial Revolution and After: Incomes, Population and Technological Change*, edited by H. J. Habakkuk and M. Postan. Vol 6 of *The Cambridge Economic History of Europe*. Cambridge: Cambridge University Press, pp.1–55.

Coleman, D. C. 1973. "Gentlemen and Players." *Economic History Review*, 2nd series, 26 (1) (February): 92–116.

Comité pour l' Histoire Economique et Financière de la France. 1989. *Etudes et documents*, *I*. Paris : Imprimerie Nationale.

Commerce, Ministère du, Direction des Etudes Techniques. 1919. *Rapport général sur l'industrie française*. 3 vols. Paris: Imprimerie Nationale.

Cooper, Richard N. 1985. "International Economic Cooperation: Is It Desirable? Is It Likely? " *Bulletin of the American Academy of Arts and Sciences* 39 (November).

Coste, Pierre. 1932. *La lutte pour la suprçmatie: les grandes marches financiers: Paris, London, New York*. Paris: Payot.

Cotgrove, Stephen E. 1958. *Technical Education and Social Change*. London: Allen & Unwin.

Court, W. H. N. 1965. *British Economic History, 1870–1914: Commentary and Documents*. Cambridge: Cambridge University Press.

Crafts, N. F. R. 1985. *British Economic Growth during the Industrial Revolution*. Oxford: Clarendon.

Crafts, N. F. R. and C. K. Harley. 1992. "Output Growth and the British Industrial Revolution: A Restatement of the Crafts-Harley View." *Economic History Review* 45 (4): 703–730.

Craig, Gordon A. 1970. *The Politics of the Prussian Army, 1640–1945*. London: Oxford University Press.

Crouzet, François. 1968. "Economie et société (1715–1789)." In *Bordeaux au XVIIIème siècle*, edited by François-George Pariset. Bordeaux: Fédération historique du Sud-ouest., pp.193–286.

Dahrendorf, Ralf. 1965 (1969). *Society and Democracy in Germany*. Garden City, N. Y.: Anchor Books.

Da Silva, Jose-Gentil. 1969. *Banque et crédit en Italie au XVII siècle.* Vol. 1, *Les foires de change et la depréciation monétaire*. Vol. 2, *Sources et cours des changes*. Paris: Editions Klincksieck.

David, Paul A. 1985. "Clio and the Economics of QWERTY." *American Economic Review* 75 (2) (May): 322–337.

David, Paul A. 1990. "The Dynamo and the Computer: An Historical Perspective in the Modern Productivity Paradox." *American Economic Review* 80 (1) (March): 335–361.

David, Paul A. 1994. "Why Are Institutions the 'Carriers of History' ? : Notes on Path-Dependency and the Evolution of Conventions, Organizations and Institutions." In *Structural Change and Economic Dynamics*, 5 (2): 205–220.

Davis, Lance E. and Robert A. Huttenback. 1986. *Mammon and the Pursuit of Empire: The Political Economy of British Imperialism, 1880–1913*. Cambridge: Cambridge University Press.

Davis, Ralph. 1973. *The Rise of the Atlantic Economies*. Ithaca, N. Y.: Cornell University Press.

Day, John. 1978 (1987). "The Great Bullion Famine of the Fifteenth Century." In idem, *The Medieval Market Economy*. Oxford: Blackwell, pp.1–54.

Deane, Phyllis. 1965 (1979). *The First Industrial Revolution*. 2nd ed. Cam-

bridge: Cambridge University Press.

Deane, Phyllis and W. A. Cole. 1962. *British Economic Growth, 1689–1959*. Cambridge: Cambridge University Press.

D' Elia, Costanza. 1993. "Miracles and Mirages in the West German Economy: A Survey of the Literature of the 1980s." *Journal of European Economic History* 22 (2) (Fall): 381–401.

de Roover, Raymond. 1942 (1953). "The Commercial Revolution of the Thirteenth Century." *Bulletin of the Business Historical Society*, reprinted in *Enterprise and Secular Change: Readings in Economic History*, edited by F. C. Lane and J. C. Riemersma. Homewood, Ill.: Richard D. Irwin, pp.80–85.

de Roover, Raymond. 1948. *Money, Banking and Credit in Medieval Bruges: Italian Merchant Bankers, Lombards and Money Changers: A Study in the Origins of Banking*. Cambridge, Mass. Medieval Academy of America.

de Roover, Raymond. 1949. *Gresham on Foreign Exchange, An Essay on Early English Mercantilism, with the Text of Sir Thomas Gresham's Memorandum for the Understanding of the Exchange*. Cambridge, Mass.: Harvard University Press.

de Roover, Raymond. 1949. "Thomas Mun in Italy." *Bulletin of the Institute of Historical Research*. 30 (81): 80–85.

de Roover, Raymond. 1966. *The Rise and Fall of the Medici Bank*. New York: W. W. Norton.

Dertouzos, Michael, Richard K. Lester, and Robert M. Solow. 1989. *Made in America*. Cambridge, Mass.: MIT Press.

Despres, Emile, C. P. Kindleberger, and W. S. Salant. 1966 (1981). "The Dollar and World Liquidity: A Minority View." *The Economist*. Reprinted in C. P. Kindleberger, *International Money*. London: George Allen & Unwin, pp.42–52.

de Vries, Jan. (1974). *The Dutch Rural Economy in the Golden Age, 1500–1700*, New Haven, Conn.: Yale University Press.

de Vries, Jan. (1976). *The Economy of Europe in the Age of Crisis, 1600–1750*. Cambridge: Cambridge University Press.

de Vries, Jan. 1978. *Barges and Capitalism: Passenger Traffic in the Dutch Economy*. Wageningen: A. A. G. Bijdragen 21.

de Vries, Jan. 1984a. *European Urbanization, 1500–1800*. Cambridge, Mass.: Harvard University Press.

de Vries, Jan. 1984b. "The Decline and Rise of the Dutch Economy, *1675–1900*." In *Technique, Spirit and Form in the Making of the Modern Economies: Essays in Honor of William N. Parker, Research in Economic History*, suppl. 3, pp.149–189.

de Zeeuw, J. W. 1978. *Peat and the Dutch Golden Age: The Historical Meaning of Energy-Sustainability*. Wageningen: A. A. G. Bijdragen 21.

Dhondt, J. 1955 (1969). "The Cotton Industry at Ghent during the French Regime." In *Essays in European Economic History, 1789–1914*, edited by F. Crouzet, W. H. Chaloner, and W. M. Stern. New York: St. Martin' s Press, pp.15–52.

Dickens, Charles. 1857 (1894). *Little Dorrit*. 2 vols. Boston: Houghton Mifflin.

Dickson, P. G. M. 1967. *The Financial Revolution in England: A Study in the Development of Public Credit, 1688–1756*. New York: St. Martins Press.

Dollinger, Philippe. 1964 (1970). *The German Hansa*. Translated and edited by D. S. Ault and S. H. Steinberg. Stanford, Calif.: Stanford University Press.

Doran, Charles F. 1985. "Power Cycle Theory and Systems Stability." In *Rhythms in Politics and Economics*, edited by Paul M. Johnson and William R. Thompson. New York: Praeger, pp.292–312.

Dornic, François. 1955. *L'industrie textile dans le Maine et ses débouches inter-*

nationaux, 1650–1815. Le Mans: Editions Pierre-Belon.

Dufraise, Roger. 1992. "Flottes et flotteurs de bois du Rhin a l' époque napoléonienne." In idem, *L'Allemagne à l'époque napoléonienne, Questions d'histoire politique, économique et sociale*. Bonn andBerlin: verlag Bouvier, pp.217–243.

Dumke, Rolf H. 1976. "The Political Economy of German Economic Unification: Tariffs, Trade and Politics of the Zollverein." Doctoral dissertation in economic history, University of Wisconsin, Madison.

Dunham, Arthur Louis. 1955. *The Industrial Revolution in France, 1815–1848*. New York: Exposition Press.

Ecole polytechnique. 1895. *Livre de centenaire, 1794–1894*. 3 vols. Paris: Gauthier-Vilas et Fils.

The Economist. 1991. "A Survey of America: The Old Country." Vol. 321, no. 7730 (October 26), survey pp.1–26.

The Economist. 1993. "The British Audit: Manufacturing." Vol. 328, no. 7825 (August 21), pp.46–47.

The Economist. 1993. "Tokyo' s Inflating Shares." Vol. 328, no. 7830 (September 25), p. 92.

The Economist. 1993. "When Other Nations Play Leap Frog." Vol. 329, no. 7833 (October 16), p. 84.

Edelstein, Michael. 1982. *Overseas Investment in the Age of High Imperialism: The United Kingdom, 1850–1914*. New York: Columbia University Press.

Ehrenberg, Richard. 1896 (1928). *Capital and Finance in the Age of the Renaissance: A Study of the Fuggers*. New York: Harcourt Brace.

Eichengreen, Barry. 1992. *Golden Fetters: The Gold Standard and the Great Depression, 1919–1939*. New York and London: Oxford University Press.

Eisner, Robert. 1992. "The Twin Deficits." In *Profits, Deficits and Instability*, edited by Dimitri B. Papadimitriou. London: Macmillan, pp.255–267.

Elbaum, Bernard and William Lazonick. 1984. "The Decline of the British Economy: An Institutional Perspective." *Journal of Economic History* 44 (2) (June): 567–583.

Elbaum, Bernard and William Lazonick. 1986. *The Decline of the British Economy: An Institutional Perspective*. Oxford: Oxford University Press.

Elliot, J. H. 1961 (1970). "The Decline of Spain." In *The Economic Decline of Empires*, edited by Carlo M. Cipolla. London: Methuen, pp.168–195.

Elliot, J. H. 1968 (1982). *Europe Divided, 1559–1598*. Ithaca, N. Y.: Cornell University Press (paperback).

Emmott, Bill. 1989. *The Sun Also Sets: The Limits to Japan's Economic Power*. New York: Time Books.

Encounter. 1963. "Suicide of a Nation? " Special issue, no. 118 (July).

Epstein, Klaus. 1959. *Matthias Erzberger and the Dilemma of German Democracy*. Princeton, N. J.: Princeton University Press.

Evans, D. Morier. 1859 (1969). *The History of the Commercial Crisis, 1857–1858, and the Stock Exchange Panic of* 1859. Reprint ed. New York: A. M. Kelley.

Faure, Edgar. 1977. *La banqueroûte de Law, 17 juillet 1720*. Paris: Gallimard.

Feldman, Gerald D. 1993. *The Great Disorder: Politics, Economics and Society in the German Inflation, 1914–1924*. New York and Oxford: Oxford University Press.

Felix, David. 1971. *Walther Rathenau and the Weimar Republic: The Politics of Reparations*. Baltimore: Johns Hopkins University Press.

Fischer, Wolfram. 1962. *Der Staat und die Anfänge der Industrialisierung in*

Baden, 1800–1850. Berlin: Duncker und Humblot.

Florence, P. Sargent. 1953. *The Logic of British and American Industry*. London: Routledge and Kegan Paul.

Flynn, Michael W. 1953 (1965). "Sir Ambrose Crowley, Ironmonger, 1658–1713." In *Explorations in Enterprise*, edited by Hugh G. J. Aitken. Cambridge, Mass.: Harvard University Press, pp.241–258.

Fodella, Gianni. 1991. "Can New Europe Compete with Japan and the United States? " *Rivista di Politica Economica* 81 (3) (May): 653–673.

Forster, Robert. 1975. "Review" of Charles Carrière, *Négociants Marseillais au XVIIIe siècle: Contribution à l'étude des économies maritimes*, 1973, 2 vols. *Journal of Modern History* 47 (1) (March): 162–165.

Forsyth, Peter L. and Stephen J. Nicholas. 1983. "The Decline of Spain: Industry and the Price Revolution: A Neoclassical Analysis." *Journal of European Economic History* 12 (3) (Winter): 601–610.

Frank, Andre Gunder and Barry K. Gilles. 1993. "World System Economic Cycles and Hegemonial Shift to Europe, 100 BC to 1500 AD." *Journal of European Economic History* 22 (1) (Spring): 155–183.

Friedberg, Aaron L. 1988. *The Weary Titan: Britain and the Experience of Relative Decline, 1895–1905*. Princeton, N. J.: Princeton University Press.

Froelich, Norman and Joe A. Oppenheimer. 1970. "I Get Along with a Little Help from My Friends." *World Politics* 23 (1) (October): 104–120.

Frye, Northrop. 1974. "*The Decline of the West*, by Oswald Spengler." *Daedalus* 103 (1) (Winter), "Twentieth Century Classics Revisited" : 1–13.

Funabashi, Yoichi. 1993. "Structural Defects in Tokyo' s Foreign Policy" *Economic Eye* 14 (2) (Summer): 25–28.

Garber, Peter M. 1990. "The Dollar as a Bubble." In *The Economics of the*

Dollar Cycle, edited by Stefan Gerlach and Peter A. Petri. Cambridge, Mass.: MIT Press. pp.129–147.

Gerschenkron, Alexander. 1943. *Bread and Democracy in Germany.* Berkeley: University of California Press.

Gerschenkron, Alexander. 1962. *Economic Backwardness in Historical Perspetive: A Book of Essays*. Cambridge, Mass.: Belknap Press of Harvard University Press.

Gerschenkron, Alexander. 1968. *Continuity in History and Other Essays*. Cambridge, Mass.: Belknap Press of Harvard University Press.

Gerschenkron, Alexander. 1977. *An Economic Spurt That Failed: Four Lectures, in Austrian History*. Princeton, N. J.: Princeton University Press.

Geyl, Peter. 1961. *The Netherlands in the Seventeenth Century, Part One, 1600–1648*. Rev. and enlarged. New York: Barnes and Noble.

Giersch, Herbert, Karl-Heinz Paqué, and Holger Schmieding. 1992. *The Fading Miracle: Four Decades of Market Economy in Germany*. Cambridge: Cambridge University Press.

Gimpel, Jean. 1976. "How to Help the United States Age Gracefully." Unpublished memorandum.

Girard, L. 1965. "Transport." In *The Industrial Revolution and After: Incomes, Population and Technological Change*, edited by H. J. Habbakkuk and M. Postan. Vol. 6 of *The Cambridge Economic History of Europe*. Cambridge: Cambridge University Press, pp.213–273.

Glick, Thomas P. 1970. *Irrigation and Society in Medieval Valencia*. Cambridge, Mass.: Belknap Press of Harvard University Press.

Goldstein, Joshua S. 1988. *Long Cycles, Prosperity and War in the Modern Age*. New Haven, Conn., and London: Yale University Press.

Goldstone, Jack A. 1991. *Revolution and Rebellion in the Early Modern World.*

Berkeley: University of California Press.

Goodwin, Richard M. 1991. Comment on Joshua S. Goldstein, "A War-Economy Theory of the Long Wave." In *Business Cycles: Theories, Evidence and Analysis*, edited by Niels Thygesen, Kumaraswamy Velupillai, and Stefano Zambelli. London: Macmillan, p. 326.

Gordon, Robert J. 1993. "American Economic Growth: One Big Wave." National Bureau of Economic Research paper.

Grantham, G. W. 1993. "Division of Labour: Agricultural Productivity and Occupational Specialization in Pre-Industrial France." *Economic History Review* 46 (3) (August): 478–502.

Gras, N. S. B. 1930. *Industrial Evolution*. Cambridge, Mass.: Harvard University Press.

Greenfield, Kent Roberts. 1965. *Economics and Liberalism in the Risorgimento, A Study in Nationalism in Lombardy, 1814–1848*. Rev. ed. Baltimore: Johns Hopkins University Press.

Greif, Avner. 1989. "Reputation and Coalitions in Medieval Trade: Evidence on the Maghribi Traders." *Journal of Economic History* 49 (4) (December): 857–882.

Habakkuk, H. J. 1952. *American and British Technology in the Nineteenth Century*. Cambridge: Cambridge University Press.

Hagen, Everett E. 1962. *On the Theory of Social Change: How Economic Growth Begins*. Homewood, Ill.: Dorsey Press.

Hamada, Koichi. 1995. "Bubbles, Bursts and Bail-Outs: Comparison of Three Episodes of Financial Crisis in Japan." In *The Structure of the Japanese Economy*. New York: Macmillan. Paper presented March 11, 1993, at a conference at National Taiwan University.

Hamada, Koichi and Munehisa Kasuya. 1993. "The Reconstruction and Stabilization of the Postwar Japanese Economy: Possible Lessons for Eastern Europe? " In *Postwar Economic Reconstruction and Lessons for the East Today*, edited by Rudiger Dornbusch, Wilhelm Rölling, and Richard Layard. Cambridge, Mass.: MIT Press, pp.155–187.

Hamilton, Earl J. 1934 (1965). *American Treasure and the Price Revolution in Spain, 1501–1650*. Cambridge, Mass.: Harvard University Press. Repr. New York: Octagon Books.

Hamilton, Earl J. 1938 (1954). "The Decline of Spain." In *Essays in Economic History*, vol. 1, edited by E. M. Carus-Wilson. London: Edward Arnold, pp.215–226.

Hamilton, Earl J. 1969. "The Political Economy of France at the Time of John Law." *History of Political Economy* 1 (1) (Spring): 123–149.

Hara, Akira. 1993. "American Aid and the Reconstruction of the Japanese Economy." In Comité pour L' Histoire Economique et Financière de la France, *Le Plan Marshall et le relèvement économique del'Europe*. Paris: Imprimerie Nationale, pp.607–619.

Haring, Clarence Henry. 1918. *Trade and Navigation between Spain and the Indies in the Time of the Hapsburgs*. Cambridge, Mass.: Harvard University Press.

Harley, C. Knick. 1986. Review of N. F. R. Crafts, *British Economic Growth during the Industrial Revolution* (1985). *Journal of Economic Literature* 24 (2) (June): 683–84.

Harris, Robert D. 1979. *Necker, Reform Statesman of the Ancien Regime*. Berkeley: University of California Press.

Heckscher, Eli F. 1935 (1983). *Mercantilism*. 2 vols. Translated by Mendel Shapiro. New York: Macmillan. Repr. Garland Publishing.

Heckscher, Eli F. 1954. *An Economic History of Sweden*. Translated by Göran Ohlin. Cambridge, Mass.: Harvard University Press.

Heers, Jacques. 1964. "Gênes." In *Città mercanti dottrine nell'economia Europea dal IV al XVIII secolo, Saggi in memoria di Gino Luzzato*, edited by Amintore Fanfani. Milan: A Giuffre, pp.85–103.

Helfferich, Karl. 1921–23 (1956). *Georg von Siemens: Ein Lebensbild aus Deutchlands grosser Zeit*. 1 vol., rev. and abr. ed. of 3 vols. Krefeld: Richard Serpe.

Henderson, W. O. 1954. *Britain and Industrial Europe, 1750–1870, Studies in British Influence on the Industrial Revolution in Western Europe*. Liverpool, Liverpool University Press.

Henry, M. L. 1955. Discussion in Colloques Internationaux de la Recherche Scientifique, *Sociologie comparée de la famille contemporaine*. Paris: Editions du Centre National de la Recherche Scientifique.

Herr, Richard. 1958. *The Eighteenth Century Revolution in Spain*. Princeton, N. J.: Princeton University Press.

Herr, Richard and John H. R. Pont. 1989. *Iberian Identity: Essays on the Nature of Identity of Portugal and Spain*. Berkeley: University of California Press.

Hicks, Sir John. 1969. *A Theory of Economic History*. London: Oxford University Press.

Hironaka, Wakako. 1993. "Through Rosy Glasses: Darkly." *The New York Times*, op. ed. communication, June 5, p. 21.

Hirsch, Fred. 1976. *Social Limits to Growth*. Cambridge, Mass.: Harvard University Press.

Hirschman, Albert O. 1958. *The Strategy of Economic Development*. New Haven, Conn.: Yale University Press.

Hoffman, Ross J. S. 1933. *Great Britain and the German Trade Rivalry*,

1875–1914. Philadelphia: University of Pennsylvania Press.

Hoffmann, Stanley. 1993. "Thoughts on the French Nation." *Daedalus* 122 (3) (Summer): 63–79.

Hohenberg, Paul M. 1967. *Chemicals in Western Europe, 1850–1914: An Economic Study of Technical Change*. Chicago: Rand McNally & Co.

Holtfrerich, Carl-Ludwig. 1982. "Alternativen zu Brüning' s Wirtschaftspolitik in der Weltwirtschaftskrise." *Historische Zeitschrift* 235: 605–631.

Holtfrerich, Carl-Ludwig. 1990. "Was the Policy of Deflation in Germany Unavoidable? " In *Economic Crisis and Collapse: The Weimar Repu-blic, 1924–1933*, edited by Jürgen Baron von Kruedner. New York, Oxford, and Munich: Berg, pp.63–81.

Hopkins, Terrence K., Immanuel Wallerstein, et al. 1982. "Cyclical Rhythms and Trends of the Capitalist World Economy." In idem, *World-System Analysis: Theory and Methodology*. Beverly Hills, Calif.: Sage Publications.

Hulen, Sherwin B. 1994. *How We Die*. New York: Knopf.

Huntington. Ellsworth. 1915. *Civilization and Climate*. New Haven, Conn.: Yale University Press.

Ilie, Paul. 1989. "Self-Images in the Mirror of Otherness." In *Iberian Identity: Essays on the Nature of Identity of Portugal and Spain*, edited by Richard Herr and John H. R. Pont. Berkeley: University of California Press, pp.156–180.

Ingesias, Maria Carmen. 1989. "Montesquieu and Spain: Iberian Identity as Seen Through the Eyes of a Non-Spaniard in the Eighteenth Century." In *Iberian Identity: Essays on the Nature of Identity of Portugal and Spain*, edited by Richard Herr and John H. R. Pont. Berkeley: University of California Press, pp.145–155.

Inman, Robert P. 1993. Review of Alice M. Rivlin, *Reviving the American Dream* (1992). *Journal of Economic Literature* 31 (3) (September): 1466–1468.

INSEE (Institut National de la Statistique et des Etudes Economiques). *Annuaire Statistique de la France*. Paris: Imprimerie Nationale, various years.

Isard, Caroline and Walter Isard. 1945. "Economic Implications of Aircraft." *Quarterly Journal of Economics* 59 (1) (February): 145–169.

Israel, Jonathan I. 1989. *Dutch Primacy in World Trade, 1585–1740*. Oxford: Clarendon Press.

Jackson, Gordon. 1991. "Roundtable: Comment on Yjro Kaukiainin, *Sailing into Twilight: Finnish Shipping in an Age of Technological Revolution*." *International Journal of Maritime History* 3 (2) (December): 121–169.

Jacquin, François. 1955. *Les cadres de l'industrie et du commerce en France*. Paris: Colin.

Jeanneney, Jean-Noël. 1977. *Leçon d'histoire pour une gauche au pouvoir, 1914–1940*. Paris: Seuil.

Jensen, Michael C. and W. H. Meckling. 1976. "Theory of the Firm: Managerial Economics, Agency Costs and Ownership Structure." *Journal of Financial Economics* 3 (4) (October): 305–330.

Jervis, F. R. J. 1947. "The Handicap of Britain' s Early Start." *Manchester School*, 15 (1): 112–122.

Jones, E. L. 1978. "Disaster Management and Resource Saving in Europe, 1400–1800." In *Natural Resources in European History*, edited by Antoni Maczak and William N. Parker. Washington, D. C.: Resources for the Future, pp.113–136.

Jones, E. L. 1987. *The European Miracle, Environments, Economies and Geo-*

politics in the History of Europe and Asia. 2nd ed. Cambridge: Cambridge University Press.

Jones, E. L. 1988. *Growth Recurring: Economic Change in World History*. Oxford: Clarendon Press.

Jones, Ethel. 1930. *Les voyageurs français en Angleterre de 1815 à 1830*. Paris: Boccard.

Judge, A. V. 1939 (1969). "The Idea of a Mercantile State." In *Revisions in Mercantilism*, edited by D. C. Coleman. London: Methuen. pp.35–60.

Kahler, Erich. 1974. *The Germans*. Edited by Robert and Rita Kimber. Princeton, N. J.: Princeton University Press.

Kaltenstadler, Wilhelm. 1972. "European Economic History in the Recent German Historiography." *Journal of European Economic History* 1 (1) (Spring): 193–218.

Kamen, Henry. 1969. *The War of Succession in Spain, 1700–1715*. London: Weidenfield and Nicholson.

Kaplan, Jacob J. and Günter Schleiminger. 1989. *The European Payments Union: Financial Diplomacy in the 1950s*. Oxford: Clarendon Press.

Kehr, Eckart. 1930 (1970). "Imperialismus und deutscher Schlachtflottenbau." In *Imperialismus*, edited by Hans-Ulrich Wehler. Cologne and Berlin: Kiepenheuer & Witsch, pp.289–308.

Kehr. Eckart. 1965. *Der Primat der Innenpolitik: Gesammelte Aufsätze zur preussische-deutschen Sozialgeschichte im 19. und 20. Jahrhundert*. Edited and introduced by Hans-Ulrich Wehler. Berlin: Walter de Gruyter.

Keizai Koho Center. 1994. *Japan, 1995: An International Comparison*. Tokyo: Keizai Koho Center.

Kellenbenz, Hermann. 1963. Editor' s foreword to Ludwig Beutin, *Gesammelte*

Schriften zur Wirtschafts-und Sozialgeschichte. Cologne: Böhllau Verlag.

Kellenbenz, Hermann. 1963 (1974). "Rural Industries in the West from the End of the Middle Ages to the Eighteenth Century." In *Essays in European Economic History, 1500–1800*, edited by Peter Earle. Oxford: Clarendon, pp.45–88.

Kennedy, Paul. 1987. *The Rise and Fall of Great Powers: Economic Change and Military Conflict*. New York: Random House.

Kennedy, William P. 1987. *Industrial Structure, Capital Markets and the Origins of British Decline.* Cambridge: Cambridge University Press.

Keynes, John Maynard. 1919. *The Economic Consequences of the Peace.* London: Macmillan.

Keynes, John Maynard. 1930. *The Applied Theory of Money*. Vol. 2 of *A Treatise on Money*. New York: Harcourt Brace & Co.

Kindleberger, Charles P. 1945, 1946 (1989). *The German Economy, 1945–1947: Charles P. Kindleberger's Letters from the Field.* Westport, Conn.: Meckler.

Kindleberger, Charles P. 1956. *The Terms of Trade: A European Case Study*. New York: The Technology Press of MIT and John Wiley & Sons.

Kindleberger, Charles P. 1958 (1965). *Economic Development*. New York: McGrawHill.

Kindleberger, Charles P. 1964. *Economic Growth in France and Britain, 1851–1950*. Cambridge, Mass.: Harvard University Press.

Kindleberger, Charles P. 1967. *Europe's Postwar Growth: The Role of the Labor Supply*. Cambridge, Mass.: Harvard University Press.

Kindleberger, Charles P. 1969. *American Business Abroad: Six Lectures on Direct Investment*. New Haven, Conn.: Yale University Press.

Kindleberger, Charles P. 1973 (1986). *The World in Depression, 1929–1939*. 2nd ed. Berkeley: University of California Press.

Kindleberger, Charles P. 1974. "An American Climacteric? " *Challenge* 17 (1): 35–45.

Kindleberger, Charles P. 1974 (1978). "The Formation of Financial Centers." In idem., *Economic Response: Comparative Studies in Trade, Finance, and Growth*. Cambridge, Mass.: Harvard University Press, pp.66–133.

Kindleberger, Charles P. 1975 (1978). "Germany' s Overtaking England, 1806–1914." In idem., *Economic Response: Comparative Studies in Trade, Finance, and Growth*. Cambridge, Mass.: Harvard University Press, pp.185–236.

Kindleberger, Charles P. 1976a. "Technical Education and the French Entrepreneur." In *Enterprise and Entrepreneurship in Nineteenth-and-Twentieth-Century France*, edited by Edward C. Carter, Robert Forster, and Joseph N. Moody. Baltimore: Johns Hopkins University Press, pp.3–39.

Kindleberger, Charles P. 1976b. "The Historical Background: Adam Smith and the Industrial Revolution." In *The Market and the State: Essays in Honour of Adam Smith*, edited by Thomas Wilson and Andrew S. Skinner. Oxford: Clarendon Press, pp.3–25.

Kindleberger, Charles P. 1978 (1989). *Manias, Panics and Crashes: A History of Financial Crises*. New ed. New York: Basic Books.

Kindleberger, Charles P. 1978 (1990). "The Aging Economy." In *Weltwirtschaftliches Archiv*, reprinted in idem, *Historical Economics*. New York: Harvester / Wheatsheaf, pp.235–245.

Kindleberger, Charles P. 1984 (1993). *A Financial History of Western Europe*. Rev. ed. New York: Oxford University Press.

Kindleberger, Charles P. 1989. "The United States and the World Economy in the Twentieth Century." In *Interactions in the World Economy: Perspectives from International History*, edited by Carl-Ludwig Holtfrerich. New York,

London: Harvester / Wheatsheaf, pp.287–313.

Kindleberger, Charles P. 1990. "The Panic of 1873." In *Crashes and Panics: the Lessons from History*, edited by Eugene N. White. Homewood, Ill.: Dow Jones-Irwin, pp.69–84.

Kindleberger, Charles P. 1992a. "Why Did the Golden Age Last So Long? " In *The Legacy of the Golden Age: The 1960s and their Economic Consequences*, edited by Frances Cairncross and Alec Cairncross. London: Routledge, pp.15–44.

Kindleberger, Charles P. 1992b. *Mariners and Markets*. New York: Harvester / Wheatsheaf.

Kirby, M. W. 1992. "Institutional Rigidities and Economic Decline: Reflections on British Experience." *Economic History Review* 45 (4) (November): 637–660.

Klein, Julius. 1920. *The Mesta*. Cambridge, Mass.: Harvard University Press.

Klein, Peter W. 1970a. "Entrepreneurial Behaviour and the Economic Rise and Decline of the Netherlands in the 17th and 18th Centuries." *Annales Cisalpines d'Histoire Sociale*, no. 1, pp.7–19.

Klein, P. W. 1970b. "Stagnation économique et emploi du capital dans le Hollande des XVIIIe et XIXe siècles." *Revue du Nord* 52 (204) (January-March): 33–41.

Klein, Peter Wolfgang. 1982. "Dutch Capitalism and the World Economy." In *Dutch Capitalism and World Capitalism*, edited by Maurice Aymard. Cambridge: Cambridge University Press, pp.75–91.

Kocka, Jürgen. 1978. "Entrepreneurs and Managers in German Industrialization." In *The Industrial Economies: Capital, Labour and Enterprise*. Part I: Britain, France, Germany and Scandinavia. Vol. 7. *The Cambridge Economic History of Europe*, edited by Peter Mathias and M. M. Postan. Cambridge:

Cambridge University Press, pp.492–589.

Kocka, Jürgen. 1994. "Crisis of Unification: How Germany Changes." *Daedalus* 123 (1) (Winter): 173–192.

Koebner, R. 1959. "Adam Smith and the Industrial Revolution." *Economic History Review* (2nd ser.)11 (3) (August): 281–291.

Köllman, Wolfgang. 1965. "The Population of Barmen before and during the Period of Industrialization." In *Population in History: Essays in Historical Demography*, edited by D. C. Glass and D. E. C. Eversley. London: Edward Arnold, pp.588–607.

Komiya, Ryutaro. 1990. *The Japanese Economy: Trade, Industry and Government.* Tokyo: University of Tokyo Press.

Konvitz, Josef W. 1978. *Cities & the Sea: Port City Planning in Early Modern Europe*. Baltimore: Johns Hopkins University Press.

Kossmann, E. H. 1974. "Some Meditations on Dutch Eighteenth-Century Decline." In *Failed Transitions to Modern Industrial Society: Renaissance Italy and Seventeenth-Century Holland*, edited by F. Krantz and P. M. Hohenberg. Montreal: Interuniversity Center for European Studies, pp.49–54.

Krantz, Frederick and P. M. Hohenberg, eds. 1974. *Failed Transitions to Modern Industrial Society: Renaissance Italy and Seventeenth-Century Holland*. Montreal: Interuniversity Center for European Studies.

Krasner, Stephen D. 1983. "Structural Causes and Regime Consequences: Regimes as Intervening Variables." In *International Regimes*, edited by Stephen D. Krasner. Ithaca, N. Y.: Cornell University Press.

Krugman, Paul R. 1990a. "Hindsight on the Strong Dollar." In *The Economics of the Dollar Cycle*, edited by Stefan Gerlach and Peter A. Petri. Cambridge, Mass.: MIT Press, pp.92–118.

Krugman, Paul R. 1990b. *The Age of Diminished Expectations: U. S. Economic*

Policy in the 1990s. Cambridge, Mass.: MIT Press.

Kuznets, Simon. 1930. *Secular Movements in Prices and Production*. Boston: Houghton Mifflin.

Lambert, Audrey M. 1971. *The Making of the Dutch Landscape: An Historical Geography of the Netherlands*. London: Seminar Press.

Lambi, Ivo Nicolai. 1963. *Free Trade and Protection in Germany, 1868–1879*. Wiesbaden: Fritz Steiner Verlag.

Landes, David S. 1960. "The Bleichröder Bank: An Interim Report." In publications of the Leo Baeck Institute, *Yearbook V*. London: East and Vest Library, pp.201–220.

Landes, David S. 1965. "Technological Change and Development in Western Europe, 1750–1914." In *The Industrial Revolution and After: Incomes, Population and Technological Change*, edited by H. J. Habakkuk and M. Postan. Vol. 6 of *The Cambridge Economic History of Europe*. Cambridge: Cambridge University Press, pp.274–601.

Landes, David S. 1989. "Some Thoughts on Economic Hegemony: Europe in the Nineteenth Century World Economy." In *Interactions in the World Economy: Perspective from International Economic History*, edited by Carl-Ludwig Holtfrerich. New York and London: Harvester /Wheatsheaf, pp.153–167.

Lane, Frederic C. 1944. *Andrea Barbarigo, Merchants of Venice, 1418–1449*. Baltimore: Johns Hopkins University Press.

Lane, Frederic C. 1965. "Gino Luzzato' s Contributions to the History of Venice: An Appraisal and Tribute." In *Studie Testimonianze su Gino Luzzato*. Milan: Società Editrice Dante Aligheri, pp.49–80.

Lane, Frederic C. 1968. "Venetian Shipping during the Commercial Revolution." In *Crisis and Change in the Venetian Economy in the Sixteenth and Sev-*

enteenth Centuries, edited by Brian Pullan. London: Methuen, pp.22–46.

Lane, Frederic C. 1973. *Venice: A Maritime Republic*. Baltimore: Johns Hopkins University Press.

Lapeyre, Henri. 1953. *Simon Ruiz et les "asientos" de Phillipe II*. Paris: Colin.

Lapeyre, Henri. 1955. *Une famille des marchands, Les Ruiz: Contribution à L'étude du commerce entre la France et l'Espagne au temps du Philippe II*. Paris: Colin.

Lauk, Kurt J. 1994. "Germany at the Crossroads: On the Efficiency of the German Economy." *Daedalus* 123 (1) (Winter): 57–83.

Lawrence, Robert Z. 1993. "Japan' s Different Trade Regime: An Analysis with Particular Reference to *Keiretsu*." *Journal of Economic Perspectives* 7 (3) (Summer): 3–20.

Lazonick, William. 1991. *Business Organization and the Myth of the Market Economy*. Cambridge: Cambridge University Press.

Letwin. William. 1969. *Sir Josiah Child, Merchant Economist*. Boston: Baker Library, Harvard Graduate School of Business Administration.

Levinson, Daniel J. 1978. *The Seasons of a Man's Life*. New York: Knopf.

Lévy-Leboyer, Maurice. 1964. *Les banques européenes et l'industrialization internationale dans la première moitié du XIXe siècle*. Paris: Presses Universitaires de France.

Lewis, W. Arthur. 1954. "Development with Unlimited Supplies of Labour." *The Manchester School* 22 (2) (May): 139–191.

Lindert, Peter H. and Keith Trace. 1971. "Yardsticks for British Entrepreneurs." In *Essays on a Mature Economy*, edited by Donald N. McCloskey. Princeton, N. J.: Princeton University Press, pp.239–74.

Locke, Robert R. 1978. *Les fonderies et forges d'Alais à l'époque des premiers chemins de fer: La création d'une enter prise moderne*. Paris: Marcel Rivière et Cie.

Lodge, Eleanor C. 1931 (1970). *Sully, Colbert and Turgot: A Chapter in French Economic History*. Repr. Port Washington, Wis.: Kennikat Press.

Lopez. Robert S. 1951. "The Dollar of the Middle Ages." *Journal of Economic History* 11 (3) (September): 209–234.

Lorenz, Edward H. 1991. *Economic Decline in Britain: The Shipbuilding Industry, 1890–1970*. Oxford: Oxford University Press.

Lorenz, Edward H. 1993. "Crafting a Reply: British Shipbuilding Decline Revisited." *International Journal of Maritime History* 5 (1) (June): 239–248.

Lowe, John. 1993. "Letter from Kyoto." *The American Scholar* 62 (Autumn): 571–579.

Lo Romer, David G. 1987. *Merchants and Reform in Leghorn, 1814–1868*. Berkeley: University of California Press.

Lucassen, Jan. 1984 (1987). *Migrant Labour in Europe, 1600–1900: The Drift to the North Sea*. Translated by Donald A. Bloch. London: Croom Helm.

Luther, Hans. 1964. *Vor dem Abgrund, 1930–1933: Reichsbankpräsident in Krisenzeiten*. Berlin: Propyläen.

Lüthy, Herbert. 1961. *De la banque aux finances (1730–1794)*. Vol. 2 of *La Banque protestante en France de la révocation de l'édit de Nantes à larévolution*. Paris: S. E. V. P. E. N.

Lynch, John. 1964. *Empire and Absolutism, 1516–1598*. Vol. 1 of *Spain under the Habsburgs*. New York: Oxford University Press.

MacDougall, Sir Donald. 1954. "A Lecture on the Dollar Problem." *Economica* 21 (203) (August): 185–200.

Maddison, Angus. 1982. *Phases of Capitalist Development*. Oxford: Oxford University Press.

Maddison, Angus. 1989. *The World Economy in the 20th Century*. Paris: Organization for Economic Cooperation and Development.

Mann, Thomas. 1901 (1924). *Buddenbrooks*. New York: Knopf.

Marglin, Stephen A. 1974. "What Do Bosses Do? " , part 1. *Review of Radical Political Economy* 6 (2) (Summer): 60–112.

Marglin, Stephen A. and Judith B. Schor, eds. 1990. *The Golden Age and Capitalism: Reinterpreting the Postwar Experience*. Oxford: Clarendon Press.

Marshall, Alfred. 1920. *Industry and Trade: A Study of Industrial Technique and Business Organization and of Their Influence on Various Classes and Nations*. London: Macmillan.

Marshall, Alfred. 1920. *Principles of Economics*. London: Macmillan.

Mathorez, J. 1919. *Les étrangers en France sous l' Ancien Régime: Histoire de la population française*. Vol. 1. Paris: Edouard Chapinon.

Matthews, R. C. O. 1968. "Why Has Britain Had Full Employment since the War? " *Economic Journal* 77 (311) (September): 558–569.

Matthews, R. C. O., C. H. Feinstein, and J. C. Odling-Smee. 1982. *British Economic Growth, 1856–1973*. Oxford: Clarendon Press.

Mauro, Frédéric. 1990. "Merchant Communities, 1350–1750." In *The Rise of Merchant Empires: Long Distance Trade in the Early Modern World, 1350–1750*, edited by James D. Tracey. Cambridge: Cambridge University Press, pp.255–286.

Maxcy, George and A. Silberston. 1959. *The Motor Industry*. London: Allen & Unwin.

McClelland, David C. 1961. *The Achieving Society*. Princeton, N. J.: Van Nostrand.

McCloskey, Donald N. 1973. *Economic Maturity and Entrepreneurial Decline: British Iron and Steel, 1870–1913*. Cambridge, Mass.: Harvard University

Press.

McCloskey, Donald N. and J. Richard Zecher. 1976. "How the Gold Standard Worked, 1880–1913." In *The Monetary Approach to the Balance of Payments*, edited by J. A. Frenkel and H. G. Johnson. Toronto: Toronto University Press.

McKinnon, Ronald I. 1963. *Money and Capital in Economic Development*. Washington, D. C.: Brookings Institution.

McKinnon, Ronald I. and Donald J. Mathieson. 1981. *How to Manage a Repressed Economy*. Princeton Essays in International Finance, no. 145 (December).

McNeill, William H. 1974a. *Venice: The Hinge of Europe, 1081–1797*. Chicago: University of Chicago Press.

McNeill, William H. 1974b. *The Shape of European History*. New York: Oxford University Press.

McNeill, William H. 1976. *Plagues and Peoples*. Garden City, N. Y.: Anchor Books.

McNeill, William H. 1982 [pb. 1984]. *The Pursuit of Power: Technology, Armed Force and Society since A. D. 1000*. Chicago: University of Chicago Press.

McNeill, William H. 1983. *The Great Frontier: Freedom and Hierarchy in Modern Times*. Princeton, N. J.: Princeton University Press.

McNeill, William H. 1992. "History Over. World Goes On," a review of Francis Fukuyama, *The End of History and the Last Man*. *New York Times Book Review*, January 26, pp.14–15.

Meilink-Roeloesz, M. A. P. 1962. *Asian Trade and European Influence in the Indonesian Archipelago between 1500 and about 1630*. The Hague: Martinus Nijhoff.

Meltzer, Allan H. 1991. "U. S. Leadership and Postwar Progress," unpublished

paper.

Menéndez Pidal, Gonzalo. 1941. *Atlas historico Español.* Barcelona: Editora Nacional.

Meyer, J. R. 1955. "An Input-Output Approach to Evaluating the Influence of Exports in British Industrial Production in the Late 19th Century." *Explorations in Entrepreneurial History* 8: 12–34.

Miller, J. Irwin. 1991. "Competing with our Ancestors." *Bulletin of the American Academy of Arts and Sciences* 44 (7) (April): 36–50.

Minchenton, W. E. 1957. *The British Tinplate Industry.* Oxford: Clarendon Press.

Minchenton, W. E. 1969. "Introduction." In *The Growth of Overseas Trade in the 17th and 18th Centuries*, edited by W. E. Minchenton. London: Metheun, pp.1–51.

Minford, Patrick. 1993. "Reconstruction and the U. K. Postwar Welfare State: False Start and New Beginning." In *Postwar Economic Reconstruction and Lessons for the East Today*, edited by Rudiger Dornbusch, Wilhelm Rölling, and Richard Layard. Cambridge, Mass.: MIT Press, pp.115–138.

Ministère du Commerce. 1919. *Rapport générale sur l'industrie française.* 3 vols. Paris: Imprimerie Nationale.

Ministère des Finances et Ministère de l' Agriculture du Commerce et des Travaux Publiques. 1867. *Enquête sur les principles et les faits généraux qui régissent la circulation monétaire et fiduciaire.* 6 vols. Paris: Imprimerie Impériale.

Miskimin, Harry. 1977. *The Economy of Late Renaissance Europe, 1450–1600.* Cambridge: Cambridge University Press.

Modelski, George. 1983. "Long Cycles of World Leadership." In *Contending Approaches to World Systems Analysis*, edited by William R. Thompson. Beverly Hills, Calif.: Sage Publications, pp.15–139.

Modigliani, Franco. 1980. *The Life Cycle Hypothesis of Saving*. Vol. 2 of *The Collected Papers of Franco Modigliani*. Cambridge, Mass.: MIT Press.

Mokyr, Joel. 1977. *Industrial Growth and Stagnation in the Low Countries, 1800–1850*. New Haven, Conn.: Yale University Press.

Mokyr, Joel. 1985. "The Industrial Revolution and the New Economic History." In *The Economics of the Industrial Revolution*, edited by Joel Mokyr. No place stated: Rowman & Littlefield, pp.1–51.

Mokyr, Joel. 1990. *The Lever of Riches: Technological Creativity and Economic Progress*. New York: Oxford University Press.

Mokyr, Joel. 1991. "Dear Labor, Cheap Labor and the Industrial Revolution." In *Favorites of Fortune: Technology, Growth and Economic Development since the Industrial Revolution*, edited by Patrice Higonnet, David S. Landes, and Henry Rosovsky. Cambridge, Mass.: Harvard University Press, pp.177–200.

Mokyr, Joel. 1992a. "Technological Inertia in Economic History." *Journal of Economic History* 52 (2) (June): 325–338.

Mokyr, Joel. 1992b: "Is Economic Change Optimal? " *Australian Economic History Review* 32 (1): 3–23.

Mokyr, Joel. 1992c. "Progress and Inertia in Technological Change." In *The Contest of Capitalism: Essays in Honor of R. M. Hartwell*, edited by John James and Mark Thomas. Chicago: University of Chicago Press.

Mokyr, Joel. 1994. "Cardwell' s Law and the Political Economy of Technological Progress." *Research Policy* 23 (5): 561–574.

Mollat du Jourdain, Michel. 1993. *Europe and the Sea*. Translated by Teresa Lavander Faga. Oxford: Blackwell.

Moran, Theodore H. 1993. *America's Economic Policy and National Security*.

New York: Council on Foreign Relations Press.

Morita, Akio. 1992. "A Critical Moment for Japanese Management." *Economic Eye* 13 (3) (Autumn): 4–9.

Mueller. Dennis C. 1998. "Anarchy, the Market and the State, " *Southern Economic Journal* 54 (4) (April): 821–830.

Mulford, David. 1991. "The G7 Strikes Back." *The International Economy* 5 (4) (July-August): 15–23.

Mun, Thomas. ca. (1662, 1664). *England's Treasure by Foreign Trade or, The Ballance of our Foreign Trade Is the Rule of our Treasure*. London: Thomas Clark.

Musgrave, P. M. 1967. *Technical Change, the Labour Force and Eeducation: A Study of the British and German Iron and Steel Industries, 1860–1964*. Oxford: Pergamon Press.

Musson, A. E. 1972. "The Manchester School and the Exportation of Machinery." *Business History* 14 (1) (January): 17–50.

Musson, A. E. 1978. *The Growth of British Industry*. New York: Holmes and Meier.

Myllyntaus, Timo. 1990. *The Gatecrashing Apprentice: Industrializing Finland as an Adopter of New Technology*. Helsinki: Institute of Economic and Social History, University of Helsinki.

Nau, Henry R. 1990. *The Myth of America's Decline*: *Leading the World Economy into the 1990s*. New York: Oxford University Press.

Nef, John U. 1952. *War and Economic Progress*: *An Essay on the Rise of Industrial Civilization*. Chicago: University of Chicago Press.

Nelson, Richard R. and Gavin Wright. 1992. "The Rise and Fall of American Technological Leadership: The Postwar Era in Historical Perspective." *Jour-*

nal of Economic Literature 30 (4) (December): 1931–1964.

New York Times. 1992. "Thus Sprach Helmut Kohl auf Deutsch, " by Stephen Kinzer, February 23, p. 7.

New York Times. 1993. "At Deutsche Bank, View is Good, " by Ferdinand Protzman, September 13, pp.D1, D4.

North, Douglass C. and Robert Paul Thomas. 1973. *The Rise and Fall of the Western World: A New Economic History*. Cambridge: Cambridge University Press.

North, Michael. 1990. *Geldumlauf und Wirtschaftskonjunktur im südlichen Osterraum am der Wende zur Neuzeit (1440–1570)*. Sigmaringen: Thorbecke.

Noyes, Alexander Dana. 1938. *The Market Place: Reminiscences of a Financial Editor*. Boston: Little, Brown.

Nuland, Sherwin B. 1994. *How We Die: Reflections on Life's Final Chapter*. New York: Knopf.

Nye, Joseph S. Jr. 1990. *Bound to Lead: The Changing Nature of American Power*. New York: Basic Books.

O' Brien, Patrick K. 1990. "The Imperial Component in Decline of the British Economy before 1914." In *The Rise and Decline of the Nation State*, edited by M. Mann. Oxford: Blackwell, pp.12–46.

O' Brien, P. K. 1991. "The Industrial Revolution: A Historiographical Survey." Mimeographed. Cited in N. F.R Crafts and C. K. Harley. 1992. "Output Growth and the British Industrial Revolution: A Restatement of the Crafts-Harley View." *Economic History Review* 45 (4): 704, note 7.

O' Brien, Patrick and Caglar Keyder. 1978. *Economic Growth in Britain and France, 1780–1914: Two Paths to the Twentieth Century*. London: Allen & Unwin.

Offer, Avner. 1993. "The British Empire, 1870–1914, A Waste of Money?" . *Economic History Review* 46 (2) (May): 213–48.

Okazaki, Hisahiko. 1993. "Security Options for the Coming Age." *Economic Eye* 14 (2) (Summer): 19–24.

Okina, Yuri. 1993. "Resolution Methods for Bank Failure in Japan." *Japan Research Quarterly* 2 (3) (Autumn): 78–88.

Olson, Mancur. 1982. *The Rise and Decline of Nations: Economic Growth, Stagflation and Social Rigidities*. New Haven, Conn.: Yale University Press.

Omrod, David. 1974. "Dutch Commercial and Industrial Decline and British Growth in the Late Seventeenth and Early Eighteenth Centuries." In *Failed Transitions to Modern Industrial Society: Renaissance Italy and Seventeenth-Century Holland*, edited by Frederick Krantz and P. M. Hohenberg. Montreal: Interuniversity Center for European Studies, pp.36–43.

Organzki, A. F. K. and J. Kuglar. 1981. *The War Ledger*. Chicago: University of Chicago Press.

Origo, Iris. 1957. *The Merchant of Prato, Francesco di Marco Datini*. New York: Knopf.

Ortega y Gasset, Jose. 1937. *Invertebrate Spain*. New York: Norton.

Outhwaite, R. B. 1969. *Inflation in Tudor and Early Stuart England*. London: Macmillan.

Parker, Geoffrey. 1972. *The Army of Flanders and the Spanish Road, 1567–1659: The Logistics of Spanish Victory and Defeat in the Low Countries Wars*. Cambridge: Cambridge University Press.

Parker, Geoffrey 1984. *The Thirty Year's War*. London: Routledge and Kegan Paul.

Parker, William N. 1984. *Europe and the World Economy*. Vol. 1 of *Europe,*

America and the Wider World: Essays on the Economic History of Western Capitalism. Cambridge: Cambridge University Press.

Parker, William N. 1991. *America and the Wider World*. Vol 2 of *Europe, America and the Wider World: Essays on the Economic History of Western Capitalism*. Cambridge: Cambridge University Press.

Parry, J. H. 1966. *The Spanish Seaborne Empire*. New York: Knopf.

Partridge, Eric. 1967. *A Dictionary of Slang and Unconventional English*. 6th ed. New York: Macmillan.

Phillips, Carla Rahn. 1986. *Six Galleons for the King of Spain*. Baltimore: Johns Hopkins University Press.

Phillips, Carla Rahn. 1990. "The Growth and Composition of Trade in the Iberian Peninsula." In *The Rise and Fall of Merchant Empires: Long-Distance Trade in the Early Modern World, 1350–1750*, edited by James D. Tracey. Cambridge: Cambridge University Press, pp.34–101.

Phillips, W. H. 1989. "The Economic Performance of Late Victorian Britain: Traditional Historians and Growth." *Journal of European Economic History* 18 (2) (Fall): 393–414.

Pike, Ruth. 1972. *Aristocrats and Traders: Sevillian Society in the Sixteenth Century*. Ithaca, N. Y.: Cornell University Press.

Pinto, Diana. 1992. "The Great European Sea Change." *Daedalus* 121 (4) (Fall): 129–50.

Pirenne, Henri. 1933 (1936). *Economic and Social History of Medieval Europe*. Translated by I. E. Clegg. New York: Harcourt Brace and World.

Pitts, Jesse. 1957. "The Bourgeois Family and French Economic Retardation." Unpublished doctoral thesis in sociology, Harvard University, Cambridge, Mass.

Pitts, Jesse. 1964. "Continuity and Change in Bourgeois France." In *In Search of France*, edited by Stanley Hoffmann et al. Cambridge, Mass: Harvard University Press, pp.235–304.

Platt, D. C. M. 1984. *Foreign Finance in Europe and the USA, 1815–1870: Quantities, Origins, Functions and Distribution*. London: Allen & Unwin.

Plessis, Alain. 1985. *La politique de la Banque de France de 1851 à 1870*. Geneva: Droz.

Plummer, Alfred. 1937. *New British Industries in the Twentieth Century*. London: Pitman.

Pollard, Sidney. 1974. *European Economic Integration, 1815–1970*. New York: Harcourt Brace Jovanovich.

Pollard, Sidney and Paul Robertson. 1979. *The British Shipbuilding Indusry, 1870–1914*. Cambridge, Mass.: Harvard University Press.

Pollin, Robert. 1990. *Deeper in Debt: The Changing Financial Condition of U. S. Households*. Washington, D. C.: Economic Policy Institute.

Poni, Carlo. 1970. "Archeologie de la fabrique: la diffusion des moulin à soie 'alla Bolognese' dans les Etats Venetiens du XVIème siècle." Preprint of paper presented to the Colloque International on "L' industrialization en Europe au XIXème siècle, " Lyons, October 7–10.

Postan, M. M. 1967. *An Economic History of Western Europe, 1945–1964*. London: Methuen.

Posthumus, N. W. 1928 (1969). "The Tulip Mania in Holland in the Years 1636 and 1637." Reprinted in *The Economic Development of Western Europe: The Sixteenth and Seventeenth Centuries*, edited by Warren C. Scoville and J. Clayburn La Force. Lexington, Mass.: D. C. Heath, pp.138–149.

Powelson, John P. 1994. *Centuries of Endeavor: Parallel Paths in Japan and Europe, and their Contrast with the Third World*. Ann Arbor: University of Michigan Press.

Prestwich, Michael. 1979. "Italian Merchants in Late Thirteenth and Early Fourteenth Century England." In the Dawn of Modern Banking, Center for Medieval and Renaissance Studies, University of California at Los Angeles; New Haven, Conn.: Yale University Press.

Prewittt, Kenneth. 1993. "America' s Research Universities under Scrutiny." *Daedalus* 122 (4) (Fall): 85–99.

Pullan, Brian, ed. 1968. *Crisis and Change in the Venetian Economy in the Sixteenth and Seventeenth Centuries*. London: Methuen.

Pyle, Kenneth B. 1988. "Japan, the World and the Twenty-First Century." In *The Changing International Context*, Vol. 2 of *The Political Economy of Japan*, edited by Takashi Inoguchi and Daniel I. Okimoto. Stanford, Calif.: Stanford University Press, pp.446–486.

Rapp, Richard Tilden. 1976. *Industry and Economic Decline in Seventeenth Century Venice*. Cambridge, Mass.: Harvard University Press.

Rappard, William. 1914. *La révolution industrielle et les origines de la protection légale du travail en Suisse*. Berne: Stämfli.

Reddy, William M. 1987. *Money and Liberty in Modern Europe: A Critique of Historical Understanding*. Cambridge: Cambridge University Press.

Redlich, Fritz. 1968. "Frühindustrielle Unternehmer und ihre Probleme im Lichte ihrer Selbszeugnisse." In *Wirtschafts-und sozialgeschichtliche Probleme der frühen Industrializierung*, edited by Wolfram Fischer. Berlin: Colloquium Verlag, pp.339–413.

Riesman, David, Nathan Glazer, and Reuel Denny. 1950. *The Lonely Crowd*. New Haven, Conn.: Yale University Press.

Riley, James C. 1980. *International Government Finance and the Amsterdam Capital Market, 1740–1815*. Cambridge: Cambridge University Press.

Rimmer, W. G. 1960. *Marshall of Leeds, Flax-Spinners*. Cambridge: Cambridge University Press.

Ringrose, David R. 1983. *Madrid and the Spanish Economy, 1560–1850*. Berkeley: University of California Press.

Ritter, Ulrich Peter. 1961. *Die Rolle des Staates in den Frühstadien der Industrialiserung*. Berlin: Duncker und Humblot.

Rivlin, Alice M. 1992. *Reviving the American Dream: The Economy, the States and the Federal Government*. Washington, D. C.: Brookings Institution.

Roberts, J. M. 1953. "Lombardy." In *The European Nobility in the Eighteenth Century: Studies of the Major European States in the Pre-Reform Era*, edited by A. Goodwin. London: Adam and Charles Black, pp.60–82.

Robson, R. 1957. *The Cotton Industry in Britain*. London: Macmillan.

Rogers, Francis M. 1989, "Portugal: European, Hispanic or Sui Generis? " In *Iberian Identity: Essays on the Nature and Identity of Portugal and Spain*, edited by Richard Herr and John H. R. Pont. Berkeley: Universityof California Press, pp.71–78.

Romano, Ruggiero. 1968. "Economic Aspects of the Construction of Warships in the Sixteenth Century." In *Crisis and Change in the Venetian Economy in the Sixteenth and Seventeenth Centuries*, edited by Brian Pullan. London: Methuen, pp.59–87.

Rosenberg, Nathan and L. E. Birdzell, Jr, 1986. *How the West Grew Rich: The Economic Transformation of the Industrial World*. New York: Basic Books.

Rosencrance, Richard. 1990. *America's Economic Resurgence: A Bold New Strategy*. New York: Harper and Row.

Rostow, W. W. 1960. *The Stages of Economic Growth: A Non-Communist Manifesto*. Cambridge: Cambridge University Press.

Rostow, W. W. 1990. *Theorists of Economic Growth from David Hume to the*

Present, with a Perspective on the Next Century. New York: Oxford University Press.

Rostow, W. W. 1991. "Technology and the Economic Theorists: Past, Present, Future." In *Favorites of Fortune: Technology, Growth and Economic Development since the Industrial Revolution*, edited by Patrice Higonnet, David S. Landes, and Henry Rosovsky. Cambridge, Mass.: Harvard University Press, pp.395–431.

Rostow, W. W. 1992. "Policy for a Viable American Economy." Paper submitted to the Senate Committee on Banking, Housing and Urban Affairs, April 7.

Rubenstein, W. D. 1980. "Modern Britain." In *Wealth and the Wealthy in the Modern World*, edited by W. D. Rubenstein. New York: St. Martin' s Press, pp.46–89.

Rubenstein, W. D. 1993. *Capitalism, Culture and Decline in Britain, 1750–1990*. London: Routledge.

Rudé, George. 1972. *Europe in the Eighteenth Century: Aristocracy and the Bourgeois Challenge*. Cambridge, Mass.: Harvard UniversityPress.

Rupieper, Hermann J. 1979. *The Cuno Government and Reparations, 1922–1923: Politics and Economics*. The Hague: Martinius Nijhoff.

Sakaiya, Taichi. 1993. "Lifting the Heavy Hand of Bureaucratic Guidance." *Economic Eye* 14 (2) (Summer): 29–32.

Sakuta, Masaharu. 1993. "Why Is Japanese Housing So Expensive? " *Japan, Research Quarterly* 2 (3) (Summer): 89–98.

Salter, W. E. G. 1960. *Productivity and Technical Change*. Cambridge: Cambridge University Press.

Saul, S. B. 1968. "The Engineering Industry." In *The Development of British Industry and Foreign Competition, 1875–1914*, edited by Derek H. Aldcrost.

London: George Allen & Unwin, pp.186–237.

Sauvy, Alfred. 1954 (1989). "La programme économique et financière de Mendès France." In Comité pour l' Histoire Economique et Financière de la France, *Etudes et Documents, I*. Paris: Imprimerie Nationale, pp.493–524.

Sauvy, Alfred. 1960. *La montée des jeunes*. Paris: Calman-Lévy.

Saxonhouse, Gary N. 1993. "What Does Japanese Trade Structure Tell Us about Japanese Trade Policy? "*Journal of Economic Perspectives* 7 (3) (Summer): 21–43.

Schama, Simon. 1977 (1992). *Patriots and Liberators: Revolution in the Netherlands, 1760–1813*. New York: Vintage Books.

Schama, Simon. 1988. *The Embarrassment of Riches: An Interpretation of the Dutch Culture of the Golden Age*. Berkeley: University of California Press.

Schor, Juliet B. 1992. *The Overworked American: The Unexpected Decline of Leisure*. New York: Basic Books.

Schramm, Percy Ernest. 1969. "Hamburg und die Adelsfrage (bis 1806)." *Zeitschrift des Vereins für Hamburgische Geschichte* 55: 81–93.

Schuker, Stephen A. 1976. *The End of French Predominance in Europe: The Financial Crisis of 1924 and the Adoption of the Dawes Plan*. Chapel Hill: University of North Carolina Press.

Schumpeter, Joseph A. 1939. *Business Cycles: A Theoretical, Historical and Statistical Analysis of the Capitalist Process*. 2 vols. New York: McGraw-Hill.

Scoville, Warren C. 1960. *The Persecution of Huguenots and French Economic Development, 1680–1720*. Los Angeles: University of California Press.

Sella, Domenico. 1968a. "Crisis and Transformation in Venetian Trade." In *Crisis and Change in the Venetian Economy in the Sixteenth and Seventeenth Centuries*, edited by Brian Pullan. London: Methuen, pp.88–105.

Sella, Domenico. 1968b. "The Rise and Fall of the Venetian Woolen Industry." In *Crisis and Change in the Venetian Economy in the Sixteenth and Seventeenth Centuries*, edited by Brian Pullan. London: Methuen, pp.106–126.

Sella, Domenico. 1970 (1974). "European Industries, 1500–1700." In *The Sixteenth and Seventeenth Centuries*, edited by Carlo M. Cipolla. Vol. 2 of *The Fontana Economic History of Europe*. Glasgow: Collins/Fontana Books, pp.354–426.

Sella, Domenico. 1974a. "The Two Faces of the Lombardy Economy in the Seventeenth Century." In *Failed Transitions to Modern Industrial Society: Renaissance Italy and Seventeenth-Century Holland*, editedby Frederick Krantz and Paul M. Hohenberg. Montreal: Interuniversity Center for European Studies, pp.11–18.

Sella, Domenico. 1974b. "Italy." Participants' discussion in *Failed Transitions to Modern Industrial Society: Renaissance Italy and Seventeenth-Century Holland*, edited by Frederick Krantz and Paul M. Hohenberg. Montreal: Interuniversity Center for European Studies, p. 31.

Semmel, Bernard. 1970. *The Rise of Free Trade Imperialism: Classical Political Economy, the Empire of Free Trade and Imperialism, 1750–1850*. Cambridge: Cambridge University Press.

Servan-Schreiber, Jean-Jacques. 1968. *The American Challenge*. New York: Atheneum Publishers.

Shafer, Byron E., ed. 1991. *Is America Different? A New Look at American Exceptionalism*. Oxford: Clarendon Press.

Shaw, L. M. E. 1989. "The Inquisition and the Portuguese Economy." *Journal of European Economic History* 18 (2) (Fall): 415–432.

Shell Briefing Service. 1991. *Research and Development in the Oil Industry*, no. 4. London: Royal Dutch / Shell Group.

Shimada, Haruo. 1992. "Japanese Capitalism: The Irony of Success." *Econom-*

ic Eye 13 (2): 28–32.

Sideri, Sandro. 1970. *Trade and Power: Informal Colonialism in Anglo-Portuguese Relations*. Rotterdam: Rotterdam University Press.

Skidelsky, (Lord)Robert. 1994. *John Maynard Keynes: The Economist as Savior, 1920–1937*. Volume 2 of a 3-vol. biography. New York: Viking Penguin.

Skolnikoff, Eugene B. 1993. "Knowledge without Borders: The Internationalization of the Research University." *Daedalus* 122 (4) (Fall): 225–252.

Slicher van Bath, Bernard Hendrik. 1982. "The Economic Situation in the Dutch Republic during the Seventeenth Century." In *Dutch Capitalism and World Capitalism*, edited by Maurice Aymard. Cambridge: Cambridge University Press, pp.23–35.

Smith, Adam. 1759 [11th ed. 1808]. *The Theory of Moral Sentiments, or an Essay toward an Analysis of the Principles by which Men Naturally Judge Concerning the Conduct and Character, First of the Neighbors, and Afterward of Themselves*. Edinburgh: Bell and Bradfute.

Smith, Adam. 1776 (1937). *The Wealth of Nations*. New York: Modern Library.

Smith, Cyril Stanley. 1970. "Art, Technology and Science: Notes on their Historical Interaction." *Technology and Culture* 2 (4) (October): 494–549.

Smith, Cyril Stanley. 1975. "Metallurgy and Human Experience, " the 1974 Distinguished Lectureship in Materials and Society. *Metallurgical Transactions, A.*, 6A (4) (April).

Spooner, Frank C. 1983. *Risks at Sea: Amsterdam Insurance and Maritime Europe, 1766–1780*. Cambridge: Cambridge University Press.

Starr, Chester G. 1989. *The Influence of Sea Power on Ancient History*. New York and Oxford: Oxford University Press.

Steensgaard, Niels. 1973. *Carracks, Caravans and Companies: Crisis of the European-Asian Trade in the Early 17th Century*. Copenhagen: Scandinavian

Institute of Asian Studies, Monograph Series No. 17.

Steinberg, Siegfried Henry. 1968. "The Thirty Years' War: Economic Life." *Encyclopedia Britannica*, 14th ed., vol. 21, p. 1060.

Stendhal, Henri Beyle. 1835 (1960). *Lucien Leuwen*. Paris: Gallimard.

Strange, Susan. 1971. *Sterling and British Policy: A Political Study of an International Currency in Decline*. London: Oxford University Press.

Subrahmanyam, Sanjay and Louis Filipe R. R. Thomas. 1991. "Evolution of Empire: The Portuguese in the Indian Ocean During the Sixteenth Century. In *The Political Economy of Merchant Empires: State Power and Trade, 1350–1750*, edited by James D. Tracy. Cambridge: Cambridge University Press, pp.298–331.

Sutch, Richard. 1991. "All Things Reconsidered: The Life-Cycle Perspective and the Third Task of Economic History." *Journal of Economic History* 51 (2) (June): 271–288.

Swart, K. W. 1975. "Holland' s Bourgeoisie and the Retarded Industrialization of the Netherlands." In *Failed Transitions to Modern Industrial Society: Renaissance Italy and Seventeenth-Century Holland*, edited by Frederick Krantz and Paul M. Hohenberg. Montreal: Interuniversity Center for European Studies, pp.44–48.

Takeda, Masahiko and Philip Turner. 1992. "The Liberalization of Japanese Financial Markets: Some Major Themes." *BIS Economic Papers*, no. 34 (November).

Tavlas, George S. 1991. "On the International Use of Currencies: The Case of the Deutsche Mark." *Essays in International Finance*, no. 181 (March). Princeton, N. J. International Finance Section.

Tavlas, George S. and Yuzura Ozeki. 1992. "The Internationalization of Curren-

cies: An Appraisal of the Japanese Yen." InternationalMonetary Fund. Occasional Paper no. 90 (January).

Temin, Peter. 1966. "The Relative Decline of the British Steel Industry, 1880–1913." In *Industrialization in Two Systems: Essays in Honor of Alexander Gerschenkron*, edited by Henry Rosovsky, New York: JohnWiley.

Temin, Peter. 1989. *Lessons from the Great Depression*. Cambridge, Mass: MIT Press.

Thackray, Arnold. 1973. Seminar on "Natural Knowledge and Cultural Context: A Case Study in the Technical, Social and Cultural Background of Scientific Change in the Industrial Revolution." MIT, Cambridge, Mass, May 2.

Thirsk, Joan and J. P. Cooper, eds. 1972. *17th Century Economic Documents*. Oxford: Clarendon Press.

Thompson, E. P. 1963. *The Making of the English Working Class*. New York: Pantheon Book.

Thuillier, Guy. 1959. *Georges Dufaud et les débuts du grand capitalisme dans la métallurgie, en Nivernais, au XIXe siècle*. Paris: S. E.V. P.E. N.

Tilly, Richard H. 1968. "Los von England: Probleme des Nationalismus in der deutschen Wi rtschaftsgeschichte." *Zeitschrift für die gesamte Staatswissenschaft* 124 (1) (February): 179–96.

Tilly, Richard. 1993. "Review" of Giersch, Paqué and Schmieding, *The Fading Miracle* (1992). *Journal of Economic History* 53 (4) (December): 942–943.

Tracy, James D. 1985. *A Financial Revolution in Habsburg Netherlands: Renten and Rentiers in the Country of Holland, 1515–1565*. Berkeley: University of California Press.

Tsuru, Shigeto. 1993. *Japan's Capitalism: Creative Defeat and Beyond*. Cambridge: Cambridge University Press.

van der Wee, Herman. 1963. *The Growth of the Antwerp Market and the European Economy (fourteenth-sixteenth centuries)*. 3 vols. The Hague: Martinus Nijoff.

van der Wee, Herman. 1988. "Industrial Dynamics and the Process of Urbanization and De-Urbanization in the Low Countries from the Late Middle Ages to the Eighteenth Century: A Synthesis." In *The Rise and Decline of Urban Industries in Italy and the Low Countries (Late Middle Ages-Early Modern Times)*, edited by Herman van der Wee. Leuven: Leuven University Press, pp.307–381.

Vanek, Jaroslav. 1963. *The Natural Resource Content of United States Foreign Trade, 1870–1955*. Cambridge, Mass.: MIT Press.

van Houtte, J. A. 1964. "Anvers." In *Città Mercanti Dottrine nell' Economia Europea dal IV al XVIII Secolo, Saggi in Memoria Gino Luzzato*, edited by Amintore Fanfani. Milan: A Giuffre, pp.297–319.

van Houtte, J. A. 1967. *Bruges: Essai d'histoire urbaine*. Brussels: La Renaissance du Livre.

van Houtte, Jan A. 1972. "Economic Development of Belgium and the Netherlands from the Beginning of the Modern Era." *Journal of European Economic History* 1 (1) (Spring): 100–120.

van Klavaren, Jacob. 1957. "Die historische Erscheinungen der Korruption." *Viertelsjahrschrift für Sozial-und Wirtschaftsgeschichte* 44 (December): 289–324.

van Vleeck, Va Nee L. 1993. "Re-assessing Technological Backwardness: Absolving the Silly, Little Bobtailed Coal Car." Unpublished Ph. D. dissertation, University of Iowa.

Vergeot, J.-B. 1918. *Le crédit comme stimulant et régulateur de l'industrie: La conception saint-simonienne, ses réalizations, son application au problème*

bancaire d'après-guerre. Paris: Jouve.

Vernon, Raymond. 1966. "International Investment and International Trade in the Product Cycle." *Quarterly Journal of Economics* 80 (2) (May): 190–207.

Veseth, Michael. 1990. *Mountains of Debt: Crisis and Change in Renaissance Florence, Victorian Britain and Postwar America*. New York: Oxford University Press.

Vial, Jean, 1967. *L'industrialization de sidérurgie française, 1814–1864*. Paris: Mouton.

Vicens Vives, Jaime. 1952 (1967). *Approaches to the History of Spain*. Translated and edited by Joan Connally Ullman. Berkeley: University of California Press.

Vicens Vives, Jaime. 1970. "The Decline of Spain." In *The Economic Decline of Empires*, edited by Carlo M. Cipolla. London: Methuen, pp.121–167.

Vilar, Pierre. 1969 (1976). *A History of Gold and Money, 1450–1920*. London: New Left Books.

Ville, Simon, ed. 1993. *Shipbuilding in the United Kingdom in the Nineteenth Century: A Regional Approach*. Research in Maritime History no. 4. St. Johns, Newfoundland: International Maritime Economic History Association et al.

Volcker, Paul A. and Toyoo Gyoten. 1992. *Changing Fortunes: The World's Money and the Threat to American Leadership*. New York: Times Books.

Wagner, Adolph. 1879. *Allgemeine oder theoretische Volkswirtschaftslehre*. Leipzig and Heidelberg: C. F. Verlagshandlung.

Walker, Mack. 1964. *Germany and the Emigration, 1816–1885*. Cambridge, Mass.: Harvard University Press.

Walker, Mack. 1971. *German Home Towns: Community, State and General Es-*

tate, 1648–1871. Ithaca, N. Y., and London: Cornell University Press.

Wallerstein, Immanuel. 1980. *The Modern World-System II: Mercantilism and the Consolidation of the European World-Economy, 1600–1750*. New York: Academic Press.

Wallerstein, Immanuel. 1982. "Dutch Hegemony in the Seventeenth-Century World-Economy." In *Dutch Capitalism and World Capitalism*, edited by Maurice Aymard. Cambridge: Cambridge University Press, pp.93–145.

Walter, Norbert. 1990. "Frankfurt Financial Centre Challeged by 1992." In *Financial Institutions in Europe under New Competitive Conditions*, edied by Donald E. Fair and Christian de Boisseu. Dordrecht / Boston / Lancaster: Kluwer, pp.145–157.

Weber, Eugen. 1976. *Peasants into Frenchmen: The Modernization of Rural France, 1870–1914*. Stanford, Calif.: Stanford University Press.

Wedgwood, Julia. 1915. *The Personal Life of Josiah Wedgwood*. London: Macmillan.

Wiener, Martin J. 1981. *English Culture and the Decline of the Industrial Spirit, 1850–1980*. Cambridge: Cambridge University Press.

Wijnberg, Nachoem M. 1992. "The Industrial Revolution and Industrial Economics." *Journal of European Economic History* 21 (1) (Spring): 153–167.

Williams, E. E. 1890. *Made In Germany*. 2nd ed. London: Heinemann.

Williams, E. N. 1970. *The Ancien Régime in Europe: Government and Society in the Major States, 1648–1789*. New York: Harper & Row.

Williamson, Jeffrey G. 1991. "Productivity and American Leadership." *Journal of Economic Literature* 39 (1) (March): 51–68.

Wilson, C. H. 1939 (1954). "The Economic Decline of the Netherlands." In *Essays in Economic History*, edited by E. M. Carus-Wilson. Vol. 1. London: Arnold, pp.254–269.

Wilson, Charles. 1941 *Anglo-Dutch Commerce and Finance in the Eighteenth Century*. Cambridge: Cambridge University Press.

Wilson, R. G. 1971. *Gentlemen Merchants: The Merchant Community of Leeds, 1700–1830*. Manchester: Manchester University Press.

Wojnilower, Albert M. 1992. "Heresies Acquired in Forty Years as an Economics Practioner." Pamphlet, First Boston Asset Management.

Wood, Christopher. 1992. *The Bubble Economy: Japan's Extraordinary Boom in the 1980s and Dramatic Bust in the 1990s*. New York: Atlantic Monthly Press.

Woodham-Smith, Cecil. 1962. *The Great Hunger: Ireland*. New York: Harper & Row.

Woolf, S. J. 1968. "Venice and Terra Ferma: Problems of the Change from Commercial to Landed Activities." In *Crisis and Change in theVenetian Economy in the Sixteenth and Seventeenth Centuries*, edited by Brian Pullan. London: Methuen, pp.175–203.

Wright, H. R. C. 1955. *Free Trade and Protection in the Netherlands, 1816–1830: A Study of the First Benelux*. Cambridge: Cambridge University Press.

Wylie, Laurence. 1957. *Village in the Vaucluse*. Cambridge, Mass.: Harvard University Press.

Yamazawa, Ippei. 1991. "The New Europe and the Japanese Strategy." *Revista di Politica Economica* 81 (3) (May): 631–653.

Young, Arthur. 1790 (1969). *Travels in France during the Years 1787, 1788 and 1789*. Garden City, N. Y.: Doubleday Anchor Book.

Zamagni, Vera. 1980. "The Rich in a Late Industrializer: The Case of Italy,

1800–1945." In *Wealth and the Wealthy in the Modern World*, edited by W. D. Rubenstein. New York: St. Martin' s Press, pp.122–166.

Zunkel, Friederich. 1962. *Der Rheinische-Westfälische Unternehmer, 1834–1879: Ein Beitrag zur Geschichte des deutsche Bürgertum im 19 Jahrhundert*. Cologne and Opladen: Westdeutsche Verlag.

索　　引

（所列页码为原书页码，请参考本书边码使用）

Abramovitz，M. 阿布拉莫维茨，M.，98，115

Adams，J. Q.，亚当斯，J. Q.，211 注

Adennauer，K.，阿登纳，K.，168

agency problem，代理问题，56

Age of Discovery，地理大发现时代，68

Aging，of Germany，德国的老化，170—171

symptoms of in United States，在美国的标志，190

Agriculture，农业，26—27

French farmer riots，法国的农民暴动，124

new crops，新作物，118

rural exodus，农村人口的大批外迁，123

slow release of manpower，劳动力的缓慢释放，118—119

Alpine passes，阿尔卑斯山上的隘口通道，55

Alva，Duke of，阿尔瓦公爵，78

Amsterdam，阿姆斯特丹

compared to Venice，与威尼斯相比，31

stores of commodities，商品库存，41，91

Anglo-Dutch wars，英荷战争，44，46，92

called "naval scuffles," 所谓的"海军混战"，215

fourth as *coup de grace*，致命一击，第四次战争，215

Antwerp，安特卫普，87—89

arbitristas（Spanish reformers），出歪主意的人（西班牙的改革派），81，223

aristocratic values，贵族价值观，119，120，216

Armada，Spanish，无敌舰队，西班牙的，72，76

Armada de la Guardia，护卫舰队，76
Arsenale（Venetian），船坞（威尼斯人的），30，55
decline of，衰落，64
artists，Venetian，威尼斯的艺术家，58
Ashton，T. S.，阿什顿，T. S.，130
asientos（Spanish bills of exchange），西班牙的汇票，76—77
assertiveness，武断
German，德国人的，169—170
Japanese，日本人的，208
Association，spirit of，lack of in France，法国缺乏合作精神，122
asylum，provided to refugees，by Dutch，荷兰人向难民提供的收容所，99，100
Augsburg，Italian merchant population，德国奥格斯堡，人口为意大利商人，58
Australia，Japanese investments in，日本在澳大利亚的投资，20
Ayr bank failure，埃尔银行的破产，98

Bagehot，W.，白芝浩，W.，136
balance of international indebtedness，U. S.，美国的国际债务差额，181
balance-of-payments deficit，U. S.，美国的国际收支赤字，181—182
basic balance，国际收支基本差额，185
bank concentration，银行的集中，39—40
bankers of Tuscany，托斯卡纳［意］的银行家，59
bankers，German. *See German*，bankers in Europe，德国银行家，见German，bankers in Europe 条
Bank of Amsterdam，阿姆斯特丹银行，92，97，102
Bank of England，英格兰银行，98，111，136
Bank of France，法兰西银行，111，117—118，137，187
Bank of Japan，日本银行，192—193，206
Banks，银行
after 1870，1870 年之后的，40
German in 1850s，1850 年代德国的，155
Japanese，日本的，193
U. S.，美国的，182
Banque Royale，皇家银行，108
Barbarigo，Andrea，巴巴里戈，安德列亚，57
Barcelona，巴塞罗那，74

Baring brothers，巴林兄弟，135
bashing of the Dutch by the British，英国人对荷兰人的重大打击，44
beauty，as source of innovation，作为创新源动力的美，8
Berry，B. J. L.，贝里，B. J. L.，47—49
Besancon，Italian fair removed to Piacenza，贝桑松［法］，意大利人的交易市场被迁移至皮亚琴察［意］，61
Beuth，P.，伯思，P.，153
bills of exchange，汇票，28，61
Bismarck，O. von，俾斯麦，134，150，155
Black Death，黑死病，56
Black Ships of Commander Perry，海军中校佩里率领的“黑船”，173，191
Boer war of 1890，1890 年的布尔战争，137，158
bottlenecks in economic development，经济发展的瓶颈，132，140
bourse in Bruges，布鲁日的证券交易所，85
Braudel. F.，布罗代尔，F.，4，7—8，14，24，34，36，38，45，57，60，66，78，87，105，127，132
view of Dutch commerce attacked by J. Israel，受到 J. 伊斯雷尔攻击的荷兰人的商业观点，91
Brazil，巴西，
Dutch failure to drive out Portuguese，荷兰人未能赶走葡萄牙人，70
Gold discovery in 1680，1680 年发现黄金，42
breakdown in France between World Wars，两次世界大战之间法国的衰落，122—123
Brenan，G.，布雷南，G.，34，68
Bright. L.，布赖特，L.，133
British，英国人
as challengers of Dutch，作为荷兰人的挑战者，43—44
decline in imperial role，帝国地位的衰落，140—141
economy compared with Dutch，与荷兰经济形成对照的经济，126—127
economic decline，经济衰退，137 及以下诸页
entrepreneurs in nineteenth century，19 世纪的企业家，140，143
estimates of economic growth 1700—1830，对 1700—1830 年经济增长的估计，130
inventors as amateurs，业余发明

家，131，143—144
lending to the Continent，对欧洲大陆的贷款，135
overseas lending as contributing to industrial declines，造成工业衰退的海外贷款，135—136
policies characterized，富有特点的政策，148
“take-off，”“经济起飞”，128
trade，贸易，127—129
trading corporations，贸易公司，128
Bruges，布鲁日，84—87
as intermediary between Britain and Champagne fairs，作为英国与香巴尼之间的贸易中转地，84
decline of，衰退，85—87
lack of shipping，缺少航运，20
Bruning, H.，policy alternatives for Germany in 1931，布吕宁，H.，1931 年德国的政策选择，164
bubble，泡沫
in gold，黄金领域的，188
in Japanese real estate and stock prices，日本房地产和股票价格的，190，202，206
in U. S. real estate，美国房地产的，188
bulk goods in trade，贸易中的大宗货物，21
bullion famine of fifteenth century，15 世纪的金银荒，215
Bund（German federation），联邦（德国联邦），151
Bundesbank，德意志联邦银行，40，187
bureaucracy，官僚
German in nineteenth century，19 世纪的德国人，152
Spanish in seventeenth century，17 世纪的西班牙人，75
Burke，E.，伯克，E.，130

cadastres，to establish private ownership of land，土地清册，确立土地私人所有权，30—31
Cadiz，加的斯［西班牙］，74—75
Calvinist doctrine of thrift，加尔文主义的节俭原则，32
Canada，加拿大
French loss to British，法国人输给英国人造成的损失，111
Rowell-Sirois Report on Dominion-Provincial Relations，关于英联邦自治领-省关系的罗厄尔-西罗伊斯报告，219
canals，运河，22
Duke of Bridgewater，布里奇沃特公爵，129
canalization failure，Brugeз，布鲁日

开凿运河的失败，86
capital，moral，道德资本，184
capital flight as French middle class strike，作为法国中产阶级罢工的资本外逃。见 middle class 条
capital flows in U. S. balance of payments，美国国际收支中的资本流动，185—187
restraints on，对资本流动的制约，186
caravan routes，Indian ocean to eastern Mediterranean，从印度洋至东地中海的商队路线，69
Cardwell's law，卡德韦尔法则，25—26，217
Carlos III of Spain，西班牙卡洛斯三世，81
Carrera de la Indias，西印度群岛，76
Cartel des Gauches，左翼集团，124
cartels，German，德国的卡特尔，159
Casa del Contratacion，贸易署，75
Castile，卡斯蒂利亚［西班牙］，73—74
Catalonian resilience，加泰罗尼亚的恢复力，81
"catching up，""赶超"，3，38—39，174
causes of decline，衰落的原因，34—35，36，214—220
of Bruges，布鲁日人的，85—87
of Dutch，荷兰人的，102—104
of French，法国人的，112
industrial in Britain，英国的工业革命，137—143
of Spanish，西班牙人的，78—79，80—82
centering and decentering in world economy，世界经济的集中与分散，7，45—46
Centralization vs. pluralism，集权化对多元化，39—41，213，218—220
Dutch tension between，荷兰人之间的紧张关系，40，213
French railroad design，法国的铁路设计，117
issue in Germany，德国的问题，160，213
central-place theory，中心地带理论，39
Central Planning Bureau of the Netherlands，荷兰的中央计划局，17—19
challenge，German to British primacy，德国人对英国霸权的挑战，158，160
Champagne fairs，香巴尼交易会，58—60，61，105

chaos theory，混沌理论，8，11
Chaptal，Comte，夏普塔尔，孔泰，113
Charles I of England，英国的查理一世，107
Charles V of Spain（Charles I of Spain），西班牙的查理五世（西班牙的查理一世），72
Charles VIII of France，法国的查理八世，105
Chartists，宪章派，217
Chemin du Fer du Nord，borrowing in London，北方铁路，伦敦的借贷，135
chemistry，German，French，化学，德国的，法国的，113
Chevalier，M.，谢瓦利埃，M.，22，116，117，182
Child，Sir J.，蔡尔德爵士，43—44，92，93
Cipolla，西波拉，1，15，15 注
cities，planned on the Atlantic，在大西洋上规划的城市，107
city-states，城邦
efficiency of，城邦的效率，218
Italian，意大利的，54—66
Venice，Genoa as republics，威尼斯共和国和热那亚共和国的，65
City of London，伦敦城，29
Clesse，A.，克莱西，A.，viii，ix
"coal" as proxy for resources，作为资源替代物的"煤矿"，19
Dutch lack of coal，荷兰缺乏煤矿，95
trade as nursery for British seamen，作为英国海员温床的贸易，128
Coase theorem，科斯定理，10，134
Cobden，R.，科布登，R.，133
Cobden-Chevalier treaty of 1860，1860 年科布登-谢瓦利埃条约，133，154
coffee，movement of cultivation to Far East and Brazil，咖啡，种植转移到远东和巴西，71
Colbert，J.-B.，柯尔贝尔，24，107—108
Colm-Dodge-Goldsmith report，科尔姆-道奇-戈德史密斯报告，167
colonies，German interest in，德国对殖民地的兴趣，157
Columbus，Christopher，哥伦布，克里斯托弗，10，61，72，215
commercial revolution，商业革命，55
commodity speculation，Dutch，荷兰的商品倒卖，96—97
commodity stocks in Amsterdam，阿姆斯特丹的库存商品，91
Compagnie d' Occident，西欧公司，

108
complexity vs. mono-causality，复杂性对单一因果性，8
concentration camps，集中营，165注
conspicuous consumption，夸耀性消费，32
Dutch，荷兰，90，102
Italian city-states，意大利城邦，63，67
and life cycle hypothesis，与生命周期假设，179—180
in seventeenth-century Britain，在17世纪的英国，215
in Spain，在西班牙，78
Continental System，大陆封锁体系，113
Constitution of 1848，German，德国的1848年宪法，154—155
cooperations and rivalry，合作与竞争，41—43
Corn Laws，repeal of，《谷物法》的废除 133—134，155
corruption，腐败，184，214
in Japan，在日本，206
cottage industry，家庭手工业，23
Counter-Reformation，反宗教改革，80
counterfactual，反事实条件，37
to U. S. decline，对美国的衰落，190
crash of 1920，Japan，日本1920年的暴跌，192
Credit Mobilier，动产银行，117—118
criminals，financial，金融罪犯，184
Crusades，the，十字军东征，54
"culture，" as basis to economic growth，作为经济增长基础的"文化"，19
Cuno, W.，库诺，W.，161
currency，vehicle，货币，工具，188
cycles，周期，14—15
France as exception to，法国作为一个例外，105
national，国家的，14—36

Datini，F. de M.，达蒂尼，60
David，P.，戴维，P.，26，33，135
Dawes plan，道威斯计划 105
loan success，贷款的成功，163
debt 债务
Dutch，荷兰的，99—100，127
government，政府的，180—181
Italian，意大利的，66
U. S.，household，美国家庭的，179
decentralization，权力下放，
characteristic of Holland，荷兰的特点，90

northern Europe，北欧，84
decline，衰落
of Britain，英国的，137 及以下诸页
of Bruges，布鲁日的，85 及以下诸页
of Spain，西班牙的，73 及以下诸页
of United Provinces，联省共和国的，106 及以下诸页
in U. S.，美国的，190 及以下诸页
Defense Advanced Research Project Agency（DARPA），国防高级研究项目局，178
deficits，赤字
U. S.，美国的，180
R. Eisner' s view of，R. 艾斯纳的观点中的，181
DeGaulle，C.，veto of British in EEC，戴高乐否决英国加入欧洲经济共同体，169
on gold.，对黄金的看法，187—188
Delbruck. R. von.，德尔布吕克，R. 冯，157
Deutsche Bank，德意志银行，46
Deutsche mark，德国马克，167，168
DeVrics. Jan.，德弗里斯，简，97
Direct foreign investment，Japanese，日本的直接对外投资，200—201
direct trading，直接贸易
avoiding Amsterdam，绕开阿姆斯特丹的，93
British and Dutch ships in Mediterranean，地中海上的英国和荷兰船只，62
in foreign exchange，外汇领域的，98，160
Dissenters as British entrepreneurs，不顺从国教的英国实业家，131—132
distant trade，远程贸易，21—23
distributional coalitions，利益分配联盟，32，143，185，217
dollar，美元，187—188
floating of，美元的浮动，198
dominance，主导地位，13
Don Quixote，堂吉诃德，71
“Dover road” for shipping Spanish silver，运送西班牙白银的“多弗尔道路”，76
“draperies，new，”“新式服装”，65，86，127
Dutch，荷兰
banks in London，开设于伦敦的银行，97—98
“disease”，“荷兰病”，79，214

East India Company，东印度公司，29，40，69，90，92，98
primacy in world trade，在世界贸易中的霸主，92 及以下诸页
dynamic model，of growth，动态模型，增长的，140
of continuous trade surplus or deficit，持续贸易顺差或逆差的，181—182

earthquake of 1923，Japan，1923 年日本的地震，192—193
East India Company（British），东印度公司（英国的），29，69
East India Company（Dutch）. *See* Dutch，East India Company，东印度公司（荷兰的），见 Dutch EastIndia Company 条
economic primacy，经济霸权，12—13
Economic Rehabilitation in Occupied Areas（EHOA），占领区经济复兴，194
Edict of Nantes，revocation of，《南德敕令》的废除，107—108
Education. *See* technical education，教育，见 technical education 条
Dutch，荷兰的，98—99
English，英国的，145—146
French，法国的，114—115
German，德国的，153
United States，美国的，189—190
Ehrenberg，R.，埃伦伯格，R.，87，88
Emigration，attempt to restrict，移民，加以限制的尝试
of British，英国人的迁移，109
of Dutch workers，荷兰工人的迁移，94，99
from Germany，来自德国的，155—156，158
from Spain to Spanish America，从西班牙到西属美洲的，78
of Italian sailors，意大利海员的迁移，66
Emmott，B.，埃莫特，B.，205，209
empire preference in tariffs，帝国关税方面的优惠，134
emulation as economic incentive，成为经济动机的竞争，8—9
Engel' s law in consumption，消费中的恩格尔定理，143
Encounter，《交锋》，147 注
Enlightenment，启蒙运动，31，114
French infiltrating Spain，法国人渗透到西班牙，81
Erzberger，M.，埃兹伯杰，M.，151，162，163，213
Eurodollar market，欧洲美元市场，

186—187
European Coal and Steel Community (ECSC)，欧洲煤钢共同体，168
Currency Unit (Ecu)，欧洲货币单位（埃居）187
Economic Community (EEC)，欧洲经济共同体，168
Britain admission，英国的加入，169
Monetary System (EMS)，欧洲货币体系，147
Payments Union (EPU)，欧洲支付同盟，167，227
Union，同盟，viii
“events of May and June，1968” (in France)，“1968年5月和6月的事件”（法国），124，161，188
exchange rates，汇率
at Bruges，布鲁日的，88
direct between London and St. Petersberg，伦敦与圣彼得堡之间的直接汇兑，98
German practice，德国的做法，160
pound sterling depreciation，英镑贬值，147
Exhibition of 1867，in Paris，1867年巴黎博览会，135
export of machinery，British ban on，英国对机械设备出口的禁止，109，132
export trade，Japanese，日本的出口贸易，196及以下诸页

“failed transitions” to industrialization，向工业化“失败的过渡”，82
fairs，交易会，28，59—61
of Bruges，Antwerp，布鲁日和安特卫普的，86
family，French extended，扩展的法国家族，121
Federal Reserve easing monetary policy in 1970 and 1971，1970年和1971年联邦储备委员会放松货币政策，187
Federal Reserve System，联邦储备系统，40
federal structure，Swiss，瑞士的联邦结构，40
Ferdinand and Isabella，斐迪南二世和伊莎贝拉一世，14，72，86
Finance，金融，27—28
British，英国的，135—137
government，政府，28—31
Italian，意大利的，66—67
shift from trade to，Bruges，布鲁日由贸易转向金融，85
United Provinces，联省的，93
financial institutions，lag of French

behind British，法国的金融机构落后于英国的金融机构，110—111
financial leadership，passing from London to New York，金融领导地位由伦敦转移到纽约，140
financial revolution in Britain，英国的金融革命，28
in United Provinces，联省的，95—96
financiers and officiers，金融家和官员，28，112
fiscal reform，财政改革
in France（failed），法国的（失败），112
in Britain，英国的，133
fishing，Dutch，荷兰的渔业，89 及以下诸页
Florence，佛罗伦萨，59—60
fluyt（Dutch flyboat），（荷兰平底快船），94
Fondaco dei Tedeschi（German "nation" in Venice），德国人的货仓（威尼斯中的德意志"国家"），57，58
forces making for and resisting growth，1850—1950，1850—1950 年促进和抵制增长的力量
Britain，英国，144—145
France，法国，120—121
foreign direct investment in Britain，在英国的外国直接投资，137
Japanese，日本的，200—201
fortunes，财富，27
France，demographic discontinuity，法国，人口统计的中断，123
economic breakdown between world wars，两次世界大战之间的经济衰退，122—123
as equal in income per capita to England in eighteenth century，18 世纪人均收入与英国持平，109
as perennial challenger，成为永远的挑战者，105—124
Franco-Prussian war，法国-普鲁士战争，119，151
Frankfurt-am-Main，美因河畔法兰克福，19，147，152
"free riders，""搭便车者"，40
free-trade，"imperialism，"自由贸易，"帝国主义"，134
movement in Europe，欧洲的自由贸易运动，134，156—157
French growth trade dependent in eighteenth century，18 世纪法国的增长对贸易的依赖，110
indemnity after Waterloo，滑铁卢战役之后的战争赔款，135
inventions of machines，各种机械的发明，116—117

recruitment of foreign workers，外国工人的招聘，24，107
revolution of 1789，1789 年革命，81，112—113；
of 1848，1848 年革命，135
taxation，税收，112
Freyre. G.，弗里尔，G.，24
Fronde，French social disorder of 1640s，投石党运动，1740 年代法国社会的混乱，106—107
frugality，Dutch，荷兰人的节俭，90
Fuggers，Augsburg bankers，富格尔家族，奥格斯堡的银行家，62，88
futures，trading in Amsterdam，阿姆斯特丹的期货交易，96

G7 summits，七国集团首脑会议，227
gambling，赌博业，32，78，96，184
gas，North Sea，北海的天然气，79
General Agreement on Tariffs and Trade（GATT），关税及贸易总协定，173
Japanese joining，日本的加入，196
Genoa，热那亚，60—62
loss of intermediary function，丧失贸易中转地的功能，62
Genoese bankers and Spanish silver，热那亚的银行和西班牙的白银，62
businessmen，商人，61
German，德国的
attitude toward Britain，对英国的态度，158—159
bankers in Europe，sixteenth century，16 世纪欧洲的银行家，88
battle for place in sun，争夺阳光下的一席之地，43，150
borrowing in 1930s，1930 年代的借贷，163
economic miracle，经济奇迹，156，167—168
fading，消退，190
economists in 1919—1923，1919—1923 年的经济学家
inflation，通货膨胀，161—163
in 1931 debate，在 1931 年辩论之中，164
inferiority complex，自卑情结，155，158，161，161 注
monetary reform in 1948，1948 年的货币改革，167
political homicides，政治谋杀，151
rivalry with Britain，与英国的争夺，158—159

in finance，在金融领域，160
success in new industries，在新兴工业领域的成功，159
Germany，德国
in Europe，欧洲的，168—170
mosaic，拼凑的，161
overtaking England，追赶英国，149—151，159—161
Gerschenkron，A.，格申克龙，A.，5，16，165
Gewerbefoerderung（industrial policy），工业政策，153—154
Gewerbefreiheit（freedom of occupation），职业的自由，154
Glorious Revolution of 1688，1688 年光荣革命，97
glorious years，thirty，in France，法国 30 年的辉煌岁月，118，124
glory，French preoccupation with，法国人沉浸于荣耀之中，8，114
Goguel，I. J. A.，戈古尔，I. J. A.，98，103
Gold，黄金
bubble in gold price，黄金价格中的泡沫，188
coinage in Genoa，Florence，热那亚和佛罗伦萨的硬币，61
Dutch lack of Midas touch，荷兰人缺乏赚大钱的本领，97
window closed in 1971，1971 年贴现窗口关闭，188，198
Gold standard，金本位制
left by Britain in 1931，1931 年英国保留的，164
Japanese adoption，1930，日本 1930 年采用，193
as sterling standard，成为英镑本位，136
Golden Age，1950—1973，1950—1973 年的黄金时代，224
British，英国的，147 注，148
Dutch（17th century），荷兰（17 世纪）的，90
German，德国的，168
Spanish（1479—1596），西班牙的（1479—1596），72
U. S.，美国的，174，188
Goldstein，J.，戈尔茨坦，J.，47—49
Goldstone，[A.，model，applied to France]，戈德斯通，A.，模型，适用于法国，105—106，108，112，122
Gompertz curve，冈珀茨曲线，见 S-curve
Gouin，E.，古安，E.，116
Government and Relief in Occupied Areas（GARIOA），占领区治理和救济，166，194
"government" in Japanese balance of

payments，日本国际收支中的“政府”，194—195
government tasks，政府的使命，29—30
grandes écoles（higher French technical schools），大学校（法国高级技术学校），114—115，116
Gras，N. S. B.，格拉斯，N. S. B.，25，67，129
Greater East Asia Prosperity Sphere，“大东亚共荣圈”，193
Great Exhibition of 1851，1851年大博览会，131—132
Great Depression of 1930s，1930年代的“大萧条”，163—164，174
Gresham，Sir T.，格雷斯哈姆爵士，88
gross national product，1870—1913，indexes for five countries，国民生产总值，1870—1913年，五国的指数，192
Gründerzeit（time of formation of German Reich），德国经济繁荣年代（1871—1873，德意志帝国形成时期），156
boom，迅速发展，160
guilds，行会，27，118
in German “home towns”，在德国人的“故乡”，152—153
Venetian，威尼斯的，65

Hamada，K.，滨田宏一，194，195，205，206
Hamilton，E. J.，汉密尔顿，E. J.，68，77，81
Hanseatic cities，汉萨同盟的城市，152
Hanseatic League，汉萨同盟，21，41，83—84，128，150
hatred，widespread in Germany，在德国广泛存在的仇恨，151
Hawley-Smoot tariff，赫莱-斯摩特税则，173
hegemony，霸权，13
Helfferich，K.，赫尔费里希，K.，163
herring，Dutch fishing for，荷兰人捕捞鲱鱼，89
hidalgos（lesser Spanish gentry），西班牙贵族（次于最高贵族的），73
hierarchical ordering，等级秩序
of banks，银行的，39
of international monies，国际货币的，41
Hitler，A.，希特勒，A.，161，165
Hochschulen（German technical schools），高等学校（德国的技术学校），115
Holland，尼德兰，89—104

as leading Dutch province，作为荷兰的重要省份，90
commerce，商业，91—93
education，教育，98—99
finance，金融，95—98
industry，工业，93—95
migration，移民，99
taxation，税收，100—101
timing of decline，衰落的时间界定 100—103
wages，薪水，100—101
Holy Roman Empire，神圣罗马帝国，30，88
Hope，J.，霍普，J.，102
Hôtel de Ville，Paris，巴黎市政府大厦，29
housing costs，Japan，日本的住房价格，205
Huguenots，胡格诺派教徒，24，29，107—108
as German merchants，作为德国商人，152
human life cycle compared with na-tional，与国家生命周期相比较的人的生命周期，6，210—211
"Hume's law，""休谟法则"，133
Huntington，E.，亨廷顿，E.，52—53
Huskisson，W.，赫斯基森，W.，132—133

immigration，移民
of Dutch refugees and intellectuals，荷兰难民和知识分子的，99
of Dutch seasonal workers，荷兰季节工人，99
of labor into Spain，劳动力迁入西班牙，79
of refugees and guest workers into Germany，难民和外来工人迁入德国，168
into U. S.，迁入美国的，173
income per capita，French and English compared，1700，1789，法英两国比较的人均收入，1700年和1789年，111—112
"Indianos，" Spaniards returning from Arncricas，"印第安人"，从美洲返回的西班牙人，78
industrial policy，工业政策，221
French，法国的，107
industrial revolution，工业革命，11，25，129—132
industry，工业，23—24
Dutch，荷兰的，93—95
Japanese，日本的，195—199
Inflation，通货膨胀
German，1919—1923，德国1919—1923年的，161—163

Spanish，西班牙的，77—78
Inquisition，the，宗教法庭
Portuguese，葡萄牙的，70
Spanish，西班牙的，72
Inspection des Finances，金融审查，164
Institute for European and International Studies，欧洲与国际研究所，vii，5
"interlopers" in Spanish trade with South America，西班牙与南非贸易中的"无照经营者"，75，92
intermediary trade，between Germany and Levant via Venice，德国与黎凡特之间经威尼斯的转口贸易，55
Amsterdam's loss of，由此造成的阿姆斯特丹的损失，93
Venetian loss of，威尼斯的损失，63—64
international currency，reluctance of Japan and Germany to serve，日本和德国不愿意充当国际货币提供者，45，187
international organizations and world economic order，国际组织和世界经济秩序，226
inventions in industrial revolution，工业革命中的发明，130—132
inventors，amateur in Britain，发明家，英国的业余爱好者，131—132
investing in reputation，在名望方面投资，56
investment，Japanese in Australia，日本在澳大利亚的投资，201
irrigation in Spain，西班牙的灌溉，74
Israel，J.，伊斯雷尔，J.，91，92，126
Italian city-states，意大利城邦国家，54—67

Japan，defeat of Russian navy，日本，俄罗斯海军的失败，141，192
and Korean War，与朝鲜战争，194—195
military aggression，军事侵略，193
monetary reform，货币改革，194
rising strength of，上升中的实力，27
U. S. assistance to，美国对其的援助，194
wartime casualties，战争时期的伤亡，193
Jefferson，T.，杰斐逊，T.，182，211注
Jews，expulsion from Spain，犹太

人，被驱逐出西班牙，24
in German holocaust，德国大屠杀中的，168，168 注
merchants in Germany，德国的商人，152
JCS 1067（Morgenthau plan for post-war Germany），参谋长联席会议 1067 号令（摩根索关于战后德国的计划），105—106
Junkers，容克地主，33，150—151，157，165
juros（Spanish government bonds），年金（西班牙发行的政府债券），77
karoshi（working oneself to death，Japanese），过劳死（工作致死，日本），202
Kasuya，M.，粕谷宗久，194，195，205
Kennedy，P.，肯尼迪，P.，52，216
Keynes，J. M.，凯恩斯，J. M.，75n，140，161—162
keiretsu（Japanese conglomerate），系列（日本的联合大企业），199，202—203
King，G.，金，G.，109
Klein，P. W.，克莱因，P. W.，90，91，100，183
Komiya，R.，小宫隆太郎，195—199，203
Kondratieff cycle，康德拉季耶夫周期，47—50
Kontors（Hanseatic counting houses），贸易站（汉萨同盟国家的账房），83—84
Korean War，朝鲜战争
and German balance of payments，与德国的国际收支，167
impact on Japan，对日本的影响，194
Krupp steel company，克虏伯钢铁厂，156

land ownership as unstimulating，缺乏激励性的土地所有权，33
purchases by successful businessmen，成功商人的购买，132
Lane，F. C.，莱恩，F. C.，55，57—58，64，66
Lautenbach，W.，劳滕巴赫，W.，164
Law，J.，劳，J.，108—109，112
“law of interrupted progress”，“不规则发展法则”，37
“leapfrogging，”“跃进”，38—39
Leghorn（Livomo），里沃那，60，62
Lepanto，battle of，勒班陀战役，47，58，72
Lewis（Sir Arthur）model of growth

with unlimited supplies of labor，刘易斯（阿瑟爵士）劳动力无限供给的增长模型
in Germany，德国的，168
in Japan，日本的，195
in U. S.，美国的，173
life cycle，生命周期
compared to human，与人相比的，6，210—211
national，国家的，14—36，210
location，advantages，地理位置优势
of Dutch，荷兰的，89
of Spanish，西班牙的，72
as a resource，作为一种资源，19
locomotive production，Germany，机车的生产，德国，153
logistic curve，逻辑曲线。见S-curve
London as financial center，作为金融中心的伦敦，135—136，140，147
Louis XIV，路易十四，30，39，107—108
Low Countries，低地国家，83—104
Luddites，勒德分子，21
Luther，H.，卢瑟，H.，164
luxury goods，trade in，奢侈品，与之相关的贸易，21，91
MacAnhur，D.，麦克阿瑟，D.，194，195
machinery，smuggling into France，走私进法国的机械设备，110，117
“Made in Germany，”“德国制造”，138
Madrid，as parasitical city，马德里，寄生性的城市，74
Malthusian model，马尔萨斯模型，11
marketing，British weakness in，英国在销售方面的弱点，159
Marks of Origin Act，《原产地标志法案》，138
Marranos（Jews）expulsion from Spain，马拉诺（犹太人）被从西班牙驱逐出境，70，72
Marshall，A.，马歇尔，A.，83，90，129，181
Marshall，G. C.，马歇尔，G. C.，166
Marshall in Leeds，马歇尔在英国利兹，116，137
Marshall Plan，马歇尔计划，166—167，222
McKinley tariff，麦金利关税，137
McNeill，W. H.，麦克尼尔，W. H.，11，52

Medici bank，意大利美第奇银行，60，67
branch in Bruges，布鲁日支行，85
Medina del Campo（Spanish fair for wool），坎波城（西班牙的羊毛交易会），73—74
Mediterranean，地中海
entry of Dutch and British ships in 1590，1590年进入的荷兰和英国船只，57
trade，贸易，54—55
Meiji restoration，明治维新，192
mentalités（values），思想（社会价值）观念，17，32—34
French，法国人的，119，121—122
Mercantilism，重商主义，107—108
Merchant Adventurers，商人冒险家，59，128
merchants，商人
as inhibitors of innovation，作为创新的抑制因素，142
foreign in Spain，在西班牙的外国人，22，79—80
lack in Germany，德国缺少，22，152
sedentary vs. traveling，坐贾对行商，21，56
Mesta（Spanish wool-growing organization），牧主公会（西班牙羊毛生产组织），73—74
Methuen，treaty of，《梅休因条约》，42，71
metrology，计量学。见 weights and measures
middle class，中产阶级
as force for social cohesion，有助于社会凝聚的力量，184—185
strikes in France，在法国的罢工，124，224
migration，移民，24—25
from Brabant and Flanders to Holland，从布拉班特到佛兰德斯再到荷兰的，99
within Germany，德国内部的，156，158
Milan，米兰，62—63
Ministry of Trade and Industry（MITI），Japan，日本通产省，197，199，207—208
Mississippi bubble，密西西比泡沫，108—109
Modelski，G.，莫德尔斯基，G.，48—50
Mokyr，J.，莫基尔，J.，25—26，129，131，217
monetary leadership，disguised，British as gold standard，U. S. as Bretton Woods system，伪装的金融领导地位，英国作为金本位

制的领导，美国作为布雷顿森林体系的领导，227
money，standard，as public good，作为公共物品的本位币，28
monopolies，垄断，10
invasion of those of others，打破其他领域的垄断，44
Montesquieu，C. L. de S.，孟德斯鸠，34，102
Moors，expulsion from Spain，摩尔人，被驱逐出西班牙，24，72
Moors，"White，" Genoese as，摩尔人，像热那亚人一样属"白人"，80
Moriscos. *See* Moors，摩里斯科人。见 Moors 条
"mother trade"（bulk goods carried from Baltic to Amsterdam），"大宗货物贸易"（由波罗的海运往阿姆斯特丹的大宗货物），91
Mun，T.，曼，T.，43，90，215

Napoleon I，拿破仑一世，113，151
Napoleon III，拿破仑三世，117
"nations"（groups of foreign merchants），in Bruges，布鲁日的"民族"（外商集团），84，86
Navigation Acts，British，英国的《航海条例》，30，44，92，128
repealed，被废除，133—134，154
venetian，威尼斯的，58，66
Necker，J.，尼克尔，J.，112—113
"New Christians"（Portuguese Jews forcibly converted），"新基督教徒"（被迫改变宗教信仰的葡萄牙犹太人），70
new draperies，British，英国的新纺织品，86，127
new firms in postwar Japan，第二次世界大战后日本的新公司，194
new men，新人，27，32
in France，法国的，118，123
in Germany，德国的，167
New York，as financial rival of London，纽约，伦敦在金融方面的竞争对手，42，137
Nixon *shocku*，尼克松冲击，198
nobility 贵族，19
nontariff barriers（NTBs），非关税壁垒，199，226

oligarchies，in trading cities，贸易城市的寡头统治集团，19，95
Olson，M.，奥尔森，M.，32，52，143，150，185，213
options as "Windhandel"（trade in air），被称为"风中的交易"的期权交易，96
Organization for Economic Coopera-

tion and Development（OECD），经济合作与发展组织，226
Working Party No. 3 of，第三工作组，227
Organization of Petroleum Exporting Countries（OPEC），石油输出国组织，178，198，225
"orgware"，"组织件"，203—204
Ostpolitik（West German policy），新东方政策（西德的政策），169
over-foreignization，过度外国化，174
overstretch，过度扩张，3，9，214，216
overtaking of one national economy by another，一国的经济被另一国赶超，44
of Britain by Germany，英国被德国赶超，149，159—161

Paris as financial center，作为金融中心的巴黎，136—137
and ambitions，及其追求的目标，147
patents in Britain，英国的专利，130—131
path dependency，路径依赖，9，26，112，142—143
payments，equilibrium in balance of，国际收支平衡，185—186
Pax Neerlandica，尼德兰统治下的和平，38
peat，Dutch supplies，荷兰供应的泥煤，95
penalty of the head start，率先起步所遭受的惩罚，141
pepper trade，胡椒贸易，64，69
Philip II of Spain，西班牙的菲利普二世，72 及以下诸页
"Phoenix effect" of recovery from war，战后复兴的"复活效应"，32，35
Piacenza，Besancon fair at，［意］皮亚琴察和［法］贝桑松的商品交易会，61
Pirenne，H.，皮雷纳，H.，8，20
planning，French，计划编制，法国的，124
plant disease in France，法国的植物病灾害，119
plant visits by French in Britain，法国人在英国的植物考察，115—117
Plaza Accord，《广场协议》，206
pluralism，多元主义，39—41
polarization，两极分化
in Genoa，热那亚的，62
in U. S.，美国的，184—185
policy，governmental，政府的政策，17，36，220—223

British，英国的，148
U. S.，美国的，188—190，221
political unity，政治实体，222
population. *See* agriculture，rural exodus，人口。见 agriculture，rural exodus 条
Antwerp，安特卫普，87
change in France in World War II，第二次世界大战中法国人口的变化，123
French and British compared in 1800，1800 年法英两国人口比较，109
net reproduction rate in France，1935—1959，1935—1959 年法国人口的净出生率，123
population（continued），人口（续）
proportions engaged in agriculture，Britain and France，英国和法国从事农业的人口比例，111
ports，港口
location of，地理位置，19
silting of，淤塞，22，86
Portugal，葡萄牙，68—71
as center of world economy，作为世界经济的中心，70
Portuguese Catholic church，葡萄牙人的天主教堂，
in Asia，亚洲的，69
in Japan，日本的，191—192
Portuguese success，葡萄牙人的成功，
as colonizers，作为殖民者，70
as traders，作为贸易商，69
Potosi（Peruvian silver mountain），波托西（玻利维亚的银矿山），61，72，215
Potsdam Agreement，《波茨坦协议》，166
price revolution，价格革命，77
prices，Spanish，西班牙的物价，77
pride，Spanish，西班牙人的荣耀，24，34，80
primacy，defined，界定世界经济霸权，12—13
privateering，私掠巡航，30
Huguenots in，其中的胡格诺教徒，107
productivity，and balance of payments，生产率与国际收支，181—182
decline in U. S.，美国生产率的下降，27，175—178
and downsizing，以及裁员，175
in U. S. corporations，美国公司的，178
progression from trade to industry to finance，从贸易向工业再向金融发展，88，96，182，212 —

213
prosperity circle，繁荣周期，18
prowess，French，法国的杰出才华，121
public works，公共工程，29—30
purchasing-power parity，购买力平价，182

quality control，质量控制
Dutch，荷兰的，92
Japanese，日本的，197

railroads，British，英国的铁路，132—133
and size of coal cars，及煤矿车的吨位，141—142
Rathenau. W.，拉特瑙，W.，151，162
Reagan，R.，program of tax reduction，里根，减税计划，179
real estate，Japanese bubble in，日本房地产中的泡沫，188，204
recentering of world economy after decline of a center，一个中心衰落之后世界经济重新集中，45
Reform Bill of 1832，1832 年的《改革法案》，133
Regents（Dutch），without occupation，with country house，摄政者（荷兰的），没有职业，却有乡间别墅，101—102
"regimes" in international organization，国际组织中的"权力机制"，33，225 及以下诸页
regional basis for world economic order，世界经济秩序的地区基础，226—227
Reichsbank，debate in 1931，德意志帝国银行，1931 年的辩论，164—165
rents，rent-seeking，地租，寻租，183
reparations，German，after World War I，第一次世界大战后德国的战争赔款，162
resilience，economic，经济的恢复力，34
on part of U. S.，就美国而言，224
resource-based exports of U. S.，以资源为基础的美国出口，175
Resources，资源，19—20
abundance of，U. S.，美国资源之丰富，172—173
limited，of Japan，日本资源之有限，190
limited，of Spain，西班牙资源之有限，73—74
retirement from trade and industry，退出贸易和工业，27—28
river crossing as city sites，河流交汇

处成为城市所在地，19—20
Rosencrance，R.，and need for spark to arouse U. S. energy，罗森克兰斯，R.，与激起美国活力的火花，222—223
Rostow，W. W.，罗斯托，W. W.，5，16，17注，46，174
Royal Commission on Technical Instruction，皇家技术评估委员会，145—146
Royal Navy，皇家海军，30

sailors and oarsmen，supply of in Italy，意大利的海员和桨手的供应，56，61，64，65，75—76
Saint-Simon，C. H. de V.（Count），圣西门（伯爵），117
Saint-Simonism，圣西门主义，117
"salarymen，" in Japan，日本的"工薪阶层"202
Savings，in the industrial revolution，工业革命中的储蓄
  British，英国的，130
  Dutch，荷兰的，96
  Japanese，日本的，204—205
  U. S.，美国的，179—181
    and U. S. tax reduction，及美国的减税，179
Scandinavian response to repeals of Corn Laws，timber duties，Navigation Acts，斯堪的纳维亚半岛的人对《谷物法》、木材税和《航海条例》废除的反应，134
Schama，S.，沙马，4，90及以下诸页，189，222
Scheldt estuary，blockade，斯凯尔特河河口，封锁，88
Schimmelpennick，R. J.，希梅尔彭尼克，R. J.，103
Schumpeter，J. A.，熊彼特，J. A.，10，213
"Sea Beggars" attack on Brill in 1572，"海上乞丐"1572年袭击布里尔，88
seamen，海员
  Italian，意大利的，66
  Portuguese，葡萄牙的，69—70
Security Council of U. N.，seats for Germany，Japan? 联合国安理会，德国和日本的席位？169，208
S-curve，S形曲线，6，15—17
Servan-Schreiber，J.-J.，塞范-施莱伯，J.-J.，5，174
Seville，塞维利亚，74及以下诸页
shares，Japanese bubble in，日本的股票泡沫，206—207
Ship money，British tax，造船费，英国的税收，128
ship technology，造船技术，22，55，197

shipbuilding，造船业
British，英国的，139
decline of，造船业的衰退，58，64
Dutch，荷兰的，94
Japanese，日本的，197
Spanish on peninsula，伊比利亚半岛上的西班牙的，75—76
Venetian，威尼斯的，55
on west coast of South America，南美西海岸的，76
shipping，航运业
Bruges and Antwerp，lack of，布鲁日和安特卫普所缺乏的，20，87
Dutch，荷兰的，95
French replacing Dutch in North trade，法国人在北方的贸易中取代荷兰人，93，110
Genoese，热那亚的，61
German rivalry with British，德国与英国在航运业方面的竞争，159—160
Spanish，西班牙的，74—75
collapse of，航运业的萎缩，76
Venetian，威尼斯的，63—64
decline of，航运业的衰落，65—66
shipowners，船主，20
Siemens，G. von，西门子，G. 冯，43，160
silk，role in Japanese economy，丝绸在日本经济中的地位，198
silver，Spanish，西班牙的白银，76—77
silversmiths，Seville，塞维利亚的银匠，78
Sino-Japanese wars，日本侵华战争，192，193
Smith，Adam，斯密，亚当，8—9，17，21，27，29，32，33，57，93，127，128，129，183
Smith，C. S.，史密斯，C. S.，23
"social capability，" "社交能力"，3，31—32
"social innovation"，"社会创新"，18
Sonderweg（unique German path），独特道路（德国独一无二的道路），211
South Sea bubble，南海泡沫，108
Soviet Union，collapse of，苏联的瓦解，180
Spain，西班牙，72—82
failed transition to industrialization，向工业化过渡失败，82
location，地理位置，72—73
north-coast ports，北部沿海港口，75
resources，资源，73—74

timing of decline，衰退的时间界定，72
Special Drawing Rights（SDRs），of International Monetary Fund，国际货币基金组织的特别提款权，186，187
specialization in shipping，航运业的专门化，56
"special relation" between Britain and U. S.，英美"特殊关系"，42，173
spices trade，香料贸易，69
spurt，big in economic growth，经济增长中的大幅急剧上升，16
stages of economic growth，经济增长的几个阶段，16
Standard Gauge Act of 1846，1846年《标准轨距法案》，142
standards，标准
British lack of industrial，英国缺乏工业标准，142
Dutch，荷兰的，91—92
Standstill Agreement，《暂停偿债协议》，164
"star system" in sport and universities，体育和大学中的"明星制度"，183—184
States General of the United Provinces，联省共和国的议会，90
steam engine，蒸汽机，129，131
steel，钢
in France（and iron），法国的钢（和铁）115
in Germany，德国的，159
in Japan，日本的，197
Stein，Baron von，斯坦，巴伦·冯，129，153，154
sterling，英镑
as world standard，作为世界本位货币，42
decline of，衰落，14
Stinnes. H.，斯廷内斯，163
stock market crash，New York in 1987，1987年纽约股票市场的暴跌，206
Strategic Defense Initiative（SDI），战略防御计划，180
subsidiarity，辅助性原则，220
sugar，westward movement of cultivation from Arab lands，食糖，甘蔗的种植由阿拉伯半岛向西转移，71
swindles，诈骗，184

Takahashi. K.，高桥是清，193
Takeda，M.，武田真彦，201
tariff for revenue only，仅为岁入征收的关税，134
tariff of rye and iron（German），对黑麦和铁征收的关税，134，

156—157
tariff war between France and United Provinces，法国与联省共和国之间的关税战，92
taxation（Dutch），税收（荷兰的），99—100
taxes in France，法国的税，106
tax reduction in U. S.，美国减税，189
team play，decline in，团队合作精神的衰退，183
technical education，技术教育
in Britain，英国的，145—146
in France，法国的，114—115
technical obstacles to British industry，英国工业的技术障碍，139—140
technocracy，in France，法国的技术专家，117
technology，技术
international transfer of，国际转让，23—24
from the Continent to Britain，从欧洲大陆向英国转让，109
from Britain to the Continent，从英国向欧洲大陆转让，109—110
British action to restrain export，英国限制技术出口的行动，109
Japanese imports，日本的技术引进，197
Terra Ferma，Venetian hinterland，坚实的陆地，威尼斯海岸（或河岸）的后方地区，57
thaler，Prussian currency，basis for mark，泰勒，普鲁士货币，德国马克的基础，151
Third World syndicated bank lending，第三世界的辛迪加贷款，187
timber，木材
Dutch imports，荷兰的进口，91
duties（British）repeal，（英国）木材税的取消，133—134
Spanish supplies，西班牙的供应，74—75
Venetian imports，威尼斯的进口，55，63，64
timing of changes in primacy，霸权变化的时间界定，50—53
Britain，英国，138—141
of decline，Bruges，布鲁日霸权的衰落，85—87
Spain，西班牙，80—81
tinplate（Welsh），镀锡铁皮（威尔士），137
trade，贸易
distant，远程的，23—24
British，英国的，127—129
French，法国的，110
German，德国的，152—153

Japanese，日本的，195—200
Japanese-U. S. friction over，日美贸易摩擦，198—199
liberalization in Japan，日本的贸易自由化，196—197
transformation from materials to manufactures，从原材料贸易向制造品贸易转变，127
trading cities as republics，贸易城市成为共和国，152
transport，交通
by land，陆路的，21—22
by water，水路的，21
Treaty of Paris，《巴黎条约》，128
Treaty of Tilsit，《提尔西特条约》，153
trekvaart（Dutch canal system for transporting people），茨克瓦特（荷兰仅供客船航行的运河体系），90
Tsuru. S.，都留重人，195，197，201，205
Tulip Mania of 1636，1636 年的郁金香热，96
Turner，P.，特纳，P.，201
turning points，转折点，34
in cycles of primacy，霸权周期的，53 及以下诸页
in growth，增长的，50
unemployment，disguised，隐性失业，119
unforeseen（or unintended）consequences，未预见到的（或非预谋的）后果，10—15
uniqueness，national，国家的独特性，211
Unit of Account，计账单位，187
United Nations Conference on Trade and Development（UNCTAD），联合国贸易与发展会议，226—227
United Nations Security Council，联合国安理会
possible seat for，可能的席位
Germany，德国的，169，225—226
for Japan，日本的，208，225—226
United States，as bound to lead，美国，注定要领导世界，3
decline of shipping，nineteenth century，19 世纪航运业的衰退，36
foreign economic policy，twentieth century，20 世纪的对外经济政策，176—177
health care，医疗保健，180
military expenditure，军费开支，180

postwar aid to Europe，第二次世界大战后对欧洲的援助，166，173
slowness in accepting world leadership，接受世界领导权过程中的勉强，223—224
universities，大学
British，英国的大学，145—146
and centralization，与集权化，219
Dutch，荷兰的，98—99
German，德国的，153
Japanese，日本的，202
Spanish，西班牙的，81

vanity，as French characteristic，自负，法国人的特点，34
Veblen，T.，凡勃伦，T.，9
Venice，威尼斯，56—59
compared to Amsterdam，与阿姆斯特丹相比，31
Council，政务委员会，57，58，64
Decline，衰落，63—66
finance，金融，66—67
as intermediary，贸易中转地，55
merchants，商人，56
Verenigde Oostindisch Compagnie（VOC），荷兰东印度公司，见 Dutch，East India Company
Versailles treaty，《凡尔赛条约》
responsibility for Hitler，希特勒的责任，165
U. S. rejection of，美国拒绝接受，173
Vicens Vives，J.，维森斯·维维斯，J.，36，78，70
Victorian boom，维多利亚时代的繁荣，133
Vietnam war，越南战争，216
vitality，生命力
decline of，衰退，31
Japanese，日本的，200
of nations，国家的，vii—viii
Spanish lack of，西班牙所缺乏的，34
synonyms and antonyms，同义词和反义词，4
VOC，东印度联合公司。见 Dutch，East India Company
Voluntary export restrictions（VERs），自愿出口限制，196，226
wages，Dutch high contributing to decline，促成荷兰衰退的高工资，99—100
Wagner，A.，瓦格纳，A.，161 注
Wagner' s law，瓦格纳法则，30
Wallerstein，I.，沃勒斯坦，I.，
core and periphery analysis applied to cycles，应用于周期的核心与边缘分析，90
global hegemony cycles，全球霸

权周期，51
war，战争，9，46—47
of American Independence，美国独立战争，110，112
as cause of loss of primacy，失去霸权的原因，215
early “world” wars，早期的“世界”大战，47
between United Provinces and England，联省共和国与英国之间的战争。见 Angio-Dutch wars
and effects on national growth cycle，对国家增长周期的影响，35—36
as hothouse in economic growth，经济增长的温床，35
Italian，among city-states，意大利城邦国家间的战争，58
and physical destruction of，战争的物质破坏，36
Spanish，西班牙的，80
of the Spanish Succession（Queen Anne’s），西班牙（安妮王后的）王位继承战争，46—47，108
wealth，财富，27
U. S. preoccupation with，美国一心追求财富，183—184
Wedgwood，J.，韦奇伍德，J.，129
weights and measures，度量衡
as public goods，公共物品，77—78
standardization to reduce transactions costs，实行标准化以降低交易费用，28
Weimar Republic，breakdown，魏玛共和国的瓦解，161，213
whaling，decline of Dutch，荷兰捕鲸业的衰退，102
wheat，European response to price decline in 1880s，1880 年代欧洲人对小麦价格下跌的反应，157
German and U. S. exports，德国与美国的小麦出口，157
“will vs. wallet”，“意愿对钱包”，188，216—217
“Windhandel”（trade in futures, options），“风中的交易”（期货、期权贸易），96
Wisselbank（exchange bank）. *See*，威塞尔银行（汇兑银行）。见 Bank of Amsterdam
Wirtschaftswunder，经济奇迹。见 German，economic
Wool，羊毛
British exports，英国的出口，59
British staple on the Continent，英国在欧洲大陆的主要商品，84，86
Spanish exports，西班牙的出口，

73
decline of，衰退，79
woolens. 毛纺织品。也见 new draperies，British 条
British competition with Italians，英国人与意大利人的竞争，59，65
World Economic Conference of 1933，1933 年世界经济会议，45，176，227
world economy，first，世界经济，第一，60
World Health Organization（WHO），世界卫生组织，226
World Trade Organization（WTO），世界贸易组织，226

yen appreciation，日元升值，200
Young，A.，扬，A.，26，62

zaibatzu（Japanese cartels），财阀（日本的卡特尔），194
Zeitgeist（spirit of the time），时代精神，17，211
Zollverein（German customs union），关税同盟，151，154，156

译后记

世界经济霸权的兴衰演进既充满变数，又不无规律。仅在本书英文本与中文本出版前后的短短10余年间，世界经济形势已多有变换。

1990年金德尔伯格教授酝酿写作本书之时，世界经济形势的基本特点是：德国实现统一并蕴藏巨大潜力；日本经济成就冲顶而欲“购买美国”；美国发展滞缓导致霸权地位似有不保。1996年本书的英文版问世，彼时，德国经济向前发展，日本经济已深陷衰退而难见复兴曙光，美国经济持续繁荣且前景看好。书中的许多重要判断和预见得到了验证。2001年底，本书的翻译工作初步完成，此时，德国经济发展还算平稳，日本经济仍不见转机，但美国经济却应纽约世界贸易中心大楼坍塌之声而再度由盛转衰。人们对“9・11”事件后美国霸权的前景议论纷纷。

想必，本书对“国家生命力”的阐释，对近500年历史进程中世界经济霸权兴衰更替的追踪与探究，对各霸权国家成败因素的具体分析与廓清，能为当前人们更加深入地观察、分析世界经济霸权与国际经济格局，乃至世界霸权与国际格局的转换和演变，提供某种框架或思路。从这个角度来说，本书的中译本面世也带有些许及时之意。

本书的翻译和出版能顺利进行，首先要感谢张宇燕、何帆、于殿利等同志，没有他们的帮助，一切无从谈起。在此特别要感谢商务印书馆的侯玲老师，她的敬业精神和非常认真、细致的工作使本书避免了不少错误与偏差，也正是她的辛勤努力，才保证了本书及时付梓出版。

由于译者水平有限，译文中错误与疏漏之处自难避免，请读者予以批评、指正。

高祖贵

2002 年 3 月 1 日于北京

图书在版编目(CIP)数据

世界经济霸权:1500—1990/(美)查尔斯·P.金德尔伯格著;高祖贵译.—北京:商务印书馆,2024
(汉译世界学术名著丛书:120年纪念版:珍藏本:增订本)
ISBN 978-7-100-23870-0

Ⅰ.①世… Ⅱ.①查…②高… Ⅲ.①世界经济—研究 Ⅳ.①F11

中国国家版本馆CIP数据核字(2024)第082141号

汉译世界学术名著丛书
(120年纪念版·珍藏本·增订本)
世界经济霸权 1500—1990
〔美〕查尔斯·P.金德尔伯格 著
高祖贵 译

商务印书馆出版
(北京王府井大街36号 邮政编码100710)
商务印书馆发行
北京新华印刷有限公司印刷
ISBN 978-7-100-23870-0

2024年5月第1版 开本710×1000 1/16
2024年5月北京第1次印刷 印张31¾
定价:172.00元